초등수학교육론

제3판

강 완 · 김상미 · 박만구 · 백석윤 · 오영열 · 장혜원 지음

KM 경문사

제3판 머리말

오늘날 급격한 사회적 변화는 교육 분야에도 큰 영향을 미치고 있다. 특히 인공지능의 발달과 함께 교육에서 지식보다 역량에 대한 강조는 이미 대세가 되었다. 2009년 초판, 2014년 개정판에 이어 다시 10년의 시간이 지나면서 초등수학교육에도 변화가 이어지고 있다. 2015 개정 교육과정에 이어 2022년 12월 2022 개정 교육과정이 공포되었고, 이에 따른 초등 수학 교과서가 적용되는 시점에 있다. 2024년부터 1~2학년을 시작으로, 2025년에는 3~4학년, 2026년에 5~6학년에 순차적으로 적용하게 된다. 특히 초등 수학 교과서에서 큰 변화는 국정도서에서 검정도서로의 변화이다. 1946년 교수요목기부터 이어져온 국정교과서 체제가 2015 개정 교육과정기 중간에 검정교과서 체제로 바뀐 것은 초등수학교육계의 큰 이슈라 할 만하다. 따라서 2015 개정 교육과정에 따른 초등 수학 교과서는 국정과 함께 검정 10종이 개발된 바 있다. 다만 1~2학년 군 교과서는 여전히 국정체제를 유지하고 있다는 점 또한 주목해야 한다.

이와 같은 변화 요인들을 고려할 때 2022 개정 초등수학과 교육과정에 대한 내용을 초등수학교육론에 담는 것은 자연스런 수순이라고 생각하며, 필자들은 관련 내용을 보강하여 교육과정 개정의 특징과 그로 인한 교육 실제를 설명하고, 국정체제인 1~2학년 수학교과서로 변화를 예시하였다. 이번에도 편집을 담당하신 경문사에 감사를 표한다.

2025년 2월

강완, 김상미, 박만구, 백석윤, 오영열, 장혜원

제2판 머리말

초판을 낸 지 세월이 13년 흘렀다. 길지 않아 보이지만 초등수학 교육계에도 많은 변화가 있었다. 2011년 8월에는 2009 개정 교육과정에 따른 수학과 교육과정이 고시되었고, 2013년부터는 이 교육과정에 따른 초등학교 1~2학년군 수학 교과서가 발행되었다. 이 새로운 교과서는 스토리텔링 기법을 사용하였다고 하여 많은 관심을 모았다. 2012년 7월에는 제12차 국제수학교육회의(ICME 12)가 한국에서 열렸으며 관심 있는 초등학교 교사들이 많이 참가하였다. 2015년 9월에는 2015 개정 교육과정에 따른 수학과 교육과정이 고시되어 이에 따른 초등학교 수학 교과서가 2017년부터 학교 현장에 적용되었다. 초등학교 교원 임용시험의 형식과 출제 경향에도 적지 않은 변화가 있었다.

이 모든 변화들은 초등수학교육론 개정판을 내기에 충분한 이유가 된다. 이번에 내는 2판에서는 2009 개정 교육과정과 2015 개정 교육과정에 따른 실제적 변화의 의미와 내용을 제시하였다. 또한 현실주의 수학교육(RME)에 대한 해설도 추가하였다.

변화에 따른 발 빠른 대응은 필자들의 사명이라고 생각한다. 이를 위한 노력에 도움을 주신 경문사에 감사를 드린다.

2022년 2월

강완, 김상미, 박만구, 백석윤, 오영열, 장혜원

초판 머리말

초등학교 수학을 가르치는 일을 매우 안이하게 생각하는 경향이 있다. 일반인은 물론이고 교육대학교에서 교육을 받은 사람들 중에도 일부 그런 생각을 지닌 사람들이 있는 것 같다. 그러나 초등학교 수학을 가르치는 일은 예전과 다르다. 어린이들에게 간단한 사칙계산 정도만 할 수 있도록 해 주면 되는 일이 아니다. 설사 사칙계산 기능을 키워주는 일조차도 그렇게 간단한 일이 아니다. 더 근본적으로는 어린이들에게 수학적으로 생각하는 방법을 가르쳐주어야 한다.

초등학교에서 수학을 가르칠 때에는 어떻게 가르칠 것인가에 대한 생각뿐만 아니라 수학을 왜 가르치는지에 대해서도 생각해보아야 한다. 아울러 수학교육에 대한 인류의 지혜가 어떻게 발달해 왔는지, 어린이들이 수학을 배울 때 나타나는 여러 가지 현상을 어떻게 이해해야 하는지, 어떤 교수-학습 매체를 어떻게 사용하면 더 효과적인지, 어떤 내용을 언제 지도해야 하는지, 무엇을 강조하여 지도하여야 하는지, 수학을 잘하지 못하는 어린이들에게는 어떠한 도움을 주어야 하는지, 반대로 수학을 아주 잘하는 어린이들에게는 어떠한 도움을 주어야 하는지, 그들이 수학을 잘 배우고 있는지 잘못 배우고 있는지를 어떻게 평가해야 할지 등등 마음을 써야 할 것이 한둘이 아니다.

1969년 8월 프랑스 리용(Lyon)에서는 수학교육에 관여하는 수학자와 교육자들이 모여 국제 수학교육 총회를 개최하였다. 이것이 ICME 창립총회이다. 이 ICME I에서 수학교육에 관한 다섯 가지 결의를 채택하였다. 그중 마지막 항이 수학교육의 이론은 그 자체로 수학과 과학 양쪽에 걸친 고유 문제를 풀어가는 학문이 되어가고 있으며, 이 새로운 학문을 위해 대학과 연구 기관은 적절한 학문적 자격을 수여하는 제도를 마련하여야 할 것을 결의하고 있다. ICME I이 이와 같이 독립된 지식 영역으로서의 수학교육학 연구를 제도화할 것을 결의한 이래, 학문으로서의 수학교육학은 발전을 거듭하여 자리를 잡아가고 있다.

수학교육학이 이론적 체계를 지니기 위해서는 여러 분야의 과제들이 해결되어야 한다. 초등수학교육론은 그중의 한 분야이다. 이 책은 초등학교 교사들에게 필요한 수학교육 이론을 정리함과 동시에 그러한 학문적 배경에 포함된 과제를 해결하기 위한 시도이기도 하다. 아직은 가까운 관련이 없어 보이는 여러 가지 이론들을 모아 백화점식으로 나열하는 수준이기는 하지만, 이러한 시도가 거듭되고 여러 이론들 사이의 비판과 평가가 다듬어지다 보면 차츰 일관성 있는 초등수학교육론이 완성되어질 것으로 기대한다.

이 책이 완성되기까지 여러분들의 수고가 도움이 되었다. 특히 트레비스 코드 멤버들의 적극적인 활동에 감사를 드린다.

2009년 3월

강완, 김상미, 박만구, 백석윤, 오영열

차 례

제1장 | 수학 교육 사상

제2장 | 초등 수학 교육의 발달

제3장 | 초등학교 수학과 교육과정의 변천

제8장 수학학습심리학과 현실주의 수학교육

제9장 수학적 지식의 특성과 수학적 사고

제10장 수학 학습부진아의 지도

제11장 수학 영재 교육

제12장 교수 학습 매체의 활용

제13장 수학적 문제 해결력의 신장

제14장 수학과 평가

부록

제 1 장

수학 교육 사상

1.1 수학의 교육적 가치

"수학을 왜 가르치고 배우는가?"라는 등의 질문에 무엇이라고 답할 것인가? 대부분은 수학을 배우면 논리적으로 사고하고, 과학적인 생활을 하는 데 도움이 된다고 말한다. 이 모두가 틀린 것은 아니지만 교사가 되려는 사람들은 이 질문에 대해 좀더 체계적으로 생각해 보아야 할 것이다. 수학을 가르치는 교사는 수학이란 학문 자체에 대한 충분한 지식 외에도 수학이 갖는 가치에 대하여 단순히 학문적 입장만이 아닌 교육적 입장에서 분명한 가치관을 갖추고 있어야 한다.

수학 교육에 대한 올바른 가치관은 수학 교사로 하여금 자신이 담당한 수학 교과의 학습 지도에 대한 열의를 갖게 하고, 이 열의는 자연히 밀도 높은 양질의 수학 학습 지도를 가능케 해준다고 할 수 있다. 그리고 배우는 학생의 입장에서도 현재 학습하고 있는 수학이 갖는 가치를 정확하게 파악하게 함으로써 학습이 보다 의미 있고, 태도나 흥미 등의 정의적 측면에서도 좋은 효과를 거둘 수 있다. 일반적으로 수학 교육의 가치는 실용적, 도야적, 문화적 측면으로 나누어 논의되고 있다.

1.1.1 실용적 가치

수학 교육의 실용적 가치를 생각할 때에는 대체로 급속히 발달해 왔고 앞으로도 더욱 그 속도가 빨라지는 과학 기술의 발달을 가장 먼저 내세운다. 과학 기술의 발달은 국가적으로도 매우 중요한 사안이다. 현대 국가에서 정보 산업, 국방 등 여러 분야의 과학 기술 수준은 그 나라의 국력을 결정한다. 뿐만 아니라, 과학 기술의 발달은 개인의 생활을 매우 편리하게 해 준다. 그러나 수학을 배워야 그러한 과학 기술의 혜택을 누릴 수 있는가 하는 질문에는 쉽게 답하기 어렵다. 오히려 생활이 편리해질수록 기술 문명은 사고의 복잡함을 덜어주는 것이 아닐까? 수학 교육이 과학 기술의 발달에 지니는 가치는 과학 기술 문명이 주는 혜택에서가 아니라 그러한 문명을 창조하고 개선하는 생산자의 측면에서 보아야 할 것이다.

수학 자체의 실용적 가치가 수학 교육의 실용적 가치를 보장하는 것은 당연하다. 학문의 대부분 영역에서 학문적 연구의 출발과 교육적 시도가 동시에 이루어지는 것은 해당 분야의 지식이 갖는 실용성 때문일 것이다. 수학의 실용적 가치는 오래 전부터 널리 인식되어 왔다. 원시 사회에서는 수 세기나 수 개념이 중요한 가치를 지녔다. 수학에 대한 관심과 후원을 아끼지 않았던 나폴레옹(Napoléon Bonaparte, 1769～1821)은 수학의 발달로 인해 한 나라의 번영을 연결시킬 정도로 수학의 실용성에 대한 인식이 분명하였다.

서구 시민 사회에서는 시민이 갖추어야 할 가장 기초적 기능으로 이른바 3R's라고 하여, 읽기(Reading), 쓰기(wRiting), 산술(aRithmetic)의 세 가지 기능을 꼽는데, 실제 생활에서는 읽기나 쓰기 못지않게 사물의 수를 세거나 간단한 사칙연산 기능의 실용도가 높음을 알 수 있다. 예를 들어, 읽기와 쓰기를 못하는 경우에도 간단한 수를 헤아리거나 돈 계산을 잘하는 사람들을 보면 산술, 크게 보아 수학이 갖는 효용성은 다른 어떤 분야의 지식보다 높다고 할 수 있다.

현대에는 가계, 은행, 보험 등의 경제 활동 영역은 물론 사회, 기업, 국가 등의 행정, 관리 영역에서도 수학을 여러 가지로 활용하고 있으며, 특히 컴퓨터의 발달로 수학의 효용성이 더욱 증가하고 있다. 또한, 자연 과학 분야뿐만 아니라 인문 과학이나 사회 과학과 같이 수학과 거리가 멀어 보이는 다른 영역의 학문에서도 수학적 지식이나 사고방식을 유용하게 사용하고 있음을 볼 수 있다.

수학의 실용적 가치로서 새롭게 논의되는 부분이 있다. 현대 사회를 지탱하는 정치 이념인 자유민주주의의 유지와 발전에 관한 것이다. 한 사회를 민주적으로 구성하고 유지하려면 그 사회의 각 구성원은 자신의 권리를 적극적으로 지켜내야 한다. 그러나 복잡한 현대 사회는 구성원 개개인이 직접적으로 정책 입안 등의 일에 개입하기 위해서 상당한 노력을 요구한다. 따라서 구성원들은 스스로 권리를 포기하거나 익명의 소수에게 넘겨주는 일이 벌어진다. 이것은 자유민주주의의 발전을 막는 요인이 된다. 선진 사회일수록 이러한 경향을 사전에 방지하려는 노력을 교육을 통해 하고 있다. 수학 교육은, 수학을 바르게만 가르칠 수 있다면, 그러한 점에서 상당한 기여를 할 수 있다. 개인이 자신의 사고와 행동에 대하여 스스로 책임을 지도록 훈련한다는 점에서 수학 교과만큼 효과적인 교과도 없다:

> 어떤 교과의 교육도 학생으로 하여금 사고하는 것을 배우는 데 도움을 줄 수 있지만, 교육은 동시에 학생들로 하여금 그들의 사고에 대한 책임을 질 수 있도록 도와주어야 한다. 이 목표는 모든 과목에 적용되나, 특히 수학 교육에 있어 적절한데, 그것은 나이 어린 어린이조차도 문제를 풀 수 있고 그 풀이가 맞았는지를 — 교사가 맞다고 하기 때문이 아니라,

> 그 내부 논리가 분명하기 때문에 — 확인할 수 있는 분야가 수학이기 때문이다. (미국국립연구평의회(NRC), 1996a, p. 3)

입시 등 지나친 경쟁적 요소들이 제거된다면 수학 교육은 이 점에서 어느 교과 못지않게 우리 사회의 민주적 발전을 위해 가치를 지니게 될 것이다.

피교육자의 입장에서 보아 수학 교육의 실용적 가치는 무엇보다도 그가 학교를 졸업한 후 갖게 되는 직업 활동에서 찾을 수 있다. 현대 사회의 다양하고 많은 직업 중 상당수가 수학을 활용할수록 그 생산성과 소득이 높아진다. 이는 공학, 의학 등 자연계 계통의 직업 분야뿐만이 아니라, 경제학, 디자인 등 인문계 계통의 직업에서도 마찬가지이다. 현대의 부가가치는 개인의 창의성에 크게 의존하기도 하는데, 이러한 창의성에는 수학적 지식과 수학적 발상이 크게 한 몫 하는 것이다.

1.1.2 문화적 가치

수학 교육은 굳이 어디에 사용되기 때문에만 가치 있는 것이 아니다. 현대 문명 생활을 향유하기 위해서는 수학적 감각을 지녀야 한다. 정치, 경제, 사회 등 제 분야의 움직임을 이해하는 데는 물론 현대적 예술을 이해하는 데에도 수학적 소양(mathematical literacy)이 필요하다. 이것은 또한 다가오는 미래 문명에 대비해야 하는 젊은이들에게 더욱 필요한 소양이 된다. 수학적 문맹(mathematical illiteracy)은 그 사회는 물론 개인에게 있어서도 삶의 즐거움을 덜어내는 부정적 역할을 하게 된다.

수학은 인류가 오랜 역사에 걸쳐 지속적으로 발전, 누적시켜온 정신적 문화의 정수라고 할 수 있다. 우리는 학교에서 수학을 가르치고 배움으로써 다른 교과의 경우와 마찬가지로 인류가 남긴 문화적, 학문적 유산을 계승하여 활용 발전시키는 일에 참여하는 셈이 된다.

학생 중에는 수학을 인류가 생성 발전시켜온 변화 가능한 학문으로서 대하는 것이 아니라, 그 생성 발전의 배경에는 관심 없이 단지 수학이 하나의 완전한 형태로 이미 우리 앞에 존재하기 때문에 학습해야 되는 것으로 여기고, 수학을 무의미한 화석과 같은 유물로 생각하는 경우가 많음을 본다. 그러나 수학은 많은 사람들의 노력을 거쳐 생동하며 발전해 오면서, 각 시대마다 그 사회 발전에 공헌하며 현재에 이르렀고, 현대에도 다방면에 걸쳐 기여하는 바가 큰 인류의 소중한 정신적 문

그림 1-1 전통적 아름다움 속에 들어있는 수학적 도형

화유산이다. 따라서 수학 학습은 인류의 위대한 지적 문화를 계승 발전시키며, 한편으로는 이를 우리의 생활에 활용하려는 즉, 문화적 혜택을 얻는 활동이 되는 셈이다.

1.1.3 도야적 가치

수학 교육의 도야적 가치는 오랜 옛날부터 논의되어 온 일이다. 플라톤의 아카데미 입구에는 "수학을 모르는 사람은 이 문 안으로 들어오지 마시오."라는 게시문이 붙어있었다. 물론 이 때의 수학이란 논증 기하를 주로 의미하는 것이다. 그만큼 수학은 다른 학문을 위한 기초로서 중시되었다. 중세 대학의 교양 7학과[1]에도 산수, 기하학 등이 들어 있었다.

수학 학습이 정신 도야적 효과를 갖는다는 생각은 수학 교육의 실용적 가치와 관계 지어 생각할 수도 있다. 수학 학습을 통하여 잘 도야된 정신적 능력은 수학 분야만이 아니라 사회생활이나 직업 활동에서도 효과적으로 사용될 수 있으리라는 기대는 당연한 것이기 때문이다. 그러나 여기에서 말하는 도야적 가치란 수학 학습에서 얻는 일차적이고 직접적인 실용성에 대한 것이 아니다. 수학 교육의 도야적 가치는 수학 학습자가 갖게 되는 일반적인 정신 기능이나 질적인 면에서의 발전에

1) 중세 유럽의 3학 4과를 말하는데, 3학은 초등문법, 고등문법, 논리학이고, 4과는 산수, 음악, 기하학, 천문학이다.

관한 것이다.

로크(J. Locke, 1632~1704)에 의하면 수학은 인간의 정신 속에 추론의 습관을 정착시키는 방법이라고 한다. 즉, 수학은 수학을 학습하는 학생들에게 논리적으로 추론하는 정신적 능력을 배양하는 이른바 정신력을 도야시키는 소재가 됨을 의미한다.

수학적 추론 과정은 정신적 능력의 훈련에 적합한 요인을 4가지 포함하고 있다.

첫째는 엄밀성인데, 수학적 활동에서 사고의 엄격함과 정밀성은 생명이라 할 수 있다. 정확성이나 분명함 그리고 세밀함은 수학의 아름다움과 그 기능을 구성하는 필수적 요소이다. 수학적 활동을 통하여 학생들은 일반적 사고에도 수학적 엄밀성을 적용할 수 있게 되며, 결국 자신의 사고 활동의 한 성향으로 동화시킬 수 있게 되는 것이다.

둘째는 간결성으로, 수학에서 사용되는 정의를 비롯하여 수학적 성질이나 사실, 원리, 정리 등은 모두가 최소한의 언어로 최대한의 의미를 표현하려는 수단들이다. 이와 같은 간결한 표현 속에는 밀도 높은 의미를 포함할 수 있고, 그러한 표현이 그 의미를 이해하는 데에도 효과적이기 때문이다. 수학 학습을 통하여 훈련된 효과적인 간결한 표현 능력은 자신의 생각이나 의도를 간결 명확하게 표현하는 데 도움을 줄 것이며, 자신의 표현 습관으로 자리 잡게 될 것이 분명하다.

셋째는 논리성으로, 수학적 활동에서 논리 정연한 추론 과정은 필수적 요소이다. 일련의 수학적 추론의 시종 일관된 논리적 정확성과 그 추론 결과에 대한 객관적 검증의 과정 등은 모두 일반적 문제 상황에서도 요구되는 것으로, 수학적 추론 훈련을 통하여 얻을 수 있는 정신적 능력임에 틀림없다.

넷째는 일반성으로, 수학적 아이디어나 개념은 추상화 과정을 거쳐 일반화됨으로써 그 적용 범위가 확대된다. 주어진 특정 상황에 대한 분석을 거쳐 그 결과를 추상화시켜 유사한 다른 상황에 적용하는 능력 즉, 일반적 원리를 구성하는 고도의 정신적 기능은 수학 학습을 통하여 훈련될 수 있다.

형식도야 이론은 '훈련의 전이'를 전제로 하는 이론이다(우정호, 2000, p. 169). 한때, 전이 이론이 부정되면서 형식도야설이 외면당하기도 했으나, 오늘날에는 문제 해결력 등의 강조로 인해 다시 수학 교육의 도야적 가치가 새로운 관점에서 주목을 받고 있다. 학교에서 수학을 배우는 이유는 단지 수학적 지식의 습득에만 있는 것이 아니다. 다른 교과와 마찬가지로 수학도 시대에 따라 필요로 하는 내용이 다를 수 있다. 변화가 빠른 현대 사회에 적응하려면 기성의 수학적 지식뿐만이 아닌 그 지식을 배우는 방법도 필요하다. 수학적 지식을 배우는 데 필요한 방법은 바로 수학이 갖는 특성에 대한 올바른 인식 작업으로 수학 학습에 적합한 정신적 능력, 즉 수학적 측면에서의 정신 훈련인 것이다.

수학을 배우는 과정에서 얻게 되는 도야적 가치와 관련지어, 수학 학습의 정의적 요소도 함께 생각해 볼 수 있다. 우선, 수학적 활동은 집약적이고 밀도 높은 지적 사고 활동이므로 이러한 활동을 통하여 학생들은 자연히 주어진 과제에 집중하는 습관 즉, 일반적 정신 집중 능력을 높일 수 있다. 또한, 수학적 문제 해결을 위한 노력에는 단순 기억을 통한 적용 과정만이 아닌, 자신의 지식을 적절히 종합하고 필요한 지식이나 아이디어를 문제 해결에 적용하고 검토하는 등, 일종의 창조적이며 발견적인 사고의 과정이 필요하다.

따라서 수학적 문제 해결 활동은 창조적 사고 기능을 높이는 기회가 되기도 한다. 그런가 하면, 수학은 가끔 그 난해함 때문에 꾸준한 노력 의지 즉, 지구력을 갖춘 학습 태도가 필요하다. 이외에도 수학 학습은 자신의 지적 능력을 반성하고 확인함으로써, 자신에 대한 확신이나 정확한 평가를 할 수 있는 즉, 학습자로서 자신의 능력을 성찰하는 기회를 제공한다.

1.1.4 삶과 활동 방식에 미치는 수학의 영향

수학 교육의 가치를 실용적, 문화적, 도야적 측면으로 나누어 보는 것에 대하여, 몇 가지 점에서 불합리함을 지적할 수 있다. 먼저, 실용적 가치와 문화적 가치의 구분이 모호하다. 복합적인 현대 생활에서 실용적 활동과 문화적 활동을 구분하기가 애매하며, 현대 사회의 가치 개념에 있어서 생산성과 창의성의 개념은 경계가 없다. 또한 도야적 가치는 이미 오래 전부터 그 효과의 사실 여부를 의문시 해왔던 것이다. 이러한 점에서 수학 교육의 가치를 세 가지 측면으로 구분하여 진술하기보다는, 실질적으로 현대인의 삶과 활동 방식에 연관 지어 논의함으로써 그 의미를 강조할 수 있다.

미국의 수학 교육의 중요성을 강조한 국가 보고서 〈모두가 중요하다〉(미국국립연구평의회(NRC), 1996a, pp. 22-23)에는 우리의 삶과 활동 방식에 미치는 수학의 영향을 설명하고 있는데, 요약하면 다음과 같다.

① 실용적 지식으로서 기본 생활 수준을 개선하는 데 직접적으로 사용할 수

있다.

자금 대출 기준의 비교, 위험 요소에 대한 예측과 계산, 상품 단가의 계산, 계량기 눈금에 대한 이해, 다양한 물가 상승 지수에 대한 해석 등은 직접적이고 실제적인 혜택을 준다. 이러한 수학의 기초적 응용은 초등교육에서의 보편적 교육 목적의 하나가 된다.

② 시민적 개념으로서 공공정책에 대한 이해를 도울 수 있다.

핵 오염, 세율, 공중 보건 등에 관한 대중적 토론은 그 중심이 종종 수치적 자료를 포함한 과학적 안건에 들어 있다. 범죄 관련 자료로부터 나오는 추정, 인구 성장에 관련된 예측, 금리 상승에 영향을 미치는 요인들 사이의 상호작용 등은 수학적 내용이 핵심을 이루는 주제를 포함한다. 수치(數値)를 사용한 사유(思惟)를 할 수 없거나 두려워하는 대중은 공공 정책의 내용이 합리적인지 무모한지를 변별해 낼 수 없다. 바람직한 중등학교의 수학교육은 "깨인 시민"을 창출하는 데 도움이 되어야 한다.

③ 전문적 기능과 힘으로서 수학을 사용하는 데 필수적이다.

이론물리학에서 기업 경영에 이르기까지, 과학과 산업은 의사소통 언어로서 탐구 방법으로서의 수학에 갈수록 의존하게 된다. 대부분의 대학 수학 강좌의 주목표는 학생들로 하여금 그들의 장래 직업에 필요한 수학을 제공하는 것이다.

④ 여가로서의 수학적 논리적 도전을 즐기려는 경향이 늘고 있다.

전략 게임, 퍼즐, 복권, 스포츠를 통한 내기 등에 대한 대중적 인기는 대중의 피상적 무관심 바로 밑에 아마추어 수학의 굵은 동맥이 흐르고 있음을 드러내고 있다. 기꺼이 인정하려는 사람은 드물지만, 많은 사람들에게 수학은 정말 재미있는 것이다.

⑤ 문화적 역할을 하는 수학은 그의 힘만큼이나 아름다움을 감상하는 최대의 지적 전통이다.

대칭, 증명, 변화 등의 추상적 개념의 지속적 가치는 3,000년에 걸친 지적 노력에 의해 발전되어 왔다. 이러한 것들은 미래의 세대에게 물려주어야 할 인류의 문화적 유산으로서 간직되어야 한다.

1.2 수학 교육 사상의 원류

수학을 가르친다는 것은 본질적으로 무엇을 가르친다는 의미인가? 리츠만(Lietzmann)은 이러한 질문에 대한 답을 알렉산드리아 시대의 두 수학자 유클리드와 헤론, 그리고 근대의 교육 사상가 페스탈로치에게서 찾아볼 수 있다고 주장한다(우정호, 2000, p. 420).

1.2.1 유클리드

유클리드(Euclid)는 기원전 300년경 알렉산드리아 시대 그리스의 수학자로 당시 알렉산드리아 대학에서 수학을 가르쳤다. 그는 자신의 강의 교재로 사용할 겸, 당시까지의 수학적 (주로 기하학적) 명제들을 연역적[2]으로 정리한 《원론》(*Elements*)[3]을 저술하였다. 유클리드 이전에도 여러 사람들이 《원론》과 같은 저술을 시도한 바 있었으나, 유클리드의 저술이 가장 완벽한 것으로 인정하였고, 이후 유클리드의 《원론》은 서양 문화의 기초를 이루었으며, 오늘날까지 이론적, 연역적 수학의 상징으로 받아들여진다.

유클리드(Euclid)

유클리드가 당시까지의 수학을 연역적으로 정리하려 했던 의도에는 학문적인 의미 외에도 당시 알렉산드리아 대학의 교수였던 그에게 있어서 교육적 목적도 포함되었을 것으로 짐작한다. 즉, 그에게 있어서 수학을 가르치고 수학을 이해하게 한다는 것은 수학을 연역적으로 서술하면 되는 것으로 믿었을 가능성이 크다. 그에게 있어서 수학을 이해한다는 것은 수학을 연역적으로 이해하는 것이었다.

이러한 생각은 오늘날에도 많은 사람들에게 있어서 수학에 대한 첫 인상으로 받아들여지고 있는 듯 하다. 그러나 수학을 연역적, 논리적으로 기술하는 것이 수학에 대한

2) 연역이란 참인 일반 명제로부터 참인 특수한 명제로, 또는 좀더 추상적인 명제로부터 보다 구체적인 명제로 추론을 진행하는 방법이다. 연역에 상대되는 말은 귀납으로서, 귀납이란 특수한 것으로부터 일반적인 것으로 또는 구체적인 것에서 추상적인 것으로 추론을 진행하는 방법이다.

3) 원론이라는 제목은 그리스어로 '스토이케이아(Στοιχεία)'인데 이것은 '알파벳'이라는 뜻을 지니고 있다. 당시까지 알려진 수학적 사실들을 연역적으로 정리하여 구성한 책으로서, 모두 13권으로 이루어져 있다.

이해를 보장하는 것은 아니다. 푸앵카레(H. Poincaré, 1854~1912)는 여러 수학자들의 정신 활동의 관습과 사고방식에 대한 설문 조사의 결과를 분석한 기사를 보고 느낀 소감을 다음과 같이 말하고 있다.

> … 그러한 사실이 우리의 눈에 익었으니까 그렇지, 알고 보면 놀랄만한 사실이 있다. 수학을 이해하지 못하는 사람들이 있다는 사실을 어떻게 설명할 수 있을까? 만일, 과학이 모든 건전한 정신에 의해 승인된 논리의 법칙에 따를 뿐이고, 만인에게 공통적인 원리에 입각한 것이며, 미친 사람이 아니고는 아무도 그것을 부정하려고 하지 않는 것일진대, 어째서 그렇게 많은 사람들이 과학에 대해 전적으로 무감각할 수 있다는 것일까?(Poincaré, *Science and Method*, pp. 46-47)

여기에 보이는 푸앵카레의 갈등은 수학 학습의 심리적 과정이 전적으로 수학의 논리적 전개 과정에만 의존할 수는 없는 것임을 잘 드러내고 있다.

1.2.2 헤론

헤론(Heron)

유클리드보다 350년 정도 나중에 활동했지만, 마찬가지로 알렉산드리아 시대의 수학자 헤론(Heron, 10?~74?)은 유클리드와는 다른 관점에서 수학을 보고 있었다. 헤론은 그의 저서 《측량술》[4]에서 보여주듯이 수학을 실용적이고 실제적인 것으로 받아들였다. 그에게 있어서 수학은 이론적 논리적 탐구의 대상이라기보다는 좀더 편리한 방법으로 실용적 가치를 이끌어내는 도구였던 것이다. 따라서 헤론의 관점에 따른다면 수학을 가르친다는 것은 실용적, 실제적 기능이나 기술을 가르치는 것이 된다. 그의 수학은 오늘날 실용적, 실제적 수학의 상징으로 받아들여지고 있다.

4) 전 3권으로 이루어져 있으며, 평면도형 넓이나 입체도형의 부피 등을 구하는 실제적인 문제들을 다루고 있다. 유클리드의 《원론》과는 달리, 연역적인 수학적 명제에 대한 증명보다는 실제적인 수학 문제와 그에 대한 풀이 과정을 주로 다루고 있다.

1.2.3 페스탈로치

수학 교육에 있어서 수학의 연역적, 논리적 측면과 실용적, 실제적 측면은 대립되는 두 얼굴로 오랫동안 비쳐져 왔다. 그러나 수학에는 그러한 얼굴 외에도 제3의 얼굴이 있음을 알게 되었다.

스위스의 교육사상가인 페스탈로치(Johann Heinrich Pestalozzi, 1746~1827)는 스위스 취리히(Zürich) 태생으로 그의 교육 사상은 당시의 계몽사상에 영향을 받았고, 그는 그가 가르치려는 학생들에게 있어서 "직관"을 바르게 인도하는 것을 가장 중요한 목표로 여겼다. 그의 교육 사상은 "직관의 ABC"로 대변된다. 이때 그가 말하는 직관의 ABC란 수(數), 형(形), 어(語)로서 여기서 수와 형은 바로 수학을 의미한다.[5] 이 점에서 페스탈로치의 수학 교육 사상은 직관적, 인간적 수학의 상징으로 받아들여진다.

페스탈로치의 수학을 보는 이러한 관점은 종래의 논리적이거나 실용적인 관점과 본질적으로 다른 것이다. 그는 인간 외부에 존재하는 수학의 모습을 본 것이 아니라, 인간의 내부에 잠재해 있는 수학적 능력을 직시한 것이며, 직관적, 인간적 수학이라 함은 앎에 대한 논의의 초점이 인간 외부의 "지식"으로부터 인간 내부의 "직관"으로 이동하였음을 의미한다. 이것은 인류가 수학의 새로운 모습을 인식하기 시작했음을 알리는 것이기도 하다. 또한 교육에 있어서 수학이 갖는 의미가 좀 더 풍부해지고 본질에 가까워졌음을 알리는 것이라고도 할 수 있다.

1.3 수학 교육과 민주 사회의 합리성 추구

1.3.1 수학과 사회

어떤 사상이나 지식의 형성 발달도 그것을 둘러 싼 사회와 밀접한 관련을 갖는다. 근원적으로는 인간의 육체적 탄생과 마찬가지로 인간의 정신적 탄생도 두 사람의 존재, 즉 그 사회적 배경을 필수요건으로 하는 것이다. 수학도 물론 인간의 정신적

5) 동양에서도 한자의 가르칠 '교(教)'는 '산(算) 가지'를 뜻하는 괘 효(爻: 주역(周易)의 양을 ―로, 음을 --로 나타내는 괘), 어린이 자(子), 회초리를 뜻하는 칠 복(攴: 攵은 攴의 변한 모양)이 합쳐서 만들어진 글자로서, 동서양을 막론하고 수학은 교육에 있어서 가장 기본적인 위치를 차지하고 있었다.

활동의 산물이며, 다른 사상이나 지식과 마찬가지로 그 사회적 배경과 영향을 주고 받는다고 보아야 한다.

수학은 어느 시대에서나 그 시대의 문화, 정치, 과학, 생활양식 등과 밀접한 관련을 지니고 있다. 농업에 의존한 이집트나 중국의 문명은 실용적인 기하학을 발전시켰으며, 추상적이고 철학적인 논의를 중시한 그리스 문화는 논리적인 기하학을 발전시켰다. 동, 서양 사이의 무역이 활발했던 중세에는 대수학의 기초가 이루어졌으며, 이후 운동역학이나 천문학 등, 왕성한 자연 과학적 연구와 함께 해석학이 발달하였다. 미분, 적분의 개념은 그 접근 방식과 발전 과정에 있어서, 독일의 라이프니츠(G. W. Leibniz, 1646~1716)와 영국의 뉴턴(I. Newton, 1642~1727)을 각각 시점으로 하여 차이를 보이고 있는데,[6] 이렇게 된 원인에는 당시의 사상적, 문화적 배경의 차이에 의한 것도 있다고 할 수 있다. 나아가, 독일의 관념론적 사상이나, 영국의 공리주의적 사상과의 차이에서도 볼 수 있는 바와 같이, 이러한 사상적, 문화적 차이는 당시의 사회적 배경과 떼어서 생각하기 어려운 밀접한 관련을 맺고 있다.

확실히, 한 사회의 특징은 그 사회의 사상과 문화의 형성, 발달과 밀접한 관련이 있다. 그러나 교육의 관점에서 보면, 사상이나 지식의 형성에 영향을 미치는 사회적 배경에 대한 분석에 못지않게, 그 사회의 발달에 영향을 미치는 사상이나 지식의 성장 및 보급이라는 관점도 함께 고려하지 않으면 안 된다. 예를 들어, 비유클리드 기하학, 집합론 등 수학의 연역적 체계에 대한 획기적인 반성과 함께 자리 잡은 형식주의 수학은 오늘날 각종 기호와 논리에 의해 유지되는 컴퓨터 문명의 도래를 알리는 효시였다고 보아 무방할 것이다.

수학적 지식 또는 수학 교육은 오늘날 그 목적과 기능이 기술 문명사회의 발전과 관련되어 논의되곤 한다. 사실, 오늘날의 사회는 급속한 과학 기술의 발달로 인해 수학적 지식의 활용이나 보급의 확대에 대한 필요성을 과거 그 어느 때보다도 더 절실히 요구하고 있다. 그러나 이러한 측면만을 다루는 논의는 자칫 수학적 지식 또는 수학적 사고가 오로지 물질문명의 발달에만 기여하는 것이고, 그 물질문명의 근저를 이루는 정신문화와는 무관한 것으로 받아들여질 여지를 갖고 있는 것이다.

---

6) 미적분의 개념은 뉴턴과 라이프니츠가 동시대에 독립적으로 발명한 것이지만, 후에 라이프니츠 쪽인 유럽 대륙에서 더욱 발전할 수 있었던 이유 중 하나가 기호 체계의 사용에서 라이프니츠의 것이 더욱 간결, 명확하였기 때문이란 것은 잘 알려진 사실이다.

1.3.2 개방적 민주 사회에서의 합리성 추구와 교육

그렇다면, 수학적 지식 및 그의 교육은 인간의 정신적, 사회적 생활과 어떻게 관련지어 생각해 볼 수 있을 것인가? 오늘날의 사회는 물질문명의 번영으로만 특징지어지는 것은 아니다. 우리들이 각자 살고 있는 여러 사회들은 지역마다 서로 다른 제도적 특징에도 불구하고, 대부분의 사회가 개방적 자유민주주의 사회에 속한다고 볼 수 있으며, 적어도 그러한 이념을 표방하고 있는 사회라는 점은 부인할 수가 없다.

개방적 사회에서 살아가는 존재로서의 인간의 활동은 합리성을 추구하게 마련이다. 인간의 활동이 지향하는 가치인 '합리성의 추구'는 그 사회에서 이루어지는 교육의 목적, 내용과 밀접히 관련된다. 예컨대, 합리적 신념이나 합리적 태도, 합리적 행위 능력, 합리적 사고 능력, 그리고 합리적 도덕성 등에서와 같이 '합리성'은 인간의 다양한 다른 특성과 함께 포괄적으로 관련지어 논의되며, 교육을 통하여 합리적인 인간을 육성함으로써, 합리적인 사회를 이룩하여야 한다는 주장은 극히 일반적인 것으로 그 타당성을 인정받고 있는 것이다.

특히, 오늘날의 개방적 민주주의 사회에 있어서 합리성의 개념은 개방적 민주주의 사회를 성립시키는 방법적 원리가 되는 동시에, 교육받은 인간의 관점과 태도를 포괄적으로 설명해주는 교육 가치로서 주장되기도 하는 것이다. 실제로, 오늘날 대부분의 국가에 공통된 수학 교육의 목표가 그 사회적 본질 및 그 사회의 구성원으로서 갖추어야 할 개인의 자질과 관련하여 수학적 사고력 또는 논리적 사고력의 함양으로 집약되는 바(NIER, 1983), 이는 결국 합리성의 추구라는 사회적 가치 이념에 포함되는 것으로 생각할 수 있다.

그러나 '합리성' 또는 '합리적'이라는 개념은 '이성' 또는 '이성적'이라는 개념과 마찬가지로, 모호한 상태로 사용되는 경우가 많이 있다. 따라서 '합리성'은 교육 실제에 있어서 어떤 구체적인 시사와 지침을 제공할 수 있을 정도로 좀더 체계적으로 분석하는 것이 바람직하다. 나아가, 수학 교육이 추구하는 목표의 타당성에 대한 논의도 이러한 분석과 관련하여 이루어질 수 있는 것이다.

1.3.3 합리성의 개념적 조건

합리성의 개념은 '행위에 있어서의 합리성'과 '신념에 있어서의 합리성' 그리고 '인간에 있어서의 합리성'이라는 의미 맥락에 따라 다르게 사용된다(조화태, 1982 참조). 이 글에서는 교육적 가치 개념으로서의 합리성에 대한 기존의 분석을 이러한 세 가지 맥락에 따라 정리해 보고, 이를 바탕으로 수학 교육에서 추구해야 할 합리성의 의미를 검토함으로써, 물질문명과 아울러 그 근저를 이루는 정신문화의 차원에 기여하는 수학 교육의 가치와 그 부분적 방법론을 논의하여 보고자 한다.

(1) 합리적 행위의 개념적 조건

'합리성' 또는 '합리적'이라는 말은 다양한 관점과 의미 기준에 따라 사용된다. 그러나 우리는 일상적인 논의에서 이들의 의미를 일일이 규정하지 않고서도 단어 사용의 맥락에 따라 용이하게 사용하고 있으며, 이는 곧 우리가 이들의 개념을 적절히 적용하는 어떤 일반적 기준을 공유하고 있음을 보여 준다고 하겠다. 이러한 기준들에 대한 개념 분석적 방법을 바탕으로 하여, '합리성' 또는 '합리적'의 개념이 인간의 행위에 적용될 때에 갖추어야 할 개념적 조건은 다음과 같이 분석된다.

먼저, 행위의 주체는 무엇인가를 성취하려는 소원을 갖고 있어야 한다. 그는 자신의 행위가 최선의 방법임을 믿고 그에 대한 이유를 갖는다. 또한 그 목표의 달성 가능성, 수단의 효율성에 대한 행위 주체의 신념은 객관적으로 그 타당성을 인정하여야 한다. 그리고 그는 이러한 이유들로 해서 그러한 행위를 하게 된다.

행위의 합리성에 대한 개념적 조건이 이렇게 규정되면, 합리성은 곧 문제 해결력, 도구적 이성 능력, 즉 경제적 인간의 특성을 의미하며, 이때의 합리적 사고란 곧 효율적이며 경제적인 사고방식이나 절차를 의미한다. 물론, 이러한 규정은 규범적 의미가 탈색되고, 가치 개념이 배제되었다는 결함을 갖고 있다. 따라서 행위 주체의 목표에 대한 가치관, 수단의 정당성 등에 대한 신념 등에 관하여 그 객관적 타당성을 인정해야 할 것이라는 점을 첨가해야 할 것이다.

(2) 합리적 신념 또는 지식의 개념적 조건

신념의 합리성에 대한 논의는 지식의 합리성에 대한 논의와 관련을 갖는다. 일반적으로 어떤 지식을 표현하는 진술은 실증적 종합적 진술, 논리적 분석적 진술, 규범적 가치 판단적 진술의 세 가지 형태로 나누어 생각할 수 있다. 대체로 실증적 진술은 자연 과학의 지식 체계로 발전하며, 각 진술에 대한 정당화의 수단은 관찰과 경험에 의한 귀납으로 특징지어진다고 볼 수 있다. 또한, 논리적 진술은 수학이나 논리학의 지식 체계로 발전하며, 그 정당성의 수단은 논리적 필연성이다. 이에 비하여 규범적 진술은 철학, 윤리학 등에 관한 지식 체계로 발전하며, 사실적 근거와 논리적 필연성을 그 정당화의 수단으로 삼는다.

그러나 과학적 지식 체계를 구성하는 실증적 진술도 그 보편타당성의 판정 기준이 자명한 것이라고는 말할 수 없다. 이는 흄(David Hume, 1711～1776)이 지적한 바, "귀납적 방법에 따른 오류"로서, 관찰의 결과 얻어진 명제와 보편적 법칙 명제 사이에는 필연적 관계가 없다. 그럼에도 불구하고, 관찰에 의한 명제가 받아들여지는 것은 연상의 반복에 의한 습관과 기대 때문이라고 볼 수 있는 것이다. 따라서 과학적 지식 체계가 그 타당성을 인정받는 것은 잠정적이라고 불러 마땅할 것이다. 결국, 이렇게 되면 과학적 지식도 추측적 명제의 성격을 갖는 신념에 불과한 것이 되는 것이다.

논리적 진술에 있어서는 그 보편타당성의 기준이 자명한 것으로 받아들여지는 듯하다. 그런데 어떠한 연역적 체계도 결국은 그 기초가 되는 몇 개의 공리로부터 출발하지 않을 수 없다. 그러나 흄의 비판에 의하면, 논리의 연역적 체계는 이미 그의 공리에 암시된 진술에 대한 동어반복(tautology)에 불과한 것이 되고 만다.

그런가 하면, 그 공리계의 설정 가능성은 각종 논리적 명제의 진위에 대한 정당화의 기준에 관한 논의조차 가변적인 것으로 남겨 놓는다. 더구나, 괴델(Kurt Gödel, 1906～1978)에 의하면 한 공리계의 무모순성조차도 논리학적 원리에 따라 그것을 증명하는 것은 불가능하다. 결국, 어떠한 공리계를 설정하고 선택하느냐 하는 것은 결국 행위 주체인 인간 자신의 합리적 신념에 따르게 된다.

규범적 진술에 있어서도 사정은 마찬가지이다. 규범적 진술은 그 궁극적 진위에 대한 판정의 여부가 쉽게 드러나지 않는다는 점에서, 그 보편타당성의 기준에 대한 논의는 더더욱 합리적 신념에 대한 논의와 관련을 갖게 된다. 결국, 지식은 합리적 신념의 발전된 형태라고 볼 수 있으며, 지식을 교육하는 일은 곧 신념을 획득하게 하거나 변화시키는 과정이라고 보는 견해가 그 타당성을 인정받게 되는 것이다.

그러나 어떠한 진술도 그 보편타당성을 논의할 수 있는 객관적 기준이 확실하지 않다는 것은 문제점으로 남는다. 이는 바로 이와 같은 결론에 도달하게끔 한 어떤 논의 기준이 존재함을 의미한다. 즉, 우리는 신념의 합리성에 대한 개념적 조건으로서 신념의 타당성에 대한 객관적인 논의나 비판적 검증 과정이 허용되고, 신념이 개방적으로 견지되어야 한다는 점을 첨가하여야 할 것이다.

물론, 이것은 합리적 신념이나 지식이 갖추어야 할 조건으로서 근거의 적절성과 타당성에 포함되는 것으로 볼 수도 있다. 그러나 합리적 근거를 가진 지식이라도 폐쇄적으로 주장할 수 있다는 점에서는 이를 구분하여야 할 것이다. 따라서 우리는 이것을 신념의 내용적 합리성과 신념의 방법적 합리성으로 나누어 생각할 수 있을 것이다.

이러한 관점에서 본다면, 과학적 신념이나 지식은 그 자체의 보편타당성보다는 그것을 견지하는 과정과 방법에 의해 합리성의 여부가 특징지어지며, 신념의 합리성에 대한 기준은 "신념 그 자체가 옳은가?"의 문제이기보다는 "그 신념이 어떤 방법과 태도로서 믿어지고 주장되는가?"의 문제로서 다루어져야 할 것이다.

1.3.4. 인간의 합리성과 수학

신념의 합리성에 대한 개념적 조건의 두 가지 측면은 곧바로 인간의 합리성을 말해 준다. 즉, 그 내용적 합리성의 기준은 인간의 지적 특성과 지적 탐구 능력의 반영이라는 점에서, 인간의 합리성과 관련된다. 또, 그 방법적 합리성의 기준은 신념의 주장, 견지 방식과 관련하여 인간의 태도, 즉 지적 특성 자체의 형성 과정에 나타난 인간의 합리성과 관련된다.

즉, 인간의 합리성은 "타당하고 적절한 이유나 증거에 입각하여 합리적인 신념을 형성하고, 그러한 신념에 입각하여 자신의 행위를 계획하고 수행해 나가는 과정에서 발휘되는 인간 특성"이라고 추론할 수 있다.

역사적으로 보아도, 아리스토텔레스 이후로 다윈(Charles R. Darwin, 1809~1882)의 진화론적 인간관이 대두되기 전까지, 합리성의 개념은 연역적 논리적 추론 능력을 뜻하는 것으로 사용되어 왔으며, 합리성이란 인간을 다른 동물과 구분 짓는 인간 고유의 특성이라는 견해가 극히 합당한 것으로 인정되어 왔다.

오늘날에는 이러한 견해가 인간의 언어 사용 능력에 의해서 뒷받침된다. 포퍼(Karl R. Popper, 1902~1994)는 언어의 기능적 특성을 ① 표현적 기능, ② 반응 유발적 기능, ③ 기술(記述)적 기능, ④ 논의적 기능의 네 가지로 구분하고, 동물은 ①, ②의 기능까지만 보유하고 있다고 보았다(Popper, 1972, pp. 235-238). 따라서 인간의 지적 추구와 그 형성의 과정은, 인간 언어의 고유한 특성인 기술적 기능과 논의적 기능을 통하여 사실 자체, 또는 어떤 문제에 대한 해결책을 가설적으로 기술하고, 그 기술된 진술이나 추측의 진위를 비판적으로 논의하고 확인해 나가는 과정이다. 그리고 이러한 과정 속에는 인간의 지적 능력뿐만 아니라, 어떤 형태의 태도가 발휘되고 있음을 알 수 있다.

이러한 태도란, 반증 가능성, 부정 가능성을 찾아내려는 비판적 태도 및 반증 또는 부정되었을 때에 이를 인정하고 수정하려는 개방적 태도가 수반되어야 함을 의미한다.

수학이 발달해 온 과정을 살펴보면, 거기에는 이러한 인간의 합리적 특성이 잘 드러나고 있음을 알 수 있다.

수학적 논증은 그것을 이해하는 사람이라면 누구에게나 논쟁의 여지가 없이 완벽하게 확신할 수 있을 정도로 주도면밀하게 이루어져야 한다고 여겨왔다. 사실, 수학적 진리란 논쟁의 여지가 완전히 없음을 상징하는 것의 전형으로 알려져 있다. 사람들은 흔히 "그것은 둘 더하기 둘은 넷인 것처럼 분명하다"는 식으로 말하곤 하는 것이다.

그러나 수학에서의 엄밀성이나 확실성은 절대적인 것이 아니다. 그것은 지속적인 발달의 과정 속에 있는 것이다. 수학적 원리란 일시에 모두가 응결되어진 후에 전해져 온 것이 아니다. 오히려, 수학은 스스로의 삶을 가지고 있으며, 심지어 과학적 논쟁을 불러일으키는 주제가 되기도 하는 것이다. 라카토스(Imre Lakatos, 1922~1974)에 의하면, 수학은 의심할 나위 없이 확실하게 증명된 정리들이 단조롭게 양적으로 증가하면서 성장하는 것이 아니라, 심사숙고와 비판에 의해서, '증명과 반박'의 논리에 의해서, 인간이 가진 추측을 쉴 사이 없이 개선해 가는 가운데 성장하는 것이다. 예컨대, 비유클리드 기하학의 형성은 유클리드의 제5공준을 증명하려는 시도에서 비롯되었던 것이다.

오늘날에도, 어떤 수학자들은 이상을 추구하고, 광범위한 영역에 걸친 문제들에 확실하게 적용할 수 있는 이론과 방법을 개발하려 하고 있다. 그런가 하면, 어떤 수학자들은 수학의 기본적인 가설과 논리적 구조를 재점검한 후에, 좀더 항구(恒久)적이고 일반적인 체계가 될 때까지 그들을 명료하게 다듬는 일을 한다. 다른 수학자들은 나름대로의 목적에 따라 사고의 흐름에 도전하고, 그렇게 함으로써 수학적 사고의 패턴과 관계를 발견하고, 기본 원리들을 인식하고, 그것을 적용하고, 논리의 경제성과 우아함에 대한 흥분을 만끽하기도 하는 것이다.

이렇게 보면, 수학은 바로 인간에 의해서 구성되고 발전되어 왔으며, 지금도 계속 혁신 중에 있는 것이다. 그리고 이를 뒷받침하는 것은 바로 인간의 합리성이다. 동시에, 수학은 그러한 인간의 지적 능력과 합리적 태도를 반영하는 가장 훌륭한 하나의 예가 되는 것이다. 나아가, 수학은 수학 자체의 이러한 특성에 의하여, 인간의 합리적 능력과 태도를 도야하는 훌륭한 교과로서 뿌리를 깊게 내리고 있는 것이다.

1.3.5 합리성을 추구하는 수학 교사

그러나 수학 교육은 그 목표에 있어서 합리성의 추구와 크게 일치를 보이고 있으면서도, 그 방법과 내용이 구체적으로 합리성의 추구와 어떠한 관련이 있는지에 대하여는 분명하게 논의되어 있지 않다.

앞의 논의에 의하면, 합리적 행위로서의 수학적 활동의 의미는 거의 분명한 듯하다. 수학적 활동은 수학적 문제에 대한 해결을 시도하는 활동이고, 대부분의 성공적인 수학적 문제 해결 활동은 그 활동에 의한 목표 달성 가능성, 활동 수단의 효율성 등에 있어서, 그 객관적 타당성이 널리 인정되는 것으로 쉽게 받아들여지고 있다. "수학적 사고는 곧바로 합리적 사고이며, 효율적이고 경제적인 사고방식"이라고 서슴지 않고 말하는 사람들을 만나는 것은 어렵지 않다.

그러나 수학을 배우는 대부분의 학생들은 그러한 수학적 사고의 타당성과 효율성에 대하여 스스로의 신념을 갖고 있다고 보기 어렵다. 사실, 그러한 신념은 오랜 기간에 걸친 다양한 수학적 경험에 의해 형성되는 것이며, 또 그렇게 형성되어야 한다. 따라서 학생들에게 이러한 신념을 형성할 수 있도록 해야 하는 것은 합리성을 추구하는 교육을 담당한 교사의 임무이다.

단순히 공식의 변수에 적절한 수치를 대입하여 답을 구하는 행위는 기능적 동작의 수준으로 전락할 우려가 있다. 스스로의 문제 해결 활동에 대하여 각 단계마다 수학적 의미를 찾는 행동은 비록 의식적으로 이루어지는 것이 아니라 하더라도 자신의 수학적 활동의 타당성과 효율성에 대한 신념의 반영이며, 규범적 평가가 반영될 수 있는 여지를 마련해 주게 된다.

이러한 신념의 형성을 위하여 교사는 두 가지 측면에서 접근하게 된다. 하나는 합리적 신념의 내용적 측면이고, 다른 하나는 합리적 신념의 방법적 측면이다.

수학적 활동의 타당성과 효율성에 대한 내용적 합리성은 이미 그 수학적 내용의 엄밀한 전개와 그에 대한 검증으로써 보장된다. 따라서 수학 교사가 수학적 결론을 근거 없이 제시하지 않는 한 수학적 활동의 타당성에 대한 학생들의 신념에 그릇된 영향을 끼치지는 않는다.

그러나 수학적 활동의 타당성과 효율성에 대한 신념의 방법적 합리성에 관하여는 교사의 개방적 태도와 인내가 필요하다. 교사는 수학적 활동에 대한 자신의 신념에 대하여 비판적 검증 과정을 허용하여야 하며, 그러한 신념을 개방적으로 견지하여야 한다. 따라서 교사는 자신이 제시하는 수학적 활동에 있어서 그 효율성, 타당성에 대한 자신의 신념이 새로운 경험이나 사고에 의해 언제든지 변화 발전할 수도 있는 것이라는 점을 함께 제시할 수 있어야 한다.

실제로 교사의 권위는 자신의 신념에 대한 공개적 논의를 규제하는 데에서 나오는 것이 아니라 자신의 신념에 대해 개방적인 태도를 보임으로써, 어떠한 도전에 의해서도 자신의 신념이 타당한 것임을 합리적으로 입증하는 데에서 비롯된다. 교사의 권위는 바로 이러한 인내의 대가인 것이다.

그리고 이것은 학생으로 하여금 수학적 활동에 대해 회의적 태도에 빠지게 하는 것을 의미하지 않는다. 오히려, 학생들은 교사의 신념을 공개적으로 논의하고 검토하는 과정을 통하여 수학적 활동의 합리성에 대한 신념을 스스로 소유함은 물론, 스스로가 자신의 신념을 개방적으로 견지할 것이다.

토의문제

1. 수학이란 무엇인가? 왜 배우는가?
2. 합리적인 민주주의 사회의 건설을 위해서는 어떤 수학을 배워야 하는가?
3. 수학을 배워야 미래의 사회에 적응할 수 있다고 보는 이유는 무엇인가?
4. 시중에는 수학 관련 교양 서적들이 많이 나와 있다. 어떤 책들이 나와 있는지 조사해보고, 조사한 각 책의 서평을 수집하여 보아라. 나아가, 이 중 몇 권을 읽어 보고 독후감을 써 보아라. 이러한 책들이 수학 교육과 관련하여 갖게 되는 의미를 추구하여 보아라.
5. 1950년대에 발생한 다음의 정치적 사건에 대하여 수학교육이 민주주의의 발전에 미치는 영향에 대하여 논의해 보아라.

   〈이승만 정권은 1952년 7월에 계엄령을 선포한 가운데 "발췌개헌안"을 통과시켰으며, 1954년 11월에는 이른바 "사사오입 개헌"을 하였다. 이 사사오입 개헌은 이승만 대통령의 3선을 목적으로 한 것이었으며, 자유당 이승만의 장기 집권을 위한 것이었다.

   당시 국회는 재적의원 203명 중 202명이 출석하여 찬성 135표, 반대 60표, 기권 7표로 개헌안 부결을 선포하였다. 이것은 개헌안 통과에 필요한 3분의 2선인

136표에서 1표가 모자랐기 때문이었다. 그러나 이틀 후에 자유당은 국회 본회의에서 사사오입 이론 즉, 135.33…≒135임을 내세우면서 개헌안 가결을 선포하였다.〉

읽을거리

- 강문봉 (1993). **Lakatos의 수리철학의 교육적 연구.** 서울대학교 박사학위 논문.
- 김응태, 박한식, 우정호 (1984). **수학교육학개론.** 서울: 서울대학교출판부.
- 조화태 (1982). 교육적 가치 개념으로서의 합리성. 서울대학교 석사학위 논문.
- 라카토스(Imre Lakatos)(저), 우정호(역) (1976, 1991). **수학적 발견의 논리** [*Proofs and Refutations*]. 서울: 민음사.
- 미국국립연구평의회(저), 구광조, 강완(역) (1996a). **모두가 중요하다: 수학의 장래에 대한 미국 국가 보고서.** 서울: 한국수학교육학회.
- 미국국립연구평의회(저), 구광조, 강완(역) (1996b). **학교 수학의 재구성: 교육과정의 철학과 골격.** 서울: 한국수학교육학회.
- 미국수학교사회(NCTM)(저), 구광조, 오병승, 류희찬(공역) (1992). **수학 교육과정과 평가의 새로운 방향.** 서울: 경문사.
- 우정호 (2000). **수학 학습-지도 원리와 방법.** 서울: 서울대학교출판부.
- National Institute for Educational Research (NIER) (1983). *Mathematics Education in Asia and the Pacific: Final Report of the Regional Design Workshop on Mathematics Education.* Tokyo, Japan: Author.
- Poincaré, H. (n. d.) *Science and Method.* pp. 46-47.
- Popper, K. R. (1972). *Objective Knowledge.* London: Oxford University Press.

제 2 장

초등 수학 교육의 발달

2.1 산수 교육의 시작

2.1.1 아라비아 숫자의 보급

피보나치(Leonardo Fibonacci)

위치적 기수법을 바탕으로 한 아라비아 숫자가 오늘날 전 세계적으로 널리 쓰이게 되기까지는 피보나치(Fibonacci, Leonardo of Pisa, 1180~1250?)의 공헌이 지대했다. 중세 최초의 수학자라고 불리는 그는 무역을 하는 아버지를 따라 지중해 일대를 돌아다니며, 당시 발달한 아라비아 수학을 깊게 익힐 기회를 얻었다.

그는 자신이 1202년에 저술한 《산판서》(算板書, *Liber Abaci*)라는 책에서 "인도의 아홉 개의 숫자는 9, 8, 7, 6, 5, 4, 3, 2, 1이다. 이들 아홉 개의 숫자와 아라비아에서 'sifr'라고 불리는 기호 0을 사용하면 어떤 수라도 자유롭게 나타낼 수 있다. 48과 XLVIII을 비교해 보라"고 하면서 로마 숫자에 비하여 아라비아 숫자의 체계성과 편리함을 강조한 바 있다.

로마 숫자와 아라비아 숫자의 근본적 차이점은 로마 숫자는 기본적으로 가법적 기수법에 따르고, 아라비아 숫자는 위치적 기수법을 따르고 있다는 점이다. 고대의 그리스인이나 로마인이 편리한 위치적 기수법을 생각해내지 못했던 것은 위치적 기수법의 필수적인 기호 0을 생각해내지 못했기 때문이다. 예를 들어, '서른일곱'을 나타내기 위해서 로마의 기수법은 '열'을 나타내는 기호 X 세 개와 '다섯'을 나타내는 기호 V, '하나'를 나타내는 기호 I 두 개를 사용하여 XXXVII이라고 표기하였다. 또, '삼백 일곱'을 나타내기 위해서는 '백'을 나타내는 기호 C를 사용하여 CCCVII이라고 표기하면 그뿐이었다. 로마인들에게 있어서 XXXVII과 CCCVII은 그 자체로 충분히 구별될 뿐만 아니라 큰 불편을 느낄 수 없었을지 모른다. 그러나 이들을 오늘날의 아라비아 기수법으로 표시하면 37과 307로 나타내게 되는데, 여기에는 십의 자리(위치)에 아무 것도 없음을 나타내는 숫자 0이 필수적임을 알 수 있다. 더구나, 위치적 기수법의 체계성과 편리함은 덧셈이나 뺄셈과 같은 계산 과정에서 역력히 드러나게 된다.

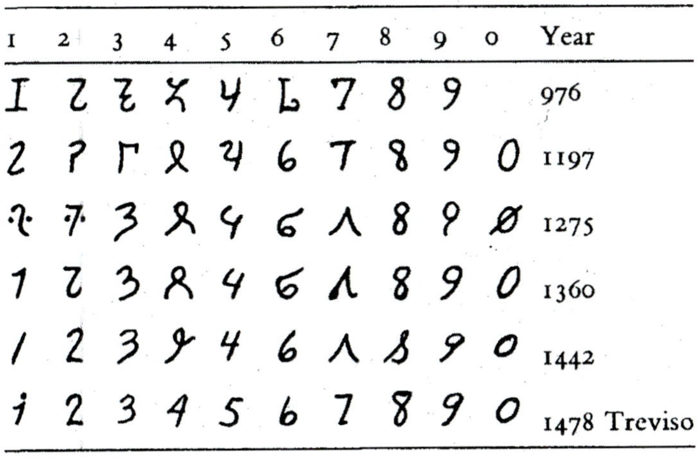

그림 2-1 아라비아 숫자의 진화 (Swetz, 1987 p. 184)

2.1.2 복식 부기의 발달과 산술 교과서의 등장

오늘날 위치적 기수법에 따른 산수(arithmetic)는 13세기부터 피보나치와 같은 아라비아의 영향을 받은 이탈리아인들이 체계적으로 정리한 것이 발전한 것으로 보인다. 특히, 베니스(Venice)를 비롯한 이탈리아 여러 지방의 상인들은 그들의 상업 거래에서 산수 사용의 중요성을 깨닫기 시작하였다. 14세기경에는 상인들이 복식 부기 방법을 채택하기 시작하였고, 15세기 들어서면서부터는 복식 부기가 금융 관리의 기본 방식으로 자리 잡게 되었다. 복식 부기 기법의 보급은 1494년 루카 파치올리(Luca Pacioli)의 《산술집성》(*Summa de Arithmetica*)와 같은 산수 교과서를 통해서 이루어졌다(Swetz, 1987, p. 13).

물론, 중세의 대학에서도 산수를 가르치고 연구하였다. 그러나 중세 대학의 교육은 본질적으로 고전적인 것이었으며, 비록 산수가 사과(四科 quadrivium)의 한 교과이긴 하였지만, 당시 스콜라 철학의 영향으로 삼학(三學 trivium)이라 불리는 문법, 논리학, 수사학에 비해 산수의 유용성에 대한 평가는 낮은 편이었다. 따라서 초기 르네상스 시대의 학생이 상업용 수학을 배우고자 하면 그는 대학을 찾기보다는 산수의 대가(大家 master)를 찾아가 지도를 받아야 했다(Swetz, 1987, pp. 14-15). 이러한 필요성에 따라 이탈리아에는 계산법을 전문적으로 가르치는 소위 산술 학교(reckoning school)라는 것이 생겨나기 시작하였다.

그림 2-2 아버지가 아들을 산술 선생에게 도제로 보내고 있다. (1535년 목판화, Swetz, 1987 p. 17)

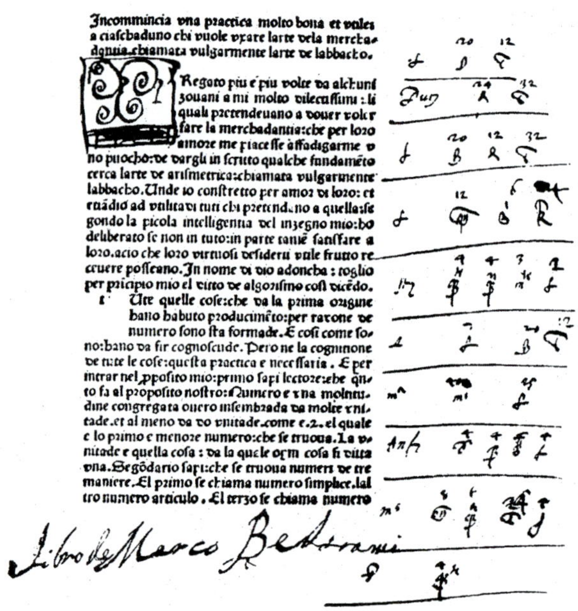

그림 2-3 트레비소 산수 교과서의 첫 페이지. 밑에는 책 주인의 서명이 적혀 있고, 오른쪽 여백에는 화폐 환산에 관한 문제가 적혀 있다. (Swetz, p. 38)

이러한 산술 학교에서 사용되던 교재로 대표적인 것이 1478년 간행된 《트레비소 산수》(*Treviso Arithmetic*) 교과서이다. 트레비소는 이탈리아 동북부 베니스 인근에 있는 도시로서 당시 산업과 무역이 발달한 곳이었다. 트레비소 산수 교과서는 트레비소와 베니스 일대의 무역 거래에서 사용되는 산술을 배우고자 하는 학생들을 위한 독학 교과서라고 할 수 있다.

트레비소 산수 교과서는 아라비아 숫자에 대한 소개와 10과 100의 배수에 관한 간단한 지도에 이어, 59와 38의 합을 구하는 방법을 지도하는 내용으로부터 시작한다. 특이한 것은 트레비소 산수 교과서에서 지도하는 덧셈이나 뺄셈의 방법이 오늘날 우리들이 초등학교에서 지도하고 있는 세로 형식의 계산 방법과 매우 유사하다는 점이다. 이처럼 초기의 산수 교과서에서 받아 올림이 있는 두 자리 수의 덧셈부터 지도하고 있는 것은 이 단계의 덧셈과 뺄셈이 산수의 근간이라고도 말할 수 있음을 보여 주는 것이기도 하다.

$$\begin{array}{r} 59 \\ +38 \\ \hline 97 \end{array}$$

트레비소 산수 교과서에서는 또한 계산의 결과에 대한 검산의 과정도 지도하고 있다. 이때의 검산 방법은 구거법(casting out of nines)으로서 수학적 계산의 정확성에 대한 당시의 합리적 정신을 엿볼 수 있다.

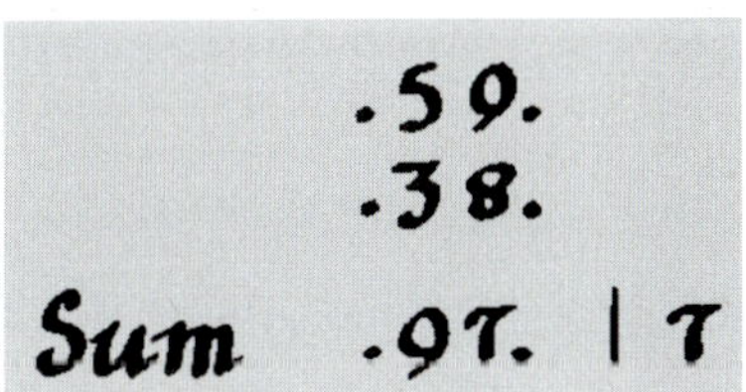

검산(구거법 casting out nines)

5와 9의 합에서 9를 빼면 5,
3과 8의 합에서 9를 빼면 2,
5와 2의 합에서 9를 빼면 7,
이것을 막대 오른편에 쓴다.
9와 7의 합에서 9를 빼면 7,
7은 7과 같다. 따라서 맞다.

받아 올림이 있는 덧셈과 받아 내림이 있는 뺄셈은 사용할 지식으로부터 가르칠 지식으로의 교수학적 변환을 보여주는 대표적인 예이다. 트레비소 산수 교과서에서는 처음에 단위 없이 수치만을 가지고 받아올림이 있는 덧셈의 원리가 도입되지만, 이어서 수치가 단위와 함께 나오는 덧셈에 대한 설명이 나온다. 예를 들어, 다음 그림은 트레비소 산수 교과서 6쪽에 나오는 내용으로, 9562 lire 19 soldi 11 pizoli에 892 lire 15 soldi 7 pizoli를 더하는 과정을 설명하는 것이다(Swetz, p. 51).

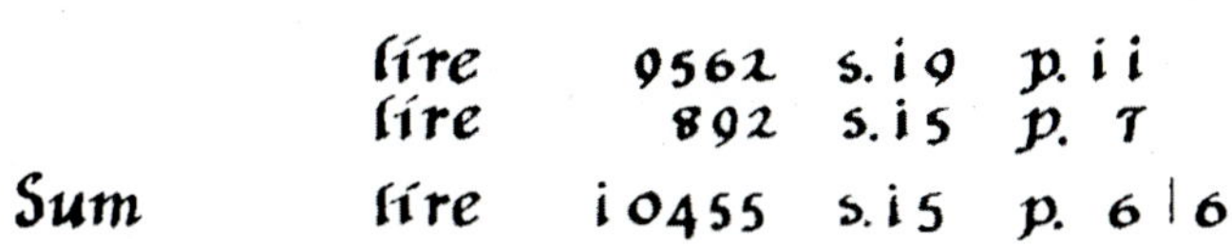

그림 2-4

	9562 lire	19 soldi	11 piozoli	
	892 lire	15 soldi	7 piozoli	
Sum	10455 lire	15 soldi	6 piozoli	6

이와 같은 받아 올림이 있는 덧셈의 연습을 담은 내용은 다양한 여러 가지 단위에 대하여 상당히 많은 분량을 차지한다. 그러나 오늘날의 산수 교과서에는 받아올림이 있는 덧셈을 지도할 때 수치가 단위와 함께 제시되는 경우를 찾아보기 어렵다. 이것은 단순히 실용적 지식이 퇴화된 것이라고만 보기 어렵다. 단위가 동반되는 수치를 사용하는 방법보다는 교수학적으로 효과적이라고 받아들여지는 여러 가지 장치들을 사용하게 된 것일 뿐이다. 특히, 받아 올림이나 받아 내림이 있는 덧셈과 뺄셈의 지도를 위해서는 여러 가지 교수학적 고안들이 생겨나게 되었다. 이러한 교수학적 고안에는 계산 과정의 세분화, 생활 장면의 도입, 도식의 사용, 수식의 사용, 세부적인 활동 지시문 등이 있다.

2.2 19세기의 수학 교육

2.2.1 19세기의 산수 교육

19세기에는 미국을 중심으로 많은 사람들이 수학 학습은 두뇌의 능력을 강화시킨다는 신념을 지니고 있었다. 그러한 신념에 따르면 두뇌는 산수 연습을 통해서 훈련되고 강화되는 근육과 같은 것이라고 간주하였다(Jones, 1970, p. 99). 이러한 배경에서 소위 암산(mental arithmetic)이 강조되었다. 다음은 암산을 강조한 화이트(Emerson E. White)의 1876년판 교과서 23쪽의 일부이다.

제2장 덧셈

제1과 더하는 수가 1, 2, 3일 때

1. 넷과 2는 얼마인가? 8과 2는? 6과 2는? 7과 2는? 3과 2는? 9와 2는?
2. 둘과 3은 얼마인가? 5와 3은? 6과 3은? 7과 3은? 9와 3은? 11과 3은?
3. 8과 3은 얼마인가? 18과 3은? 38과 3은? 47과 3은? 67과 3은? 87과 3은?

4. 9와 2는 얼마인가? 39와 2는? 59와 2는? 48과 3은? 38과 3은? 88과 3은?
5. 프레드는 한 손에 구슬 5개, 다른 손에 구슬 2개를 들고 있다. 두 손에 들고 있는 구슬은 몇 개인가?

당시는 산수 교육에서 이와 같이 암산을 강조하였으면서도, 그 지도 방법에 있어서는 세 가지 서로 다른 접근 방법이 사용되고 있었다(Michalowicz & Howard, 2003, pp. 80-92). 가장 전통적인 방법은 규범적 방법(rule method)으로서 산수 계산에 관한 여러 가지 정의, 공식, 표 등을 미리 제시하여 암기하도록 한 다음, 이것에 대한 연습을 하도록 하는 방법이다. 대표적인 것은 1818년에 간행된 애덤스(Daniel Adams)의 교과서로서 여러 수의 덧셈을 지도하는 이 교과서 11쪽 내용의 일부는 다음과 같다.

1. 더할 수들을 일의 자리는 일의 자리끼리, 십의 자리는 십의 자리끼리 등 줄 맞추어 쓰고, 맨 밑에 줄을 긋는다.
2. 맨 오른쪽 줄부터 더하는데, 만일 합이 십(10)보다 작으면 그 수를 그 줄에 맞추어 쓴다. 그러나 만일 그 합이 십이거나 십의 배수인 경우에는 그 줄에 0을 쓴다. 그리고 그 합이 십의 배수가 아니고 십을 넘으면 십의 배수가 넘는 부분을 그 줄에 맞추어 쓴다. 그리고 그 합에 포함된 십(10)들은 왼쪽 줄로 넘긴 다음 마찬가지 방법으로 계산한다.
3. 이와 같은 방법을 모든 줄에 계속하여 마지막 숫자를 맨 왼쪽 줄 밑이나 그 왼쪽에 쓴다.

이러한 규범적 방법을 개선하려는 노력으로 귀납적 방법(inductive method)과 분석적 방법(analytic method)이 사용되기도 하였다.

귀납적 방법은 페스탈로치의 교육 사상에서 영향을 받은 것으로서, 학생으로 하여금 수학적 개념에 도달하도록 단계적인 질문을 제시하는 방법을 말한다. 이러한 교수 방법을 사용한 대표적인 교과서는 1821년에 간행된 콜번(Warren Colburn)의 것이다. 콜번은 그 책의 서문에서 다음과 같이 말하고 있다.

> 아동은 그의 감각을 사용하기 시작할 때 이미 자연스럽게 다양한 대상들을 연속적으로 인식하는데, 가장 먼저 발견하는 성질 중의 하나는 수들 사이의 관계이다 … 크고 작음에 대한 아이디어는 덧셈으로 연결되고; 따라서 아동은 종종 이러한 연산을 사전에 수업 지도를 받지 않아도 해내곤 한다 … 이러한 연산에 성공하기 위해서는 그러나 아동으로 하여금 실제 예를 통해서 스스로의 기능을 연습하도록 하는 기회를 제공하는 것이 중요한 것이지, 그들에게 수학적 공식을 직접 제공하는 것은 필요하지 않다(Colburn, 1821, p. iii).

분석적 방법은 분석에 따른 조작 방법을 제시하는 것인데, 문제 해결의 사고 과정에 대한 세부 내용을 자세하게 풀어서 제시하는 방법을 말한다. 이러한 분석과 조작 방법을 제시한 다음에는 연습 문제가 뒤따른다. 그리고는 최종적으로 수학적 공식이 제시된다. 다시 말해서, 분석적 방법이란 학생으로 하여금 수학적 공식보다는 추론과 논리에 따라서 사고하는 방법을 보이기 위해 고안된 방법이라고 할 수 있다. 이러한 방법으로 1873년 제작된 브룩스(Edward Brooks)의 교과서 61쪽에는 다음과 같은 내용이 있다.

> 사과 3개가 6센트이면 사과 4개의 값은 얼마일까?
>
> 분석 : 사과 3개가 6센트이면 사과 1개의 값은 6센트의 1/3, 즉 2센트이다.
> 따라서 사과 4개의 값은 2센트의 4배, 즉 8센트이다.

2.2.2 엄정주의 대 실용주의 수학 교육

당시는 미국보다 모든 면에서 앞서 있던 유럽이었지만, 유럽에서조차도 학교 교육은 19세기 말에 이르러서야 점차 체계적인 모습을 갖추기 시작하였다. 따라서 학교 수학의 내용도 19세기에 들어서서야 분수, 유클리드 기하, 산수 등의 내용을 갖추고 그 모습을 드러내기 시작하였다.

이러한 학교 수학은 당시 대학 입시에서 기하학을 출제하기 시작하면서 두 가지 입장의 교과서가 대립 갈등하는 양상을 띠게 되었다. 즉, 소위 실용파와 엄정파의 대립이 그것인데, 드 모르간(De Morgan, 1806~1871), 피코크(G. Peacock,

1791~ 1858) 등의 교과서에서는 서민층의 자녀를 대상으로 상업 등 산업에 필요한 수학을 주로 다룬 반면, 심슨(Robert Simson, 1687~1768)의 교과서에서는 상류 계층의 자녀를 대상으로 개념의 사유, 두뇌의 도야를 목적으로 한 유클리드 기하를 주로 다루었다.

특히, 유클리드 기하에 대해서는 당시에도 비판적 의견이 제기되고, 이를 개선하려는 노력이 있었으나 성공하지 못했다. 예를 들어, 토드헌터(Issac Todhunter, 1820~1884)는 "대학의 입시에 유클리드 제○권 정리○○를 증명하라는 식의 문제가 나오므로 교과서를 개선하고 싶어도 도리가 없다."고 진술하고 있다. 따라서 영국에서는 유클리드 기하를 중심으로 한 비실용적인 학교 수학에 대한 개선의 필요성이 대두되고 있었다.

미국에서는 학교에서 상업 계산, 실용 기하, 측량술 삼각법 등 비교적 실용적 내용의 수학을 지도하고 있었으나, 대수나 기하 등의 교과 사이의 융합에 대한 방안이 논의되고 있었다.

독일의 교육은 철학적 경향을 띄고 있었으며, 학교 수학은 평면기하, 입체기하, 삼각법, 함수에 관한 문제, 물리에 관한 문제, 직교좌표에 의한 곡선론, 그래프에 의한 함수의 극대 극소, 미적분 등 이론적인 내용을 많이 다루고 있었다. 따라서 독일의 수학 교육에서는 이러한 학교 수학의 복잡한 이론적 근거를 보다 효과적으로 제시하는 방안을 요구하고 있었다.

이 당시의 수학 교과서를 살펴보면, 배우는 학생들의 심리적 상태를 고려하여 학생들이 수학적 개념이나 원리를 이해하도록 배려하기보다는, 수학 공식을 일방적으로 제시하고 이를 받아들여 반복 연습하도록 하는 방법을 사용하고 있음을 알 수 있다.

195. 문제 3. 임의의 지수를 가진 이항식을 전개하기

규칙 – 이 규칙은 다음 공식으로 잘 표현된다. 즉, a, b, m을 임의의 수(양수, 음수, 정수, 분수)라고 할 때, $(a+b)^m$은 임의의 이항식의 거듭제곱이며,

$$(a+b)^m = a^m + ma^{m-1}b + \frac{m(m-1)}{1 \cdot 2}a^{m-2}b^2 + \frac{m(m-1)(m-2)}{1 \cdot 2 \cdot 3}a^{m-3}b^3 + \frac{m(m-1)(m-2)(m-3)}{1 \cdot 2 \cdot 3 \cdot 4}a^{m-4}b^4 + \cdots$$

$$+\frac{m(m-1)(m-2)(m-3)}{1\cdot2\cdot3\cdot4}a^4b^{m-4}$$
$$+\frac{m(m-1)(m-2)}{1\cdot2\cdot3}a^3b^{m-3}+\frac{m(m-1)}{1\cdot2}a^2b^{m-2}$$
$$+mab^{m-1}+b^m$$

증명 – 이 공식은 이항정리로 잘 알려져 있으며, 아이작 뉴턴 경이 발견하고 증명하였다. 초보적인 증명 방법이 몇 가지 있으나, 어린 학생들에게는 다소 지루하고 어려운데다가, 저자의 경험으로 보아 대부분의 학생들에게 별로 도움이 되지 않음은 알 수 있다. 따라서 이에 대한 증명은 상급 단계의 수학에서 좀더 일반적인 형태의 연역적 증명으로 다룰 때까지 유보하기로 한다. 일단 이 공식을 배우고 익숙해질 때까지 연습하면, 그것으로 이 단계의 학습은 충분하다.

예제

1. 이항정리에 따라 $(x+y)^5$을 전개하라.

풀이의 예 – 이항정리를 적용하기 위하여, 공식에서 $x=a$, $y=b$, $5=m$이라고 하자.

$$\therefore\ (x+y)^5=x^5+5x^{5-1}y+\frac{5(5-1)}{2}x^{5-2}y^2+\cdots$$

1870년 미국에서 발행된 올네이(Edward Olney)의 교과서 《완전 학교 대수》(*The Complete School Algebra*) 148쪽의 일부분.

예제 10

다음 결과가 옳음을 보여라.

17. $(a^2+b^2)(c^2+d^2)=(ac+bd)^2+(ad-bc)^2$.

18. $(a+b+c)^3+a^3+b^3+c^3=(a+b)^3+(b+c)^3+(c+a)^3$.

19. $(a-b)(b-c)(c-a)=bc(c-b)+ca(a-c)+ab(b-a)$.

20. $(a-b)^3+b^3-a^3=3ab(b-a)$.

⋮

35. $\{(ax+by)^2+(ay-bx)^2\}\{(ax+by)^2-(ay+bx)^2\}=(a^4-b^4)(x^4-y^4)$.

36. $(cy-bz)^2+(az-cx)^2+(bx-ay)^2+(ax+by+cz)^2=(a^2+b^2+c^2)(x^2+y^2+z^2)$.

1887년 영국에서 발행된 토드헌터의 중학교용 《초등 대수》 한 쪽의 일부.

2.3 20세기 전반의 수학 교육

2.3.1 수학 교육 근대화 운동

20세기에 들어서서 각국의 사정에 따라 차츰 수학 교육의 중요성과 학교 수학의 개선에 대한 관심이 높아지자, 각국의 수학 교육을 이끄는 사람들은 수학 교육에 대한 개선 방안을 제시하기 시작하였다.

영국에서는 페리(John Perry, 1850~1920)가 1901년 글래스고(Glasgo)에서 열린 영국 학술 협회 총회에서 〈수학교육〉이란 강연을 통해 실용적 수학의 지도를 강조하였다. 특히, 페리는 학교 수학은 ① 유클리드 기하로부터 탈피하여, ② 실험적 방법을 중시하고, ③ 측정과 근삿값 계산을 중시하며, ④ 모눈종이와 그래프 사용을 강조하고, ⑤ 입체기하와 화법기하를 강조하며, ⑥ 미적분의 기초 개념을 지도하고, ⑦ 대학 입시 위주의 교육으로부터 탈피하여야 한다고 주장하였다. 페리의 주장은 상당한 반향을 일으켜서 영국의 수학 교육 개선에 크게 기여하였다.

존 페리(John perry)

미국에서는 1902년 무어(Eliakim Hastings Moore, 1862~1932)가 미국수학회(AMS) 회장에 취임하면서 〈수학의 기초에 관하여〉라는 강연을 통하여 수학 수업에서의 실험실법 주장하였다. 미국의 수학 교육 상황은 당시 영국과 다른 점이 많이 있어서, 페리의 주장이 미국에 그다지 큰 영향을 미치지 못하였다.

독일에서의 수학 교육 개선 운동은 당시 최고의 수학자 클라인(Felix Klein, 1849~1925)이 주도하고 있었다. 그는 1872년 제시한 에르랑거 프로그램(Erlanger programm)에서 변환군의 이론으로 기하학을 통일한 후 이를 교육에 적용하고자 하였고, 1900년에는 〈수학 교육에 관한 개량 의견〉을 발표하였다. 이후 클라인은 수학 교육의 개선에 관하여 꾸준히 활동하였다. 1902년에는 논문 〈중등학교의 수학교육에 대하여〉를 발표하였고, 1904년에는 부레스로에서 열린 〈자연과학회의〉에서 〈중등학교의 수학 및 물리학교육에 대한 주의〉라는 강연을 하였다. 1904년 괴팅겐 대학에서는 〈고등학교에서의 수학교육〉이라는 강의를 시작하였고, 1905년에는 현장 교사들을 모아 조직하여 김나지움(Gymnasium, 문화고등학교)의 수학 교수 요목안을 작성하였는데 이것이 메라네르 개혁(Meraner Reform)이다. 1908년에는 김나지움 교수 요목안에 따라 베렌드젠(Behrendsen)과 괴팅(Götting)의 교과서가 출판되었는데, 여기에는 함수 개념이 도입되었다.

프랑스에서는 보렐(Émil Borel, 1871~1956)이 1903년 새로운 방식으로 저술한 대수와 기하 교과서 출판하여 실용과 직관 중시한 수학 교육을 주장하였다. 보렐의 교과서는 이후 독일어로 번역 사용되기까지 하였다. 한편, 푸앵카레(Henri Poincaré, 1854~1912)도 1902년 중학교 교수요목 전면 개정에 관한 강연을 통해, "증명하는 것은 논리에 의한 것이지만, 발견하는 것은 직관에 의한 것이다. 비판할 줄 아는 것은 좋다. 그러나 창조할 줄 아는 것은 더욱 중요하다."고 하여, 수학에서의 직관적 사고를 강조하였다.

20세기 초에 일어난 이와 같은 수학 교육 개선 운동은 각국의 사정에 따라 그 주장이 서로 일치하거나 상반되기도 한다. 그러나 이들 모두 당시까지 별로 인식하지 못했던 수학 교육에서의 학습자의 심리적 요소에 대한 중요성을 일깨웠으며, 학교 수학의 내용을 좀더 의미 있게 하기 위한 체계적인 노력을 시작하였다는 점에서 큰 의미를 갖는다고 할 수 있다. 수학 교육의 중요성에 대한 최초의 개선 운동들은 수학 교육에 있어서의 실용적 원칙과 심리적 원칙에 대한 각성을 유발하였으나, 한편으로 초등 수학 교육에 대한 관심은 아직 미숙하였다.

페리, 무어, 클라인 등에 의해 눈을 뜨게 된 수학 교육 개선에 대한 관심은 차츰 여러 나라 사이의 협력을 통한 개선을 추구하는 경향을 띄게 되었다. 로마에서 열린 제4차 국제 수학자 대회(International Congress of Mathematicians)에서는 미국의 스미스(David Eugene Smith, 1860~1945)가 주장하여 국제 수학 교육 위원회(International Commission on the Teaching of Mathematics)를 결성하여 1908년에서 1920년까지 활동하였는데, 이 기구를 통해 스미스(미국), 클라인(독일), 그린힐(George Greenhill, 영국), 페르(Henri Fehr, 스위스) 등은 각국의 수학 교육 실태 조사하고 이들을 종합하려는 노력을 시도하였다. 그러나 그 무렵 발발한 제1차 세계 대전(1914~1918)으로 인해 이러한 노력은 성과를 거두지 못하였고, 제2차 세계 대전(1939~1945)이 끝나기까지 수학 교육을 개선하려는 노력은 큰 진전을 보이지 못했다.

2.3.2 듀이의 산수 교육관

듀이(John Dewey, 1859~1952)는 20세기 초 미국인의 삶의 양식에 지대한 영향을 끼친 사상가이다. 듀이의 교육관은 지식의 내재적 가치를 교육의 본질적 가치로 받아들이는 형이상학적 교육관과 달리, 지식의 수단적 가치, 즉 지식의 유용성을 교육의 본질적 가치로 설정하고 있다. 이러한 그의 교육 사상은 미국의 교육에 많은 영향을 주어 진보주의 교육 운동이 크게 일어나기도 하였다.

존 듀이(John Dewey)

듀이 교육론의 핵심은 '경험'이다. 듀이에게 있어서 교육은 경험의 재조직이며, 진정한 교사는 '경험'이다. 예를 들어, '수'라는 개념은 사물들이 보유한 어떤 성질들이 마음에 복사된 것이 아니라, 그 사물들을 '다루고', '해석하고', '배열하는' 등 '마음의 능동적인 활동'의 산물이다(Dewey & McLellan, 1895, p. 24). 듀이에게 있어서, '수'의 수학 교육적 의미는 측정하고자 하는 전체량과 단위량 사이의 비(比)이다. 따라서 '수'를 지도하는 산술 교수법은

막연한 전체(vague unity) → 단위(units) → 확정된 전체(defined unity)

라는 형태로 도식화된다.

1

GOING TO THE GROCERY FOR MOTHER

Mr. Smith: Good morning, Mary.
Mary: Good morning, Mr. Smith. A cake of Castile soap, please (*gives a dime or two nickels*).
Mr. Smith: Here is the soap. Thank you, Mary. Good-bye, Fred, don't lose your bread.

Continue playing "Grocery" with nickels and dimes (toy money) until every one has bought something.

1

그림 2-5

실제로 듀이는 알렉산더(Alexander)와 함께 자신의 활동주의적 교육관에 입각한 《산수》 교과서(Alexander, 1914)를 펴내기도 하였다. 이 교과서는 개념의 〈도입-정착-적용〉이라는 3단계 원칙에 따라 구성되었다.

〈개념 도입〉 단계에서는 주로 극화(dramatization)와 스스로 깨치기(what I can learn by myself)라는 활동 형식을 사용하였는데, 극화란 수에 관한 모든 생각이 아동과 친근한 상황 속에서 또는 사고의 훈련을 자극하는 문제 상황 속에서 도입하도록 의도한 것이다. 예를 들어, 그림 2-5는 알렉산더-듀이 산수 교과서의 1쪽에 나타난 '가게에서 물건 사기 활동'을 통해 수의 개념을 도입하기 위한 극화이다.

스스로 깨치기는 아동 스스로의 학습을 목표로 할 뿐만 아니라, 많은 아동이 지니고 있는 잘못된 관념, 즉 산수가 학교 안에서의 공부일 뿐이라는 생각에서 벗어나는 데 도움을 주도록 구성하였다.

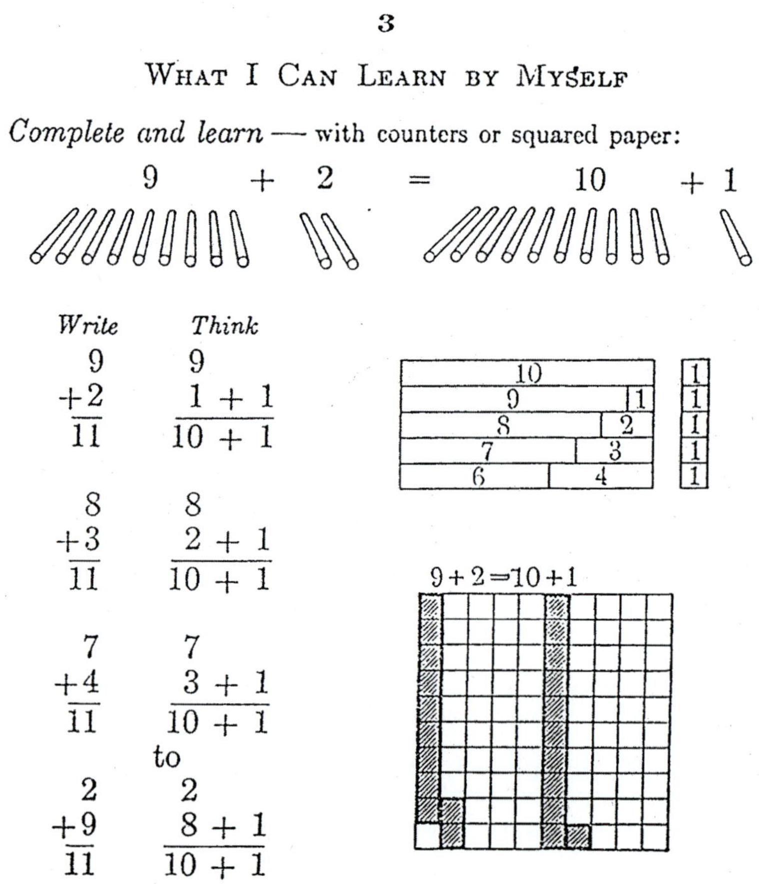

그림 2-6

5

DAILY FLASH PRACTICE

Supply the missing number:

2	8	3	6	4	5	9	7
—	—	—	—	—	—	—	—
11	11	11	11	11	11	11	11

The child who cannot instantly give the result should be required to solve orally as in Exercise 3, page 96, until the making to 10 becomes automatic. Return to the counters if necessary, but do not permit counting by ones. Do not hurry.

그림 2-7

그림 2-6은 알렉산더-듀이 《산수》 교과서 96쪽에 나오는 '합이 11인 두 수의 덧셈'에 관한 스스로 깨치기의 예이다.

〈개념 정착〉 단계에서는 주로 '오늘의 즉시 연습'(daily flash practice)이라는 활동 형식을 주로 사용하였다. 그림 2-7은 알렉산더-듀이 산수 교과서의 97쪽에 나오는 '합이 11인 두 수의 덧셈'에 관한 즉시 연습의 예이다. 특이한 것은 이러한 문제에 즉각적으로 답을 하지 못하는 학생의 경우에는 앞의 96쪽으로 돌아가서 스스로 깨치기에 대한 말하기 연습이 자동적으로 이루어질 때까지 충분히 연습할 것을 요구하면서도, 동시에 서두르지 말 것을 권하고 있다는 점이다.

〈개념 적용〉 단계에서도 주로 극화라는 활동 형식을 사용하고 있는데, 어떤 개념이나 지식이 제대로 학습되었는가에 대한 평가는 그것을 새로운 상황에 적용하는 능력이 형성되었는지에 달린 것이라는 관점에 따라 구성되었다. 그림 2-8은

10

AT THE TOY SHOP — *Dramatize*

You may go to the toy shop with a dime and a penny in your pocketbook. After buying one thing tell us how much money you have left. Here are the prices at our store:

10 cents: doll bedstead	5 cents: rubber ball
9 cents: mirror	4 cents: china doll
8 cents: rubber doll	3 cents: tin whistle
7 cents: animal cards	2 cents: doll chair
6 cents: tin horn	1 cent: marble

Require sales checks. See page 33.

그림 2-8

알렉산더-듀이 산수 교과서 100쪽에 나오는 '합이 11인 두 수의 덧셈'에 관한 개념 적용 극화의 예이다.

2.4 20세기 후반의 수학 교육

2.4.1 수학 교육 현대화 운동

제2차 세계 대전이 끝난 후, 세계 각국은 수학 교육의 중요성에 크게 관심을 갖게 되었는데, 그 이유로는 첫째, 20세기에 들어와서 창조, 발견된 수학의 양은 19세기까지 발견된 수학의 양을 능가한다고 할 수 있을 정도로, 제2차 세계 대전 이후로 급격히 발전한 수학 및 과학 기술을 들 수 있으며, 둘째로는 그에 따른 사회적 변화로서, 전문 기술 인력의 수요가 급증한 것이다. 또한, 인간은 제품을 만드는 손재주에서 자동화 기계를 관리하는 입장으로 바뀌게 되었다. 셋째로는 현대 수학의 강력한 응용성에 대처할 필요성이 대두하였는데, 확률론, 통계학 등이 물리, 공학, 생물 과학, 사회 과학 등에 널리 응용하기 시작하였고, 게임이론, 선형계획론 등 새로운 응용 수학 이론이 생겨났다. 특히, 컴퓨터의 발달[1]은 수학의 강력한 응용력을 보여주는 예가 된다. 넷째로는, 결과적으로 종래의 학교 수학이 시대의 변화에 뒤떨어져 있었다는 점을 들 수 있다. 당시의 고등학교에서 배우는 수학의 내용은 대학에서 가르치려는 수학과 내용적으로 큰 격차를 보이고 있었다. 따라서 미국과 유럽의 각국에서는 이러한 학교 수학의 내용을 좀더 현대화하려는 노력을 기울이기 시작하였다.

2.4.2 새 수학 운동의 대두와 좌절

미국에서는 1952년 일리노이 대학에서 UICSM(University of Illinois Committee on School Mathematics)을 결성하여 대학에서 가르치는 수학과 중등학교에서 가

1) 100여 년 전 윌리엄 생크스(William Shanks, 영국)가 원주율 π의 값을 소수 707자리까지 구하는데 20년이 걸렸으나, 1967년 전자계산기는 28시간 만에 500,000자리까지 계산하였다. 최근의 기록으로는 2002년 12월에 도쿄 대학의 가나다 야스마사 교수팀이 슈퍼컴퓨터를 사용하여 소수 1조 2411억 자리까지 계산하였다고 한다.

르치는 수학 내용 사이의 격차를 좁혀보려는 노력을 시도함으로써, 소위 '새 수학'의 모습을 선보이기 시작하였다. 1955년에는 미국대학입시위원회(CEEB; College Entrance Examination Board)에서 〈9-12학년의 현대화된 수학 교수요목 편성 기준〉을 발표하는 등 학교 수학의 내용을 좀더 현대화하려는 노력을 강화하였다. 특히, 1958년 예일 대학을 중심으로 조직된 학교 수학 연구회(SMSG; School Mathematics Study Group)는 CEEB에서 제시한 「대학 진학자를 위한 수학 프로그램」에 근거하여 실험 교과서 편찬 사업을 벌였는데, 1957년 스푸트니크 충격에 의한 여론의 뒷받침으로 풍부한 재정적 지원을 받게 된 SMSG의 노력은 미국은 물론 세계적으로 "새 수학 운동"이라는 이름으로 주목을 받게 되었다.

SMSG는 Yale 대학의 E. G. Begle을 중심으로 학생과 교사를 위한 일련의 해설서, 교사 재교육 교재, TV 교재 (film), 프로그램, 학습용 교과서 등을 연구 제작하였다. 이들의 실험 교과서는 세 차례에 걸쳐(1차: 7-12학년, 2차: 4-6학년, 3차: K-3학년) 제작하였는데, 학교 수학 내용의 통합성, 엄밀성, 구조성 등을 강조하였다. 그러나 여러 명의 저자가 집필한 것이므로 4-6학년 사이에 통일이 이루어져 있지 않고, K-3학년도 마찬가지였다. 여기에, 수학자 클라인(M. Kline)과 폴리아(G. Polya) 등의 비판이 이어졌고, 학부모와 교사의 호응을 얻지 못하여 여론이 악화되자 1972년에는 사업을 중지하고 붕괴되고 말았다.

SMSG를 중심으로 한 새 수학 운동의 이러한 좌절은 수학 교육 개선 운동에 관하여 많은 교훈을 남겼는데, 미국의 수학교육국가자문위원회(NACOME; The National Advisory Committee on Mathematics Education)는 1975년 이에 대한 보고서에서 "비록 뚜렷한 성공을 거두지는 못했으나 계속적인 개선의 필요성을 부정함이 없이 계속 개선을 추진하여야 한다."고 새 수학 운동에 대한 최종 평가를 내렸다.

새 수학 운동은 사회적으로 "기본으로 돌아가자(Back to basics)"라는 반동을 낳았으나 구체적인 대안을 곧바로 제시할 수는 없었다. 미국의 수학 교육 지도자들은 새로운 대안 제시를 위해 노력한 결과, 미국수학교사회(NCTM)에서는 1980년 4월에 〈1980년대의 학교 수학을 위한 제안〉으로 다음 8가지를 결의하였다.

① 문제 해결력 강조
② 계산 기능보다는 폭넓은 기본 기능
③ 계산기와 컴퓨터의 이점을 최대한 활용할 것

④ 효과와 효율을 동시에 고려하는 엄격한 기준 도입
⑤ 전통적 시험 제도보다 폭넓은 방법으로 평가할 것
⑥ 수학 학습량의 증대 및 선택의 폭이 유연한 교육과정 계획
⑦ 넓은 단계의 학문성을 지닌 수학 교사 요망
⑧ 수학 교육을 위한 공공 지원의 증대 요망.

이때 제시된 첫째 제안인 수학 교육에서의 '문제 해결력'에 대한 강조는 오늘날까지도 설득력을 지녀 넓은 지지를 받고 있다.

2.4.3 유럽의 수학 교육 현대화 운동

미국에서는 수학 교육 현대화 노력이 한 차례 좌절을 겪고 나서 수학적 문제 해결력을 새로운 대안으로 제시하게 되었으나, 영국이나 프랑스에서의 수학 교육 개선 노력은 이와는 다른 양상을 띠웠다. 영국에서는 1961년 4월 대학과 중등학교의 수학 교사, 연구소, 산업계의 수학 관계자 약 150여명이 모여 『수학 교육 현대화를 위한 사우샘프턴(Southampton) 회의』를 열었는데, 사우샘프턴대학(University of Southampton)의 스웨이츠(B. Thwaites)가 주관하였으며, 〈수학 교육에 관하여 (On Teaching Mathematics)〉라는 결과 보고서를 통하여 "기본 개념을 현대 수학의 관점에서 저학년에서부터 기회 있는 대로 지도하여야 한다."고 주장하였다.

이 회의의 성과에 따라 SMP(School Mathematics Project), MME(Midlands Mathematical Experiment), CSM(Contemporary School Mathematics), MEI (Mathematics in Education and Industry), SMG(Scotish Mathematics Group) 등의 각종 연구 단체가 발족하였다. 이 중 SMP의 활동을 비교적 성공적으로 평가하고 있는데, 하우슨(A. G. Howson)은 그 성공의 이유로서, ① 영국에서는 당시 별도의 교육과정이 없어[2] 교과 내용의 선택이 완전히 교사의 자율에 의존하였으며, ② 산업계에서 자유로이 쓸 수 있는 기금을 얻을 수 있었고, ③ 소수의 현장 교사(처음에는 핵심 요원 4명이 활동하였으나, 뒤에 10명으로 늘어남)로부터 일어난 운동이며, 무턱대고 폭을 넓히지도 않았는데 이것은 바로 미국에서의 그것과 차이이며, ④ 실험 교육도 극소수에서 시작하여 서두르지 않고 차츰차츰 다져나갔

2) 당시와 달리 현재는 국가 수준의 교육과정이 제공되고 있다.

다는 점을 들고 있다. 반면, 현장 교사들이 만든 것이므로 체계화, 엄밀성, 통일성 또는 맛이 결여되어 있다는 비판도 듣고 있다.

프랑스의 수학 교육 현대화 운동은 듀돈네(J. Dieudonné)가 주도하였는데, 그는 로야몽(Royamont) 세미나의 의장을 맡았으며, 이 회의에서는 학교 수학을 개선하기 위하여 현대 수학을 도입하고, 논리적 엄밀성을 보장하며, 현대 수학으로의 접근을 위해 오래된 교재를 정비하여야 하며, 대수적 구조와 현대적 방법을 중시할 것을 결의하였다. 특히 듀돈네는 "유클리드 기하의 추방"을 외쳤으나, 후에 이것은 너무 극단적이라는 비판을 받았다. 또한, 프랑스에서는 미국과 달리 해석학(미적분)과 확률론이 고도로 취급되고 있었다. 1975년 일본 도쿄에서 개최된 수학 교육 국제회의에서 리세네로비츠(Lichenerowicz)는 프랑스의 수학 교육 현대화 운동은 벡터를 먼저 배우고 유클리드 기하를 뒤로 돌린 것 등 부분적으로 실패한 것도 있으나, 대체로 수학 교육 현대화는 성공적으로 진행하고 있다고 보고한 바 있다.

2.4.4 수학 교육 개선을 위한 국제적 협력

이러한 각국의 노력에 덧붙여 수학 교육 개선 노력은 국제적인 협력이 이루어지게 되었다. 국제수학자연맹(IMU; International Mathematicians Union)의 하부 기구인 국제수학교육위원회(ICMI; International Committee on Mathematical Instruction)는 ICMI의 자체적 국제 대회인 국제수학교육회의(ICME; International Congress on Mathematical Education)를 열기로 하고, 1969년 8월 프랑스의 리옹(Lyon)에서 42개국 614명이 참가한 ICME I을 개최하였다.[3] 이 대회에서 결의한 사항의 요지는 다음과 같다.

① [수학 교육의] 내용뿐만 아니라 방법도 현대화해야 한다.
② 다른 학과와 관련, 협력 장려
③ 국제 협력 확대
④ 수학교육에 관한 현장 교사의 연구 기회 확대 보장
⑤ 수학교육학의 독자적 위치 부여

3) 국제회의에 참석해보면 ICMI는 "이크마이", ICME는 "이크미"라고 부르는 것을 알 수 있다.

이 중 다섯째 결의 사항은 수학 교육학의 학문적 독자성을 부여하는 것으로서, 오늘날 교과 교육학의 한 분야로서 수학 교육학이 그 제도적 위치를 확고히 하고 학술적 연구가 활발하게 이루어지게 된 계기를 마련하였다고 볼 수 있다.

이 대회는 또한 ICMI에 대한 권고로서 다음을 결의하였다.

① 국제 정보 센터 등 국제 협력의 제도적 보장
② 차기 회의에서 교육학, 심리학에 관한 연구 추진

이어 1972년 8월 영국 엑세터(Exeter)에서는 72개국에서 약 1400명이 참가한 ICME II가 개최되었는데 르네 탐(R. Thom)이 「현대 수학: 존재하는가? (Modern Mathematics: Does It Exist?)」, 피아제(J. Piaget)가 「수학 교육자에 대한 권고(Comments on Mathematical Educator)」 등의 주제 강연을 하였다. 이후 매 4년마다 열렸는데 개최지와 연도는 다음과 같다.

1976년 ICME III - 독일 카를스루에(Karlsruhe)
1980년 ICME IV - 미국 버클리(Berkeley)
1984년 ICME V - 호주 애들레이드(Adelaide)
1988년 ICME VI - 헝가리 부다페스트(Budapest)
1992년 ICME 7 - 캐나다 퀘벡(Quebec)
1996년 ICME 8 - 스페인 세비야(Seville)
2000년 ICME 9 - 일본 도쿄 마쿠하리(Makuhari)
2004년 ICME 10 - 덴마크 코펜하겐(Copenhagen)
2008년 ICME 11 - 멕시코 몬테레이(Monterrey)
2012년 ICME 12 - 대한민국 서울(Seoul)
2016년 ICME 13 - 독일 함부르크(Hamburg)

세계 각국의 수학 교육은 이러한 국제 수학 교육 회의를 통하여 서로의 관심과 연구 결과를 교환함으로써 보다 풍부하고 우수한 정보를 갖추게 되어 더욱 발전할 수 있게 되었다.

2.4.5 제12차 국제수학교육회의

제12차 국제수학교육회의(ICME 12)는 2012년 7월 9일에서 15일까지 서울 코엑

스에서 100여 개 국, 4000여명의 수학교육자가 참석한 가운데 '수학교사의 전문성 신장'이라는 주제로 열렸다. 이 회의는 총 1400여 편의 논문이 발표되는 역대 최대 수준의 학술 행사뿐만 아니라 일반인들이 참여하는 전시, 체험 행사가 대폭 확대되어 Math Carnival, 교구전시관, 수업 실연, 수학 체험전 등 학생과 교사가 참여하는 활동의 장을 마련한 것으로 평가된다.

뿐만 아니라 이 회의는 교사 연수의 기회로 적극 활용되어, 전국 초, 중, 고 수학 교사 800여명이 한-중-일 수업 관찰을 포함하여 총 45시간의 연수에 참여하였다. 또한 외국의 수학교육 관계자들이 한국의 초, 중, 고교를 방문하는 행사가 마련되어 우리나라의 수학 교실을 공개하는 기회를 제공한 것도 주목할 만하다.

2012년의 ICME 12에 이어, 2013년 아시아수학대회(AMC), 2014년 국제수학자대회(ICM)를 연이어 개최하는 우리나라는 명실상부한 수학 선진국임을 널리 알리는 계기를 마련하였다는 점에서 ICME 12 서울 개최의 의미는 매우 크다고 할 것이다. ICME 12의 공식 홈페이지(http://www.icme12.org/)를 방문해보면 보다 자세한 내용을 알 수 있다. 한편 다음 ICME 13은 2016년 7월에 독일 함부르크(Hamburg)에서 열리게 되어 독일에서는 두 번째 개최가 된다.

2.5 우리나라 초등 수학 교육의 발달

2.5.1. 개화기

1895년 2월 2일 고종이 교육조서(教育詔書)를 공포함으로써 우리나라는 종래의 서당 교육에서 탈피하여 서양식의 근대적인 교육 제도에 접하게 되었다. 실제적인 학교 교육은 그 해 7월 19일 심상과(尋常科)[4] 3년, 고등과(高等科) 3년으로 된 소학교령이 공포되면서 시작하였는데, 소학교에서의 수학 교육은 '산술'이라는 교과명으로 이루어졌다. '요지'라고 불리던 당시 산술 교과의 목표는 '산술은 일상 계산에 습숙(習熟)하게 하고 겸하여 사고를 정밀케 하고 또한 생업 상에 유익한 지식을 얻음'이었으며, 심상과에서는 가감승제(10 이하의 수에서 10000 이하의 수까지), 도량형, 화폐, 시각 및 이들의 응용, 필산과 주산의 응용 등을 가르쳤고, 고등

4) 尋常 : 尋은 8자, 常은 16자로 얼마 안 되는 길이를 뜻한다.

과에서는 주산(가감승제), 필산(도량형, 화폐, 시각의 계산, 비례, 소수, 분수 문제) 등을 가르쳤다.

이후 1906년 8월 27일에 고종은 소학교령을 폐지하고 보통학교령을 공포하였으며, 다시 1909년 7월 5일에는 보통학교령을 개정하였다. 보통학교 산술 교과의 요지는 "일상 계산에 습숙케 하여 생활상 필요한 지식을 얻고 겸하여 사고를 정확하게 함"이었다. 1906년의 보통학교령에서는 산술 교과의 내용을 다음과 같이 학년별로 제시하는 발전된 형태를 보였다.

제1학년 : 계산, 서법, 통상 가감승제 (주당 6시간 / 28시간)
제2학년 : 통상 가감승제 (주당 6시간 / 28시간)
제3학년 : 통상 가감승제 ; 소수의 호법(呼法), 서법, 가감승제, 분수; 도량형, 화폐, 시간의 계산 (주당 6시간 / 30시간)
제4학년 : 제3학년과 같음 (6시간 / 30시간)

3년 뒤 개정된 보통학교령에서는 제4학년의 교육내용을 보완하였다.

제1학년 : 간단한 수리 계산법 ; 서법 ; 가감승제(6시간 / 28시간)
제2학년 : 통상 가감승제 (6시간 / 28시간)
제3학년 : 통상 가감승제 ; 소수 (6시간 / 30시간)
제4학년 : 제등수(諸等數)[5] ; 분수 ; 보합산(步合算)[6] (6시간 / 30시간)

1895년 소학교령 공포에 조금 앞서 4월 16일에는 소학교 교원 양성을 위한 한성사범학교관제(漢城師範學校官制)가 공포되어 한성사범학교가 세워졌다. 초기의 한성사범학교는 2년 수업 연한의 본과와 6개월 수업 연한의 속성과로 구성되었으며, 수신(修身), 교육, 국문, 한문, 역사, 지리, 수학, 물리, 화학, 박물, 습자, 작문, 체조 등의 교과를 지도하였다.

1906년 소학교령을 폐지하고 보통학교령을 공포하던 해 같은 날짜에 사범학교령, 고등학교령 등을 같이 공포하였다. 보통학교 교원 양성을 목적으로 한 사범학교의 입학 자격은 보통학교 졸업 이상의 학력을 지닌 자로 정했으며, 본과의 수업 연한이 3년으로 늘어났다. 사범학교에는 본과 이외에 예과, 속성과, 강습과 등을 설치하였다. 사범학교에서 가르친 수학 교과의 내용은 정수, 분수, 소수, 비례, 백분

5) 諸等數: 1m 75cm와 같은 복명수(複名數)를 뜻한다.
6) 步合算: 비(比) 또는 비례(比例)에 관한 실용적인 계산을 뜻한다.

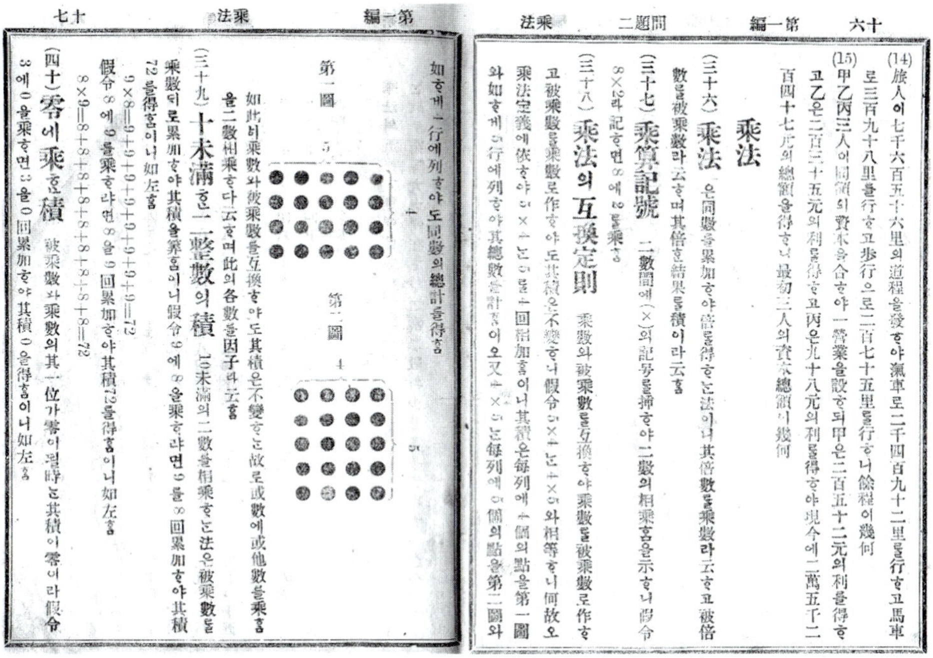

그림 2-9 1900년 발행된 산수 교과서 《정선산학(精選算學)》의 일부: 곱셈의 개념을 도입하고 있다.

율, 대수, 기하의 초보 등이었는데, 1909년 7월 5일 교과 내용이 일부 개편되면서 산술, 대수, 기하 등을 가르쳤다. 수학 시수는 1학년에서 산술이 17% 정도의 비중을 차지하였으나, 2, 3학년에서는 6% 정도에 지나지 않았다.

2.5.2 일제 점령기

1910년 일본에 의해 우리나라가 일본에 강제 합방이 된 이후에도 학교 제도는 큰 변화 없이 지속되었고, 학교에서 다루는 수학 교육도 산술 위주의 실용적 내용이 주를 이루었다. 당시에 보통학교에서 가르치던 교과로는 수신(修身), 국어(일본어), 조선어, 산술, 국사, 지리, 이과, 직업, 도화, 창가, 체조, 가사 및 재봉, 수공 등이 있었으며, 주당 시수는 1학년부터 각 학년별로

5(24) - 5(26) - 6(27) - 6(남 33, 여 31) - 4(35, 31) - 4(35, 31)

이었다.

그러나 1941년 전시 비상 체제에 들어서면서, 보통학교를 국민학교로 개칭하는 등 교육 제도에 변화가 오고, 교과명도 '산술(算術)'에서 '산수(算數)'로 바꾸었다.

이때의 수학 교육은 전시 체제 아래 있었으므로 가르치는 내용에 전쟁에 관한 내용을 많이 포함하였다. 예를 들어, 1944년 발행된 산수 6학년 하권 교과서 70쪽에는 다음과 같은 문제가 실려 있었다.

- 시속 250km로 8시간 항속할 수 있는 함상 공격기가 군함에서 나와 호노루루에 가서 또다시 군함에 돌아오기 위해서 군함은 호노루루에서 몇 해리 이내에 있지 않으면 안 되는가? 그 범위를 지도상에서 조사하여라.

그런가 하면 같은 책 71쪽에는 다음과 같은 문제가 실려 있었다.

- 소총탄은 보통의 흙을 1m의 두께의 흙을 쌓으면 막을 수 있다. 밑의 그림의 모양으로 길이 30m의 토담을 만드는 데 흙이 얼마나 필요한가? 보병이라면 보통의 흙을 한 사람이 한 시간에 0.5m씩 판다고 한다. 다음의 토담을 만들기 위하여 5명의 보병이 흙을 파면 몇 시간 걸리는가?

2.5.3 미 군정기

1945년 8월 15일 우리나라는 일본으로부터 해방되었으나 아직 독자적인 정부를 세울 수 없었고 미군이 잠정적으로 통치를 하였다. 따라서 새로운 교육 제도를 완비하지 않았으며, 미 군정청 문교부에 의해서 비조직적인 과도기적 편성 체제의 교육이 이루어지게 되었다. 1946년 3월 미 군정청 문교부는 국민학교 산수과 교수요목을 제정 발표하였는데, 해방 전의 내용과 별 차이가 없었다. 교과서는 "초등 셈본"이라 불렸으며, 광복 전 일본의 전시 교육 과정의 내용을 많이 모방한 것이었다.

이 시기의 수학 교육은 단순한 실용에 치중하였으며, 지도 내용이 어렵고 과다하였다. 군정기 초기의 국민학교 교과는 공민, 국어, 역사, 지리, 산수, 이과, 체조, 음악, 습자, 도화・공작, 요리・봉재, 실과 등을 지도하였으나, 후에 국어, 사회생활, 이과, 산수, 보건, 음악, 미술, (가사) 등으로 개편하였다. 산수과의 주당 시수도 초기에는 1학년부터 각 학년별로

6(22) - 6(22) - 7(25) - 5(30) - 5(33) - 5(33)

였으나, 후에

4(28) - 4(28) - 5(30) - 5(34) - 5(34) - 5(34)

로 바뀌었다.

당시 발표된 국민학교 산수과 교수요목의 학년별 주요 내용은 다음과 같다.

1학년: 20 이하의 정수, 수의 증감, 수의 구성, 10까지의 수의 가감, 20까지의 수의 가감, 100까지의 수, 100까지의 수의 간단한 가감, 이위수(二位數)와 기수와의 가감(합이 100 이하)

2학년: 기수와 기수의 합이 11 이상 되는 가산, 11 이상의 이위수에서 기수를 감하여 기수가 남는 감산, 이위수와 이위수의 가감(1), 이위수와 이위수의 가감(2), 이위수와 기수와의 가감, 이위수와 이위수와의 가감(3), 배의 개념, 곱셈 구구, 포함제(包含除)

3학년: 등분제(等分除), 각의 관념, 분수의 관념, 제산(除算), 이위수와 기수의 승산 및 그 역의 제산, 이위수와 이위수의 가산 및 그 역의 감산, 가산과 감산, 승산과 제산, 큰 수

4학년: 무게, 주산(1), 시간과 시각, 주산(2), 소수, 도형, 가감산, 승산, 제산, 면적과 분수, 큰 수, 가감산, 승산, 제산, 직방체의 체적, 형과 면적, 분수 소수

5학년: 큰 수, 시계와 시간, 승제산, 입식(立式), 작은 수, 정수(자연수), 주산, 대칭형과 중심(重心), 소수, 분수, 공식과 구적, 비중과 체적, 총괄적 복습

6학년: 주산, 비례 반비례, 입체도형, 측량 측정, 등식, 간편산(簡便算) 개수(概數)와 개산(概算), 힘과 운동, 여행, 지구, 역(曆), 연료 전기, 우편, 방정식, 총괄적 복습

● 토의문제

1. 20세기 전반의 수학 교육 개선 운동이 우리나라의 수학 교육에 미친 영향은 무엇인가?
2. 20세기 후반의 수학 교육 개선 운동이 우리나라의 수학 교육에 미친 영향은 무엇

인가?

3. 우리나라 개화기의 초등 수학 교육은 오늘날과 어떤 차이가 있는가?
4. 우리나라 미 군정기의 초등 수학 교육은 오늘날과 어떤 차이가 있는가?

읽을거리

- 강완 (2000). 수학 교과서에 나타난 계산 지도 방법의 변화 - 두 자리 수의 덧셈과 뺄셈. **한국초등수학교육학회지** 4, 21-37.
- 강흥규 (2003). **Dewey의 경험주의 수학 교육론 연구**. 서울대학교 박사학위논문.
- 박한식 (1982). **수학교육사**. 서울: 교학사.
- 박한식 (1991). **한국수학교육사**. 서울: 대한교과서주식회사.
- 우정호 (2000). **수학 학습-지도 원리와 방법**. 서울: 서울대학교 출판부.
- 이동일 (2000). **Dewey의 수학교육론에 대한 분석**. 서울교육대학교 석사학위논문.
- Adams, Daniel. (1818). The Scholar's Arithmetic, or Federal Accountant. New York: John Prentiss.
- Alexander, G. (1914). *The Alexander-Dewey Arithmetic: Elementary Book*. New York: Longmans, Green, and Co.
- Colburn, Warren. (1821). *An Arithmetic on the Plan of Pestalozzi, with Some Improvements*. Boston: Commings & Hillard.
- Dewey, J., & McLellan, J. A. (1895). *The Psychology of Number and Its Applications to Methods of Teaching Arithmetic*. New York: D. Appleton Company.
- NCTM (1980). *An Agenda for Action: Recommendations for School Mathematics of the 1980s*. Reston, VA: NCTM.
- National Advisory Committee on Mathematics Education (NACOME) (1975). *Overview and Analysis of School Mathematics Grades K-12*. Reston, VA: NCTM.
- The Editorial Board of Educational Studies in Mathematics (Ed.) (1969). *Proceedings of the First International Congress on Mathematics Education*. Dordrecht, Holland: D. Reidel.
- Howson, G., Keitel, C., & Kilpatrick, J. (1981). *Curriculum Development in*

Mathematics. Cambridge: Cambridge University Press.

- Jones, Phillip S. (Ed.) (1970). *A History of Mathematics Education in the United Stated and Canada. Thirty-second Yearbook of the NCTM.* Reston, VA: NCTM.
- Michalowicz, Karen D., & Howard, Arthur C. (2003). Pedagogy in text: An analysis of mathematics text from the nineteenth century. In George M. A. Stanic & Jeremy Kilpatrick (Eds.) *A History of School Mathematics*, pp. 77-109. Reston, VA: NCTM.
- Swetz, Frank J. (1987). *Capitalism and Arithmetic: The New Math of the 15th Century.* La Salle, IL: Open Court.
- Stanic, G. M. A., & Kilpatrick, J. (Eds.) (2003). *A History of School Mathematics.* Reston, VA: NCTM.
- White, Emerson. (1876). *An Intermediate Arithmetic, Uniting Mental and Written Exercises in a Natural System of Instruction.* Cincinnati, OH: Van Antwerp, Bragg & Co.

제 3 장

초등학교 수학과 교육과정의 변천

3.1 제1차 교육과정: 생활 단원 학습 중심

공포: 1954년 4월 20일 문교부령 제35호 교육과정 시간 배당령

1955년 8월 1일 문교부령 제44호 국민학교 교육과정

시행: 1955년 국민학교 전학년

교과 편제: 국어, 산수, 사회생활, 자연, 보건, 음악, 미술, 실과, 특별활동

학년별 시간 배당:

학 년	1	2	3	4	5	6
배정 비중(%)	10~15	10~15	12~15	15~10	15~10	15~10
주당 배정 시간(분)	100~140	100~150	130~160	170~110	180~120	190~120
주당 전체 시간(분)	960	1000	1080	1120	1200	1240
주당 배정 시수	2.5~3.5	2.5~3.75	3.25~4	4.25~2.75	4.5~3	4.75~3
주당 전체 시수	24	25	27	28	30	31

교과 목표:

산수과는 일상생활에 있어서 수량적인 관계와 형에 대하여 고찰하고 이해하고 처리하는 능력과 태도를 기르는 데 있다. 즉, 학생들의 일상생활이나 사회 현상 중에서 생활에 필요한 수량적인 내용을 이해하고 또 활용할 수 있도록 풍부한 경험을 통하여 고찰하고 처리를 시킴으로써, 생활에 일어나는 문제를 필요에 따라 자유로이 잘 해결 지을 수 있는 능력을 기르며, 수량적인 처리를 통하여 언제나 생활을 더욱더 낫게 하도록 하는 태도를 기름으로써 유능한 사회의 일원이 되도록 성장 발달시키는 데 있다. (이하 생략)

3.1.1 배경

1948년 정부가 수립되고 이듬해인 1949년 교육법을 제정 공포하여, 6-3-3의 현행 학제를 확립하였으나, 초등교육기관의 명칭은 일제 말기에 부르던 대로 국민학교로 부르도록 하였다. 행정적으로는 문교부가 아직 체계적인 교육과정을 제정하지 못했으며, 곧이어 발발한 한국 전쟁으로 인해 교육 행정이 원활하게 이루어질 수도 없었다. 1953년이 되어서야 교육과정 제정 합동위원회가 구성되었으며, 1954년 4월 20일에 비로소 문교부령 제35호 '교육과정 시간 배당 기준령'이 공포되었고,

1955년 8월 1일에 문교부령 제44호로 '국민학교 교육과정'을 공포하여, 우리 손으로 만든 첫 교육과정을 제정하였다.

3.1.2 특징

이 제1차 수학과 교육과정은 미국의 진보주의 교육 사상의 영향을 받아 경험 중심의 생활 단원으로 구성하였으며, 생활 문제 해결을 주제로 한 교육으로서, 수학적 체계를 무시하였으며, 내용의 수준이 낮을 뿐만 아니라, 생활 문제에 이끌려 가는 데 따른 문제가 많았다. 예를 들어, 산수 교과서에 '즐거운 여름', '전람회', '장사놀이', '어린이 은행', '튼튼한 몸', '추수', '채소밭' 등과 같은 단원명이 등장하는 것을 보더라도, 수학적 체계 보다는 생활 중심 학습을 더 강조하였음을 알 수 있다.

국민학교 교과서는 문교부 편수국에서 편찬하였으며, 교과서 명은 군정기의 《셈본》에서 《산수》로 바뀌었다. 이 교육과정의 특징의 하나는 각종 수학 용어에 '나란히꼴', '나란히금', '맞모금', '맞줄임', '맞선꼴', '돌림체', '짝진변', '짝진각', '모기둥' 등과 같은 우리말을 사용하였다는 점이다. 이중 일부는 적합하지 않은 것도 있어서 지금은 사용하지 않고 있으나, '사다리꼴', '마름모' 등 몇 가지는 학교 수학의 용어로 자리 잡은 것도 있다.

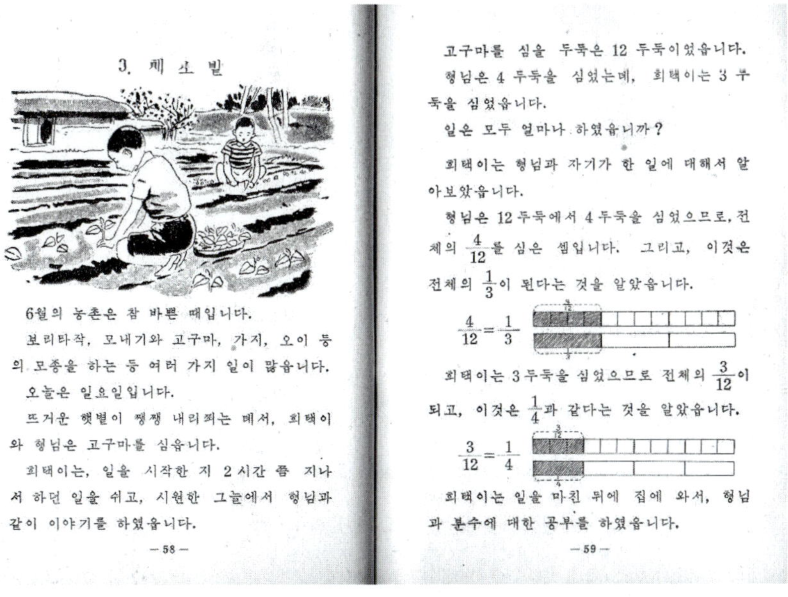

3. 채소밭

6월의 농촌은 참 바쁜 때입니다.

보리타작, 모내기와 고구마, 가지, 오이 등의 모종을 하는 등 여러 가지 일이 많읍니다.

오늘은 일요일입니다.

뜨거운 햇볕이 쨍쨍 내리쬐는 데서, 회택이와 형님은 고구마를 심읍니다.

회택이는, 일을 시작한 지 2시간 쯤 지나서 하던 일을 쉬고, 시원한 그늘에서 형님과 같이 이야기를 하였읍니다.

— 58 —

고구마를 심을 두둑은 12 두둑이었읍니다.

형님은 4 두둑을 심었는데, 회택이는 3 두둑을 심었읍니다.

일은 모두 얼마나 하였읍니까?

회택이는 형님과 자기가 한 일에 대해서 알아보았읍니다.

형님은 12 두둑에서 4 두둑을 심었으므로, 전체의 $\frac{4}{12}$를 심은 셈입니다. 그리고, 이것은 전체의 $\frac{1}{3}$이 된다는 것을 알았읍니다.

$\frac{4}{12}=\frac{1}{3}$

회택이는 3 두둑을 심었으므로 전체의 $\frac{3}{12}$이 되고, 이것은 $\frac{1}{4}$과 같다는 것을 알았읍니다.

$\frac{3}{12}=\frac{1}{4}$

회택이는 일을 마친 뒤에 집에 와서, 형님과 분수에 대한 공부를 하였읍니다.

— 59 —

생활 단원 학습 중심으로 꾸며져 있는 6학년 1학기 《산수》 교과서의 예

3.2 제2차 교육과정 : 계통 학습 중심

공포: 1963년 2월 15일 문교부령 제119호 국민학교 교육과정 개정령

1969년 9월 4일 문교부령 제251호 교육과정 부분 개정

시행: 1964년 국민학교 1, 2학년

1965년 국민학교 3, 4학년

1966년 국민학교 5, 6학년

편제: 교과활동－국어, 산수, 사회, 자연, 음악, 체육, 미술, 실과 ; 반공 · 도덕 ; 특별활동.

학년별 시간 배당:

학 년	1	2	3	4	5	6
배정 비중(%)	19～14	14～18	15～19	17～15	14～18	18～14
주당 배정 시수	4～3	3～4	3.5～4.5	4.5～4	4～5	5～4
주당 전체 시수	21	22	24	26	28	28

교과 목표:

① 일상생활의 구체적인 경험을 통하여 수량이나 도형에 관한 기초적인 개념, 원리, 법칙을 이해하여, 수리적인 사고 방법과 처리 기능을 얻도록 한다.

② 수량이나 도형에 관한 기초적인 지식과 기능을 체계적으로 조직하고 적절히 활용하여, 생활에서 일어나는 문제를 능률적으로 해결하도록 한다.

③ 수량이나 도형에 관한 생활상의 모든 문제를 올바르게 판단하고 과학적으로 처리하는 습관을 기른다.

3.2.1 배경

한국 전쟁 직후에 만든 제1차 교육과정은 미비한 점이 많아 여러 가지 문제점을 가지고 있었다. 이에 따라 문교부는 1959년 1월에 교육과정에 관한 여론 조사를 실시하였다. 여론 조사의 결과에 따라, 그해 12월 23일에 교육과정심의회 규정을 개정하고, 1961년 8월에 교육과정 개정 시안 작성에 들어갔다. 1960년대 초, 4 · 19와 5 · 16과 같은 정치적 격동을 거친 후 문교부는 1963년 2월 15일 문교부령 제119호 교육과정 개정령을 공포하였다. 이 새로운 교육과정은 1964년에 국민학교 1, 2학년, 1965년에는

국민학교 3, 4학년과 중학교, 1966년에는 국민학교 5, 6학년과 고등학교에서부터 점차적으로 실시하였다. 이후 1969년 9월 4일 문교부령 제251호로 교육과정의 부분적 개정이 뒤따랐다.

3.2.2 특징

제2차 수학과 교육과정은 학문의 이론적 계열성을 강조하는 교과 중심 교육과정으로서, 내용면에서 자주성, 생산성, 유용성을 강조하고, 조직면에서 합리성을 강조, 운영면에서 지역성을 강조하는 등 제1차 교육과정에 비해서 체계적인 면모를 갖추었다. 당시 문교부가 제시한 교육과정 개정의 요점에는 ① 기초 학력의 중시(3R's[1] 중시), ② 교육과정 계열의 합리화(교과 간과 교과 내의 관련 유지와 중복 회피), ③ 생활 경험을 중심으로 하고, 종합 지도도 가능하게 함, ④ 교육과정 전체 구조를 교과 활동, 반공・도덕, 특활의 3층 구조로 함, ⑤ 교육과정의 서술 형식을 통일하여, 목표, 학년 목표, 지도 내용, 지도상의 유의점으로 함 등의 내용을 포함하고 있다.

산수 교과에 있어서는 수학 본연의 계통을 중시함으로써 수학의 기초 학력을 신장하는 데 주력하였다. 당시 내세운 산수과 교육과정 개정의 방침은 ① 산수과 내용을 충실하게 함, ② 학습 지도의 능률을 올리기 위하여 기초적인 개념, 원리에 치중하며 체계적이고 발전된 학습 전개를 꾀함, ③ 국민학교 교육을 완성 교육으로 하여 사회생활에서 유효하게 사용하도록 기초적 지식, 기능의 숙달을 도모함, ④ 아동들이 창의적인 사고 기능을 발휘하여 자주성을 십분 발휘할 수 있게 함 등으로 되어 있다.

교과 영역은 수, 계산, 양과 측정, 수량 관계, 응용의 5개 영역으로 구분하였다. 특히, 수량 관계와 응용의 영역에서는 문장제, 함수에 대한 내용, 생활 문제의 해결, 표와 그래프 등의 내용을 다루었다. 그러나 제1차 교육과정에서 강조하던 생활 경험 중심의 내용을 완전히 탈피하지는 못하였다. 이것은 산수 교과서에 '담기와 쪼개기', '열씩 묶기', '천까지 세기', '소수의 곱셈과 나눗셈', '대칭 도형' 등 수학적인 내용을 암시하는 단원명과 함께, 저학년에서는 종전과 같이 생활 경험 중심을 강조하는 경향의 '저금 계산', '철수네 반' 등과 같은 단원명이 포함되어 있음에서

1) Reading, wRiting, aRithmetic

알 수 있다.

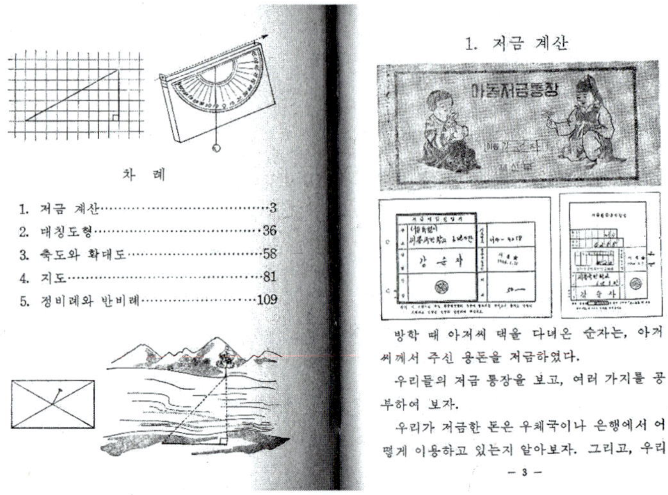
차 례

1. 저금 계산……………………………3
2. 대칭도형……………………………36
3. 축도와 확대도………………………58
4. 지도…………………………………81
5. 정비례와 반비례……………………109

1. 저금 계산

아동저금통장

방학 때 아저씨 댁을 다녀온 순자는, 아저씨께서 주신 용돈을 저금하였다.
우리들의 저금 통장을 보고, 여러 가지를 공부하여 보자.
우리가 저금한 돈은 우체국이나 은행에서 어떻게 이용하고 있는지 알아보자. 그리고, 우리

– 3 –

제2차 교육과정에 의한 6학년 2학기 《산수》 교과서의 예.
생활 경험 중심의 내용을 완전히 탈피하지 못하였음을 알 수 있다

3.3 제3차 교육과정 : 수학 교육의 현대화

공포: 1973년 2월 14일 문교부령 제310호 국민학교 교육과정

1979년 3월 1일 문교부 고시 제424호 부분적 정비

시행: 1973년 국민학교 1, 2, 3학년 (1972년 실험 교과서 운영)

1974년 국민학교 4, 5, 6학년 (1973년 실험 교과서 운영)

편제: 교과 활동–도덕, 국어, 사회, 산수, 자연, 체육, 음악, 미술, 실과; 특별 활동.

학년별 시간 배당:

학 년	1	2	3	4	5	6
배정 비중(%)	18	17	16	14	17	16
연간 배정 시수	140	140	140	140	175	175
연간 전체 시수	770	805	875	980	1050	1085
주당 배정 시수	4	4	4	4	5	5
주당 전체 시수	22	23	25	28	30	31

(연간 35주 수업 기준. 1시간의 교과 수업 시간은 40분 또는 45분.)

교과 목표:

① 일상생활의 여러 가지 사물의 현상을 수리적으로 사고하는 경험을 통하여 수학의 기초적인 개념, 원리, 법칙을 이해시킨다.

② 수리적인 사실에 관한 기초적인 원리, 법칙을 간결 명료하게 표현하여 활용함으로써 논리적으로 사고하는 태도와 능력을 기른다.

③ 수리적인 사고를 필요로 하는 여러 가지 사실을 합리적으로 처리할 수 있는 기능을 기른다.

3.3.1 배경

1960년대는 세계적으로 수학 교육 현대화 운동이 세차게 일어나던 시기였다. 한국에서는 1960년대 후반 〈한국수학교육연구회〉, 〈한국수학교육학회〉, 〈한국초등수학연구회〉 등이 세계적 수학 교육 현대화에 대하여 활발히 연구하기 시작하였다. 이들의 노력으로 수학 교과에 현대화된 내용이 반영된 새 교육과정이 1973년에 개정 공포되었다. 또한, 문교부와 각 시도 교육위원회 주관으로 교사 재교육 사업에 착수함으로써 전국적으로 교육의 현대화 돌풍이 불기도 했다. 그러나 실제로 외국에서는 현대화의 거센 물결이 지나가고 반성의 소리가 높을 때[2]에 국내에서는 수학 교육 현대화의 바람이 불고 있었다.

제3차 교육과정 개정은 제2차에 비해서 보다 체계적으로 실시되었다. 새로운 교육과정의 공포에 앞서 1972년 국민학교 1, 2, 3학년에 새로운 교과서를 적용하는 실험을 거친 후, 1973년 2월 14일 문교부령 제310호로 새로운 교육과정을 개정 공포하였다. 이 해에 국민학교 1, 2, 3학년부터 새 교육과정에 따른 교과서를 전면 사용하고, 국민학교 4, 5, 6학년에 대해서는 실험 교과서를 적용하였으며, 국민학교 2, 3학년에 대해서는 이행 조치를 실시하였다. 이렇게 교육과정 개정과 동시에 개정된 산수 교과서가 보급 실시된 것은 그 동안의 수학과 교육과정 개선 연구가 주로 국민학교 내용을 중심으로 이루어졌음을 반영한다.

다음 해인 1974년에는 국민학교 4, 5, 6학년에 새 교과서를 전면 사용하고, 국민학교 5, 6학년에 대해서는 이행 조치를 취하였다. 이후 1979년 3월 1일에 문교부 고시 제424호로 교육과정의 일부를 정비하였다.

2) SMSG는 이미 1972년에 사업을 중단하였다.

3.3.2 특징

제3차 산수과 교육과정의 개정 방향에는 시대 사조에 적응하는 내용을 포함하고 있는데, 그 내용은 다음과 같다.

① 현대 수학 교육의 새로운 수학적인 개념을 도입하여 우리 실정에 적합하도록 적용한다.
② 수학적 사고, 심리성, 논리성에 따른 집합 개념을 토대로 한다.
③ 계속성, 실용성, 교양성 등을 강조한다.
④ 산수 교육을 계산 위주에 치중하는 것보다 수학적인 개념, 원리 파악에 중점을 둔다.

제3차 교육과정은 학문중심 교육과정으로서, 수학 교과의 경우 새 수학 운동의 영향을 많이 받아들였다. 실제로, 집합 개념, 수학적 구조, 엄밀성, 현대수학, 응용수학 등의 내용이 도입되었으며, 직선, 반직선, 사선의 개념을 구분하여 사용하고, 모든 측도에는 기호 m( )를 사용하는 등 용어와 기호를 엄밀하게 사용하도록 하였다.

내용 영역은 수, 연산, 관계, 도형, 측도의 5개로 구분되었다. 특히, 지도 내용을 제시할 때, 완성된 문장으로 진술하여 내용의 지도 방향이나 활동 내용을 구체적으로 제시한 것이 특색이다. 강조점으로는 ① 집합의 기본 개념을 토대로 한다 ② 수학적인 구조 규명을 중요시한다 ③ 심리성, 논리성 등을 강조한다 ④ 관계 개념을 중시한다 ⑤ 실용성을 중시하되, 계산 위주의 학습 형태를 제거한다 ⑥ 지엽적인 사고를 지양하고, 광범위하고 통일된 사고를 강조한다 등을 제시하였다.

제3차 교육과정에 따른 산수 교과서는 국판형, 단색 삽화의 체제로 다음과 같은 기본 방침에 따라 제작하였다.

① 아동들의 구체적인 조작 활동에 의하여 학습할 수 있도록 한다.
② 교재 내용의 배열은 영역별에 따른 수학적인 계열을 존중하도록 한다.
③ 관찰, 조작, 사고 활동이 종합적으로 이루어져서 발견적인 학습이 이루어지도록 한다.
④ 교재를 교수, 학습하는 동안 아동들에게 수학적인 사고력이 길러지고 수학적 대상을 구조화할 수 있는 능력이 길러지도록 한다.
⑤ 이미 학습한 내용을 나선적으로 반복하여 재발견, 재창조가 가능하도록 한다.

⑥ 학습의 전개에서는 문제 해결을 중심으로 스스로 발견하고 정리하도록 한다.

⑦ 교재에 사용되는 용어나 문장은 유아어나 생활 용어가 아니고, 수학적인 것을 조기에 사용하도록 한다.

⑧ 제한된 지면이나 수용 능력을 감안하여 교재를 구성한다.

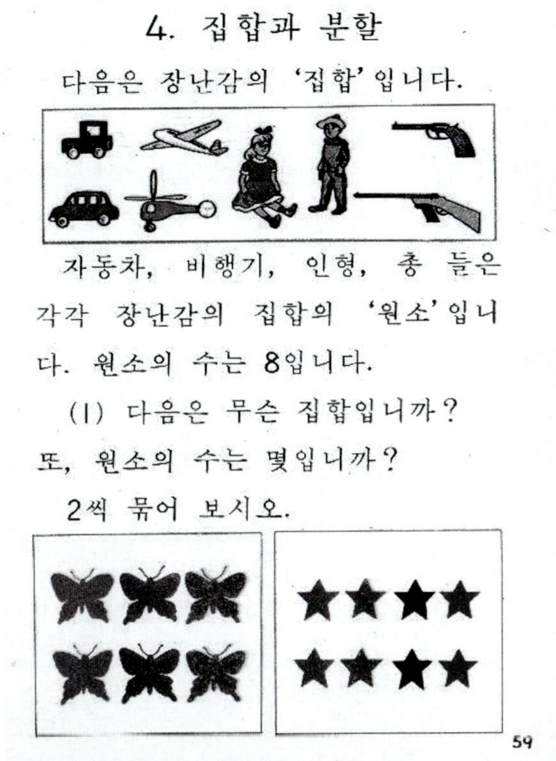

4. 집합과 분할

다음은 장난감의 '집합'입니다.

자동차, 비행기, 인형, 총 들은 각각 장난감의 집합의 '원소'입니다. 원소의 수는 8입니다.

(1) 다음은 무슨 집합입니까? 또, 원소의 수는 몇입니까?

2씩 묶어 보시오.

59

제3차 교육과정에 따른 2학년 1학기 《산수》 교과서의 예.
집합의 개념이 조기에 도입되었음을 알 수 있다.

3.4 제4차 교육과정 : 현대화의 반성, 문제 해결력 중시

고시 : 1981년 12월 31일 문교부 고시 제422호 국민학교 교육과정 개정

시행 : 1982년 국민학교 1, 2, 3학년 (1981년 실험 교과서 운영)

1983년 국민학교 4, 5, 6학년 (1982년 실험 교과서 운영)

편제 : 교과 활동—도덕, 국어, 사회, 산수, 자연, 체육, 음악, 미술, 실과 ; 특별 활동.

학년별 시간 배당:

학 년	1*	2	3	4	5	6
배정 비중(%)	26	17	15	14	17	17
연간 배정 시수	204	136	136	136	170	170
연간 전체 시수	782	816	884	952	1020	1020
주당 배정 시수	6	4	4	4	5	5
주당 전체 시수	23	24	26	28	30	30

(연간 34주 수업 기준. 1시간의 교과 수업 시간은 40분.)
(* 1학년의 경우, 자연 교과와의 통합 운영을 나타낸 것으로 실제 산수과에 해당되는 시간은 연간 136시간, 주당 4시간으로, 비중은 약 17% 정도이다.)

교과 목표:

수학의 초보적인 지식과 기능을 익혀, 일상생활의 여러 가지 문제를 합리적으로 해결할 수 있는 능력과 태도를 기른다.

① 여러 가지 생활 현상을 수리적으로 고찰하는 경험을 통하여, 수량과 도형에 대한 기초적인 개념, 원리, 법칙을 이해하게 한다.

② 기초적인 계산의 기능을 익혀, 이를 일상생활에 적용할 수 있는 능력을 가지게 한다.

③ 일상생활의 여러 가지 사실을 합리적으로 처리하는 생활 습관을 가지게 한다.

3.4.1 배경

제3차 교육과정은 수학과에 현대화된 수학의 내용을 과감히 도입하였기 때문에, 국민학교 수준에 비하여 너무 어려운 내용이 조기에 도입된 경우가 많았다. 이에 대한 비판적 여론이 일어, 1979년에는 한국교육개발원에서 현장 교사를 중심으로 제3차 산수과 교육과정에 도입된 내용에 관하여 의견을 조사한 바 있다. 이에 따르면, 교육과정에 제시한 내용 중 조기에 도입한 어려운 내용을 삭제하여야 한다는 의견이 많이 있었다. 세계적으로도 수학교육 현대화 운동에 대한 반성이 많이 일어났다. 1976년 독일의 카를스루에(Karlsruhe)에서 열린 제3차 수학 교육 국제 회의인 ICME III에서 크리고프스카(A. Z. Krygowska)는 새 수학 운동의 결함을 다음과 같이 지적하였다.

① 집합론적 사고 형식의 맹목적 존중

② 산수 개념의 추상화를 보면, 그 응용 방법도 정당화되어 있지 못할 뿐만 아니라, 그 개념을 구체적인 장면에 실현시키는 방법도 잘못되어 있다.
③ 쓸모없이 불필요한 기호나 용어가 너무 많이 등장한다.
④ 공리적 방법의 맹목적 신봉
⑤ 현실과는 동떨어진 논리적 엄밀성의 강조
⑥ 수학적 개념의 근원인 물리적 실험을 무시하고 있다.
⑦ 형식적인 대수적 알고리듬의 이점에만 치중한 나머지, 공간 지각에 근거를 둔 전시야적인 관점이 무시되고 있다.

이와 같은 국내외적 수학 교육의 추세를 반영하여, 문교부는 교육 전문 연구 기관인 한국교육개발원에 제4차 교육과정에 대한 연구, 개발을 위탁하였고, 한국교육개발원은 이전에 비해 훨씬 체계적인 절차를 거쳐 새로운 교육과정 시안을 작성하였다. 이 시안에 따라 문교부는 1981년 12월 31일자로 문교부 고시 제442호로 국민학교 교육과정을 고시하였고, 1982년에는 국민학교 1, 2, 3학년에, 1983년에는 국민학교 4, 5, 6학년에 새로운 교육과정을 실시하였다. 이에 앞서, 1981년에는 국민학교 1, 2, 3학년, 1982년에는 국민학교 4, 5, 6학년을 대상으로 교과서 실험학교를 선정하고 실험용 교과서를 적용, 운영하여 새로운 교과서를 제작하기 위한 보완 작업을 거쳤다.

3.4.2 특징

제4차 수학과 교육과정은 급격한 현대화에 대한 반성으로서, 제3차 교육과정에서 조기 도입으로 인한 어려운 내용을 삭제 또는 완화하면서 문제 해결력의 신장을 시도하였다. 따라서, 학습 내용을 정선하면서 문제 해결력을 기를 수 있는 내용을 중시하였다. 제4차 국민학교 수학과 교육과정 개정 작업에 있어서 내용 선정의 기본 방침은 다음과 같았다.

① 내용 조직에 있어 집합 개념, 수학적 구조, 엄밀한 논리성에 관한 내용들은 경감하거나 재조직한다.
② 학년 간, 학교급 간의 중복되는 나선형식 교재 구성을 탈피하고 지도 내용을 단계식으로 구성한다.
③ 집합의 개념은 저학년에서 표면화시키지 말고, 용어와 기호도 고학년에서 사

용한다.

④ 내용 선정 및 조직의 발전은 수학의 역사성에 따르되, 전체적 흐름은 학문적 구조를 고려하여 계통성을 가지게 한다.

⑤ 기초적인 계산 기능에 관련된 내용을 중시하며 수학의 기초적인 개념, 원리, 법칙의 이해를 바탕으로 논리적인 사고를 신장시킬 수 있게 하는 내용은 포함시킨다.

⑥ 일상생활의 수리적인 현상을 수학적 문장으로 표현하여 해결할 수 있는 문제 해결력을 기르는 내용을 포함한다.

⑦ 타 교과와의 관련을 고려하여 관련이 깊은 내용은 수학적 계통에 무리한 점이 없는 한, 되도록 초기에 도입한다.

이러한 기본 방침에 따라, 많은 내용들이 삭제, 이동되고 경우에 따라 강화된 내용도 있었다. 문제 해결력, 계산 능력에 관한 내용은 강화했으며, 집합, 집합의 연산, 시간 계산, 유리수의 나눗셈, 수판셈, 등식의 성질 등과 같은 내용은 학년간 이동된 내용이다. 삭제된 내용은 다음과 같다.

1학년 : 합동인 도형의 관찰, 화폐 단위
2학년 : 집합에 이름 붙이기
3학년 : 보측(步測)과 목측(目測), 닮은 도형의 관찰
4학년 : 곱집합, 도형의 위상적, 사영적 성질
5학년 : 확률, 시간의 곱셈과 나눗셈, 근삿값에서 오차의 한계, 참값의 존재 범위
6학년 : 수 집합의 구조, 거듭제곱과 지수, 합동 수와 그의 계산, 음의 유리수, 도수분포표에서 평균, 상대오차와 절대오차

제4차 교육과정의 또 다른 특징의 하나는 통합 교과의 운영이다. 산수과는 1학년에서 자연과와 통합해 《슬기로운 생활》이라는 교과서로 운영하였다. 1, 2학년 교과서는 4×6배판으로, 나머지 학년의 교과서는 국판으로 지질을 향상시켜 색도 인쇄를 한 점도 이전에 비해 발전된 것이었다. 산수 교과서는 학기당 단원 수를 9~11개 정도로 늘리고, 매 단원마다 준비 학습, 본 내용, 연습, 복습의 단계를 두어 체계적인 학습이 이루어지도록 하였다.

제3차 교육과정은 이전에 비하여 내용상 큰 변화를 가져온 점이 큰 특징이라고

말할 수 있는 반면에, 제4차 교육과정은 교육 전문 연구 개발 기관인 한국교육개발원이 주관하여 교육과정 시안 작성, 교과서의 실험본, 정본 개발 등이 체계적으로 이루어져서, 전반적으로 교육과정과 교과서의 체제상 큰 변화를 가져왔다는 점을 특징으로 들 수 있다.

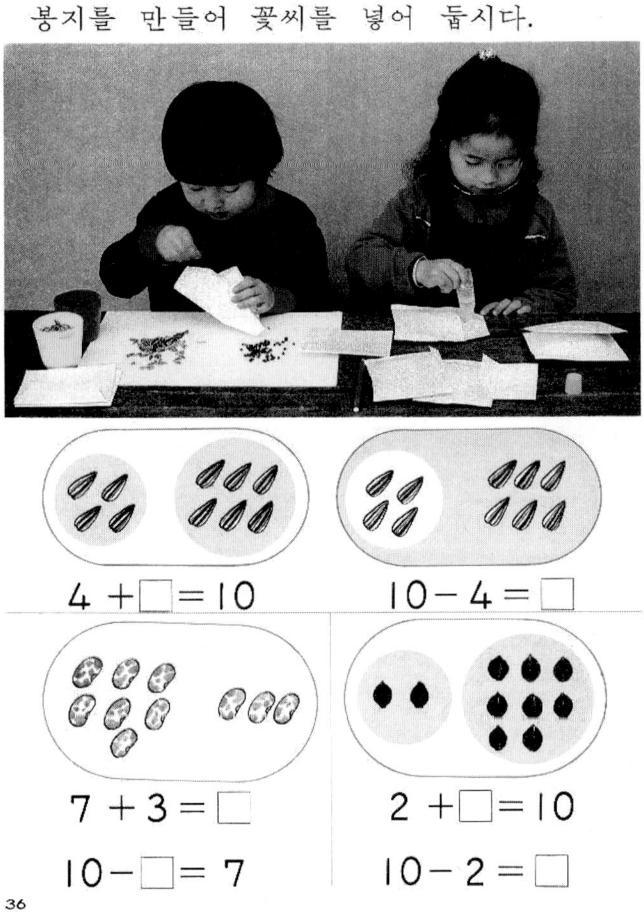
봉지를 만들어 꽃씨를 넣어 둡시다.

4 + □ = 10

10 − 4 = □

7 + 3 = □

10 − □ = 7

2 + □ = 10

10 − 2 = □

36

제4차 교육과정에 따라 제작된 1학년 2학기 통합 교과서 《슬기로운 생활》의 한 쪽. 산수과와 자연과의 내용이 함께 제시되어 있음을 알 수 있다.

3.5 제5차 교육과정 : 문제 해결력과 기초 학력 중시

고시: 1987년 6월 30일 문교부 고시 제87-9호 국민학교 교육과정

시행: 1989년 국민학교 1, 2, 3학년 (1988년 실험 교과서 운영)

1990년 국민학교 4, 5, 6학년 (1989년 실험 교과서 운영)

편제: 교과 활동 - 도덕, 국어, 사회, 산수, 자연, 체육, 음악, 미술, 실과; 특별 활동.

학년별 시간 배당:

학 년	1	2	3	4	5	6
배정 비중(%)	15	16	14	13	16	16
연간 배정 시수	120	136	136	136	170	170
연간 전체 시수	790	850	952	1020	1088	1088
주당 배정 시수	4	4	4	4	5	5
주당 전체 시수	24	25	28	30	32	32

(연간 34주 수업 기준. 1시간의 교과 수업 시간은 40분.)

교과 목표:

수학의 초보적인 지식과 기능을 배우고 익히며, 이를 활용하여 합리적으로 문제를 해결할 수 있는 수학적 능력과 태도를 기른다.

① 여러 가지 생활 현상을 수리적으로 고찰하고 조직하는 경험을 통하여, 수량과 도형에 대한 기초적인 개념, 원리, 법칙을 이해하게 한다.

② 수학의 초보 기능을 익히고 이를 일상생활에 적용할 수 있게 함으로써 여러 가지 문제를 합리적으로 해결할 수 있게 된다.

③ 수학에 대한 흥미와 관심을 지속적으로 가지게 하고, 수학적 사실을 간결, 명확하게 처리하는 생활 태도를 가지게 한다.

3.5.1 배경

제4차 교육과정 개정과 그에 따른 교과서 개발이 교육 전문 연구 개발 기관을 통하여 체계적으로 이루어지게 되자, 교육과정 개정의 주기를 6년 정도로 앞당겨야 한다는 주장이 주목을 받게 되었다. 이러한 주장의 근거는 지식의 급격한 팽창과 과학의 발달에서 오는 고도 산업화, 정보화 시대에 능동적으로 대처하고, 국제 관

계의 다양한 변화에 주체적으로 대응하며, 자유 민주주의의 굳건한 바탕 위에 조국의 평화적 통일을 현명하게 주도하면서, 모든 국민이 쾌적한 환경 속에서 행복한 삶을 누릴 수 있는 터전을 마련하기 위함이라는 제5차 교육과정 개정 총론의 문구에 잘 나타나 있다. 이러한 주장에 따라, 문교부는 1986년부터 교육과정 개정 작업을 시작하여, 1987년 6월 30일 문교부 고시 제87-9호로 국민학교 교육과정을 고시하였고, 고시한 새 교육과정에 따라 새로운 산수 교과서 제작에 착수하여 1989년에는 국민학교 1, 2, 3학년에, 1990년에는 국민학교 4, 5, 6학년에 새로운 교육과정에 따른 교과서를 적용하였다. 이에 앞서, 1988년에는 국민학교 1, 2, 3학년, 1989년에는 국민학교 4, 5, 6학년을 대상으로 교과서 실험학교를 선정하고 실험용 교과서를 적용, 운영하여 새로운 교과서를 제작하기 위한 보완 작업을 거쳤다.

3.5.2 특징

제5차 수학과 교육과정은 제4차 교육과정의 기본 구조를 가능한 한 그대로 유지하면서 꼭 개선해야 할 부분만을 개정하는 것을 기본 원칙으로 하였으며, 특히 강조된 점은 기초 교육의 강화, 문제 해결력의 신장, 정보화 사회에 대응하는 교육 강화, 교육과정의 효율성 제고 등이다. 제5차 수학과 교육과정의 개정 방향의 기본 골자는 다음과 같다.

① 기초 학습 능력 및 기초 학력과 관련되는 내용을 강화시킨다.
② 학생용 보조 교과서의 제공으로 학생들의 학습 활동을 늘리고, 자율적인 학습 기회를 많이 제공한다.
③ 수학적 지식과 기능의 활용을 바탕으로 수학적 사고를 통한 문제 해결력을 강조한다.
④ 학습 내용의 양과 수준을 적정화한다.
⑤ 내적인 학습 동기 유발 및 긍정적인 수학적 태도의 육성을 강조한다.

제5차 수학과 교육과정에 있어서 두드러진 외형적 특징의 하나는 보조 교과서인 '산수 익힘책'을 제공함으로써, 교사가 별도로 학습지 제작을 하지 않아도 되도록 교사의 부담을 경감시키려는 노력이라고 할 수 있다. 산수 익힘책은 산수과의 기초 학습 능력을 신장시키고, 수학적 사고력을 육성하는 데 기여하도록 하며, 내적인 동기 유발 및 산수에 대한 흥미와 관심을 육성하는 데 유용하게 활용할 수 있도록 목표를 두고, 산수 교과서의 보충, 보완 및 심화적인 성격을 가지도록 한 것이다.

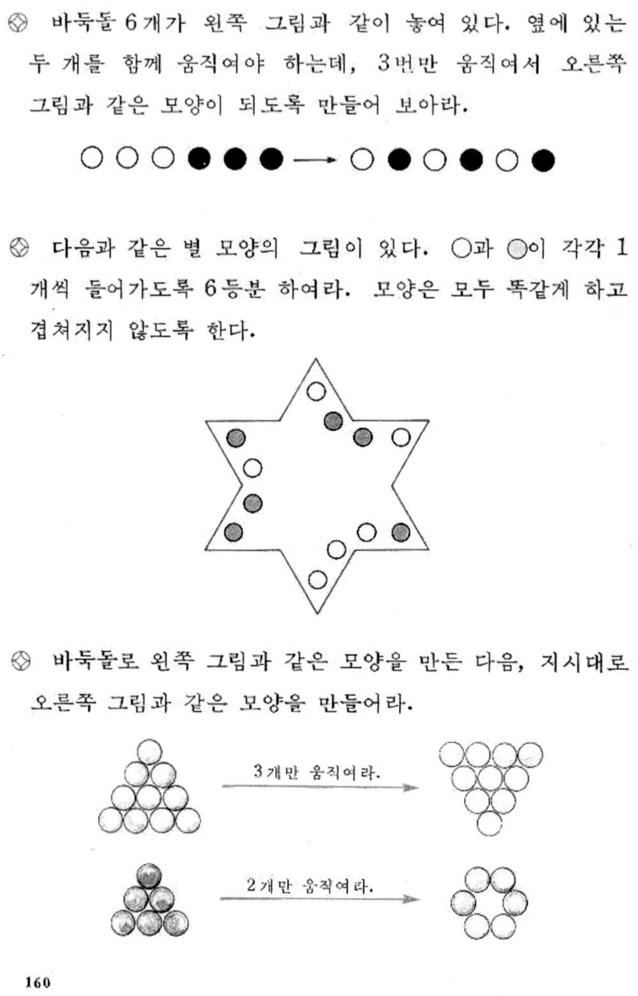

◈ 바둑돌 6개가 왼쪽 그림과 같이 놓여 있다. 옆에 있는 두 개를 함께 움직여야 하는데, 3번만 움직여서 오른쪽 그림과 같은 모양이 되도록 만들어 보아라.

◈ 다음과 같은 별 모양의 그림이 있다. ○과 ◉이 각각 1개씩 들어가도록 6등분 하여라. 모양은 모두 똑같게 하고 겹쳐지지 않도록 한다.

◈ 바둑돌로 왼쪽 그림과 같은 모양을 만든 다음, 지시대로 오른쪽 그림과 같은 모양을 만들어라.

160

제5차 교육과정에 따라 제작된 5학년 1학기 《산수 익힘책》의 예. 교과서에서 다루기 곤란한 퍼즐 문제가 들어있음을 알 수 있다.

3.6 제6차 교육과정 : 문제 해결력, 기초 기능의 중시, 컴퓨터의 활용

고시: 1992년 9월 30일 교육부 고시 제1992-16호 국민학교 교육과정

시행: 1995년 국민학교 1, 2학년 (1994년 실험 교과서 운영)

1996년 국민학교 3, 4학년 (1995년 실험 교과서 운영)

1997년 국민학교 5, 6학년 (1996년 실험 교과서 운영)

편제: 교과 - 도덕, 국어, 수학, 사회, 자연, 체육, 음악, 미술, 실과 ; 특별 활동 ; 학교 재량 시간

학년별 시간 배당:

학 년	1	2	3	4	5	6
배정 비중(%)	15	16	14	14	16	16
연간 배정 시수	120	136	136	136	170	170
연간 전체 시수	790	850	952	986	1054	1054
주당 배정 시수	4	4	4	4	5	5
주당 전체 시수	24	25	28	29	31	31

(연간 34주 수업 기준. 1단위 시간은 40분.)

교과 목표:

수학의 초보적인 지식과 기능을 습득하고, 이를 생활에 활용하여 문제를 해결할 수 있는 수학적 능력과 태도를 기르게 한다.

① 여러 가지 생활 현상을 수학적으로 관찰하고 조직하는 경험을 통하여, 수량과 도형에 대한 기초적인 개념, 원리, 법칙을 이해하게 한다.

② 수학의 기초 기능을 익히고, 이를 일상생활에 적용할 수 있게 하며, 여러 가지 문제를 해결할 수 있게 된다.

③ 수학에 대한 흥미와 관심을 가지게 하고, 여러 가지 사실을 수학적으로 간결, 명확하게 표현하고 처리하는 태도를 가지게 한다.

3.6.1 배경

1980년대 말, 미국, 영국, 일본 등 주요 국가에서는 수학 교육의 개선과 변화를 시도하는 움직임이 있었다. 미국에서는 1989년 미국수학교사회(NCTM: National Council of Teachers of Mathematics)에서 《학교 수학을 위한 교육과정과 평가

규준》(*Curriculum and Evaluation Standards for School Mathematics*)을 펴내었다. 간단히 〈규준〉(Standards)이라고도 불리는 이 문서에서는 수학 교육의 목적을 다음과 같이 제시하였다.

① 수학을 가치 있게 여기도록 배운다.
② 자기 자신의 수학적 능력에 대한 자신감을 가지게 한다.
③ 수학적 문제 해결자가 된다.
④ 수학적으로 의사 교환하는 것을 배운다.
⑤ 수학적으로 추론하는 것을 배운다.

영국에서는 지역 또는 학교가 중심이 되어 교육과정을 결정하고 운영하여 오던 전통을 버리고, 1989년 3월 잉글랜드와 웨일즈 지역의 국회가 국정 교육과정에 관한 법을 통과시킴으로써 교육 개혁을 실시하였다. 영국의 국정 수학과 교육과정의 특징은 수학의 활용을 강조하며, 학생의 능력별 수업을 가능하게 하고 있다. 일본에서도 1989년 새로운 교육과정을 확정하였는데, 산수 및 수학과의 새 교육과정은 수학적 사고력의 중시, 수학 학습을 위한 컴퓨팅의 활용, 의욕적인 학습 태도의 함양 등을 강조하고 있다.

이러한 수학 교육의 국제적인 동향에 발맞추어, 우리나라에서도 일 년여에 걸친 준비 작업을 거쳐 1992년 9월 30일 문교부 고시 제1992-16호로 국민학교 교육과정을 개정하였다. 또한, 새 교육과정의 시행은 국민학교 1, 2학년은 1995년부터, 국민학교 3, 4학년은 1996년부터, 국민학교 5, 6학년은 1997년부터 적용하기로 하였다. 이에 앞서, 1994년부터 1996년까지는 실험 교과서를 운영하였다.

3.6.2 특징

제6차 수학과 교육과정 개정의 중점은 다음과 같다.

① 기초 교과, 도구 교과의 성격이 뚜렷하게 부각되도록 수학의 초보적인 지식 습득 및 기능을 강화한다.
② 학습 지도 내용의 적정화와 계통성을 고려한다.
③ 미래 사회에 대비하여 수학 내용을 정선한다.
④ 수학적 지식과 기능의 활용을 바탕으로, 사고를 통한 문제 해결력과 그 활용

성을 강조한다.

⑤ 학습 목표와 내용에 적합한, 다양한 교수, 학습 방법과 평가 방법을 강조한다.

제6차 수학과 교육과정은 제5차 교육과정 내용의 분량 및 수준, 지도 방법, 평가 방법 등에 대한 적절한 수정, 보완의 필요성을 충족시키는 방향으로 개정하였다. 따라서 내용상으로는 대폭적인 개정이 아니고 일부만 개정되었다. 그러나 제4, 5차에서 수학적 문제 해결력에 대하여 목표에서만 강조하던 것을 지도 내용면에서 그 전략이나 내용, 방법 등을 밝힘으로써 문제 해결력의 지도에 대하여 보다 적극성을 지니게 되었다.

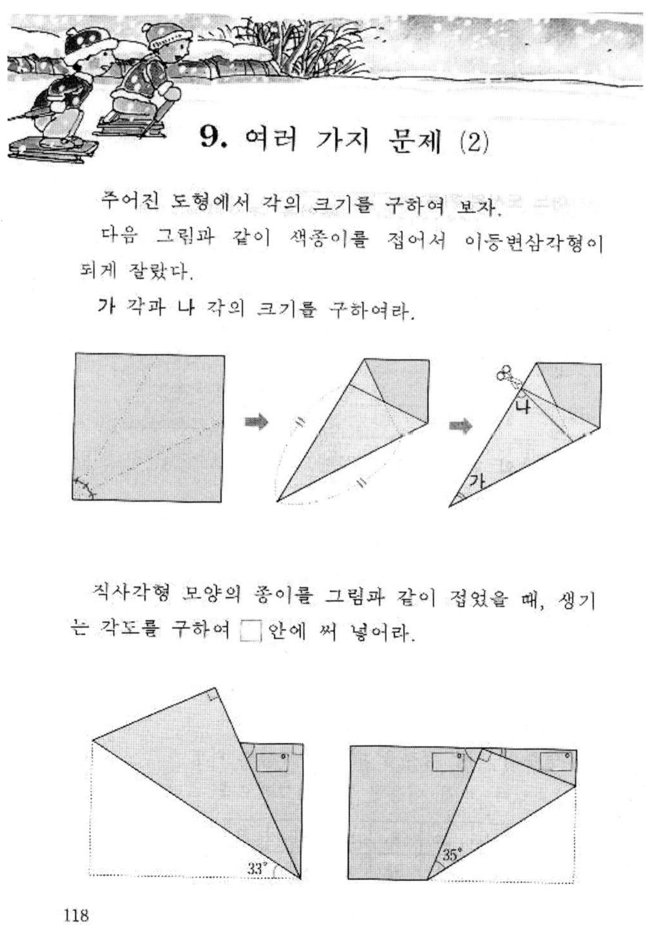

9. 여러 가지 문제 (2)

주어진 도형에서 각의 크기를 구하여 보자.

다음 그림과 같이 색종이를 접어서 이등변삼각형이 되게 잘랐다.

가 각과 나 각의 크기를 구하여라.

직사각형 모양의 종이를 그림과 같이 접었을 때, 생기는 각도를 구하여 □ 안에 써 넣어라.

118

제6차 교육과정에 따라 제작된 4학년 2학기 《수학》 교과서의 예.
여러 가지 문제 단원이 매 학기 2단원씩 들어가 있음을 알 수 있다.

제6차 국민학교 수학과 교육과정의 외형상 가장 두드러진 특징은 교과명이 '산수'에서 '수학'으로 바뀌었다는 점이다. 이것은 세계적인 추세에 따르기 위한 것이기도 하지만, 동시에 '문제 풀기' 위주의 학습보다도 사고력과 응용력을 강조하기 위한 것이었다. 교과서에서도 '여러 가지 문제' 단원이 한 학기에 두 단원씩으로 증설되어, 매 학기 '여러 가지 문제 (1)' 단원에서는 생활 주변에서 보게 되는 수학적 문제 상황에 대한 해결 능력을 기르기 위한 문장제를 다루고, 수학적 문제 해결력의 기초가 되는 수학적 문장과 식을 다루는 능력 및 수학적 문제 해결의 사고 전략 기초 기능을 기르게 하는 반면, '여러 가지 문제 (2)' 단원에서는 이미 학습한 내용을 중심으로 좀 더 수준이 높은 사고력을 필요로 하는 문제, 관련 단원에서 미처 다루지 못했던 내용을 보충하는 문제, 두 단원 이상의 내용이 서로 연관된 문제 등으로 구성하여, 정형화된 문제는 물론, 비정형적인 문제를 풀어 보는 경험을 통하여 분석력, 추리력, 논리적 사고력을 기르는 학습 활동을 삽입하도록 하였다.

그러나 제6차 수학과 교육과정에서도 컴퓨터의 활용을 강조하면서도 실제로는 교과서나 학습 지도 방법 면에서 구체적으로 반영되지 않은 점은 문제점으로 지적될 수 있다.

3.7 제7차 교육과정 : 학생 중심, 수준별 교육과정

고시 : 1997년 12월 30일 교육부 고시 제1997-15호 국민 공통 기본 교육과정

시행 : 2000년 초등학교 1, 2학년

2001년 초등학교 3, 4학년, 중학교 1학년

2002년 초등학교 5, 6학년, 중학교 2학년, 고등학교 1학년

2003년 중학교 3학년, 고등학교 2학년

2004년 고등학교 3학년

편제 : 교과 - 국어, 도덕, 사회, 수학, 과학, 실과(기술 · 가정), 체육, 음악, 미술, 외국어(영어); 재량 활동; 특별 활동.

학년별 시간 배당:

학 년	1	2	3	4	5	6
배정 비중(%)	14	16	14	14	13	13
연간 배정 시수	120	136	136	136	136	136
연간 전체 시수	830	850	986	986	1088	1088
주당 배정 시수	4	4	4	4	4	4
주당 전체 시수	24	25	29	29	32	32

(연간 34주 수업 기준. 1단위 시간은 40분.)

교과 목표:

수학의 기본적인 지식과 기능을 습득하고, 수학적으로 사고하는 능력을 길러, 실생활의 여러 가지 문제를 합리적으로 해결할 수 있는 능력과 태도를 기르게 한다.

① 여러 가지 생활 현상을 수학적으로 고찰하는 경험을 통하여 수학의 기초적인 개념, 원리, 법칙과 이들 사이의 관계를 이해할 수 있다.

② 수학적 지식과 기능을 활용하여 생활 주변에서 일어나는 여러 가지 문제를 수학적으로 관찰, 분석, 조직, 사고하여 해결할 수 있다.

③ 수학에 대한 흥미와 관심을 지속적으로 가지고, 수학적 지식과 기능을 활용하여 여러 가지 문제를 합리적으로 해결하는 태도를 기른다.

3.7.1 배경

1993년 출범한 새 정부는 교육개혁위원회를 설립하여, 우리나라의 교육에 관한 문제를 근본적으로 분석하고 그 해결 방법을 종합적으로 모색하게 하였다. 이에 따라, 교육개혁위원회는 1996년부터 국민학교의 명칭을 '초등학교'로 바꾸어 부르도록 하였으며, 학습자 중심 교육, 교육의 다양화, 자율과 책무성에 바탕을 둔 학교 운영, 자유와 평등이 조화된 교육, 교육의 정보화, 질 높은 교육 등을 기본 특징으로 하는 교육 개혁을 위하여, 2000년부터 실시한 새로운 교육과정에 국민공통기본교육기간과 수준별 교육과정의 개념을 도입하기로 하였다. 이에 따라, 1997년 12월 30일 교육부 고시 제1997-15호로 국민 공통 기본 교육과정과 고등학교 선택 중심 교육과정이 고시되고, 국민 공통 기본 교육과정의 시행은 2000년부터 단계적으로 실시하기로 하였다.

3.7.2 특징

제7차 교육과정의 전반적인 특징은 국민 공통 기본 교육 기간과 수준별 교육과정(level based curriculum)의 도입이다. 국민 공통 기본 교육 기간은 초등학교 6년, 중학교 3년 등 9년으로 되어 있는 기본 교육과정을 고등학교 1학년까지 10년으로 연장하고, 이 기간 중 교과별 학습 내용은 학교급 별이 아닌 '학년제' 개념에 기초하여, 1학년에서 10학년에 이르기까지 일관성 있게 가르치기 위한 것이다.

수준별 교육과정은 ① 단계형(level based differentiated curriculum), ② 심화 보충형(level based enrichment-supplement curriculum), ③ 과목 선택형(level based subject selection curriculum)의 3가지 유형으로 구분된다. 이 중에서, 국민 공통 기본 교육 기간에는 단계형과 심화 보충형 수준별 교육과정이 적용되고, 과목 선택형 수준별 교육과정은 고등학교 2, 3학년에 적용된다. 국민 공통 기본 교과 중 단계형이 적용되는 교과는 수학과 영어이다. 수학 교과는 1학년부터 10학년까지 10단계, 영어 교과는 7학년부터 10학년까지 4단계를 두고, 각 단계별로 학기를 단위로 하는 2개의 하위 단계를 설정하여 단계형 수준별 교육과정을 운영하게 하였다. 특히, 수학 교과에서는 각 하위 단계별로 기본 과정과 심화 과정, 보충 과정으로 나누어 교육과정 내용을 구성하였다. 그 외에, 국어 교과는 1학년부터 10학년까지, 사회와 과학 교과는 3학년부터 10학년까지, 영어 교과는 3학년부터 6학년까지 심화 보충형 수준별 교육과정을 운영하게 하였다.

초등학교의 수준별 교육과정 운영을 위하여, 학습 집단을 학급 내 집단 편성을 원칙으로 하되, 학교 여건이나 교사, 학생의 특성에 따라 다양한 방법을 활용할 수 있도록 하였으며, 복식 학급을 편성, 운영하는 경우에는 교육 내용의 학년별 순서를 조정하거나 공통 주제를 중심으로 교재를 재구성하여 활용할 수 있도록 하였다. 한편, 수준별 교육과정의 질 관리를 위하여 국가 수준에서는 주기적으로 학생 학력 평가, 학교와 교육 기관 평가, 교육 과정 편성 운영에 관한 평가를 실시하기로 하였다. 특히, 교과별로 '절대 평가 기준'을 개발, 보급하여 학교가 교과 교육과정의 목표에 부합하는 평가를 실시할 수 있도록 하였다. 이를 위하여 국가 수준의 평가 문항 은행을 구축하여 에듀넷(Edunet) 등 컴퓨터 통신망을 통하여 교과별 평가 활동에 활용할 수 있는 다양한 평가 방법, 절차, 도구 등을 개발하여 학교에 제공하도록 하고 있다.

국민공통기본교육과정의 수학 내용은 ① 수와 연산, ② 도형, ③ 측정, ④ 확률

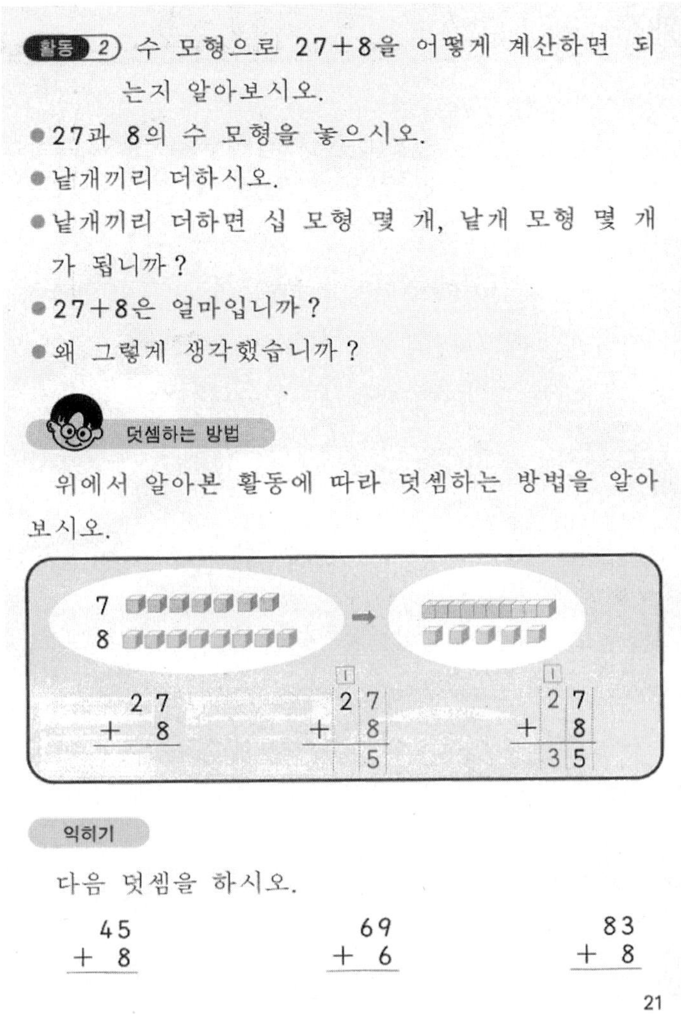

활동 2) 수 모형으로 27+8을 어떻게 계산하면 되는지 알아보시오.

- 27과 8의 수 모형을 놓으시오.
- 낱개끼리 더하시오.
- 낱개끼리 더하면 십 모형 몇 개, 낱개 모형 몇 개가 됩니까?
- 27+8은 얼마입니까?
- 왜 그렇게 생각했습니까?

덧셈하는 방법

위에서 알아본 활동에 따라 덧셈하는 방법을 알아보시오.

익히기

다음 덧셈을 하시오.

$$\begin{array}{r} 45 \\ +\ 8 \\ \hline \end{array} \qquad \begin{array}{r} 69 \\ +\ 6 \\ \hline \end{array} \qquad \begin{array}{r} 83 \\ +\ 8 \\ \hline \end{array}$$

21

제7차 교육과정에 따라 제작된 2-가 단계 《수학》 교과서의 예 : 활동을 통한 수학적 사고를 강조하고 있음을 알 수 있다.

과 통계, ⑤ 문자와 식, ⑥ 규칙성과 함수의 6개 영역으로 구성되어 있다. '수와 연산' 영역에서는 자연수, 정수, 유리수, 실수의 개념과 사칙 계산을, '도형' 영역에서는 평면도형과 입체도형의 개념과 성질을, '측정' 영역에서는 길이, 시간, 들이, 무게, 각도, 넓이, 부피, 삼각비의 개념과 활용을, '확률과 통계' 영역에서는 경우의 수를 바탕으로 확률의 의미 이해 및 자료의 정리와 표현을, '문자와 식' 영역에서는 문자의 사용, 식의 계산, 방정식, 부등식을, '규칙성과 함수 영역'에서는 규칙 찾기와 대응 관계, 일차함수, 이차함수, 유리함수와 무리함수, 삼각함수에 관한 기초 개념과 문제 해결 방법을 다루도록 하였다.

3.8 2007 개정 교육과정

고시: 2006년 8월 29일 교육인적자원부 고시 제2006-75호 수학, 영어 수준별 교육과정

2007년 2월 28일 교육인적자원부 고시 제2007-79호 초·중등학교 교육과정

시행: 2009년 초등학교 1, 2학년 / 중학교 1학년 / 고등학교 1학년 (수학, 영어)

2010년 초등학교 3, 4학년 / 중학교 2학년 / 고등학교 2학년 (수학, 영어)

2011년 초등학교 5, 6학년 / 중학교 3학년 / 고등학교 3학년 (수학, 영어)

편제: 교과-국어, 도덕, 사회, 수학, 과학, 실과, 체육, 음악, 미술, 외국어(영어); 재량 활동; 특별 활동.

학년별 시간 배당:

학 년	1	2	3	4	5	6
배정 비중(%)	14	16	14	14	13	13
연간 배정 시수	120	136	136	136	136	136
연간 전체 시수	830	850	952	952	1054	1054
주당 배정 시수	4	4	4	4	4	4
주당 전체 시수	24	25	28	28	31	31

(연간 34주 수업 기준. 1단위 시간은 40분.)

교과 목표:

기초적인 수학적 지식과 기능을 습득하고 수학적으로 사고하고 의사소통하는 능력을 길러, 생활 주변에서 일어나는 현상과 문제를 합리적으로 해결하는 능력을 기르며, 수학에 대한 긍정적 태도를 기른다.

가. 생활 주변에서 일어나는 현상을 수학적으로 관찰하고 조직하는 경험을 통하여 수학의 기초적인 개념, 원리, 법칙을 이해하는 능력을 기른다.

나. 수학적으로 사고하고 의사소통하는 능력을 길러, 생활 주변에서 일어나는 문제를 합리적으로 해결하는 능력을 기른다.

다. 수학에 대한 관심과 흥미를 가지고, 수학의 가치를 이해하며, 수학에 대한 긍정적 태도를 기른다.

3.8.1 배경

1997년 12월 30일 고시된 제7차 교육과정이 고시된 이후 사회, 문화적 변화를 반영한 교육 내용 및 내용 체계 개편의 필요성이 대두되었다. 특히, 과학, 역사 교육 강화 등 국가 사회적 요구 사항을 반영할 필요성이 강조되었으며, 국가 경쟁력의 기초 형성 및 주변국의 역사 왜곡에 능동적인 대처 등에 대한 국가 사회적인 공감대가 형성되었다.

또한, 제7차 교육과정 적용상의 문제점 및 교과 교육 내용의 개선이 필요하게 되었는데, 단위 학교 자율권 확대, 수준별 선택 중심 교육과정의 개선, 학습량 및 수준 적정화, 학교급, 학년 교과간 내용의 연계성 강화 등이 요구되었다. 더불어 2006년 3월부터 실시된 주5일 수업제 월 2회 실시에 따른 수업 시수 일부 조정이 필요하게 됨에 따라, 제7차 교육과정을 수시로 개정하기로 하고, 수학, 영어 단계형 수준별 교육과정에 대한 개선은 2006년 8월 수시 개정시에 반영하기로 하였다.

3.8.2 특징

2007 개정 교육과정 중 수학과 교육과정 부분은 총론 부분이 고시되기 전인 2006년 8월에 고시되었다. 이것은 교육과정을 수시로 개정하기로 한 정책의 결과이다.

수학과 교육과정 개정의 배경은 ① 수준별 교육과정 개선, ② 학습 내용의 적정화, ③ 학생 진로를 고려한 학습 내용 재구성, ④ 수학적 사고력 및 정의적 영역 인식 제고 등으로 요약된다. 개정 방향과 중점은 다음 다섯 가지이다.

첫째, 현실 적합한 수준별 수업 방안 구축으로서, 단계형 수준별 교육과정을 폐지하고, 수준별 수업 방안은 학교에게 자율권을 부여하며, 교수-학습 방법으로서 수준별 수업을 권장한다.

둘째, 학습 내용의 양과 수준의 적정화로서, 학습 내용간 연계 및 위계성, 타교과 학습 요소와의 연계성을 고려하며, 선택과목 간, 선택과목과 국민공통기본과목 간 내용의 연계 및 중복 문제를 해결하고, 고등학교의 심화과정 삭제 등을 통해 학년 간, 학교급간 학습량 및 난이도를 조정한다.

셋째, 선택 중심 교육과정 운영의 실효성 및 진로와의 연계성 강화로서, 일반 선택과목과 심화 선택과목으로 구분된 이원체제를 일원화하고, 이수시간의 학기별 배분에 편리하도록 이수단위 수를 조정하며, 학생 진로를 고려하여 미래 사회에 필요한 학습 내용 선정·조직하고, 증감운영의 융통성 확대 및 선택과목 이수의 유연성을 부여한다.

넷째, 수학적 사고력 신장 강조로서, 논리적 추론 능력 및 수학적 문제해결력 신장을 강조하고, 의사소통 능력 강조 및 공학적 도구 활용 수업을 허용한다.

다섯째, 수학의 가치 제고와 정의적 측면 강조로서, 현실 세계에서의 수학의 역할과 유용성 인식을 강화하고, 수학 학습에 대한 즐거움, 자신감, 흥미 등 긍정적인 수학적 태도를 배양한다.

수학과 교육과정의 주요 개정 내용 중 국민공통기본교육과정에 해당되는 부분만을 추려보면 다음과 같다.

(1) 교육과정의 성격에서, 단계형 수준별 교육과정을 삭제하고, 학습 내용 간 연계성을 고려하여 학교급별 특성에 맞는 영역을 제시한다.

(2) 교육과정 목표에서는, 총괄 목표와 학교급별 하위 목표를 분리하여 제시하고, 의사소통 능력, 수학의 가치 이해, 수학에 대한 긍정적 태도 신장 등의 내용을 추가하였다.

(3) 교육과정 내용에서는 학교급별 내용 영역을 차별화하여 초등학교에서는

'수와 연산', '도형', '측정', '확률과 통계', '규칙성과 문제해결'

의 5개 영역으로, 중·고등학교에서는

'수와 연산', '문자와 식', '함수', '확률과 통계', '기하'

의 5개 영역으로 차별화하였다. 또한 단계별 내용에서 학년별 내용으로 전환하였으며, 대부분의 심화과정을 삭제하고, 난이도 하향화 및 학습량을 조절하였으며, 내용 요소 통합 구성을 통한 학습 내용간 연계성 강화하였다. 나아가, 학습 결손의 누적 방지를 위해 다측면을 가진 개념의 점진적 도입을 시도하였고, 학생의 발달 수준, 타 교과 학습과의 연계성을 고려하여 일부 학습 요소의 이수 시기 조정하였으며, 중학교에서의 증명 약화, 순열과 조합의 기본 내용을 고등학교 1학년으로 이동, 부등호 기호 변경, 최빈값 및 중앙값 도입 등의 변화가 이루어졌다.

(4) 교육과정의 교수·학습 방법에서는 '단계형 수준별 교육과정'을 '수준별 수업'으로 전환하였으며, 다양한 수업 방법을 제시하고, 의사소통 능력 신장과 관련한 교수·학습상의 유의점을 제시하였다. 또한, 수학적 사고와 추론

능력 신장 관련 교수·학습상의 유의점 제시하였으며, 문제해결 능력 신장과 관련하여 '문제 만들기'를 추가하였고, 수학에 대한 긍정적 태도 함양 관련 교수·학습상의 유의점 제시하였으며, 교육기자재 확보 및 활용을 허용하였다.

(5) 교육과정의 평가에서는 다양한 평가 방법을 제시하고, 평가 항목에 의사소통 능력 평가를 제시하였으며, '수학적 성향' 평가를 '정의적 영역'에 대한 평가로 전환하였다. 또한, 공학적 도구와 교구 이용 평가 기회를 제공하여 학습과 평가의 일치 및 ICT활용 능력 강화를 도모하였으며, 평가 기준에 대한 수준 구분 관련 사항은 삭제하였다.

2007 개정 교육과정에 따라 제작된 1학년 1학기 《수학》 교과서 예: 수학적 의사소통 능력 신장을 강조하는 탐구활동을 제시하고 있다.

3.9 2009 개정 교육과정

고시: 2009년 12월 23일 교육과학기술부 고시 제2009-41호 초중등학교 교육과정 총론
2011년 8월 9일 교육과학기술부 고시 제 2011-361호 수학과 교육과정
2012년 12월 13일 교육과학기술부 고시 제 2012-31호 초중등학교 교육과정 총론

시행: 2013년 초등학교 1, 2학년 / 중학교 1학년
2014년 초등학교 3, 4학년 / 중학교 2학년 / 고등학교 1학년
2015년 초등학교 5, 6학년 / 중학교 3학년 / 고등학교 2학년
2016년 고등학교 3학년

편제: 초등학교 교육과정은 교과(군)와 창의적 체험활동으로 편성한다.

① 교과(군)는 국어, 사회/도덕, 수학, 과학/실과, 체육, 예술(음악/미술), 영어로 한다. 다만, 초등학교 1, 2학년의 교과는 국어, 수학, 바른 생활, 슬기로운 생활, 즐거운 생활로 한다.

② 창의적 체험활동은 자율 활동, 동아리 활동, 봉사 활동, 진로 활동으로 한다.

학년별 시간 배당:

학년군	1~2	3~4	5~6
배정 비중(%)	15	14	13
2년간 배정 시수	256	272	272
2년간 전체 시수	1680	1972	2176
주당 배정 시수	4	4	4
주당 전체 시수	26	29	32

(연간 34주 수업 기준, 1단위 시간은 40분)

교과 목표:

수학 과목의 목표는 다음과 같다. 수학적 개념, 원리, 법칙을 이해하고, 수학적으로 사고하고 의사소통하는 능력을 길러, 여러 가지 현상과 문제를 수학적으로 고찰함으로써 합리적이고 창의적으로 해결하며, 수학 학습자로서 바람직한 인성과 태도를 기른다.

가. 생활 주변이나 사회 및 자연 현상을 수학적으로 관찰, 분석, 조직, 표현하는 경험을 통하여 수학의 기본적인 기능과 개념, 원리, 법칙과 이들 사이의 관계를 이해하는 능력을 기른다.

나. 수학적으로 사고하고 의사소통하는 능력을 길러, 생활 주변이나 사회 및 자연의 수학적 현상에

서 파악된 문제를 합리적이고 창의적으로 해결하는 능력을 기른다.

다. 수학에 대하여 관심과 흥미를 가지고, 수학의 가치를 이해하며, 수학 학습자로서 바람직한 인성과 태도를 기른다.

3.9.1 배경

제7차 교육과정 이후 2007 개정 교육과정이라는 명칭은 사회·문화적 변화와 요구에 즉각적으로 대응하여 교육 내용 및 체제를 개편한다는 수시 개정의 방침을 드러내준다. 이에 따라 2007 개정 교육과정의 적용상의 문제점 및 교과 교육 내용의 개선을 위해 2009년 12월에 '2009 개정 교육과정'을 고시하게 되었다. 2009 개정 교육과정의 키워드는 창의성과 인성이다. 미래 사회가 요구하는 창의 인재를 양성할 수 있도록 하며, 모든 교육 활동을 통해 인성 교육을 실천할 수 있도록 하는 교육과정을 구성한다는 것이 기본 방침이다.

특히, 학생들이 배워야 할 내용을 기존의 방식인 학년별 또는 단계별이 아니라 몇 개 학년을 묶어서 제시하는 학년군제의 도입, 초등학교 1학년에서 중학교 3학년까지의 공통교육기간과 고등학교 3개 학년의 선택교육기간으로 인한 국민공통기본교육기간의 단축, 그리고 학교의 여건과 학생의 진로를 고려한 교과 집중 이수제의 도입 등은 교육과정 편성 및 운영상의 유연성과 자율성을 확보하며 학생의 수준, 진로, 흥미에 부합하는 교육과정 운영을 가능하게 한다.

2009 개정 교육과정에 따라 2011년 8월에 수학과 교육과정이 고시되었다. 수학과 개정 교육과정은 학년군제를 반영하여 지도 내용을 초등학교 1~2, 3~4, 5~6학년군과 중학교 1~3학년군으로 제시하고 있다. 이에 따른 수학 교과서는 종전과 같이 초등학교는 학기별로, 중학교는 학년별로 집필되어 2013년에 초등학교 1, 2학년과 중학교 1학년을 대상으로 적용되기 시작하였다. 이후 연차적으로 2014년에 초등학교 3, 4학년과 중학교 2학년, 2015년에 초등학교 5, 6학년과 중학교 3학년을 대상으로 적용된다.

3.9.2 특징

2009 개정 교육과정에 따른 수학과 교육과정의 주요 개발 방향은 수학적 과정을 통한 수학적 창의성에 대한 강조, 교육과정 운영상의 유연성 확보를 위한 학년군제의 반영, 수학 교과 내용 양의 경감 등의 세 가지로 볼 수 있다.

첫째, 수학과 개정 교육과정은 창의성과 인성을 키워드로 삼은 2009 개정 교육과정의 총론에서 핵심 역량의 주요 요소 중 하나로 강조한 창의성 신장을 위해 '수학적 과정(mathematical process)'을 강조하였다. 창의적인 학습자 양성을 위한 수학과 교육과정 목표 및 내용, 교수 학습 방법 등을 마련하기 위해 수학적 문제 해결, 수학적 추론, 수학적 의사소통을 수학적 과정의 하위 요소로 포함시켜 수학적 사고와 활동을 강조하여 다루었다. 이에 수학적 과정을 학습 내용 성취기준 및 교수·학습상의 유의점, 그리고 교수·학습 방법 등에 명시적으로 반영하여 구성함으로써 수학적 내용과 과정적 요소가 적절하게 융합되어 지도될 수 있도록 하였다. 구체적으로 교수·학습 방법에 명시된 수학적 과정에 대한 항목은 다음과 같다.

아. 수학적 문제 해결력을 신장시키기 위하여 교수·학습에서 다음 사항에 유의한다.

(1) 문제 해결은 전 영역에서 지속적으로 지도한다.

(2) 학생 스스로 문제 상황을 탐색하고 수학적 지식과 사고 방법을 토대로 해결 방법을 적절히 활용하여 문제를 해결하게 한다.

(3) 문제 해결의 결과뿐만 아니라 문제 해결 방법과 과정, 문제를 만들어 보는 활동도 중시한다.

(4) 생활 주변 현상, 사회 현상, 자연 현상 등의 여러 가지 현상에서 파악된 문제를 해결하면서 수학적 개념, 원리, 법칙을 탐구하고, 이를 일반화하게 한다.

자. 수학적 추론 능력을 신장시키기 위하여 교수·학습에서 다음 사항에 유의한다.

(1) 귀납, 유추 등을 통해 학생 스스로 수학적 사실을 추측하고, 이를 정당화할 수 있게 한다.

(2) 수학적 사실이나 명제를 분석하고, 수학적 관계를 조직하고 종합하며, 학생 자신의 사고 과정을 반성하게 한다.

(3) 수학적 추론을 통해 합리적으로 사고하는 능력을 키우고, 일상생활에서 자신의 의견을 정당화할 때 적절한 근거에 기초하여 논지를 전개할 수 있게 한다.

차. 수학적 의사소통 능력을 신장시키기 위하여 교수·학습에서 다음 사항에 유의한다.

(1) 수학 용어, 기호, 표, 그래프 등의 수학적 표현을 이해하고 정확히 사용하게 한다.

(2) 수학적 아이디어를 말과 글로 설명하거나 시각적으로 표현하여 다른 사람과 효율적으로 의사소통할 수 있게 한다.

(3) 수학적 아이디어를 표현하고 토론하며 다른 사람의 수학적 아이디어와 사고를 이해하는 과정을 통해 의사소통의 중요성을 인식하게 한다.

둘째, 2009 개정 교육과정에 따른 수학과 교육과정은 학년군제를 따른다. 이는 지도 내용을 학년별로 제시하는 이전의 방식과 달리 몇 개의 학년을 묶어 제시하는 방식으로, 총론에서 제시하는 대로 교육과정 편성·운영의 경직성을 탈피하고, 학년 간 상호 연계와 협력을 통한 학교 교육과정 편성·운영의 유연성을 부여할 수 있다는 이점을 지닌다. 교육과정 상에서 엄격한 학년의 구분이 없어지고 학년군에 따라 지도 내용이 통합적으로 제시됨으로써 실제 교수 상황에서의 지도 내용은 다양한 방법으로 재배치가 가능해진다.

따라서 학년군제 도입으로 인해 학생들의 수준별 학습이 용이해지며, 관련 내용을 통합적으로 연계하여 제시하는 다양한 구성 방식의 교과서가 집필 가능하다. 2009 개정 교육과정의 학년군제 도입에 따라 초등학교 수학과의 지도 내용은 1~2, 3~4, 5~6학년의 세 개 학년군으로 구분하여 제시되었으며, 중학교는 지도 내용을 중학교 1~3학년의 한 학년군으로 묶어서 제시함으로써 교육과정 편성 및 운영의 유연성을 부여하고자 하였다. 예를 들어, 중학교 수학의 어떤 내용이든 중학교 과정 중 언제든지 학습할 수 있다는 유연성은 수준별 수업의 운영을 용이하게 해준다.

셋째, 교육내용의 적정화라는 기본 방침 아래 학생·교사·학부모 등 수요자의 요구를 반영한 학습량 경감을 위해 2009 개정 교육과정은 이전 교육과정 대비 교과 내용을 20% 경감하도록 하였다. 학습 내용량의 경감을 위해 학교급 간, 학년군 간 학습 내용의 연계성 및 중복 문제 등을 고려하여 최적의 학습 내용을 정선함으로써 보다 질 높은 수학과 교육과정을 추구하고자 하였다.

구체적으로, 국민공통기본교육과정에 해당하는 초·중학교의 학교급별 주요 변화 내용은 다음과 같다.

우선 내용 영역명에 변화가 있다. 2007 개정 교육과정의 5개 영역 중 하나인 '규칙성과 문제 해결'에서 '문제 해결'을 삭제함으로써 2009 개정 교육과정의 초등학교 수학과 내용은

'수와 연산', '도형', '측정', '규칙성', '확률과 통계'

의 5개의 영역으로 구성된다.

이는 문제 해결 지도의 삭제가 아니라 과정적 지식의 특성을 띤 문제 해결을 전 영역에서 고루 지도한다는 취지를 반영한 영역명의 변화일 뿐이므로, 오히려 문제 해결은 전 영역에서 지도되는 수학적 과정으로서 더욱 강조되고 있음에 유의해야 할 것이다.

한편 구체적인 내용면에서는 수와 연산의 지도 시기 조정, 계산기 활용의 변화, 도형의 직관적 도입, 측정과 어림을 통한 양감 강조, 확률 대신 가능성 개념의 도입 등의 변화를 볼 수 있다. '반직선', '가능성' 등의 도입과 '회전체', '선대칭 위치에 있는 도형, 점대칭 위치에 있는 도형', '할, 푼, 리', '방정식', '연비', '줄기와 잎 그림' 등의 삭제 또는 상향 이동은 주목할 만하다.

중학교의 경우, 2007 개정 교육과정에서 39개로 구성된 중영역을 29개로 재구성함으로써 학습량을 경감하는 한편, 학생들의 직관적 이해와 자신의 지식과 사고에 기초한 정당화를 중시하였다. '수와 연산', '문자와 식', '함수', '확률과 통계', '기하'로 구성된 5개 영역 중에서 수와 연산 영역과 기하 영역이 상대적으로 많이 변화되었다. 수와 연산 영역에서는 이전 교육과정의 집합 내용을 삭제함으로써 엄밀성을 지양하고 학습 부담을 줄이도록 하였고, 기하 영역에서도 기하학적 성질의 이해를 위해 형식적 체계를 강조하는 증명보다는 학생의 경험적 지식에 바탕을 둔 정당화를 강조하도록 하였다.

한편 2009 개정 교육과정의 시행 과정에서 '수학교육선진화방안'의 일환으로 쉽고 재미있는 교과서를 만든다는 교육부의 취지에 따라 교과서에 스토리텔링 기법을 가미하여 구성한 것도 이번 개정 시기의 주목할 만한 특징이다. 예를 들어, 2학년 2학기 제3단원 '길이재기'는 걸리버 이야기를 소재로 한 스토리텔링을 이용하여 단원 내용을 전개하고 있다.

2009 개정 교육과정에 따라 제작된 《수학》 교과서 2학년 2학기 3단원:
도입 부분에서 6쪽에 걸쳐 스토리텔링 기법을 사용하고 있다.

3.10 2015 개정 교육과정

고시: 2015년 9월 23일 교육부 고시 제2015-74호 초중등학교 교육과정

2015년 9월 23일 교육부 고시 제2015-74호 [별책8] 수학과 교육과정

시행: 2017년 초등학교 1, 2학년

2018년 초등학교 3, 4학년 / 중학교 1학년 / 고등학교 1학년

2019년 초등학교 5, 6학년 / 중학교 2학년 / 고등학교 2학년

2020년 중학교 3학년 / 고등학교 3학년

편제: 초등학교 교육과정은 교과(군)와 창의적 체험활동으로 편성한다.

① 교과(군)는 국어, 사회/도덕, 수학, 과학/실과, 체육, 예술(음악/미술), 영어로 한다. 다만, 초등학교 1, 2학년의 교과는 국어, 수학, 바른 생활, 슬기로운 생활, 즐거운 생활로 한다.

② 창의적 체험활동은 자율 활동, 동아리 활동, 봉사 활동, 진로 활동으로 한다. 다만, 1, 2학년은 체험 활동 중심의 '안전한 생활'을 포함하여 편성 · 운영한다.

학년별 시간 배당:

학년군	1~2	3~4	5~6
배정 비중(%)	15	14	13
2년간 배정 시수	256	272	272
2년간 전체 시수	1744	1972	2176
주당 배정 시수	4	4	4
주당 전체 시수	26	29	32

(연간 34주 수업 기준, 1단위 시간은 40분)

교과 목표:

수학의 개념, 원리, 법칙을 이해하고 기능을 습득하며 수학적으로 추론하고 의사소통하는 능력을 길러, 생활 주변과 사회 및 자연 현상을 수학적으로 이해하고 문제를 합리적이고 창의적으로 해결하며, 수학 학습자로서 바람직한 태도와 실천 능력을 기른다.

(1) 생활 주변 현상을 수학적으로 관찰하고 표현하는 경험을 통하여 수학의 기초적인 개념, 원리, 법칙을 이해하고 수학의 기능을 습득한다.

(2) 수학적으로 추론하고 의사소통하며, 창의 · 융합적 사고와 정보 처리 능력을 바탕으로 생활 주변 현상을 수학적으로 이해하고 문제를 합리적이고 창의적으로 해결한다.

(3) 수학 학습의 즐거움을 느끼고 수학의 유용성을 인식하며 수학 학습자로서 바람직한 태도와 실천 능력을 기른다.

3.10.1 배경

2015 개정 교육과정의 키워드는 핵심 역량이다. 미래 사회가 요구하는 인재는 지식습득을 넘어 역량을 갖춘 인재이다. 이에 세계 각국은 학교 교육과정을 역량 중심으로 구조화하였으며, 우리나라도 2015 개정 교육과정의 총론 차원에서 선정된 핵심 역량(자기관리 역량, 지식정보처리 역량, 창의적 사고 역량, 심미적 감성 역량, 의사소통 역량, 공동체 역량)을 바탕으로 각 교과에 적합한 교과 역량을 선정하여 학생들의 역량을 신장하는 것을 목적으로 한다.

2015 개정 교육과정에서 추구하는 인재상은 창조경제 사회가 요구하는 핵심 역량을 갖춘 창의융합형 인재이고, 이에 부합하여 인문학적 상상력과 과학기술 창조력을 갖춘 인재 육성을 위해 문·이과 통합형 교육과정을 의도하였다. 제7차 교육과정부터 문·이과 구분을 철폐하였으나 교육과정 운영상의 필요에 의해 실제로는 양 계열이 구분되어왔다. 2015 개정 교육과정에서는 문·이과 구분을 철폐하고 모든 학생의 전인적 성장을 위해 인문·사회·과학기술에 대한 소양을 균형 있게 함양할 수 있도록 학생 자신의 적성과 진로를 고려하여 다양한 선택 과목을 이수할 수 있도록 하였다. 또한 공교육 정상화를 위해 배움을 즐길 수 있도록 토론 학습, 프로젝트 학습, 협력학습 등의 학생 참여 수업을 활성화하고, 교과별 핵심 개념과 원리를 중심으로 학습 내용을 적정화하고, 학습량 적정화를 통한 학습 부담 경감을 의도하였다.

2015 개정 교육과정에 따라 고시된 수학과 교육과정은 2009 개정 교육과정과 마찬가지로 학년군제에 따라 지도 내용을 초등학교 1~2, 3~4, 5~6학년군과 중학교 1~3학년군으로 제시하고 있다. 한편, 수학 교과서는 종전과 같이 초등학교는 학기별로, 중학교는 학년별로 집필되어 2017년에 초등학교 1, 2학년과 중학교 1학년을 대상으로 적용되기 시작하였고, 이후 연차적으로 적용되었다.

3.10.2 특징

2015 개정 교육과정에 따른 수학과 교육과정의 주요 개정 방향은 수학 교과 역량의 구현, 학습 부담 경감 추구, 학습자의 정의적 측면 강조, 실생활 중심의 통계 내용 재구성, 공학 도구의 활용 강조이다.

첫째, 2015 개정 교육과정에서는 총론 차원의 핵심 역량 6가지를 제시하고, 이를 근거로 각 교과의 관점에서 특화한 교과 역량을 도출하였다. 수학과의 경우, 2009 개정 교육과정의 수학적 과정인 '문제 해결', '추론', '의사소통'의 세 가지에 '창의·융합', '정보 처리', '태도 및 실천'을 추가하여 6가지 수학 교과 역량을 규정하여, 개정의 핵심 방향으로 삼아 내용 성취기준, 교수·학습 방법 및 유의사항, 평가 방법 및 유의사항에 반영하고자 하였으며, 특히 교수·학습 방법에서는 각 교과 역량의 함양을 위한 강조점을 제시하였다. 예를 들어, 문제 해결 역량과 관련한 강조점은 다음과 같다.

> (나) 문제 해결 능력을 함양하기 위한 교수·학습에서는 다음 사항을 강조한다.
>
> ① 문제를 해결할 때에는 문제를 이해하고 해결 전략을 탐색하며 해결 과정을 실행하고 검증 및 반성하는 단계를 거치도록 한다.
>
> ② 협력적 문제 해결 과제에서는 균형 있는 책임 분담과 상호작용을 통해 동료들과 협력하여 문제를 해결하게 한다.
>
> ③ 수학적 모델링 능력을 신장하기 위해 생활 주변이나 사회 및 자연 현상 등 다양한 맥락에서 파악된 문제를 해결하면서 수학적 개념, 원리, 법칙을 탐구하고 이를 일반화하게 한다.
>
> ④ 문제 해결력을 높이기 위해 주어진 문제를 변형하거나 새로운 문제를 만들어 해결하고 그 과정을 검증하는 문제 만들기 활동을 장려한다.

둘째, 수학 학습의 어려움이 학생들로 하여금 수학을 포기하게 만드는 원인이라는 일반 여론으로 인해 수학 내용 경감의 요구가 2015 개정 교육과정에도 반영되었다. 수학과 교육과정의 변천사를 보면 학습 내용 경감은 제4차 교육과정부터 최근까지 매회 개정의 방향으로 포함되어 왔고, 이번 개정에서도 주목해야 할 방향이다. 다만 지나친 내용 감축은 수학 학습의 위계적 특성에 비추어 오히려 수학 학습 요소의 손실로 인한 어려움을 초래할 가능성이 있고, 국제적인 수학 강화 추세에 비추어 학력 저하로 이어질 위험도 간과할 수 없다. 따라서 2015 개정 교육과정에서는 내용의 단순 감축이 아니라, 학습 부담 경감을 위해 일부 내용을 상급 학교급 또는 상위 학년군으로 이동하는 전략과 함께 평가 문항의 난이도를 조정하는 전략으로서 성취기준 내에 '평가 방법 및 유의 사항'을 신설하여 교육과정을 벗어난 심화된 내용을 평가하지 않도록 안내하였다.

셋째, PISA나 TIMSS와 같은 학업성취도 국제비교 연구 결과에서 최상위권을 차지하는 우리나라 학생들의 인지적 측면과 대조적으로 정의적 측면은 최하위권이라는 문제가 지적되어 왔다. 인지적 측면과 정의적 측면의 심각한 격차를 해소하는 것이 수학교육의 중대 과제가 된 현실에서, 2015 개정 교육과정 역시 정의적 측면에 긍정적 영향을 미칠 수 있는 방안을 모색하고 학생들의 학습 과정에서 성공 경험을 통해 자신감, 흥미, 가치 인식 등을 함양하고자 하였다.

넷째, 확률과 통계는 불확실성을 특징으로 하는 현대사회에 중요한 수학 내용임에도 불구하고, 학업성취도 국제비교 연구 결과에서 우리나라 학생들은 수학 내용 영역 중 확률과 통계에 대한 소양이 상대적으로 낮은 것으로 나타났다. 특히 통계적 절차인 자료의 수집, 정리, 분석, 해석은 실생활과 밀접하게 관련되며, 따라서 실제 맥락에서 다루어져야 의미 있는 학습 활동일 것이 기대된다. 그러나 교과서에 주어진 자료를 처리하는 활동은 학생의 관심과 필요에 의한 문제 해결 맥락과 동떨어져 무미건조하고 인위적인 학습 상황으로 이끌기 쉽다. 2015 개정 교육과정에서 통계 내용을 실생활 중심으로 재구성하는 것은 현실 세계의 문제를 해결하기 위해 자료를 수집하고 정리, 분석, 해석하는 일련의 과정으로 다룸으로써, 통계를 실생활 맥락의 문제 해결 도구로 이용하는 의도를 담고 있다.

다섯째, 오늘날 디지털 시대 속에서 우리는 다양한 분야에서 공학적 도구를 적극 활용하여 그 이점을 취하고 있다. 교육 분야, 특히 수학교육에서 공학적 도구의 활용은 수학 개념과 원리의 학습에 집중할 수 있도록 돕는다. 예를 들어, 복잡한 계산이 본질적인 학습 목표가 아닌 경우에 계산기를 활용하여 계산 결과를 얻는 것은 시간과 노력을 절약함으로써 개념 학습 및 사고력 신장에 보다 집중할 수 있게 한다. 또한 컴퓨터 프로그래밍을 이용하여 절차적 사고 및 컴퓨팅 사고를 신장하고, 다양한 소프트웨어(예: 알지오매스, 통그라미 등)를 활용하여 도형이나 통계 학습 등에서 효과적인 표현 및 과정을 이용할 수 있다.

아울러 평가 방법에 있어 학습 결과를 확인할 때에만 평가를 활용하지 말고 학생들의 학습 과정도 평가하도록 하여 교수·학습과 평가를 일관성 있게 통합적으로 다룬다는 취지에서 다음과 같이 '과정 중심 평가'를 강조하였다.

> (가) 수학과의 평가는 학습 결과 평가뿐만 아니라 과정 중심 평가도 실시하여 종합적인 수학 학습 평가가 될 수 있게 한다.

한편 초등학교 수학의 관점에서 수학과 교육과정의 내용 선정 방향은 유치원 누리과정과의 연계성 확보, 학습 부담 경감을 위한 내용 감축 및 이동, 성취기준별 학습량 적정화, 수시 개정으로 인한 현장교사들의 피로도 누적 고려 등이다. 그 결과, 내용 영역별 구체적인 주요 변화 사항은 다음과 같다.

수와 연산 영역에서 자연수의 혼합 계산이 5~6학년군으로 이동하고, 분수와 소수의 혼합 계산은 삭제되었다. 도형 영역에서는 누리과정의 연계 차원에서 물체의 위치와 방향을 1~2학년군에 추가하고, 도형의 이름 짓기는 활동의 성격을 고려하여 교수·학습 방법 및 유의 상항으로 이동하여 제시되었다. 측정 영역에서는 원기둥의 겉넓이와 부피가 삭제되고, 수의 범위와 어림하기는 5~6학년군으로 이동하였다. 원주율의 다양한 근삿값을 취급하도록 함으로써 3.14가 원주율의 참값이라는 오개념을 막고, 보다 정확한 근삿값을 사용할 때는 계산기 활용의 맥락으로 이용하도록 하였다. 측정 단위와 관련하여 넓이 단위 a, ha가 삭제되고 무게 단위 t은 3~4학년군으로 이동하였다. 규칙성 영역에서 정비례와 반비례는 중학교로, 규칙과 대응은 5~6학년군으로 이동하였다. 마지막으로 '자료와 가능성'은 이전 '확률과 통계' 영역의 새로운 명칭이다. 2009 개정 교육과정에서 학습 내용 적정화 차원에서 확률 대신 그 기초 개념으로서 가능성이 도입되었지만 영역명에서는 확률이 여전히 남아 있었다. 영역명과 내용의 일관성을 위해 '확률'을 '가능성'으로 고치면서 아울러 '통계' 역시 대응하는 기초 명칭으로 '자료'를 선택한 것이다. 내용면에서는 실생활 중심의 통계 내용 재구성이라는 수학과 교육과정 개정 방향에 따라 자료의 수집, 분류, 정리, 해석 활동을 강조하고, 5~6학년군에서 실생활과 연계를 강화한 가능성 경험을 강조하고 성취기준도 상세화하였다.

한편 2015 개정 교육과정에 따른 수학 교과서는 학기별로 '수학은 내 친구 – 각 단원 구성 - 수학으로 세상 보기'로 구성된다. 매 학기의 첫 차시인 '수학은 내 친구'는 학생들이 수학 교과를 친숙하게 여기고 수학 학습의 동기를 유발하고 수학에 대한 흥미와 호기심, 긍정적인 마음을 갖도록 하는 목적을 담고 있으며, 마지막 차시인 '수학으로 세상 보기'는 해당 학기에 학습한 내용을 타교과 또는 실생활과 관련지어 종합적으로 다루면서 긍정적인 수학적 태도를 신장하려는 의도를 갖는다. 세부적으로 각 단원은 '단원 도입 - 본차시 - 놀이수학/생각수학/도전수학 - 얼마나 알고 있나요 - 탐구수학'의 순으로 구성된다. 단원 도입 차시는 단원 학습을 시작하기 전에 선수 내용을 검토하고 단원 전반의 스토리 맥락을 보여주는 그림을 활용하여 학습 동기를 유발하고 학습 목표를 확인하는 시간이다. 본차시 학습 후 1~2학년군의 놀이수학, 3~4학년군의 생각수학, 5~6학년군의 도전수학은 학년군 수준에 적합하게 놀이, 사고, 문제 해결 등의 내용으로 구성되며, 얼마나 알고 있나요 차시는 단원 평가로 활용한다. 마지막 탐구수학은 단원 주제와 관련된 탐구 활동, 창의 융합 활동, 협력적 문제해결 등으로 구성하여 보다 심화된 내용까지 다루면서 교과 역량 신장을 주요 목적으로 한다. 따라서 평가에서 제외한다는 의미에서 단원 평가보다 후속 차시로 위치되어 있다.

다음 그림은 2015 개정 교육과정에서 강조된 수학 교과 역량 및 과정 중심 평가가 수학 교과서 및 교사용지도서에 반영된 양상을 보여준다.

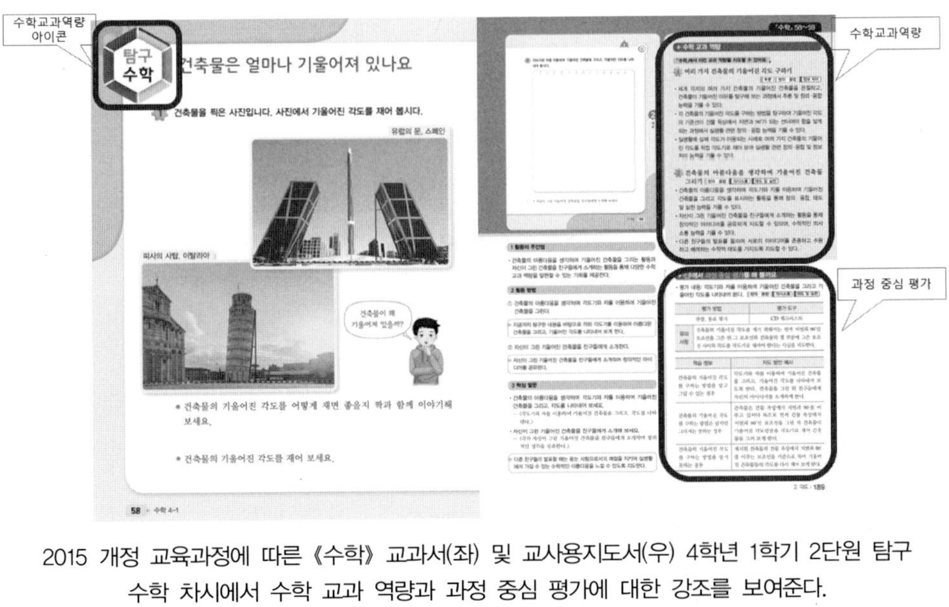

2015 개정 교육과정에 따른 《수학》 교과서(좌) 및 교사용지도서(우) 4학년 1학기 2단원 탐구 수학 차시에서 수학 교과 역량과 과정 중심 평가에 대한 강조를 보여준다.

3.11 2022 개정 교육과정

고시: 2022년 12월 22일 교육부 고시 제2022-33호 [별책1] 초중등학교 교육과정 총론

2022년 12월 22일 교육부 고시 제2022-33호 [별책8] 수학과 교육과정

시행: 2024년 초등학교 1, 2학년

2025년 초등학교 3, 4학년 / 중학교 1학년 / 고등학교 1학년

2026년 초등학교 5, 6학년 / 중학교 2학년 / 고등학교 2학년

2027년 중학교 3학년 / 고등학교 3학년

편제: 가) 초등학교 교육과정은 교과(군)와 창의적 체험활동으로 편성한다.

나) 교과(군)는 국어, 사회/도덕, 수학, 과학/실과, 체육, 예술(음악/미술), 영어로 한다. 다만, 1, 2학년의 교과는 국어, 수학, 바른 생활, 슬기로운 생활, 즐거운 생활로 한다.

다) 창의적 체험활동은 자율자치 활동, 동아리 활동, 진로 활동으로 한다.

학년별 수학 시간 배당:

학년군	1~2	3~4	5~6
배정 비중(%)	15	14	13
2년간 배정 시수	256	272	272
2년간 전체 시수	1744	1972	2176
주당 배정 시수	4	4	4
주당 전체 시수	26	29	32

(연간 34주 수업 기준, 1단위 시간은 40분)

– 정보교육은 실과의 정보영역 시수와 학교자율시간 등을 활용하여 34시간 이상 편성·운영한다.

교과 목표:

수학의 개념, 원리, 법칙을 이해하고 수학의 가치를 인식하며 바람직한 수학적 태도를 길러 수학적으로 추론하고 의사소통하며 다양한 현상과 연결하여 정보를 처리하고 문제를 창의적으로 해결하는 수학 교과 역량을 함양한다.

(1) 수학적 지식을 이해하고 활용하여 적극적이고 자신감 있게 여러 가지 문제를 해결한다.

(2) 수학적 사실에 대해 흥미와 관심을 갖고 추측과 정당화를 통해 추론한다.

(3) 수학적 사고와 전략에 대해 의사소통하고 수학적 표현의 편리함을 인식한다.

(4) 수학의 개념, 원리, 법칙 간의 관련성을 탐구하고 실생활이나 타 교과에 수학을 적용하여 수학

의 유용성을 인식한다.

(5) 목적에 맞게 교구나 공학 도구를 활용하며 자료를 수집하고 처리하여 정보에 근거한 합리적 의사 결정을 한다.

3.11.1 배경

시대의 변화가 급격하다. 불확실성의 증가, 디지털·인공지능의 전환, 기후생태환경의 악화 등을 특징으로 하는 사회 변화는 교육의 개념과 역할에 대해 신중하게 검토할 것을 요구하고 있다. 2022 개정 교육과정에서 추구하는 인재상은 '포용성과 창의성을 갖춘 주도적인 사람'이다. 이를 위해 미래 세대의 핵심 역량으로서 디지털 기초 소양 강화와 더불어 생태전환교육 및 민주시민교육을 전 교과에서 반영하고, 학습자의 삶과 연계한 깊이 있는 학습 및 학생 맞춤형 교육을 강화하며, 초등학교 놀이 및 신체활동을 강화하는 등 교육 현장의 자율적 현식을 지원하는 학교 교육과정 자율성 강화를 강조하였다.

한편 꾸준히 이어져 온 학습량 적정화의 기조는 2022 개정 시에도 유지되며 2015 개정 교육과정에서의 교과 역량 함양의 강조도 지속된다. 다만 2015 개정 시기의 6개 수학 교과 역량(문제 해결, 추론, 의사소통, 창의·융합, 정보 처리, 태도 및 실천)은 창의·융합 중 융합이 연결로 변화되고, 태도 및 실천이 삭제되어 문제 해결, 추론, 의사소통, 연결, 정보 처리의 총 5개로 구성되었다. 이는 창의·융합의 하위 요소였던 내적 연결 및 외적 연결로 이미 존재했던 연결을 명시적으로 나타낸 것이며, 태도 및 실천은 내용체계의 틀을 이루는 세 가지 범주 '지식·이해', '과정·기능', '가치·태도' 중 가치·태도에 대응하는 것으로 별개 구성한 결과이다.

2015 개정 수학과 교육과정	2022 개정 수학과 교육과정
문제해결	문제해결
추론	추론
의사소통	의사소통
창의·융합	연결
정보 처리	정보 처리
태도 및 실천	

3.11.2 특징

2022 개정 교육과정에서 신설된 교육과정 설계의 개요는 수학과 교육과정 개정의 전체 구조와 변화를 파악하는 데 효과적이다.

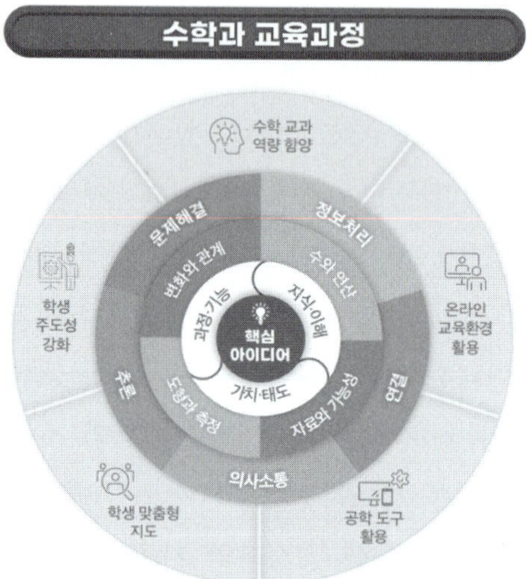

수학과 교육과정 설계의 개요 (교육부, 2022, p.5)

중앙에 위치한 핵심 아이디어는 각 내용 영역별로 해당 영역의 수학 내용의 본질 또는 가치를 제시하고자 한 개념으로, 수학의 주요 개념, 원리, 법칙 등이 어떻게 발생하고 확장되며 그 결과로 어떤 일반성과 추상성을 획득하는지, 수평적으로 또는 수직적으로 어떻게 상호 관련되는지, 어떤 탐구 과정을 중점적으로 강조하는지 등을 압축적으로 제시한다. 학생들이 수학을 학습한 결과로서 오랫동안 기억하게 되길 바라는, 전이가가 높은 내용에 해당한다. 핵심 아이디어를 둘러싼 지식·이해, 과정·기능, 가치·태도는 내용체계의 세 범주이고 그 다음 4개의 내용 영역을 제시하고 있다. 수학적 내용 요소에 해당하는 이들을 둘러싼 수학적 과정 요소가 5가지 수학 교과 역량이다. 이들은 수학 교과 역량 함양, 학생 주도성 강화, 학생 맞춤형 지도, 공학 도구 활용, 온라인 교육환경 활용과 같은 교육 목적과 방법 및 환경에서 교육을 통해 총론이 지향하는 '학생의 삶과 성장을 지원하며 자리 관리, 지식정보처리, 창의적 사고, 심미적 감성, 협력적 소통, 공동체' 역할을 중점적으로 기르고, 수리 소양, 디지털 소양, 언어 소양의 기초 소양 함양도 강조하기 위해 수학과 교육과정을 설계한다는 취지를 보여준다.

2022 개정 교육과정에 따른 수학과 교육과정의 주요 개정 방향은 기초 소양 함양, 민주 시민 교육과 생태전환 교육, 온라인 교육 환경 활용, 범교과 학습 주제 및 타 교과 연계 학습, 진로연계교육 및 기초 학력 보장이다. 구체적으로 드러나는 특징을 다음과 같이 정리할 수 있다.

첫째, 핵심 역량으로서 수학교과역량의 강조를 위해 각 역량에 대한 하위 범주를 과정·기능으로 특성화함으로써 각 학년군별 지식·이해 요소에 적절한 과정·기능을 선정하여 성취기준을 작성하고자 하였다. 그 외에 교수·학습 방법 및 유의사항, 평가 방법 및 유의사항에 수학교과역량을 반영하고자 하였으며, 특히 교수·학습 방법에서는 각 교과 역량의 함양을 위한 강조점을 제시하였다. 예를 들어, 재구성되어 새롭게 명시된 '연결'과 관련한 강조점은 다음과 같다.

[교수·학습 방법 중]

다음과 같은 교수·학습 방법을 통해 연결 역량을 함양하게 한다.

- 영역이나 학년(군) 내용 간에 관련된 수학의 개념, 원리, 법칙 등을 유기적으로 연계하여 새로운 지식을 생성하면서 창의성을 기르게 한다.
- 수학과 실생활, 사회 및 자연 현상, 타 교과의 내용을 연계하는 과제를 활용하여 수학의 유연성을 인식하게 한다.

[평가 방법 중]

연결 역량의 평가는 영역이나 학년(군) 내용 사이에서 개념, 원리, 법칙을 적절하게 관련지어 이해하는지, 수학의 개념, 원리, 법칙을 연계하여 새로운 지식을 생성할 수 있는지, 수학을 실생활이나 타 교과의 지식, 기능, 경험에 적용할 수 있는지, 실생활이나 타 교과의 지식, 기능, 경험을 수학적으로 해석할 수 있는지, 수학을 바탕으로 창의적으로 관련성을 찾을 수 있는지, 수학의 유용성을 인식하는지 등을 고려한다.

둘째, 각 내용 영역의 성취기준 아래 '성취기준 해설'을 신설하여 성취기준의 취지, 범위 등 수학과 성취기준의 고유한 측면에 대한 해석을 제시한 것은 교육과정

문해력을 제고하기 위한 노력이라고 볼 수 있다. 성취기준 가운데 학교 현장에서 오해 및 혼동을 유발한 가능성이 있거나 추가적인 설명이나 강조가 반드시 필요한 경우 제시하되 새로운 내용이 포함되는 것은 아니다. 한편 '성취기준 적용 시 고려 사항'에서는 특별히 강조하거나 중요하게 다루어야 할 교수·학습 및 평가 상의 주안점을 진술한 것으로, 이전의 '교수·학습 방법 및 유의 사항'과 '평가 방법 및 유의 사항'에 해당한다.

셋째, 내용 영역은 이전의 5개에서 4개로 축소되었다. 수와 연산, 변화와 관계, 도형과 측정, 자료와 가능성이다. 이는 내용 영역의 삭제가 아닌 학교급간 일관성을 위한 재구성에 해당한다. 이전까지 중학교와 달리 구성되어온 영역명과 달리 2022 개정에서는 공통 교육과정의 영역 명을 통일시켰다. 따라서 초등학교와 중학교의 내용 요소를 모두 포괄하는 방식으로 영역 명을 구성할 필요가 있었다. 이에 함수적 사고를 강조하는 규칙성 영역이 '변화와 관계'로 변경되었고, 공간 속성의 측정 외의 무게, 시간 등 초등학교 급에서만 다루는 실생활 측정 내용으로 인해 도형과 별도로 구성했던 측정 영역이 도형과 함께 묶여 '도형과 측정' 영역으로 구성되었다. 이러한 맥락에서 보면 변화와 관계 영역이 도형과 측정 영역보다 앞선 이유도 중학교에서 방정식을 다루는 변화와 관계 영역의 위치로부터 추론할 수 있다.

넷째, 2015 개정 교육과정에서 별도로 제시했던 '학습 요소'는 해당 학년군의 내용 영역에서 처음 도입되는 용어와 기호를 담고 있었다. 이를 2022 개정 교육과정에서는 '성취기준 적용 시 고려 사항'의 첫째 항목으로 공통적으로 제시하였다. 예를 들어, 다음은 3~4학년군 도형과 측정 영역의 성취시준 적용 시 고려 사항의 첫째 항목이다.

> '도형과 측정' 영역에서는 용어와 기호로 '직선, 선분, 반직선, 각, (각의) 꼭짓점, (각의) 변, 직각, 예각, 둔각, 수직, 수선, 평행, 평행선, 원의 중심, 반지름, 지름, 이등변삼각형, 정삼각형, 직각삼각형, 예각삼각형, 둔각삼각형, 직사각형, 정사각형, 사다리꼴, 평행사변형, 마름모, 다각형, 정다각형, 대각선, 초, 도(°), mm, km, L, mL, g, kg, t'을 다룬다.

다섯째, 초등학교 수학 내용 영역별로 구체적인 주요 변화 사항은 다음과 같다.

–수와 연산 영역의 변화로는 어림셈의 강조, 수의 범위와 올림, 버림, 반올림의

영역 이동, 약수와 배수의 관계 이해의 삭제, 소수의 곱셈과 나눗셈 결과 어림의 삭제 등이 있다.

- 변화와 관계 영역에서는 영역명의 변화와 함께 '등호와 동치 관계'가 도입되었다. 등호는 1~2학년군에서 덧셈과 뺄셈을 배우면서 이미 도입되는 기호이다. 그럼에도 불구하고 3~4학년군에서 이를 다루는 것은 그만큼 동치 관계를 나타내는 등호의 의미를 강조하여 다루어야 한다는 취지가 내포되어 있다. 초등학생들은 보통 사칙계산식에서 등호를 접하게 되고 따라서 흔히 등호에 대해 갖는 개념 이미지는 산술 계산의 결과를 적는다, 계산을 수행하여 결과를 산출한다는 조작적 의미이다. 그 이유 중 하나가 학생들이 경험한 등식이 전형적인 형태인 'a+b=c' 꼴이라는 점이다. 등호가 포함된 식에서 계산 절차만이 강조되어 3+4=7+4=11과 같은 식을 자연스럽게 수용하고 사용하는 오류를 범한다. 따라서 이 성취기준의 도입은 크기가 같은 두 양의 관계를 식으로 나타내고 등호가 있는 식에서 등호의 양쪽에 있는 양이 같음을 파악하여 등호의 의미를 관계적, 구조적 측면에서 경험하도록 하려는 의도를 지닌다. 이를 위해 일련의 계산이 아닌 연산의 성질이나 가르기와 같은 직관적 활동 및 수에 대한 다양한 수 감각이 이용될 것이 기대된다. 예를 들면, a=a, c=a+b, a+b=b+a와 같은 식의 표현이다.
- 도형과 측정은 두 영역이 합체되면서 1~2학년군의 오각형, 육각형의 일반화가 삭제되고, 3~4학년군에서 주어진 각도와 크기가 같은 각 그리기가 삭제되는 한편 점의 이동과 관련하여 위치와 방향이 신설되었다. 5~6학년군에서는 원주율의 근삿값으로 3.14를 사용하도록 하여, 이전에 문제 상황에 따라 정확도에 있어 적절한 근삿값을 택하도록 한 것과 대조적이다.
- 자료와 가능성 영역에서는 실생활 자료 중심의 통계 교육 내용 재구조화가 특징적이며, 이는 수학과 교육과정 개정의 주요 방향 중 하나이다. 중학교와 고등학교 급에서 새로운 학습 요소가 신설된 것과 달리 초등학교 급에서는 주제 선정으로부터 자료 수집, 정리, 해석에 이르는 통계적 문제해결의 전반적인 과정을 경험하도록 한다는 취지에서 성취기준이 보완, 수정되었다. 통계적 문제해결은 2015 개정 시부터 이미 강조되어온 학습 주제로 미래사회를 준비하는 수학교육의 방향성과 일관되며, 2022 개정에서도 통계적 사고의 강조는 계속 이어지고 있고, 자료와 가능성 교수-학습 시 공학 도구의 사용 또한 강조되고 있다. 자료와 가능성 영역의 변화로는 그림그래프의 통합적 취급, 자료에

기반한 가능성 추론 신설 등을 들 수 있다.

이와 같은 특징을 띤 교육과정이 교과서로 구현되는 교수학적 변환 과정에서 나타난 특징으로, 학생들이 수학에 대한 긍정적인 태도를 갖추어 주도적인 학습을 할 수 있도록 학기별 시작을 '수학을 만나요', 마지막을 프로젝트 성격의 '수학이랑 함께해요' 단원으로 구성한 것을 볼 수 있다. 특히 '수학을 만나요' 단원에서는 학습 시 사용할 교구 탐색을 포함하여 교육과정에서 강조한 온라인 교육 환경에서의 다양한 공학도구의 활용이 교과서에 가시화된다. 각 차시 활동에서도 다음 그림과 같이 구체적 조작물 외에 전자저작물에 포함된 스마트교구의 활용을 제안하는 것을 보여준다. 이외에 여러 출판사에서 발행된 검정 수학교과서에는 '똑똑!수학탐험대', '알지오매스키즈', '이지통계', '통그라미' 등 국가 차원에서 개발된 여러 가지 인공지능 도구 및 디지털 도구가 활용되고 있음을 확인할 수 있다.

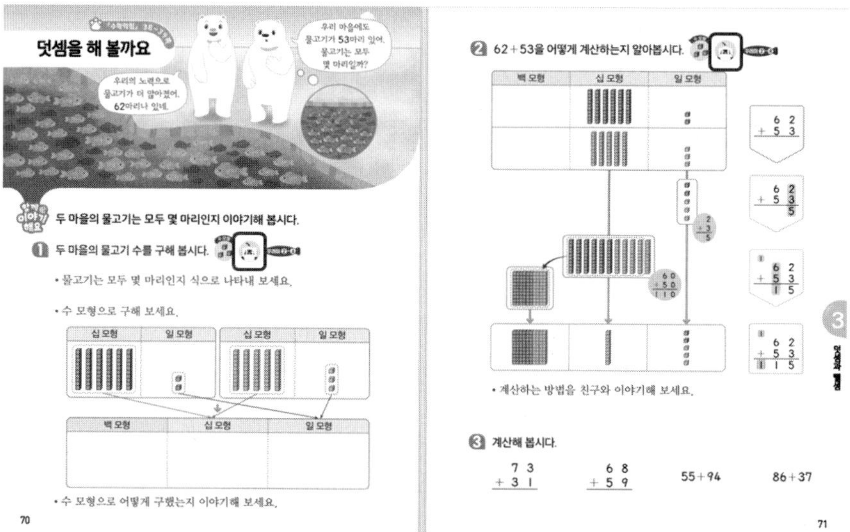

2022 개정 교육과정에 따른 〈수학〉 교과서 2학년 1학기 3단원에 제시된 전자저작물의 스마트교구 활용 아이콘 사례이다.

https://www.toctocmath.kr/	https://www.algeomath.kr/kids/main.do
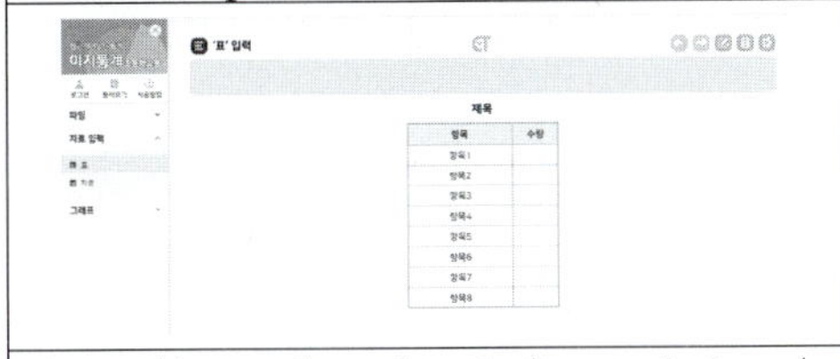	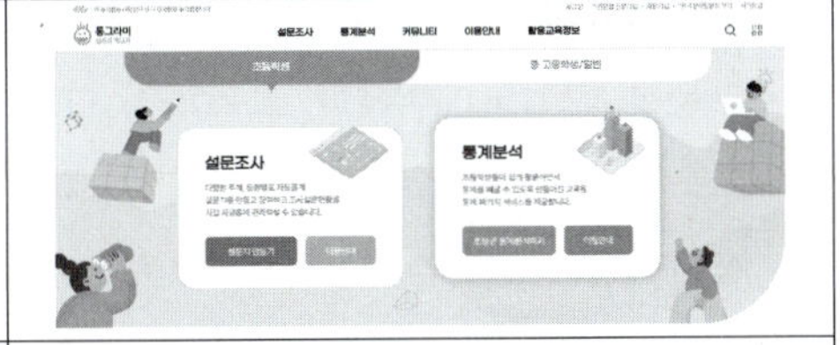
https://www.ebsmath.co.kr/innovativelrms/web_lrms/content/resource/eleEasyTong/index.html	https://tong.kostat.go.kr/front/main/main.do#none

교과서 속 인공지능 및 디지털 도구

● 토의문제

1. 각 시기별 교육과정 개정의 배경과 특징을 비교하여 보아라.
2. 2007 개정 수학과 교육과정에서는 문제 해결력의 신장을 위하여 어떠한 점에 유의하여 지도하도록 교수 학습 과정상의 유의점을 제시하고 있는가?
3. 다른 교과와 비교해서 수학 교과의 교육과정 변천 과정에 나타나는 특징은 무엇인가?
4. 앞으로 초등학교 수학과 교육과정에 새롭게 반영되어야 할 내용이나 방법이 있다면 무엇인가? 축소되거나 삭제되어야 할 내용이 있다면 무엇인가? 어떤 점에서 보다 나은 개선이 이루어져야 한다고 생각하는가?
5. 2009 개정 교육과정의 키워드인 창의 인성 함양을 위해 수학과 교육과정에서 모색하는 구체적인 전략에 대해 설명하여 보아라.
6. 2015 개정 교육과정에서 강조하는 수학 교과 역량을 구현하기 위한 교수 · 학습 상황을 설계하여 보아라.
7. 2022 개정 교육과정에서 수학 내용 영역과 수학 교과 역량은 어떻게 변하였는가? 그 배경을 설명하여 보아라.

읽을거리

- 교육과학기술부 (2011). 수학과 교육과정 (교육과학기술부 고시 제2011-361호 [별책 8])
- 교육부 (1994). 국민학교 교육과정 해설 (I) : – 총론, 국어, 수학 –. 서울 : 대한교과서주식회사.
- 교육부 (1997). 수학과 교육과정 (교육부 고시 제1997–15호 별책 8). 서울 : 대한교과서주식회사.
- 교육부 (2015). 수학과 교육과정 (교육부 고시 제2015-74호 [별책 8])
- 교육부 (2022). 수학과 교육과정 (교육부 고시 제2022-33호 [별책 8])
- 박한식 (1982). 수학교육사. 서울 : 교학사.
- 박한식 (1991). 한국수학교육사. 서울 : 대한교과서주식회사.
- 유병림, 고동욱, 오병승 (1991). 산수과 교육의 이론과 실제. 서울 : 동명사.
- 한국과학창의재단 (2011). 2009 개정 교육과정에 따른 수학과 교육과정 연구 (정책연구 2011-11)
- 한국과학창의재단 (2015). 2015 개정 수학과 교육과정 시안 개발 연구 II (연구보고서 BD15120005)

제 4 장

자극-반응 이론과 수학 학습

전통적으로 수학교육자들은 가네(Gagné)의 학습 위계 이론이나 브루너(Bruner)의 EIS 이론, 캐롤(Carroll)의 완전 학습 이론 등 가능한 모든 일반 학습심리학 이론을 거의 비판 없이 수용해 왔다. 또 한편으로는 수학 학습에 한정되거나 수학 학습을 위주로 하는 연구도 많이 이루어지고 있다. 폴리아(Polya)의 수학적 문제 해결 이론이나, 디에네스(Dienes)의 놀이를 통한 수학 학습 이론, 스켐프(Skemp)의 스키마 학습(schematic learning) 이론, 반 힐(van Hiele)의 기하 학습 수준 이론 등이 여기에 속한다. 수학 교사들은 종래의 일반 교육심리학 또는 심리학적 이론이 수학교육에 시사하는 내용과 아울러, 수학 학습 심리학적 이론 자체에 대한 체계적인 지식도 함께 갖추어야 한다.

인간이 보여 주는 지적, 육체적 행위에 대한 연구 관점으로 심리학의 행동주의적 입장(behaviorism)과 철학의 현상학적 입장(phenomenology)은 근본적으로 대립된 관점을 견지하고 있다.

행동주의적 입장에서는 인간을 외부적인 자극 요인으로 인하여 일차적으로 통제되는 수동적 주체로 생각한다. 인간의 모든 행위는 인간의 주변 환경적인 요인들을 적절히 통제함으로써 조절이 가능하고, 더불어 인간의 행위에 대한 과학적인 연구가 가능하다고 여긴다.

이에 비하여, 현상학적 입장에서는 인간은 본래 스스로의 행위를 통제하는 천성을 갖고 있다고 본다. 즉, 인간은 자유자재로 선택을 할 수 있으며 자신의 행위를 통제할 수 있다고 본다. 따라서 현상학적인 견지에서 인간의 행위에 대한 연구를 하는 경우에는 주로 인간의 의식이나 인식 또는 자기표현에 대하여 초점을 두게 된다.

전반적으로 행동주의적 입장을 취하는 학습 이론들은 처방적(處方的, prescriptive) 이론으로, 현상학적 입장을 취하는 학습 이론들은 기술적(記述的, descriptive) 이론으로 간주할 수 있다. 이 장과 다음 장에서는 처방적 이론과 기술적 이론의 고전적 대립을 살펴볼 수 있는 자극-반응 이론과 통찰론 이론을 수학 학습과 관련하여 살펴보기로 한다.

4.1 손다이크: 효과의 법칙

4.1.1. 손다이크의 학습 심리 이론

손다이크(Thorndike)

수업의 주된 수단으로서 훈련과 연습(drill and practice)은 수학, 특히 산술 교육의 역사에 있어서 오래 동안 주된 자리를 지켜왔다. 대부분의 사람들은 어떤 유형이건 훈련과 연습은 수학 학습에 필요하고 효과적인 것으로 받아들이고 있다. 예를 들어, 계산 훈련과 연습을 반복하면 아동의 계산 속도와 정확도가 증가한다. 아동들이 계산을 빠르고 정확하게 수행하면 대부분은 그들이 계산 기능을 알고 또한 계산에 숙달했다고 만족한다.

심리학자로서 손다이크(Edward Lee Thorndike, 1874~1949)는 엄격하게 심리학적 실험주의의 전통에 뿌리를 박고 있으나, 동시에 그는 실험실의 결과를 교실 수업을 위한 안내 역할을 하도록 전환시키는 일도 해냈다. 결합주의자(connectionist) 또는 연합주의자(associationist)라고 하는 그 당시의 많은 다른 심리학자들과 마찬가지로, 손다이크는 모든 인간의 행동뿐만 아니라 사고도 두 가지의 간단한 요소로 분리하여 설명하였다. 즉, 인간에게 외적인 사건인 자극(S: stimuli)과 그러한 외적인 사건에 대하여 인간이 내응하는 반응(R: responses)으로 분석될 수 있다고 주장한다.

어떤 자극 S에 대하여 어떤 반응 R이 일어날 때 그에 대한 보상이 따른다면 자극과 반응 사이에 결합(bond)이 형성되기 시작한다(결합의 법칙 law of association). 또한, 자극-반응(S-R)의 짝이 더욱 자주 보상을 받으면 받을수록 그 결합은 더욱 강화된다(효과의 법칙 law of effect). 결합의 법칙의 특별한 경우인 효과의 법칙은 보상이 따르는 연습은 인간에게 학습을 효과적으로 수행할 수 있는 중요한 방법이 있다는 것을 암시하고 있다.

가장 단순한 행동을 수행하는 동물을 관찰함으로써 개발된 대부분의 원리들(자극과 반응 사이의 결합, 효과의 법칙)을 학교 학습과 같이 복잡한 것에 어떻게 적용할 수 있는가? 이것은 손다이크가 1922년 펴낸 그의 저서 《산술의 심리학》(*The Psychology of Arithmetic*)에서 언급했던 질문이었다. 이에 대한 그의 대답은 아주 간단했다. 왜냐하면, 손다이크를 비롯한 결합주의자들은 모든 지식은 아무리 복잡하더라도 자극-반응의 단순한 결합으로 이루어져 있다고 주장하기 때문이다. 따라서 학습은 필요한 결합을 구성하여 강화시키면 되는 것이다.

일단 적당한 본드가 선택되면 그것들은 어떻게 구성되고 강화되는가? 여기에 훈련과 연습이 필요하게 된다(연습의 법칙 law of use). 적절한 훈련과 연습이란 중요한 본드(예를 들어, 받아 올림이 있는 세로 형식의 덧셈을 하기 위해 필요한 기능들)는 자주 연습시키고, 중요하지 않은 본드는 덜 연습시킬 수 있도록 신중하게 프로그램화된 방법으로 본드를 제시하는 것이다.

단지 새로운 개념의 학습을 용이하게 하는 데 사용되는 소위 '예비지식 본드(propaedeutic bond)'는 일시적으로는 연습되지만 나중에는 사용되지 않는다(Thorndike, 1922, p. 117). 예를 들어, 세로 덧셈으로 5를 네 번 더하기 위하여, 아동들은 5, 10, 15, 20을 세는 것 같은 예비지식 본드를 형성할 것이다. 그러나 이것은 나중에 '5의 4배는 20'이라는 본드로 바뀌기 때문에, 이에 대한 연습은 최소화하는 것이 바람직하다고 주장한다.

본드들은 서로 영향을 미치기 때문에, "형성되었거나 형성될 다른 각각의 모든 본드를 당연히 고려하여 형성되어야만 한다."(Thorndike, 1922, p. 140) 산수 문제가 흥미롭고, 재미있으며, 실제적인 응용에 밀접하게 관련될 때, 연습된 본드들을 강하게 해 주는 보상이 얻어진다. 따라서 손다이크는 문제들의 함축적인 의미와 학교 밖의 일상적 활동에 대하여 그 문제들의 적절성에 대하여도 관심을 가졌다.

4.1.2 손다이크의 산수 교과서

손다이크는 교사들에게 단순히 학습의 법칙을 알리기보다는 그 법칙을 수업에 어떻게 적용할 수 있는가를 입증해 보였다. 그는 교사들에게 필요한 것은 산술을 구성하는 특별한 본드들을 밝히고 명백히 하는 것이라고 믿었다. 일단 이들 모든 본드들이 잘 조직되어 계열을 이룰 수만 있다면, 보상된 연습은 이들 본드를 강화시키기 위한 효과의 법칙을 가능하게 할 것이며, 산술에서 향상된 수행 능력을 기대할 수 있다. 예를 들어, 두 자리 수의 덧셈을 세로 형식으로 계산하는 방법을 학습할 때에는 다음과 같은 7가지 세부 기능이 포함된다고 보고 있다(우정호 2000, pp. 172-173 참조).

(1) 더할 때 각 열(列)에서 자리 맞추는 것을 학습하기
(2) 그 다음 수를 더할 때까지 각 덧셈의 결과를 기억하는 것을 학습하기
(3) 생각하고 있는 수에 보이는 수를 더하는 것을 학습하기
(4) 열에서 빈 칸을 무시하는 것을 학습하기
(5) 열에서 0을 무시하는 것을 학습하기
(6) 기본 덧셈을 큰 자리 수에 적용하는 것을 배우기(이것은 재능이 부족한 학생들에게는 원래의 덧셈표를 전부 배우는 것만큼 시간과 노력을 필요로 할 수도 있다. 그리고 가장 재능이 있는 아동에게조차 '8+7=15'와 같은 기본 계산의 형성은 이미도 '38+7=45'나 '18+7=25'와 같은 계산을 결코 완전히 보장하지는 않을 것이다.)
(7) 각 열의 총합이 아니라 단위를 나타내는 숫자를 쓰는 것을 학습하기. 특히 열의 합이 10, 20 등인 경우에 0을 쓰는 것을 학습하기. ('받아 올림'을 학습하는 것도 어떤 방법으로 가르치든 적어도 두 가지 서로 다른 과정을 그 안에 포함한다.)

한편, 손다이크는 산술 기능의 발달에 유익한 본드와 바람직하지 않은 본드를 구별하였다. '연속량으로서의 수', '두 자리 수와 한 자리 수의 기본 덧셈', '나머지가 있는 나눗셈' 등은 산술 기능의 발달에 바람직한 본드의 예이며, '임의 단위', '11의 배수', '추상적이고 무의미한 수의 계산' 등에 대한 연습은 쓸모없고 무익한 본드의 예이다(Thorndike, 1922, pp. 75-95 참조). 오늘날의 입장에서 본다면 '19단 곱셈구구', '3.14 곱하기 자연수', '$(a+b)^4$'과 같은 것이 무익한 본드의 예가 될 수 있다.

산술 학습에 관한 본드 중 어떤 것은 매우 단순하고 간단하다. 예를 들어, 적절한 형태의 훈련에 의하여 향상될 수 있는 본드 즉, "2+2(자극)는 4(반응)"와 같은 본드의 학습은 매우 단순하다. 산술은 이러한 간단한 본드의 결합으로 이루어져 있다. 그러나 모든 산술을 단순한 자극-반응으로 분석해 나가는 것이 쉬운 것은 아니다. 나눗셈을 학습하려고 노력해 본 사람이라면 누구나 알 수 있듯이, 그 중의 어떤 것은 굉장히 길고 복잡한 연산을 포함한다.

손다이크의 주장대로 본드가 자극과 반응의 쌍에 의해서 생성된다면, 교사의 역할은 단지 각각의 문제에 대해 적당한 양의 연습을 적당한 순서로 제시하는 것일 뿐이다. 교사는 관심 있는 교과 내용을 구성하는 본드를 확인하고 처음에는 쉬운

것부터 그들을 순서화시켜야 한다. 즉, 좀더 쉬운 것의 학습이 순서상으로 나중에 나올 더 어려운 것을 학습할 때 도움이 될 수 있도록 본드를 배열한다. 그것이 이루어지게 되면 남은 일은 아동들을 위하여 각 종류의 본드들을 연습할 수 있도록 배열하는 것이다. 각 부류의 본드들은 다음 단계의 더 어려운 본드의 결합으로 발전해 나갈 때 오류를 범하지 않도록 충분히 연습해야 한다. 흥미롭고 실제적인 문제 상황에서 훈련과 연습이 자주 제시되면 될수록 그 결합은 더 강하게 된다. 그리고 더욱 복잡한 문제는 연속적인 긴 본드들로 구성되기 때문에, 더 어려운 문제들에 필요한 각각의 결합에 대하여 보다 잘 훈련하는 것이 중요하다.

8. 덧셈

다음을 읽으시오. 점을 찍은 곳에 알맞은 수를 말하시오.

2와 3은 . . . .　5와 3은 . . . .　4와 3은 . . . .

1과 3은 . . . .　6과 3은 . . . .　7과 3은 . . . .

4와 4는 . . . .　5와 4는 . . . .　6과 4는 . . . .

3과 1은 . . . .　6과 1은 . . . .　2와 1은 . . . .

7과 1은 . . . .　4와 1은 . . . .　8과 1은 . . . .

9. 연습

덧셈을 하고 합을 말하시오.

2	3	4	2	1	4	1	2	4	4
3	4	2	1	6	3	5	7	4	1
—	—	—	—	—	—	—	—	—	—

1	2	2	4	1	3	3	3	3	5
8	6	2	5	4	3	1	6	2	1
—	—	—	—	—	—	—	—	—	—

3	3	1	2	4	2	1	2	1	4
5	7	2	4	6	8	3	5	1	2
—	—	—	—	—	—	—	—	—	—

1924년 출판된 손다이크의 3학년 산수 교과서 《손다이크 산수》의 예

4.2 스키너 : 강화 이론과 프로그램 학습

4.2.1. 스키너의 학습 심리 이론

스키너(Skinner)

스키너(Burrhus F. Skinner, 1904~1990)의 이론은 손다이크의 자극-반응 이론과 약간 차이가 있다. 손다이크 자극-반응 이론의 핵심은 자극과 반응의 결합에 관한 것으로 스키너는 이 결합을 특별히 상정하지는 않는다. 즉, 스키너에게 있어서 자극은 작동 조건화의 필요조건은 되나 원인적인 조건은 아니다. 따라서 그의 학습 이론은 학습자의 내면적 세계에서 일어나는 인과적 부분에 관한 것이 아니라, 학습자의 행동 변화를 훈련을 통해서 어떻게 통제할 것인가에 관한 것이다.

스키너는 이전의 학습 심리학들이 학습자 집단의 평균적인 결과에만 관심을 가지고 학습자의 개인적인 차는 충분히 고려하지 않았다고 비평하면서, 평균적인 자극 조건 같은 것은 추상적이고 모호하며, 그보다는 학습자 개인의 자극 조건을 세부적으로 통제하여 개인의 학습 현상에 있어서 법칙성이 나타나도록 해야 한다고 주장한다. 즉, 스키너는 학습자마다의 개인차를 중시하되, 단지 이 개인차는 조건의 통제가 개별적으로 임밀하게 실행된다면 학습 속도의 차이로 나타날 것이며, 학습 단계나 과정에는 본질적인 개인차가 없다는 것이다.

스키너의 이론은 현대 행동주의 심리학에서 주도적인 역할을 담당하고 있으며, 프로그램 학습이나 개별 학습, 또는 최근의 CBI(Computer-Based Instruction) 시스템에 적용하는 학습 심리 이론의 기초적인 역할을 하고 있다.

한편, 연구 방법론적인 면에서 본다면 스키너의 학습 심리 이론은 학습 행위에 대한 연구를 실험적, 과학적인 방법으로 접근하고자 했다는 점에서 그 중요성을 찾을 수 있다. 즉, 스키너는 피아제나 길포드(Guilford), 오수벨 등의 심리학자들과는 달리, 교과의 학습과 지도에 관한 연구에서 학습자나 교사가 보여 주는 관찰이 가능한 대상 즉, 겉으로 드러나는 행위를 일차적인 분석 자료로 삼아야 할 것을 주장한다. 자연 과학에서 사용하는 과학적인 방법이 갖는 장점을 그대로 학습에 대한 연구에서도 살릴 수 있다고 생각한 것이다.

20세기 중반 스키너의 연구는 학습 활동을 통제하는 요인을 규명하기 위하여 주로 두 가지 측면에서 이루어졌다.

첫째는 조건화(conditioning)인데, 원하는 학습의 결과를 얻기에 적합한 조건 형성 과정에 관한 것이다. 예를 들어, 비둘기를 훈련시키는 경우 학습자를 조건화함으로써 잘 형성된 반응을 기대할 수 있으며, 이와 같은 조건화의 연속적 단계를 거쳐 복잡한 행동도 학습시킬 수 있다는 것이다.

둘째는 일단 형성된 행동을 지속적으로 유지시키는 강화(reinforcement)의 과정으로 전통적으로는 학습 동기의 측면에서 연구하던 내용이었다.

학습자에게 기대하는 행동을 형성시키고 일단 형성된 행동을 유지시키고자 하는 이 두 측면의 연구는 스키너 학습 이론의 핵심을 이룬다고 할 수 있다. 스키너는 비둘기나 쥐와 같은 동물을 대상으로 강화의 여러 가지 패턴과 강화 계획의 효과에 대한 연구를 진행하였으며(Skinner Box), 이 연구 결과를 겉으로 드러나는 현상 즉, 관찰 가능한 인간의 행동에 적용시키려는 의도를 갖고 있었다.

4.2.2 작동 조건화

행동주의 심리학에 있어서 학습은 조건화(conditioning)이다. 스키너는 '도구적 조건 형성'을 연구하였는데 이것은 파블로프(Ivan P. Pavlov, 1849~1926)의 개 실험으로 잘 알려진 '고전적 조건 형성'과 구별된다. 스키너는 자신의 도구적 조건화를 R형 조건화 즉 작동(operant)이라 하고, 파블로프의 고전적 조건화를 S형 조건화라 하여 수동(respondent)이라고 설명하고 있다. 여기서 S형은 자극(stimulus)을 의미하며 R형은 강화(reinforcement)를 의미한다.

인간 학습 행위의 대부분은 고전적 조건 형성으로 설명되기 어려우며, 자동적인 것도 아니고 그 예측도 어렵다. 도구적 조건 형성에서 '도구적'이란 말은 주어진 환경 안에서 작용하여 어떤 행위의 결과를 만들어 내는 이전의 특정 행위들을 말한다. 이러한 유형의 행위들은 겉으로 드러나는 특별한 자극 없이도 일어나는 조작적 반응으로서, 스키너 이전의 심리학자들은 이와 같은 자발적이고 임의적인 반응이 미지의 자극에 의해서 발생한다고 생각하였다. 스키너는 이와 같은 신비주의적 해석을 받아들일 수 없었으며 조작적 행위는 앞서 주어진 자극 조건과 관계없이 스스로의 역할에 의해서 생기는 것으로 생각하였다.

특정한 상황에서의 인간 행동(B: behavior)은 앞서 이루어진 전례(A: antecedents)

와 뒤이어 발생하는 결과(C: consequences) 사이에 놓이게 된다(A → B → C). 이러한 관계를 '작동 조건화의 ABC'라고 부르기도 한다. 행동은 전례 또는 결과의 변화에 영향을 받으므로, 행동에 의도적 변화를 주려는 노력이 효과적으로 이루어지려면 전례 또는 결과의 변화에 따른 행동의 변화를 관찰할 필요가 있다. 스키너의 연구는 그 중에서도 결과의 변화에 따른 조건화에 초점을 맞추어 이루어졌다. 행동의 결과는 그 행동의 반복 가능성에 가장 직접적이고 큰 영향을 준다고 본 것이다. 작동 조건화의 ABC라는 관점에서 볼 때 강화는 행동(B) 반복에 영향을 주는 결과(C)의 한 형태이다.

4.2.3 강화와 벌

강화에는 정적(positive) 강화와 부적(negative) 강화가 있다. 정적 강화는 칭찬이나 보수와 같은 것으로 어떤 반응 또는 행동에 대하여 그 행동의 빈도나 강도를 증가시키는 유쾌한 자극을 제공하는 것이다. 부적 강화는 주어지던 불쾌한 자극을 제거하여 그 행동의 빈도나 강도를 증가시키는 것을 말한다. 부적 강화는 벌과 혼동되기 쉽다. 벌은 어떤 자극을 제공하거나 제거하여 그 행동의 빈도나 강도를 약화시키는 것을 말한다. 불쾌한 자극을 제공하는 것을 적극적 벌(presentation punishment)이라고 하고, 유쾌한 자극을 제거하는 것을 소극적 벌(removal punishment)이라고 부른다.

	행동 증가 효과	행동 감소 효과
자극의 제공	정적 강화 : 유쾌함의 제공 (상, 칭찬)	적극적 벌 : 불쾌함의 제공 (회초리, 꾸지람)
자극의 제거	부적 강화 : 불쾌함의 제거 (숙제 면제)	소극적 벌 : 유쾌함의 제거 (TV 시청 금지)

조건화된(학습된) 행동은 적절한 강화가 뒤따르지 않을 경우 시간이 지날수록 점진적으로 소멸(extinction)된다. 소멸은 두 가지 요인 즉, 시간과 강화 작용에 관련된다. 단속적인 강화에 의해 형성된 반응은 연속적 강화에 의해 형성된 반응보다 소멸에 대한 저항이 강하다. 즉, 크고 연속적으로 주어지는 강화보다는 단속적으로 주어지는 강화에 의해 이루어진 학습이 쉽게 잊히지 않는다. 형성된 특정 반응을 소멸시키기 위해 주로 벌을 부과하는 경우가 있는데, 학습에 있어서 벌은 반응의 강화 기능은 물론, 소멸 기능으로도 적합하지 못하다. 벌이 부과된 경우 초기에는

반응 비율이 감소하지만, 벌이 반응에 대하여 갖는 소멸 효과는 일시적이며 불완전하여 원하지 않는 다른 효과를 야기할 위험성도 있다. 일반적으로 벌은 특정 행동을 제거시키기 위한 경우보다는 그 반응의 강도를 약화시키는 데 사용할 수 있다.

4.2.4 강화 계획

스키너에 의하면 유용한 강화 작용은 그 양이 중요한 것이 아니라 그 사용 방법이 더 중요하다. 적은 양의 강화 작용이더라도 그것이 효과적으로 사용된 경우에는 학습자의 행동을 충분히 효과적으로 통제할 수 있다. 실제 학습에서는 학습의 내용에 포함된 강화 요소가 불충분한 경우 경쟁 심리나 교사의 관심 등 다른 외부적인 강화 작용이 필요하다. 이와 같은 강화 작용마저 실효를 거두지 못하는 경우에는 학습자에게 비난이나 체벌과 같은 부정적인 자극을 사용해야 할 필요성이 생긴다. 학습자에게 강화 작용을 부과하기 위해서는 일련의 학습 과정을 세부적인 단계로 나누어서 각 단계별 행동이 쉬지 않고 지속적으로 유지되도록 강화를 사용해야 한다. 이 강화는 각 단계별 성취도에 따라 유관하게 부과해야 한다. 그리고 강화 작용의 효과를 높이기 위해서는 세부적인 단계의 크기를 가능한 작게 하여 강화의 빈도를 높이고 틀린 반응의 양을 최소화하여야 한다.

강화 계획(reinforcement schedule)은 크게 '구간(interval) 강화'와 '비율(ratio) 강화'의 두 가지로 구분된다. 구간 강화에는 보상이 주어지는 시간 간격이 규칙적으로 고정되는 '고정(fixed) 구간 강화'와 불규칙한 시간 간격으로 보상이 주어지는 '변동(variable) 간격 강화'가 있다.

비율 강화에도 고정된 횟수의 반응마다 보상이 주어지는 '고정 비율 강화'와 보상이 주어지는 반응 회수가 불규칙적인 '변동 비율 강화'가 있다. 고정 구간 또는 고정 비율 강화의 경우 주어지는 보상에 대한 예측이 가능하지만, 변동 구간 또는 변동 비율 강화의 경우에는 그러하지 못하다.

구간 강화에서는 시간 간격이 너무 벌어질 때 보상의 효과가 소멸될 위험이 있으며, 비율 강화는 처음에 부과했던 보상의 비율보다 보상 비율이 줄어드는 경우 반응의 속도가 증가한다는 점이 검증되었다. 그리고 구간 강화든 비율 강화든 규칙적인 보상 계획에 따를 때에는 일단 강화 작용이 주어진 직후 반응이 일시적으로 중지하는 현상을 보이는 반면, 불규칙한 보상 계획에서는 반응이 지속적으로 나타나는 것이 발견되었다. 수학 학습의 예를 든다면, 학생이 매 30분간의 문제 풀이나 매 5문제 해결 후 채점을 받는 경우에 이 학생은 채점을 받은 후 다시 새로운 문제 풀이로 들어가기 전에 반드시 잠깐 휴식을 취하지만, 불규칙적으로 문제 풀이의 도중에 채점을 받는 학생들은 쉬지 않고 지속적으로 문제 풀이 활동을 한다는 것이다.

교과 학습 지도에 있어서 교사가 강화 작용의 모든 역할을 담당하는 것은 학급의 규모나 학습자의 개인적인 차이 등을 고려할 때 불가능하다. 따라서 교사와 같은 인적 자원이 아닌 잘 고안된 도구가 강화의 역할을 담당할 수밖에 없다. 강화 작용을 위하여 잘 고안된 'Teaching Machine'과 같은 도구는 한 학급의 교사로 하여금 그 도구를 통하여 개별적인 학습을 하는 학습자들을 동시에 감독할 수 있게 하며, 각 학습자는 나름대로의 학습을 이룰 수 있게 된다. 이 Teaching Machine은 정확한 강화 기능을 할뿐만 아니라, 세밀한 학습 계획 수립을 가능하게 하는 장점을 갖고 있다. 그러나 이 Teaching Machine에 대한 비판도 만만치 않다. 즉, 인간인 학습자가 단순히 하등 동물인 것처럼 취급된다는 점과 복잡한 인간의 지적 행위가 기계적으로 분석된다는 점이 가장 두드러진 비판의 핵심이다.

4.2.5 프로그램 학습

작동 조건화(operant conditioning)의 특징은 '개별화'와 '행동'이다. 작동 조건화는 학습자 개인별로 강화된 개인적 조작 행동에서 출발하여 개인적 반응의 과정을 거쳐 개별적 행동으로 형성된다. 작동 조건화는 행동을 통하여 이루어진다. 따라서 교수나 학습의 최종 목표는 학습자가 보여 주는 활동이나 행동이 되어야 하며, 학습 목표는 겉으로 드러나는 관찰 가능한 행동으로 표현해야 한다.

스키너에 의하면 교수 활동은 학습자가 학습을 진행하고 있는 상황에서 이루어질 강화 조건의 배열 행위이다. 따라서 교사는 학습을 증진시키기 위한 특별한 강화 조건의 배열을 고안하여 학습자의 작동 조건화를 촉진시키는 역할을 하는 셈이다. 프로그램 학습이란 학습자의 학습 활동을 세부적으로 정확하게 통제하여 학습 목표에 효과적으로 도달하도록 구성한 학습 방식이다. 일반적으로 프로그램 학습은 체계적으로 조직한 자율적 교수-학습 방식으로서, 학습 내용이나 정보가 교사의 도움 없이 학습자 단독으로 습득할 수 있도록 제시하는 교수 방안을 의미한다. 즉, 학습자로 하여금 일련의 경험을 통하여 프로그램 작성자가 의도하는 학습 목표에 점차적으로 도달하도록 하는 교육 방안이다.

'프로그램 학습'이라는 용어는 Teaching Machine의 'program'에서 생긴 것으로 스키너는 프로그램 학습과 Teaching Machine은 자신의 학습 강화 이론의 연구 결과로 제안한 것이지, 단순히 교수 행위의 노력을 절감하기 위한 교육 제도의 기계화를 의미하는 것이 아님을 강조한다. 프로그램 학습의 기본 원리를 요약해 보면 다음과 같다.

① 개별적 진도의 원리

학습자 개개인의 개인적인 정보 처리 능력에 따른 진도에 맞추어 프로그램의 각 단계를 반복하면서 각 개인에게 적합한 속도로 자신의 능력에 맞는 수업 활동을 진행하게 해야 한다.

② 소단계의 원리

교재의 내용을 세분화하여 학습자 개개인의 현재 학습 활동이 성립된 시점에서 다음 단계가 출발하도록 함으로써 각 단계의 활동이 성공하기에 충분한 범위 내에서 학습이 이루어지도록 해야 한다.

③ 즉시 확인의 원리

학습자가 자신이 보여준 반응의 옳고 그름을 스스로 확인할 수 있게 해야 한다.

④ 적극적 반응의 원리

학습자마다 스스로의 학습 활동을 확인하여 적극적인 자기 관리가 이루어지도록 해야 하며, 다음 단계로의 도전은 이전 단계에서의 성취의 보람을 기초로 하여 학습자 자신의 적극적인 의지에 따라 이루어지게 해야 한다.

⑤ 개별적 검증의 원리

학습자는 프로그램의 지시에 따라 자신이 할 수 없는 것에 대한 표시를 하여 교사에게 제출함으로써 학습자 개인의 학습 과정은 물론 프로그램의 질을 판정할 수 있게 해야 한다.

프로그램 학습은 정보 제공 방법보다는 과제 중심 방법으로 학습 목표에 접근하며, 주제에 따른 학습 순서 계획보다는 점차적 학습 목표 접근과 학습자의 적극적 참여를 통하여 이루어지는 학습 방식이라고 할 수 있다.

4.3 가네 : 학습 내용의 조직

가네(Robert M. Gagné)의 연구는 주로 학습 계열의 위계와 그에 따른 학습 유형에 관한 것이다. 그는 자신의 연구로부터 나온 이론을 검증하고 적용하는 데 수학 교과를 매체로 이용하였기 때문에 그의 이론은 수학 학습 지도와 관련이 깊다.

4.3.1 수학 학습의 목표

가네는 수학 학습의 목표를 직접적 목표와 간접적 목표의 두 가지로 분류하고 있다. 직접적 수학 학습의 목표는 수학적 사실, 기능, 개념 그리고 원리의 학습이고, 간접적 목표는 학습의 전이 효과, 탐구력, 문제해결력, 수학의 구조에 대한 인식 등이다.

수학 학습의 직접적 목표 네 가지는 바로 수학 학습 내용에 대한 분류라고도 할 수 있다. 수학적 사실이란 수학 표기와 같은 일종의 약속 체계이다. 예를 들어, 3은 셋이라는 말을 나타내는 표식이며, '×'는 곱셈이라는 연산을 표기하는 것이다. 수학적 사실은 암기나 훈련, 연습, 시험 등 기계적 학습 방식을 통해 얻어질 수 있다. 그리고 이에 대한 학습 여부는 그 사실을 진술할 수 있고 여러 상황에 적용할 수 있는가에 따라 파악될 수 있다.

수학적 기능이란 학생들이 속노나 성확노들 삿고 해낼 수 있는 언산과 같은 과정을 의미한다. 이러한 기능들은 일련의 규칙이나 사용법에 의해서 규정되거나 알고리즘이라고 불리는 순서가 정하여진 일련의 특정 과정에 의하여 구성된다. 수학적 기능으로는 사칙 계산은 물론, 두 집합의 교집합이나 합집합을 찾아내거나, 도형에서 주어진 각의 이등분선을 작도하는 능력 등을 들 수 있다. 이와 같은 수학적 기능은 예시적인 설명이나 연습 등을 통하여 배울 수 있으며, 이에 대한 학습 여부는 다양한 문제를 통하여 필요한 기능을 적절히 적용할 수 있는가의 여부에 의하여 확인할 수 있다.

수학적 개념은 주어진 수학적 대상이나 사실들을 분류하여 특정의 수학적 대상이나 사실들이 어떤 수학의 추상적 아이디어에 합당한 예가 되는지 아니면 반례가 되는지를 구분할 수 있게 하는 추상적 아이디어를 의미한다. 예를 들어, 삼각형, 집합, 소수, 함수 등이 수학적인 개념의 예라고 할 수 있다. 이와 같은 개념은 해당 개념의 정의나 직접적 관찰 방법에 의하여 획득할 수 있다. 초등학교 저학년 학생들의 경우 평면 기하의 여러 도형들을 실험이나 관찰의 방법을 통해서 분류할 수는 있지만, 각 도형의 개념을 스스로 정의하는 것은 어렵다. 수학적 개념은 특정 개념과 관련된 여러 예와 반례들을 서로 비교해 보고 논의를 거침으로써, 또는 직접 감각적 접촉이나 활동을 통해서 학습한다고 할 수 있다. 특히 구체적 조작기에 해당하는 학생의 경우 개념 학습은 목표하는 개념을 물리적으로 나타낸 사물을 관찰하고 다루는 가운데 이루어진다. 반면, 형식적 조작기의 학생은 주로 사고나 토론의 과정을 통해서 개념 학습이 이루어진다. 개념 학습이 이루어졌는가의 여부는 해당 개념의 예와 반례를 구분할 수 있는가에 의해서 판단할 수 있다.

수학적 원리는 일련의 개념들이 서로 관계를 유지하면서 형성해 놓은 것으로 수학의 직접적 학습 대상 중 가장 복잡한 경우라고 할 수 있다. 이와 같은 원리는 과학적 탐구 방법이나 유도된 발견 학습 방법 또는 소모임 토론의 방법으로 학습할 수 있다. 수학적 원리에 대한 학습 여부는 그 원리를 구성하고 있는 개념들 각각을 파악할 수 있어야 하며, 각 개념들 사이의 관계를 이해하고, 주어진 상황에 적절한 원리의 사용이 가능한가에 의해서 판단할 수 있다.

4.3.2 학습의 과정

가네는 학습이 감지, 습득, 저장, 상기 등 4가지의 연속적 과정들을 거치면서 이루어진다고 보았다.

학습의 첫 과정인 감지 과정은 학습자가 학습 상황에 제시된 자극을 인지하는 단계이다. 자극에 대한 인식을 통하여 학습자는 주어진 자극이 갖는 성격이나 성질을 감지하게 된다. 학습자가 인식한 자극은 각 학습자 개인의 고유한 방식으로 받아들이게 된다. 즉, 학습의 과정은 학습자 개개인의 고유의 과정이다. 개인차에 따른 이 감지 방식의 다양성은 학습 지도상의 실질적 문제점이라고 할 수 있다.

학습의 둘째 과정인 습득은 학습하고자 하는 수학적 사실이나 기능, 개념, 원리를 획득하거나 처리하는 과정이다. 수학적 지식 습득의 여부는 목표하고 있는 지식의 습득을 꾀하기 위한 자극의 제시 전에는 소유하고 있지 못한 지식이 자극의 제시 후 바로 이어서 소유되었는가에 따라 판단할 수 있다.

목표하는 지식을 습득한 후에 이 지식은 기억과 같은 방식으로 보유해야 하는 데 이 단계가 학습의 셋째 과정인 저장 과정이다. 인간이 지식을 저장하는 방법은 기억으로, 기억은 기억의 지속 기간에 따라 단기 기억과 장기 기억으로 분류한다.

학습의 마지막 과정은 상기 과정으로 이미 습득 저장된 지식이나 정보를 기억해 내는 단계이다. 이 과정에 대한 연구는 아직 불명확하며 체계성이 없어 이에 대한 이론은 모호한 상태로 남아 있다.

4.3.3 학습의 유형

가네는 학습의 유형을 ① 신호 학습, ② 자극-반응 학습, ③ 연쇄, ④ 언어 연합, ⑤ 식별 학습, ⑥ 개념 학습, ⑦ 규칙 학습, ⑧ 문제 해결의 8가지 유형으로 구별하여 위계를 구성하였다. 각 학습 유형에 대한 설명과 그 학습 유형을 효과적으로 학습하는 데 필요한 조건을 살펴보기로 하자.

(1) 신호 학습(signal learning)

신호 학습은 학습자 개인의 정적인 반응을 불러일으키는 자극에 의한 결과로 이루어지는 일종의 본능적 학습 형태이다. 대표적인 예는 동물의 울음소리에 대한 공포 반응과 같은 것이다. 신호 학습은 정적인 학습이기 때문에 마치 감정이 긍정적 경우와 부정적 경우가 복합적으로 존재하는 것과 같이 신호 학습은 만족스러운 결과를 낳을 수도 있는 반면 불만족스러운 결과를 만들 수도 있다.

신호 학습이 이루어지기 위해서는 중립적 자극과 불의의 자극이 존재해야 한다. 즉, 신호 학습에서는 학습자가 중립적 자극이 만들어 놓은 배경에서 불의의 자극을 받아 정적인 반응을 불러일으킬 수 있기 때문이다. 예를 들어, 수학 문제를 풀고 있는 학생은 현재 진행하고 있는 수학 문제 풀이가 중립적인 자극의 배경이 되며, 교사가 그 학생의 풀이 과정을 지켜보다가 틀린 부분을 발견하여 큰 소리로 나무라는 경우 이것이 그 학습자에게는 불의의 자극이 되는 셈이다.

신호 학습의 과정은 학습자에 의해서 스스로 통제되기가 쉽지 않은 반면 학습자의 행위에 큰 영향을 미칠 수 있다. 따라서 교사는 신호 학습 방식을 이용할 때는 학습자로부터 유쾌하고 만족스러운 반응을 불러일으킬 수 있는 불의의 자극을 구사할 수 있어야 한다.

(2) 자극 – 반응 학습(stimulus–response learning)

자극-반응 학습도 신호에 대한 반응 양식을 통한 학습이지만 신호 학습과는 두 가지 면에서 다르다. 신호 학습이 무의식적이며 정적인 학습이라면 자극-반응의 학습은 의식적이고 신체적이고 동적인 학습이라고 할 수 있다. 자극-반응 학습에서는 학습자가 원하는 바의 행동을 취하기 위해서 의식적으로 자신의 근육을 움직이게 되는데, 이러한 학습이 이루어지기 위해서는 내적인 근육의 움직임을 야기하는 외적인 자극이 필요하게 된다.

이때, 이 자극에 따른 반응이 만들어지면서 동시에 이 자극과 반응 사이의 간단하면서도 직접적인 연결이 이루어지며 따라서 학습이 형성되는 것이다. 자극-반응 학습에서는 주어진 자극에 대하여 학습자가 보여주는 반응이 다양할 수밖에 없는데, 그 중 목표로 한 반응이 보인 경우에 그 학습자는 칭찬이나 흡족한 경험과 같은 형태의 정적 강화를 받게 된다. 학습자는 목표로 한 반응에 이어 반복되는 강화 작용에 의해서 특정 자극에 대하여 적절하다고 생각되는 반응과 부적절한 반응을 구분할 수 있는 능력을 획득한다.

순수한 자극-반응 학습의 예는 어린 아동들에게서 찾아 볼 수 있다. 예를 들어, 특정인의 이름이나 주변에 있는 물건의 이름을 말할 수 있거나, 우유병을 자신이 빨아먹기에 좋은 상태로 기울일 수 있거나 하는 등의 행위는 바로 자극-반응 학습에 따른 결과라고 할 수 있다. 이와 같은 학습이 효과적으로 이루어질 수 있기 위해서는 학습자가 적절히 근육을 움직일 수 있어야 하며, 원하는 반응에 대한 즉각적인 강화 작용을 부여해야 한다. 수학 학습과 관련해서는 숫자 읽기, 기본적인 계산하기, 도형의 이름 대기 등이 해당된다.

(3) 연쇄(chaining)

연쇄는 이미 학습된 두세 개의 비언어적 자극-반응 활동이 서로 순차적으로 연결된 상태를 의미한다. 자극-반응 학습에는 언어적 방식과 비언어적 방식 두 가지가 모두 가능한데, 비언어적 자극-반응 활동의 연결을 '연쇄'라고 하고, 언어적 자극-반응 활동의 연결을 '언어 연합'이라고 한다. 연쇄의 예는 타자를 친다든지, 텔레비전을 켜고 끈다든지, 난로의 불을 피운다든지 하는 등, 이미 자극-반응 학습을 통해 획득된 간단한 기능들이 순차적으로 연결된 형태로 나타나는 행위이다.

연쇄가 일어나기 위해서 학습자는 연쇄를 구성하는 각 자극-반응의 기능을 미리 습득하고 있어야 한다. 연쇄를 구성하는 각 기능이 이미 습득된 상태에서는 각 기능을 적절한 순서에 맞추어 연결시켜 주기만 하면 되므로 연쇄 학습은 쉽게 이루어질 수 있다. 한편, 이 연쇄 학습에 대하여 학습자가 만족할 만한 강화 작용이 수반되지 않을 때에는 연쇄 학습이 이루어지기가 상대적으로 더 어려우며 또 더 많은 시간이 요구된다.

연쇄는 복잡한 심적-신체적인 상호 연결을 필요로 하기 때문에 연쇄 학습의 실패에 대한 두려움이나 외부적인 나무람 등의 염려는 이 연결 과정에 개입하여 연쇄가 이루어지는 데 부정적 영향을 미칠 수 있다. 한 연쇄가 완료된 경우 그 연쇄가 다른 연쇄를 야기하는 중간적 자극으로 작용할 수도 있다.

수학 학습과 관련해서는 숫자 쓰기, 도형 그리기 등이 해당되는데, 특히 자나 컴퍼스, 각도기와 같은 도구를 다루어 작도하거나 측정하는 경우에 관찰된다. 이 경우에 작도와 측정이 적절히 이루어지기 위해서는 이미 학습된 자극-반응 형태의 기능이 적정한 순서에 의해 연결된 연쇄가 필수적이다.

근육적인 움직임이 수반되는 수학적 기능을 지도하는 데 있어서는 자극-반응 학습이나 연쇄가 갖는 다음 두 가지의 성격을 고려하여야 한다. 첫째, 연쇄는 일련의 자극과 반응이 적절하게 연결되어 이루어진 것으로, 자극-반응 학습 상황을 통하여 각각의 부분적인 기능을 숙지하지 않은 상태에서는 이루어질 수 없다. 둘째, 자극-반응 학습과 연쇄는 학습자가 보여주는 바람직한 행위에 대한 강화나 보상 작용에 의해서 촉진할 수 있다.

(4) 언어 연합 (verbal association)

언어 연합은 언어적 자극을 연쇄시킨 것으로, 두세 개 정도의 이미 학습된 언어적 자극-반응 행위가 순차적으로 연결되어 이루는 것이다. 가장 간단한 언어 연합의 예로는 어떤 물체나 대상을 관찰하고 그 이름을 말하는 형식의 자극-반응 행위와 함께 그 물체나 대상의 성질 등의 연합으로 이루어지는 언어적 연쇄를 들 수 있다. 보다 복잡한 예로는 문장을 구성하거나, 어떤 경기의 선수들의 특징을 기억하거나, 외국어를 배우는 경우 등을 들 수 있으며, 수학 학습과 관련해서는 구구단 암기하기 등을 들 수 있다.

언어 연합의 수행에 있어서 그 정신적 과정은 매우 복잡하지만 일반적으로 효과적인 언어 연합이 이루어지기 위해서는 연결 고리의 중간적 매개자 역할을 하는 언어적 또는 시각적 요소의 개입이 필요하다. 이 중간적 고리의 역할을 하는 요소는 학습자 개인의 머리 속에서 작용하면서 개개인의 기억 체계에 따라 다양할 수밖에 없다. 예를 들어, 사다리꼴의 넓이 공식을 외우기 위해서 나름대로 고안한 방법을 사용하는 경우 바로 그 방법이 이 학습에서의 중간적 고리의 역할을 하는 셈이다.

언어 연합 형태의 학습이 가장 중요시되는 경우는 연극이나 소설과 같은 분야로 훌륭한 연극이나 소설을 이해하거나 만들어내기 위해서는 전에 이미 기억한 언어의 연합이 필요하다. 특히 수학에서는 학습자 자신의 생각이나 아이디어를 피력하기 위해서 수학과 관련된 다량의 언어 연합이 필요하다. 학생들의 이러한 수학적인 언어 연합을 증진시키기 위해서는 수학적인 사실이나 정의, 개념, 원리, 규칙 등을 간결하게 표현하거나 수학적 아이디어나 생각을 서로 토론하는 등의 훈련이 필요하다.

(5) 식별 학습 (discrimination learning)

식별 학습은 연쇄들 사이의 차이를 식별하는 능력을 배우는 것이다. 수학 학습과 관련된 예는 숫자나 연산 기호, 관계 기호 구별하기 등을 들 수 있다.

식별 학습에는 '단순 식별'과 '다중 식별'의 두 가지 유형이 있다. 예를 들어, 어린 아동이 어떤 특정 숫자 하나만을 반복해서 접하게 되어 그 숫자를 알게 되는 경우, 이 아동이 그 숫자가 의미하는 개념을 아는 것이 아니고 그 숫자의 외형적 모습만을 식별할 수 있다면 이는 단순 식별에 해당한다. 그러나 여러 개의 숫자를 놓고서 각 숫자들을 일일이 구별해서 인식할 수 있다면 이는 다중 식별에 해당한다.

적절하게 조직되지 못한 학습 환경에서는 다중 식별 학습이 일반화, 소멸, 간섭 등의 왜곡된 현상으로 나타날 수 있다. 우선 부적절한 일반화는 유사한 일련의 연쇄들을 하나의 범주 안에 분류시켜서 그 연쇄들을 서로 구분 식별하려 하지 않는 경향을 의미한다. 그리고 자극-반응의 연쇄 학습에서 적절한 강화가 없었던 경우에는 기존의 연쇄가 소멸하거나 제거되는 현상이 일어난다. 한편, 새로 배운 연쇄의 간섭 작용에 의해서 이전에 학습되었던 자극-반응의 연쇄가 망각되는 현상도 일어날 수 있다.

(6) 개념 학습 (concept learning)

개념 학습은 구체적인 물체나 현상 등이 갖고 있는 공통된 성질들을 파악하고 이들을 하나의 테두리 안에 귀속시키는 것을 배우는 경우이다. 어떤 의미에서는 식별 학습과 상대되는 학습의 유형이라고 할 수 있다. 즉, 식별 학습이 여러 대상 물체들을 상이한 성질을 기준으로 구분하는 학습이라면, 개념 학습은 여러 대상들이 갖는 공통된 성질을 기준으로 하나의 테두리 안에 분류하는 학습이라고 할 수 있다.

개념 학습이 이루어지기 위해서는 보다 간단한 형태의 사전 학습이 있어야 한다. 자극-반응의 연쇄나 적절한 언어 연합 또는 다중 식별 등의 사전 학습에 의하여 필요한 특정의 내용에 대한 학습이 선행되어야 개념 학습이 이루어질 수 있다. 예를 들어, 삼각형이라는 개념에 대한 학습이 이루어지기 위해서는 우선 자의적인 자극-반응 연결에 의해서 삼각형이라는 단어를 말할 수 있도록 학습해야 하며, 다음은 개인적인 언어 연합으로 다양한 삼각형들을 인식할 수 있어야 하고, 여러 가지의 도형들과 삼각형을 식별할 수 있어야 한다. 그리고 효과적인 삼각형의 개념 학습을 위해서는 다양한 형태로 삼각형이 표현되어 학습자에게 제시될 필요가 있다.

일단 수학의 새로운 개념을 학습하는 경우 효과적 학습을 위해서 다음 조건들이 필요하다.

첫째, 주어진 개념과는 다른 다양한 예를 제시하여 일반화를 돕는다.
둘째, 식별을 돕기 위해서 서로 다르지만 주어진 개념과 유관한 예를 제시한다.
셋째, 식별과 일반화를 돕기 위해서 주어진 개념과 관계없는 예도 제시한다.
넷째, 주어진 개념이 속한 범주로써 분명하게 구분되지 않는 예는 제시하지 않는다.

많은 수학적 개념들이 언어 연쇄의 방법을 전략으로 학습하지만, 학습한 개념을 잘 사용하기 위해서는 실제 자극 상황에서 확인해야 한다. 예를 들어, 학생들이 "삼각형은 세 변과 세 꼭짓점, 그리고 세 각으로 이루어진 도형"이라는 언어 연합을 암기하고 있어도, 실제의 평면 도형들 중 삼각형을 삼각형의 개념적 범주 안에 분류시키지 못한다면 이러한 언어 연합은 필요 없는 것이다. 또는, 개념 학습에 필요한 단어나 언어 연합의 보유량이 적은 경우, 해당 개념의 학습은 그만큼 어려워지고 그 개념 학습이 완료되기까지에는 더 많은 시간이 필요하다.

(7) 규칙 학습 (rule learning)

앞서 말한 여섯 가지의 학습 유형은 규칙 학습이나 문제 해결을 위해 선행해야 할 학습 유형이다. 규칙 학습은 일련의 전체적인 상황(자극)에 대하여 전체적인 일련의 행위(반응)를 보여 주는 능력을 말한다. 규칙 학습은 효율적이고 일관성 있는 인간의 정신적 작용을 용이하게 해주는 가장 전형적인 학습 유형이다.

규칙 학습이 이루어지기 위해서는 해당 규칙을 구성하는 개념의 연쇄가 선행되어야 한다. 규칙 학습이 이루어졌는지의 확인은 학습자가 여러 가지 다양한 상황에 규칙을 적절하게 적용시킬 수 있는가의 여부에 의해서 알아볼 수 있다. 가네는 규칙 학습의 지도를 위해 다음 다섯 단계를 제시한다.

1단계 : 학습자에게 규칙 학습이 완료되었을 때 기대되는 결과적 행위에 대하여 설명한다.

2단계 : 학습하고자 하는 규칙을 구성하는 이미 학습된 개념에 대한 기억을 유도하는 질문을 한다.

3단계 : 현재 학습하고 있는 부분적인 규칙들을 올바른 순서로 연결하도록 유도하는 언어적 진술을 사용한다.

4단계 : 적당한 질문 형식을 이용하여 학습자에게 해당 규칙의 구체적인 예를 제시해 보도록 요구한다.

5단계 : 적당한 질문 형식을 통하여 학습자로 하여금 학습된 규칙을 언어적으로 진술토록 요구한다. (Gagné, 1965, p. 203)

(8) 문제 해결 (problem solving)

문제 해결은 학습자 나름대로 일련의 규칙들을 선택하고 연결 지어 전에는 그 학습자 자신이 모르고 있던 한 차원 높은 수준의 규칙들의 집합을 구성하는 과정을 포함한다. 따라서 발견이나 창의성과 같은 단어가 문제 해결의 의미에 내포되는 것이다. 문제 해결은 학습자가 이미 학습한 규칙들 중에서 자기에게 주어진 생소한 문제의 해를 구하기 위해 필요한 규칙들을 선정하고 이들을 적용하는 과정으로 이루어진다.

실제적인 문제 해결의 과정은 일반적으로 다음 단계를 거친다.

① 주어진 문제를 일반적인 형태로 바꾸는 단계

② 그 문제를 조작 가능한 형태로 바꾸는 단계

③ 주어진 문제를 해결할 수 있을 것으로 예상되는 여러 가지 가설이나 과정을 구성하는 단계

④ 구성된 가설이나 과정을 검증 또는 실행하여 가능성 있는 해들을 찾는 단계
⑤ 가능성 있는 해들 중에서 가장 적당한 해를 선정하여 그 해가 옳은지의 여부를 가리는 단계

4.3.4 학습 위계도

특정 학습 유형에 대한 학습 위계란 어떤 상위 수준의 과제를 수행하기 전에 학습자가 미리 갖추고 있어야 하는 부분적 능력 등을 포함하고 있는 구조를 의미한다. 가네에 의하면 학습은 학습자의 행위에서 관측할 수 있는 변화를 말하며, 학습 위계는 관찰과 측정이 가능한 능력들로 이루어진다. 즉, 학습이 이루어진 증거는 그 학습자가 전에는 취할 수 없었던 어떤 행위를 수행할 수 있는지의 여부로 결정한다. 수학적인 행위는 대부분의 경우 정의와 관찰이 가능하면서 또 선취해야 할 학습을 요구하므로 수학적 내용들에 대해서는 체계적 분석이 대체로 가능하다.

어떤 수학적 내용에 대한 학습 위계를 구성하는 것은 단순히 그 수학 내용을 학습하는 데 거쳐야 할 단계들을 나열하는 것으로 그치지 않는다. 이와 같은 단계를 나열하는 것은 학습 위계를 구성하는 출발점이며, 학습 위계가 갖는 특징은 겉으로 들어 날 수 있고 또한 측정 가능한 상위 능력과 하위의 부분적 능력들로 이루어지며, 전체적 구조는 나무뿌리 모양을 이룬다는 것이다.

다음의 그림은 정수의 덧셈을 하는 경우에 필요한 상-하위의 부분적인 능력들로 구성된 나무뿌리 모양의 학습 위계도이다(Gagné 1965, p 255). 이 그림에서 보여주는 정수의 덧셈의 학습 위계도는 실제의 학습자들에 대한 관찰과 실험을 통하여 더욱 상세화될 수 있다. 이와 같은 학습 위계도는 학습자들이 어떤 학습을 위해 미리 알고 있어야 할 조건들을 결정하는 데 도움이 되며 학습 지도 준비에 필수적이다.

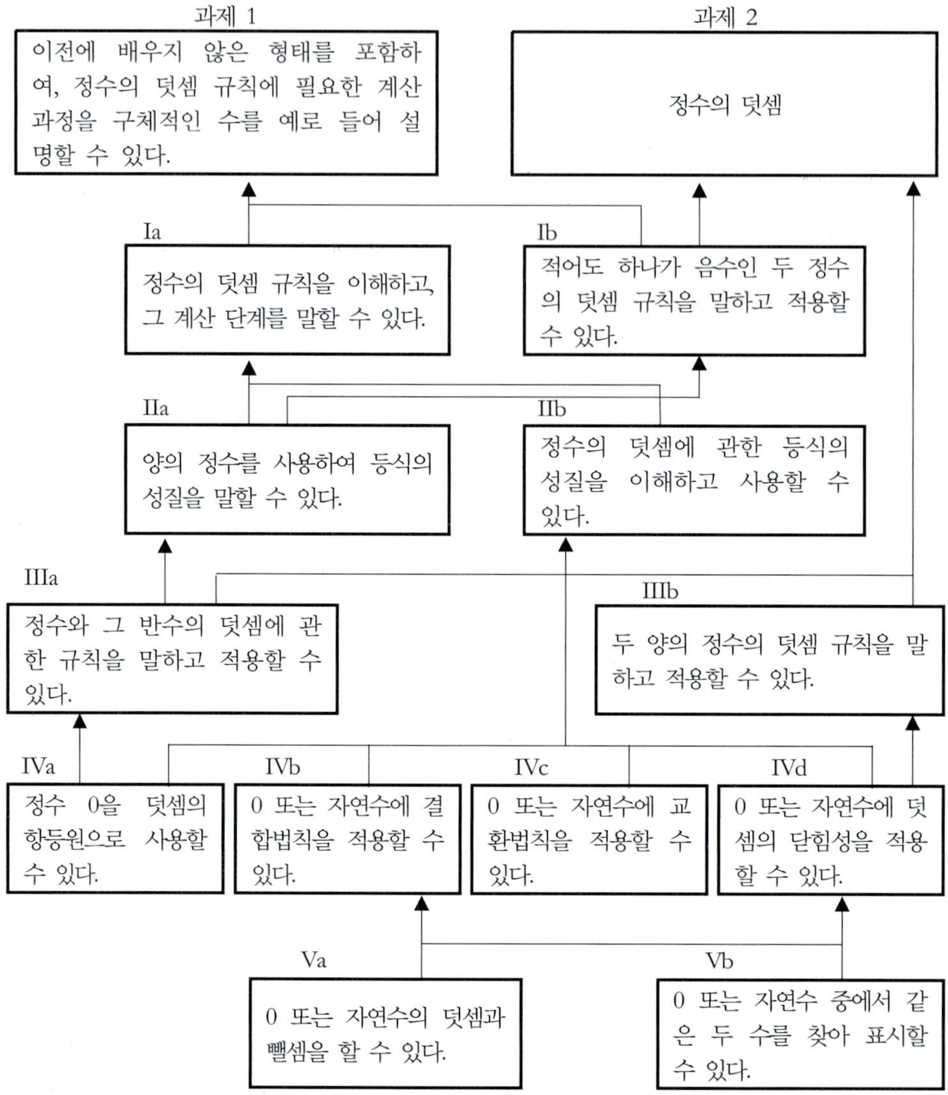

그림 4-1 정수의 덧셈에 관한 학습 위계도

토의문제

1. 수학 학습에서 훈련과 연습의 장단점은 무엇인가?
2. 초등 수학의 내용 중 자극-반응 이론에 따라 가르칠 때 가장 효율적인 것을 골라 본다면 어떤 것이 있겠는가?

3. 어떤 학생이 분수의 나눗셈 계산을 학습하고 난 후 오답률이 20%라고 가정하고, 이 학생의 오답률을 15% 아래로 낮출 수 있는 가상적인 학습 강화 계획을 세워 보아라.
4. 가네의 학습 위계 이론에 따라 수학 학습을 조직할 때 생길 수 있는 문제는 무엇인가?
5. 가네의 이론이 학교 현장에 미친 영향은 어디서 찾아 볼 수 있는가?
6. 초등 수학의 내용 중 가네의 이론에 따라 가르칠 때 가장 효율적인 것을 골라 본다면 어떤 것이 있겠는가?

읽을거리

- 구광조, 오병승, 전평국 (공역) (1995). 수학 학습 심리학. 서울: 교우사.
- 우정호 (2000). 수학 학습-지도의 원리와 방법. 서울: 서울대학교출판부.
- Fehr, H. F. (1953). "Theories of learning related to the field of mathematics." In H. F. Fehr (Ed.), *The Learning of Mathematics: Its Theory and Practice, Twenty-first Yearbook of the NCTM*(pp. 1-41). Washington D. C.: NCTM.
- Gagné, R. M. (1965). *The Conditions of Learning*. New York: Holt, Rinehart and Winston.
- Thorndike, E. L. (1922). *The Psychology of Arithmetic*. New York: The Macmillan Company.
- Woolfolk, A. E. (1987). *Educational Psychology (3rd ed.)*. Englewood Cliffs, NJ: Prentice-Hall.

제 5 장

통찰론과 수학 학습

5.1 형태심리학

형태(Gestalt)심리학은 '의식의 요소'보다는 '의식의 전체성'을 중시하는 심리학으로 Gestalt는 '패턴' 또는 '전체'를 일컫는 독일어이다. 즉, 형태(Gestalt)란 인간이 자기를 둘러싼 세계를 의미화하기 위하여 자기가 지각한 것을 패턴이나 관계성으로 조직화하거나 구조화하려는 경향성을 말한다.

행동주의 심리학자들은 학습을 자극-반응 결합의 연쇄적 강화 현상으로 보았다. 그러나 이러한 관점은 학습의 모든 경우를 설명하기 어렵다. 학습은 자극-반응 경험의 단순한 축적만이 아니라, 문제 상황에 대처하는 효율적 능력의 성장을 의미하기도 한다. 문제 상황 중에는 과거의 경험과 직접 연결되지 않는 경우, 자극-반응의 본드에 의존하기보다는 상황을 '새로운 전체'로 재구성하는 통찰에 의해 문제가 해결되기도 한다. 그 대표적인 경우를 쾰러(Köhler)의 원숭이 관찰 실험에서 찾아볼 수 있다. 이 실험의 목적은 동물도 통찰을 통하여 지능적 행동을 보일 수 있는지를 알아보고, 이를 통해 연합심리학의 요소설에 대한 반증을 하는 것이었다.

쾰러의 실험에서 원숭이들은 먹이와 원숭이 자신을 가로막는 여러 가지 장애물을 '우회로', '도구의 사용', '도구의 제작' 등 고도의 지능적 방법으로 극복하여 먹이를 차지하는 데 성공하였다. 이것은 자극-반응의 연쇄적 결합의 결과로 해석할 수 없는 것이었다. 따라서 많은 심리학자들은 인간이 지적 활동을 학습할 때 영향을 미치는 요인으로서 환경에 대한 강조점에서 인간의 내적 구조에 대한 강조점으로 관심을 옮기게 되었다.

형태심리학의 기본 개념은 도형-배경의 지각 현상을 통해서 비교적 쉽게 이해할 수 있다. 예를 들어, 다음 그림에서 세 꼭짓점이 각각 검은 원 위에 놓인 흰 삼각형을 볼 수 있다. 이때 흰 삼각형의 세 변은 물리적으로 존재하지 않지만 마치 존재하는 것처럼 보인다. 즉, 존재하는 검은 원이 배경으로 작용하고 존재하지 않는 윤곽이 도형으로 지각되는 특수한 완성 현상이다. 이와 같이, 요소들이 결합하여 어떤 형태로 인식되는 것이 아니라, 전체적인 지각을 통해 새로운 형태를 인식하게 되는 예들은 일상의 경험에서도 흔히 볼 수 있다. 오랜만에 만나는 사람을 첫눈에 알아보는 경우는 그 사람의 이목구비 각 요소를 인식하고 그것을 연결시켜 얻어낸 결과가 아니다.

형태심리학자들은 사고의 과정도 기본적으로 지각과 같은 원리에 의해서 진행된다고 본다. 즉, 사고도 배경 상황에 영향을 받으며 사고의 각 요소들은 단순한 연쇄 결합이 아니라, 구조적 형태로 재구성되어 통찰을 통해 인식된다고 보는 것이다. 통찰이 보다 잘 일어나는 요소들은 몇 가지로 정리될 수 있는데, 그 중 중요한 것은 다음과 같다.

① 근접성

인간은 가까이 있는 요소들을 서로 통합시켜 인식하려는 경향이 있다. 다음 그림에서 50개의 점들은 개별적으로 인식되기보다는 10개씩 5줄의 형태로 인식될 것이다.

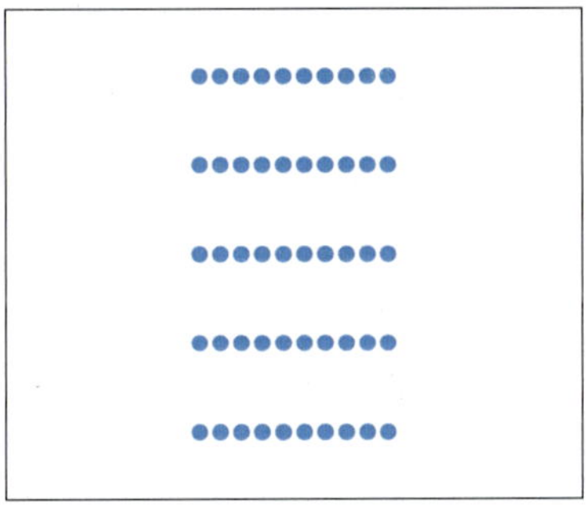

② 유사성

한편, 서로 유사한 자극끼리는 더 잘 구성되어 인식된다. 다음 그림의 왼쪽에서 25개의 점(●)들은 상하좌우 같은 간격으로 놓여 있지만, 오른쪽에서는 7개의 점(○)이 그 유사성에 따라 재구성되어 영문자 Y로 인식된다.

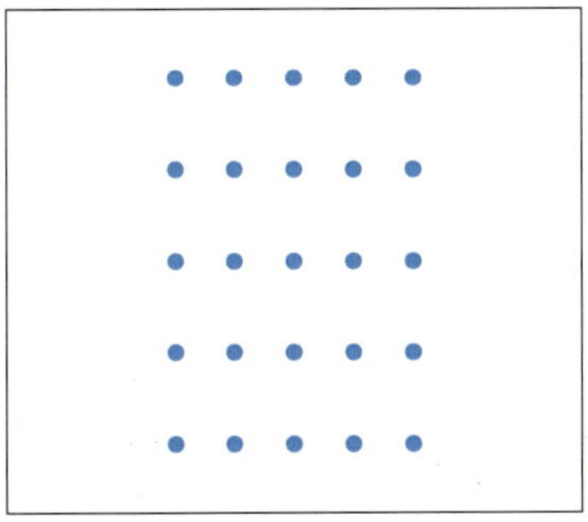

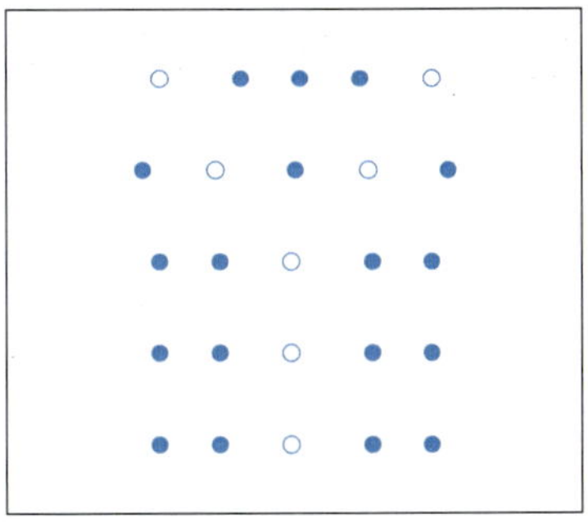

③ 완결성

인간은 그림에 불완전한 부분이 있을 경우 그것을 마저 채워 완전한 모양으로 완성시켜 인식하려는 경향이 있다. 다음 그림의 왼쪽에서 7개의 굵은 선들은 독립적으로 인식되기보다는 2개씩 3쌍과 오른쪽의 한 개의 선으로 지각된다. 이것은 근접성의 결과이다. 그러나 그림의 오른쪽에서는 두 괄호 기호]과 [이 인접해 있음에도 불구하고, 괄호 기호의 형태로 인식되기보다는 세 개의 직사각형으로 지각한다.

④ 연속성

자극의 요소들이 합쳐서 직선이나 곡선 또는 방향이 뚜렷한 운동의 모습으로 나타났을 때에는 이들은 하나의 도형으로 지각하기가 더 쉽다. 예를 들어, 다음 그림의 A는 아래의 B와 C 두 개의 선으로 독립적으로 인식될 수도 있지만, 그보다는 파도 모양의 선(D)이 요철형 선(E)의 가운데를 가로지르는 형태로 지각된다.

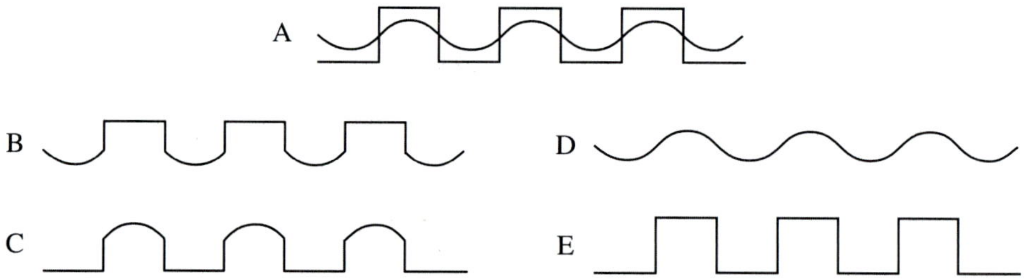

5.2 베르트하이머: 생산적 사고

학습이 통찰에 의해 이루어질 수 있다는 형태심리학의 관점은 수학 교육에도 많은 것을 시사한다. 수학적 활동은 체계적으로 연결된 수많은 수학적 사실과 기능에 의존하기도 하지만, 흥미로운 수학 문제 중 많은 것은 그러한 예상 가능한 본드의 결합이 아니라, 의외적이고 때로는 직관적이라고도 볼 수 있는 착상에 의해 풀리는 경우가 많기 때문이다. 베르트하이머(Max Wertheimer, 1880~1943)는 이러한 수학적 사고와 아이디어가 어떻게 효율적으로 학습될 수 있을 것인가 하는 점에 대하여 연구하였다.

베르트하이머는 사각형의 넓이 구하는 방법을 가르치는 한 교실의 수업을 관찰하였다. 수업을 진행하던 교사는 지난 시간에 가르쳐 준 직사각형의 넓이 구하는 공식을 상기시킨 후, 평행사변형의 넓이 구하는 공식을 지도하였다. 교사는 아래 그림과 같이 평행사변형을 그린 다음, 평행사변형 위의 두 꼭짓점에서 각각 수선을 내리고, 오른쪽 밑의 꼭짓점에서 오른쪽으로 선분을 연장하여, 합동인 두 삼각형을 만들었다.

이 그림의 도움으로 교사는 평행사변형의 넓이는 밑변의 길이와 높이를 곱해 구할 수 있음을 가르쳤고, 곧이어 학생들은 같은 유형의 평행사변형에 대하여 넓이 구하는 공식을 적용하는 연습을 하였다. 그러나 다음 날 베르트하이머가 교실 앞에 나가 학생들에게 다음 그림과 같은 평행사변형의 넓이를 구하라고 하자, 학생들은 여러 가지 반응을 보이며 당황하였다.

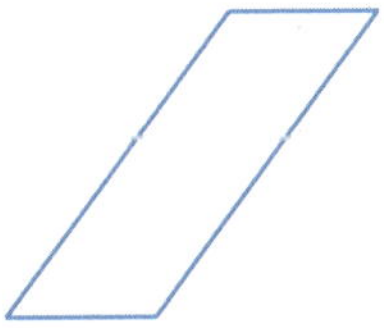

베르트하이머는 이것을 학생들이 평행사변형의 넓이 구하는 공식의 구조적 원리를 이해하지 않고 교사가 제시한 공식의 형태에 맹목적으로 따르기 때문이라고 보았다. 그는 구조적 원리를 이해하려는 사고를 "생산적 사고(productive thinking)"라고 불렀으며, 생산적 사고와 비생산적 사고의 구별을 위해 여러 가지 예를 들었다.

예를 들어, 오른쪽 그림과 같은 사다리꼴의 넓이를 구하라고 했을 때, 다음 그림과 같이 보조선을 그어 도형을 변형시키려 한다면, 그것은 의미 있는 반응이며 통찰이 일어난 경우이다. 베르트하이머는 이것을 A-반응이라고 불렀다.

A-반응 (통찰이 일어난 경우)

그러나 보조선을 다음 그림과 같이 그어 도형을 변형시켜 보고자 한다면, 이것은 맹목적이고 무의미한 반응이며 결국은 문제 해결에 성공할 수 없게 될 것이다. 즉, 통찰이 일어나지 않은 경우에 해당한다. 베르트하이머는 이러한 반응을 B-반응이라고 불렀다.

B-반응 (통찰이 일어나지 않은 경우)

A-반응과 B-반응은 다른 형태의 사다리꼴을 제시했을 때에도 다음과 같이 구분될 수 있다.

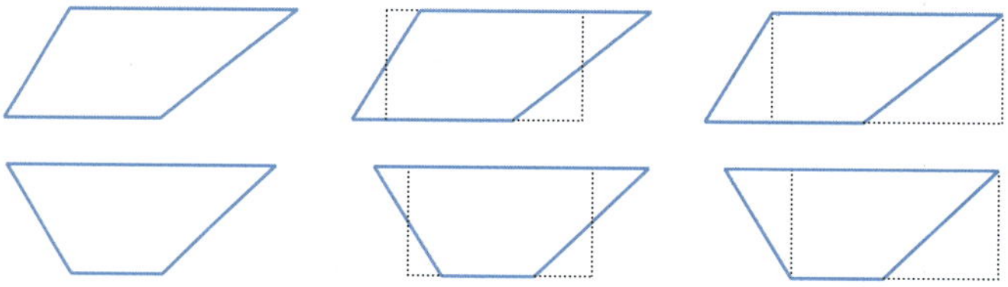

사다리꼴 A-반응 B-반응

통찰이 일어난 생산적 사고의 또 다른 예로 등차수열의 합을 구하는 공식의 경우를 들 수 있는데, 이것은 수학자 가우스가 1에서 100까지의 자연수의 합을 간단한 공식을 이용하여 구한 일화로 유명하다. 베르트하이머가 말하는 생산적 사고는 문제 해결에 있어 통찰의 의미를 부각시키고 있지만, 막상 그러한 사고가 어떻게 진행되며 촉진될 수 있는지에 대하여는 명확하지 않다.

5.3 수학에서의 발견-발명의 사고 과정

문제를 해결하기 위한 정신적 활동은 발견적 사고 또는 발명적 사고라고 할 수 있다. 사고한다는 것은 결국 문제를 해결하는 것이며, 따라서 지능(intelligence)이란 항구적이며 연속적인 발견-발명이고, 따라서 인생도 끊임없는 발견-발명의 과정이라고 생각할 수도 있을 것이다. 특히, 과학적 사고의 도구라고 하는 수학에 있어서의 발견-발명적 사고가 어떻게 이루어지는가를 밝혀내는 일은 매우 흥미로운 문제이나, 그러한 인간의 정신 작용에 대한 관찰과 기술은 나무를 자르지 않고 나이테를 상상하여 그려내는 것만큼이나 어려운 일이 아닐 수 없다. 따라서 창조적 업적을 많이 남긴 수학자가 자신의 사고에 대하여 자성적인 관찰을 하여 기록한 내용은 이러한 문제를 구명하는 데 귀중한 자료가 되는 것이다.

수학자로서 수학적인 발견적 사고의 과정에 대하여 솔직하고 정확한 기록을 남긴 예는 흔하지 않지만, 주목할 만한 것이 푸앵카레(Henri Poincaré, 1854~1912)와 아다마르(Jacques Hadamard, 1865~1963)의 저서이다. 푸앵카레와 아다마르의 자성적 기록을 중심으로 수학적인 발견적 사고의 과정에 대하여 알아보자.

5.3.1 푸앵카레의 발견적 사고

푸앵카레(Poincaré)

푸앵카레는 과학은 '선택'으로부터 시작된다고 보았다. 사실 인간의 사고에 있어서 선택은 불가피하다. 극히 단순한 정신 활동인 외계에 대한 감각적 인식에 있어서도 사실이 변화하는 속도는 우리의 감각 속도보다 훨씬 빠르기 때문에 선택적일 수밖에 없다. 푸앵카레에 따르면 수학에 있어서의 발견은 이미 알려진 수학적 사실을 이용하여 그저 새로운 결합을 하는 것이 아니다. 발견한다는 것의 의미는 불필요한 결합을 만드는 데 있는 것이 아니라 유용한 결합을 만드는 데 있으며 따라서 발견이란 결국 '식별'이고 '선택'이라고 보는 것이다.

푸앵카레는 이러한 선택의 과정을 무의식의 과정으로 설명하려고 하였다. 그는 푸크시안(Fuchsian) 함수[1]에 대한 첫 논문을 쓸 때의 경험을 예로 들고 있다 (Poincare, pp. 52-55). 푸앵카레는 자신이 명명한 푸크시안 함수와 유사한 함수는 존재할 수 없다는 것을 증명하기 위하여 보름 동안이나 심혈을 기울여 연구하였다. 그는 매일 책상 앞에 앉아 생각을 종합해 보는 데 한 두 시간씩을 보냈지만 아무런 성과도 없었다. 어느 날 그는 블랙커피를 마신 탓으로 잠을 못 이루었다.

> [그 때] 한 떼의 생각들이 파도처럼 밀려왔는데, 생각들은 번갈아 충돌하면서 그 중의 두 가지가 합쳐져서 안정된 종합을 형성하는 듯한 느낌을 받았다.

다음날 아침 그는 초기하급수(超幾何級數)로부터 유도되는 한 종류의 푸크시안 함수의 존재를 증명하였다. 나머지 결과를 증명하는 데는 불과 몇 시간밖에 걸리지 않았고 이어서 그는 그 함수를 두 급수의 몫으로 나타내려고 하였다.

그는 결국 그 자신이 θ-Fuchian이라고 이름 지은 급수를 별 어려움 없이 만들어 냈다. 그 당시 그는 지질학 탐사에 참가하기 위하여 그가 살고 있는 캉(Caen)시를 떠나게 되었고 수학에 대한 생각은 잠시 잊고 있었다. 쿠탕스(Coutance)에 도착했을 때, 그는 다른 곳으로 가기 위하여 마차에 타게 되었다.

마차에 발을 올려놓는 순간, 앞서 그것을 위한 준비했을 당시 사고한 일이 없음에도 불구하고 푸크시안 함수를 정의하는 데 사용한 변환이 비유클리드 기하의 변환과 같은 것이라는 생각이 떠올랐다.

그는 마차 속에서 그것을 증명할 기회가 없었으나 확신을 가지고 있었고 캉 시에 돌아오자 틈을 내어 그것을 증명하였다. 그 후 그는 이와 별 관련이 없는 수론 문제를 연구하게 되었으나, 성과를 얻지 못해 고심하던 중 바닷가로 가서 전혀 다른 생각으로 소일하였다. 어느 날 벼랑 위를 걷고 있던 그는 부정 3원 2차형의 수론적 변환이 비유클리드 기하의 변환과 같다는 생각이 돌연히 직접적이고 확실성 있게 의식 속에 다시금 떠올랐다.

캉 시로 돌아온 그는 또 다른 푸크시안 그룹들이 존재함을 알게 되었고 그러한 함수들을 모두 정리하기로 하였다. 그는 체계적으로 부딪혀 나갔으나 하나의 장벽

---

1) 함수 방정식 $f\left(\frac{az+b}{cz+d}\right)=f(z)$, ($a$, b, c, d는 정수)를 성립시키는 가장 일반적인 함수이다. 독일의 수학자 L. Fuchs의 노력을 기념하여 붙인 이름이라고 전해지며, 보형함수(堡型函數)라고도 불린다.

이 핵심적인 문제를 가로막고 있음을 알았다. 그 벽을 깨뜨리기만 하면 된다는 생각이 들었으나 많은 노력에도 불구하고 어려움만 더해 갔다. 그러나 그는 "이것만으로도 수확이 있었다. 그리고 이 모든 작업은 완전하게 의식 속에서 이루어졌다"고 말하고 있다.

그 후, 그는 군복무를 위해 몽발레리앙(Mont-Valerian)으로 갔고, 거기서 전혀 다른 일에 종사하였다. 어느 날 그는 길을 건너던 중 그를 가로막았던 문제점이 돌연 전처럼 한 순간에 해결됨을 느꼈다. 그는 제대 후 그 문제를 해결하였고 그의 논문은 손쉽게 완성되었다.

이러한 수학적 발견의 사고 과정을 좀 더 명확히 하기 위해 무의식과 발견의 과정에 대하여 아다마르의 이론을 중심으로 좀 더 세부적으로 분석하여 보기로 한다.

5.3.2 무의식과 발견-발명

발견이 우연적으로 이루어지는 것이 아님은 푸앵카레의 예가 잘 말해 준다. 수학은 물론 다른 어떤 분야에서도 창조적 사고나 발견은 표상의 결합을 통해 이루어진다.[2)]

표상의 결합은 무수히 있을 수 있지만, 대부분은 사고 주체의 관심에서 벗어나게 되고 극소수만이 유용하게 될 수 있다. 인간의 의식은 유용하거나 유용하게 될 수 있는 결합만을 받아들이게 된다. 그러나 이는 먼저 가능한 결합들이 임의로 이루어져야 한다는 것을 전제로 하고 있다. 따라서 사고 과정의 첫걸음에서 우연의 역할이 개입하게 되는데, 이 때 우연의 개입은 무의식에서 이루어지게 되며 이들 결합의 대부분은 무의식 가운데에 그대로 남게 된다.

푸앵카레가 관찰한 바와 같이, 창조란 극소수의 유용한 결합을 선택하는 일이다. 그러한 선택은 어떻게 일어나는가? 그것을 정확히 묘사한다는 것은 거의 불가능할 것이며 그것은 형성된다기 보다는 느낌으로 다가온다고 볼 수도 있다.

푸앵카레는 과학자의 이러한 정서적 감각을 '과학적 심미안'이라고 불렀다. 푸앵카레가 말하는 과학적 심미안은 단순한 정서적 감수성이 아니며 동기나 충동도 아니다. 그것은 무의식에 내재한 특수한 기제(mechanism)이다. 아다마르는 충동(drive)과 기제(mechanism)를 구별할 것을 지적하고 있다. 충동은 무엇을 할 것인가(what to

2) 사고(思考)를 뜻하는 라틴어 'Cogito'의 어원적(語源的) 의미는 'to shake together'이다. 또, 'intelligo'는 'select among'을 뜻한다.

do)를 결정하지만, 기제는 어떻게 할 것인가(how to do)를 결정한다.

과학적 심미안은 예술적 심미안과는 다르지만 무의식에 내재하여 개개인으로 하여금 자신을 만족시키는 표상의 결합을 선택하게 하는 기제의 일종이라는 점에서는 같다. 과학적 발견으로 이끄는 유용한 표상의 결합은 바로 이 과학적 심미안의 기제를 충족시키는 것들이다.

따라서 아다마르는 다음과 같은 결론을 내리고 있다:

> '발명은 선택이고, 이 선택은 불가피하게 과학적 심미안에 의해 지배된다.' (Hadamard, 1945, p. 31)

아다마르(Hadamard)

이 선택이 이루어지는 순간, 그것은 마치 한 줄기 서광이 비치듯 우리의 의식 안에 모습을 나타내게 된다. 발견, 발명의 어느 분야에서건 이 계시가 나타나기를 누구나 기다리는 것이다. 사고심리학에서는 이 시기를 계시기(illumination stage)라고 부른다. 또 계시가 나타나기 전까지의 무의식의 활동 기간을 부화기(incubation stage)라고 부른다.

부화기의 기간은 일정치가 않다. 또 이 기간에는 의식적으로는 발견과 관련이 없는 행동을 취하게 된다. 푸앵카레의 경우는 예를 들어 지질학 탐사를 위해 여행 중이었다던가, 수론 문제로 골치를 썩이고는 바닷가의 벼랑 위를 걷고 있었다던가, 군 복무에 종사한다던가 하는 식이었다.

발견에 관한 한 의식의 활동은 이 기간 동안에 휴지기에 들어간다. 그러나 부화기와 계시기의 무의식적 활동은 원인 없는 작용은 아니며, 그에 앞서 의식적 노력이 있었고 이것이 무의식적 활동이 작동하도록 만들었던 것이다.

따라서 발견은 우연이 아니다. 발견이 사격의 명중이라면 명중은 우연이 아니라 정확한 조준의 결과인 것이다. 의식과 무의식은 상호보완적인 관계에 있다. 푸앵카레는 부화기에 앞선 이러한 의식적 노력의 시기를 "예비적 의식 활동"이라고 불렀으며, 아다마르는 "준비기(preparation stage)"라고 불렀다.

앞에서도 언급하였지만, 이 시기의 의식 활동은 유용한 표상의 결합을 선택하기 위하여 표상의 결합을 임의로 시도하는 시기이다. 그러나 결합의 가능성은 무수히 많을 수 있으며, 발견을 위하여 이들 결합을 모두 시도하는 것은 불가능하다. 그렇다고 하여 제한된 범위의 결합에서 유용한 결합이 선택되리라는 보장은 없다. 결국 준비기의 의식적 노력은 문제의 만족한 해결을 못 이룰 경우 휴식에 들어가게 되지만, 무의식은 이것을 이어 받아 유용한 결합을 이루려는 시도를 계속하게 되고, 유용한 결합이 이루어지게 되는 순간 그것은 체의 역할을 하는 과학적 심미안의 기제에 따라 다시 의식에 떠오르게 되는 것이다.

발견적 사고의 마지막 단계는 이러한 유용한 결합을 글이나 말로 나타내는 것이다. 이는 ① 결과를 검증하고, ② 그것을 정확히 하고, ③ 작업을 계속하게 하기 위한 중계 결과(relay-result)를 얻어내기 위해서도 필요하다.

계시와 함께 떠오르는 절대적인 확신감은 대체로 현실과 일치한다. 그러나 계시는 때로 우리를 속일 때가 있다. 따라서 소위 말하는 이성으로 이를 확인하여야 하는데 이것은 의식에 속하는 작업이다. 정확히 한다는 것은 정확하게 진술한다는 것이다. 고정된 규칙을 적용시키기만 하면 되는 긴 계산의 결과나 검증이 무의식에 의해 완성되어 제공되는 일은 결코 없다는 푸앵카레의 관찰은, 부화기 동안의 무의식적 활동이 계시와 함께 떠오르는 유용한 결합의 정확한 표현까지를 함께 제공하지는 않는다는 것을 말해 주고 있다. 이는 또한 의식과 무의식의 상호 보완적인 관계, 즉 의식은 무의식에 종속되는 기계적인 작업을 하면서 동시에 무의식을 지휘 감독(supervise)하고 있다는 것이다.

한편, 검증과 정확화 작업은 연구의 다음 단계를 위한 새로운 출발점이 된다. 무의식은 정확한 형태를 제공하지 않으므로 정확화를 위한 작업은 사고의 계속적인 후속 작업에 큰 영향을 미친다. 이는 수학은 물론 다른 과학 분야에 있어서의 발견 과정에서도 마찬가지이다.

이러한 후속 작업은 의식 가운데에서 시작되며 외변의식(外邊意識)과의 협동에 의해서 이루어진다. 그것은 의식적이므로 정확한 결과가 필수적으로 수반된다. 연구의 매 단계는 다음 단계에 연결되어야 하는데 그 연결의 마디는 정확한 형태이어야 한다. 아다마르는 그것을 "중계 결과(relay-result)"라고 불렀다. 이러한 중계 결과는 다시 외변 의식 속에 남아서 후속 결과를 이루기 위한 부화기를 마련하는 것이다.

이상의 논의를 통하여 볼 때, 발견적 사고를 통한 문제 해결의 과정은 다음과 같이 4가지 단계로 나누어 요약할 수 있다.

① 준비기(preparation stage): 문제의 여러 가지 특징을 알게 되는 시기이다. 특징을 파악하고 나서 표상의 결합의 단계에 들어간다. 이때의 결합은 질서가 없이 무작위로 이루어지게 된다. 문제가 요구하는 것이 무엇이냐에 따라서 결합이 형성되지만 언제나 유용한 결합을 얻을 수는 없다. 검증(verification)이나 혹은 계시(illumination)의 단계를 거치지 아니하고 이 단계에서 곧바로 문제를 해결해 버리는 경우가 있지만, 해결이 되지 않을 경우에는 의식은 휴지기에 들어가게 된다.

② 부화기(incubation stage): 부화기의 특징은 일정하지 않으며 그 지속 기간도 크게 다르다. 수 분에 끝이 나는 경우가 있는가 하면, 몇 달, 심지어는 몇 년간 계속되는 경우도 있다. 따라서 창조적 문제 해결의 과정을 분석하는 데 있어서는 "그가 무엇에 대하여 생각하고 있는가?" 하는 점에 대해서만 관심을 국한시켜서는 안 된다. 문제 해결과 관련하여 자신이 의식하지 못하는 해결의 과정이 존재하기 때문이다.

③ 계시기(illumination stage): 통찰에 의해 문제가 해결되며, '아하 경험(aha-experience)'을 가지게 된다. 수학자에게 있어서 통찰의 메커니즘은 체(sieve)의 역할을 하는 수학적 심미안이라는 무의식적 기제이다.

④ 검증기(verification stage): 문제가 완전히 해결되는 단계이다. 해결의 열쇠를 확인하고 구체적이고 정확한 진술로써 표현하게 된다. 또한 이를 다음의 연구 단계를 위한 적용이 가능하도록 중계 결과로 정리해 두기도 한다.

5.4 브라우넬 : 의미 충실한 수학 학습

대략 1930년에서 1950년 사이 미국에서는 진보주의 교육 운동이 영향력을 발휘하고 있었는데, 이때에는 '생활을 위한 학습'이 강조되었다. 수학 교육에서의 주된 변화는 연습 그 자체를 위한 반복 연습에서 보다 '의미 충실'한 방법으로 산술적 개념을 개발시키려는 데 초점을 두는 쪽으로의 이동이었다. 이 시대에는 이 막연한 개념을 교육자마다 서로 다르게 받아들이고 있었다.

진보주의자의 일부는 산수란 실용적인 활동이 배경을 이룰 때 의미 있는 것이라고 주장하였다. 산수는 사회적 실용성 때문에 가르쳐지는 것이며 후에 생활에 필요한 문제들을 해결하는 도구를 획득하기 위해 배워야 한다는 것이다. 이들은 활동 중심의 접근을 권장하였다. 다른 사람들은 체계적 교육보다는 우발적 경험을 통하여 아동이 필요로 하는 수학을 배워야 하며 그래야 더 잘 배울 수 있다고 믿고 있었다. 1935년에 발행된 NCTM 10차 연보에는 다음과 같은 권고가 실려 있다:

> 가장 효율적인 학습의 대부분은 우발적인 것이다. 즉, 보다 넓은 관심 또는 의식되지 않은 목표와 관련된 개별적 주제를 학습하는 것이다: 시계 보기 또는 잔돈 거스르기 등과 관련한 수 관계의 학습, 야구 리그에 대한 순수한 관심을 통한 승률에 대한 (별로 힘 안들이고 하는) 학습 등이 그것이다. (Wheeler, 1935, p. 239)

그러나 우발적인 학습은 종종 우연성이 높고, 느리며, 시간을 소모한다. 당시 영향력 있는 수학교육자이고 심리학자인 브라우넬(William Brownell)에 의하면, 그러한 환경에서 학습된 산수는 "단편적이고, 피상적이며, 기계적이기 쉽다."(1935, p. 18)는 것이다. 아동을 그들이 하고 싶은 대로 놓아두게 되면, 그들의 경험은 너무 확산적이고 비구조적이 되어서 아동 스스로 서로 다른 것들 사이의 관련성을 지을 능력이 없는 것이다.

결과적으로, 당시의 많은 수학 교육자들 사이에는 의미 충실한 수학 학습을 위한 우발적 학습의 장단점에 대하여 논쟁이 벌어지게 되었다. '의미 충실한 수학'에 대한 또 다른 해석으로 "산수를 의미 있게 학습하기 위해서는 제계석인 이해가 필수적"이라는 주장이 나왔기 때문이다(McConnell, 1941, p. 281).

1938년 월간지 *Mathematics Teacher*에서 버킹햄(Buckingham)은 의미 충실한 산수에 대한 이 관점을 명료히 밝히기 위하여 산수의 중요성과 의미 사이의 중대한 차이를 발견하였음을 강조하고 있다. 그에게 있어서 수의 중요성은 기능적, 즉 "현대 사회 질서에 있어서 수의 가치, 중요성, 필요성"을 말한다.

반면, 수의 의미란 수학적, 즉 수 체계에서 갖는 구조성을 말한다(p. 26). 일반적으로, 이러한 종류의 '의미론'을 제안하는 사람들은 학생 주도적 활동으로부터 나온 수 경험의 동기성과 풍부한 가치성을 인정하고 있기는 하지만, 그들은 동시에 "산수는 이해 가능한 개념, 원리, 절차의 잘 조직된 체계"라는 개념을 강조한다(Brownell, 1935, p. 19). 수학적 관련성에 대한 이러한 강조는 버스웰(Buswell)과 브라우넬 및 소블(Sauble)이 1959년에 펴낸 3학년 산수 교과서에 잘 나타나 있다.

A B C D

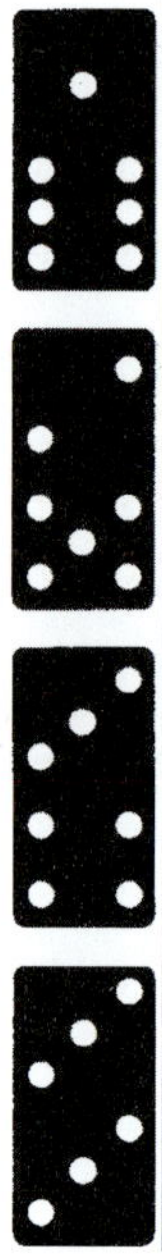

도미노와 수

(덧셈과 뺄셈의 관계)

1. 도미노 A는 7에 관한 덧셈구구를 보여준다. 그들을 칠판에 적어 보아라.
   1+6=? 6+1=?
2. 이것은 7에 관한 뺄셈구구도 함께 보여준다.
   위의 한 점을 가려 보아라. 7−1=?
   아래의 여섯 점을 가려 보아라. 7−6=?
   따라서 도미노 A는 7에 관한 덧셈구구와 뺄셈구구를 모두 보여 준다. 이들은 1, 6, 7에 관한 모든 것을 말해 준다.

덧셈	뺄셈
1+6=7	7−1=6
6+1=7	7−6=1

3. 도미노 B에 보이는 덧셈구구 두 가지를 적어 보아라. 뺄셈구구 두 가지도 적어 보아라. 2, 5, 7에 관한 모든 것을 적어 보았는가?
4. 도미노 C에 관한 모든 것을 적어 보아라.
5. 도미노 D는 중복된다. 3+3=?　　6−3=?
6. 도미노 D에서는 덧셈구구가 몇 가지인가? 뺄셈구구는 몇 가지인가?

중복된 도미노는 덧셈구구 한 가지와 뺄셈구구 한 가지만 보여준다.

중복되지 않으면, 모든 덧셈구구에는 교환한 덧셈구구 한 가지와 뺄셈구구 두 가지가 같이 따라 다닌다. 모두 네 가지의 구구가 있다.

이들 둘 또는 네 가지의 구구가 모두이다.

1959년 버스웰, 브라우넬, 소블이 제작한 3학년 산수 교과서 《우리에게 필요한 산수》의 예.

이 교과서에서는 기본 뺄셈구구를 가르치기 위해 이전에 학습한 덧셈구구와의 관련을 강조하고 있으며, 더하는 수와 더해지는 수를 모두 포함한 '전체적 이야기'를 분명하게 지적하고 있는데, 여기서 '이야기'란 두 가지의 덧셈구구와 두 가지의 뺄셈구구를 함께 다루는 것을 말한다.

새로운 산수 의미론의 출현에 기여한 또 다른 중요한 요소는 학습에 관한 '통찰론(Gestalt)' 또는 '장(field) 이론'의 등장이었다(Fehr, 1953). 이 심리학의 중심 개념은 '형태'를 의미하는 독일어 Gestalt에 잘 표현되어 있는데, 이 말은 부분들의 단순한 집합체가 아닌 조직화된 전체를 의미한다. 형태주의 심리학자들에게 있어서 학습이란 관계성을 인식하고 통찰을 계발하는 과정을 의미한다. 그들은 어떤 부분적 상황이 전체 상황에 대해 갖는 관계성이 인식될 때에만 통찰이 일어나며, 문제의 해결이 이루어진다고 믿었다. 연합주의자들은 문제의 해결로 이끌기 위해서는 후에 종합되어져야 할 개개의 기능에 대한 반복 연습이 필요하다고 주장하지만, 통찰론자들은 그보다는 처음부터 문제 상황의 모든 요소를 함께 고려하여야 한다고 주장한다.

1941년 NCTM의 16차 연보에는 당시까지의 연합주의 이론을 거부하고 산수의 새로운 의미론에 형태주의 심리학을 관련지어 설명하는 논문이 실렸다. 그 논문의 필자는 '관계성에 내재된 의미'를 입증하면서, 연합주의 이론은 산수를 관련성이 결여된 수에 관한 단순한 사실들로 분해하고 '분산성과 특수성'만을 강조함으로써 산수 교과를 불구로 만들었다고 주장하였다(McConnell, 1941, p. 275). 새로운 의미론은 '십진법 체계에 들어있는 수많은 개개의 특수한 사실들에 대한 이해와 관계성'을 강조한다는 것이다(p. 280).

산수의 의미론은 활동적 학습에 관한 진보적 개념과 통찰론의 개념을 결합시키려 하였다. 의미 있는 산수를 가르친다는 것은 이전의 반복 연습을 강조하던 수업이 요구하는 기준보다 훨씬 어려운 수업 과정을 요구한다. 이는 단순 암기는 덜 강조하고, 활동 중심의 발견이 학생들을 도와 수많은 서로 떨어진 기능과 개념들을 연관 짓도록 할 수 있다고 본다.

토의문제

1. 수학 학습에서 통찰이 잘 이루어지기 위한 조건은 무엇인가?
2. 초등 수학의 내용 중 형태주의 심리학 이론에 따라 가르칠 때 가장 효율적인 것을 골라 본다면 어떤 것이 있겠는가?

읽을거리

- 구광조, 오병승, 전평국 (공역) (1995). 수학 학습 심리학. 서울: 교우사.
- 우정호 (2000). 수학 학습-지도의 원리와 방법. 서울: 서울대학교출판부.
- Brownell, William A. (1935). "Psychological considerations in the learning and the teaching of arithmetic." In W. D. Reeve (Ed.), *The Teaching of Arithmetic, Tenth Yearbook of the NCTM*, pp. 1-31. New York, NY: Teachers College, Columbia University.
- Buckingham, B. R. (1938). "Significance, meaning, insight - these three." *Mathematics Teacher 31*, 24-30.
- Fehr, Howard F. (1953). "Theories of learning related to the field of mathematics". In H. F. Fehr (Ed.), *The Learning of Mathematics: Its Theory and Practice, Twenty-first Yearbook of the NCTM*, pp. 1-41. Washington D. C.: The Council.
- Hadamard, J. (1945). *An Essay of the Psychology of Invention in the Mathematical Field.* New York, NY: Dover.
- Kroll, D. L. (1989). Connections between psychological learning theories and the elementary mathematics curriculum. In P. R. Trafton & A. P. Shulte (Eds.), *New Directions for Elementary School Mathematics: 1989 Yearbook*. Reston, VA: NCTM.
- McConnell, T. R. (1941). "Recent trends in learning theory: Their application to the psychology of arithmetic." In W. D. Reeve (Ed.), *Arithmetic in General Education, Sixteenth Yearbook of the NCTM*, pp. 268-289. New York, NY: Teachers College, Columbia University.
- Poincare, H. (n. d.) *Science and Method*, pp. 46-47.
- Trafton, Paul R., & Shulte, Albert P. (Eds.) (1989). *New Directions for Elementary School Mathematics: 1989 Yearbook*. Reston, VA: NCTM.
- Wertheimer, M. (1959). *Productive Thinking* (Enlarged ed.). New York: Harper & Row.
- Wheeler, Raymond H. (1935). "The new psychology of learning." In W. D. Reeve (Ed.), *The Teaching of Arithmetic, Tenth Yearbook of the NCTM*, pp. 233-250. New York, NY: Teachers College, Columbia University.

제 6 장

발견 방법과 수학 학습

6.1 소크라테스 대화법

6.1.1. 반어법과 산파술

소크라테스는 기원전 5세기경 그리스의 철학자로서 미덕(virtue)의 실체와 필요에 대한 강한 신념을 지녔다. 그의 대화법이란 당시 아테네의 젊은이들을 가르치던 소피스트(Sophists)들의 극도로 왜곡된 강의 방법에 대한 직접적 반발로 이루어진 교수 방법이었다.

소피스트와 대조적으로 소크라테스는 자신이 결코 지혜를 지녔다고 주장한 적이 없었으며, 대신 지혜를 사랑한다고 주장하였다. 그는 젊은이들 또는 소피스트들과 아테네의 길거리를 함께 걸으면서 대화를 통하여 미덕의 진정한 의미를 일깨우려고 노력하였다. 소크라테스는 항상 자신의 무지를 먼저 인정하고 상대, 즉 그의 학생이 스승인 소크라테스 자신보다 더 현명함을 주장한다. 그리고는 용기, 절제, 공정, 아름다움 등 미덕의 사례가 아니라 그 본질적 의미를 물어 본다.

이때 소크라테스는 잘 짜인 예리한 질문을 통하여 그의 학생으로부터 일련의 중요한 양보를 얻어낸다. 이러한 양보는 학생이 사용하던 용어의 핵심적 의미를 학생 자신이 진정 모르고 있었다는 깨달음 외에도, 자신의 말이 모순되며 사고가 혼돈되어 있음을 인정하는 것을 의미한다.

다음의 예(Plato, 1956, pp. 96-97)는 소크라테스와 그의 학생 아가톤(Agathon) 사이의 대화로, 아가톤이 소크라테스식 반어법(Socratic irony)[1]의 제물이 되어 자신의 무지를 고백하고 마는 장면을 잘 보여준다.

> "자네의 말은, 신들이 아름다움에 대한 사랑을 통하여 그들의 일을 도모하기 때문에, 추한 것에 대한 사랑은 있을 수가 없다, 대략 이런 것이겠지?"
>
> "예, 그렇게 말했습니다."
>
> "친구여, 상당히 그럴 듯한 생각이네. 만일 그렇다면, 큐피드(Cupid)는 아름다움을 사랑하지, 추함을 사랑하지는 않을 것일세."
>
> "동의합니다."

1) 'irony'의 뜻은 원래 '질문(interrogation)'이었으나, 소크라테스 이후로 의미가 변하여 오늘에 이르렀다.

"그런데 우리는 큐피드가 자신에게 결여되어 있거나 자신이 가지고 있지 않은 것을 사랑한다고 동의한 바 있었지?"

"예."

"그렇다면 큐피드에게는 아름다움이 결여되어 있구먼."

"맞습니다."

"그래, 그렇다면 아름다움이 결여되고 아름다움이 없는 것은 아름답다는 말인가?"

"분명, 그렇지 않습니다."

"그러면 아직도 큐피드가 아름답다는 것에 동의하나? … 자네의 주장을 보여줄 수 있겠나?"

"소크라테스, 저는 제가 한 말에 대하여 스스로 모르고 있었던 것 같습니다."

그러나 이 예는 소크라테스 대화법의 양면 중 한 면만을 보여줄 뿐이다. 소크라테스의 노력은 상대가 자신의 무지를 인정하게끔 하는 데서 멈추지 않는다. 그의 대화 상대는 이제부터 소크라테스가 잘 준비한 일련의 집중적인 질문을 통하여 자신의 생각에 대하여 새로운 안목을 갖추게 되는 것이다. 이때, 소크라테스는 자신이 그의 학생의 사고 속에 있는 생각이 밖으로 드러나게 도울 뿐이며 이러한 의미에서 소크라테스 자신의 역할은 지적 산파(産婆)일 뿐이라고 주장한다. 즉, 소크라테스 대화법의 목표는 상대의 무지를 일깨움과 동시에 상대의 생각 속에 있는 진리를 이끌어 내는 데 있다. 따라서 소크라테스 대화법의 본질은 '상대의 무지를 일깨우는' "반어법(irony)"과 '스스로 보편타당한 개념을 이끌어 내게 하는' "산파술(maieutic)"의 두 가지로 이루어졌다고 볼 수 있다.

6.1.2 소크라테스와 메논의 대화

플라톤은 스승인 소크라테스를 주인공으로 대화 중심의 희곡 형식을 사용하여 그의 사상을 정리하였는데, 그 중에서도 소크라테스가 친구인 메논과 미덕을 가르칠 수 있는 것인지에 대하여 나눈 대화를 기록한 대화편 〈메논〉에는 소크라테스 대화법이 수학적 지식과 관련해서 어떻게 교수학적으로 활용될 수 있는지를 보여주는 귀중한 자료가 들어 있다.

〈메논〉에서 소크라테스는 친구 메논과의 대화를 통해 지식은 가르쳐서 생기는 것이 아니라 '회상'을 통해 얻어지는 것이라고 주장한다. 이에 대해 메논은 그러한 주장을 입증해 주기를 요청하고, 소크라테스는 이를 수락한다. 이를 위해 소크라테스는 메논이 데리고 온 노예 소년을 대상으로 기하학적 내용의 지식을 '회상'시키는 시범을 보인다.

다음은 소크라테스와 메논, 그리고 그의 노예 소년과의 대화이다. 이것은 거스리(W. K. C. Guthrie, 1956)의 영역본을 사용하여 필요한 부분을 되도록 구어체에 가깝게 번역한 것이다. 이 번역에는 두 가지가 새롭게 시도되었다. 하나는 각 대화의 문답마다 새로운 참조 번호를 부여한 것이다. 즉, 소크라테스가 메논에게 한 질문에는 m, 메논의 노예 소년에게 한 질문에는 b를 번호 앞에 붙였다.

다른 하나는 기하학적 내용과 그 전개 과정에 대한 이해를 돕기 위하여 그림을 몇 개 추가하였다. 거스리의 영역본에는 기하학적 내용에 대한 이해를 돕기 위한 삽화가 3개 실려 있었으나, 대화의 전개에 따라 두 세 단계의 내용이 하나의 삽화에 겹쳐져 있어서 불편하게 느껴지기도 한다. 이해의 편리를 위해서 삽화를 단계별로 추가하였다.

(이전 생략)

m95 **소크라테스**: 방금 당신을 운 좋은 사람이라고 했었소. 내가 가르침은 없고 다만 회상만이 있을 뿐이라고 했는데도, 이제 당신은 나에게 그것을 가르칠 수 있느냐고 묻고 있소. 분명히 당신은 내 생각에 정면으로 위배되는 방식으로 내 말을 따라오고 있소.

메논: 솔직히 말씀드리지만 그렇지 않습니다, 소크라테스. 그렇게는 생각도 하지 않았습니다. 단지 습관이었습니다. 어떤 식으로든 당신의 말이 사실이라는 것을 저에게 분명히 이해시킬 수 있다면 부디 그렇게 하십시오.

m96 **소크라테스**: 쉽지는 않은 일이오. 그러나 당신이 부탁했으니 최선을 다해 보겠소. 보아하니 이곳까지 당신을 수행하는 사람들이 많이 있군요. 아무라도 좋으니 그중 한 사람을 불러 주시오. 그를 데리고 시범을 보이겠소.

메논: 그렇게 하지요. (*노예 소년에게*) 이리 오너라.

m97 **소크라테스**: 이 아이는 그리스인이고 우리말을 합니까?

메논: 그렇고 말고요 - 저의 집에서 나고 자랐는걸요.

m98 **소크라테스**: 그렇다면 이제 그가 내 말을 배우는 것인지 아니면 단지 회

상하는 것인지 잘 들어보시오.

메논 : 그렇게 하지요.

b01 **소크라테스** : 얘야, 이런 도형을 정사각형이라고 한다는 것을 아느냐?

(소크라테스는 발밑의 모래에 도형을 그리기 시작한다. 그는 정사각형 ABCD를 가리킨다.)

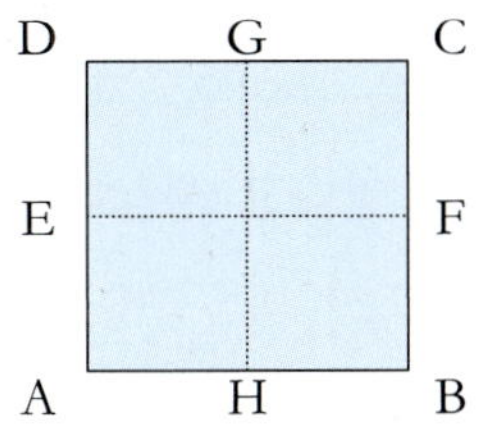

소년 : 예.

b02 **소크라테스** : 여기에 네 변은 모두 길이가 같지?

소년 : 예.

b03 **소크라테스** : 그리고 그 가운데로 그은 이 선들(EF, GH)들도 길이가 같겠지?

소년 : 예.

b04 **소크라테스** : 이런 도형은 더 클 수도 더 작을 수도 있겠지?

소년 : 예.

b05 **소크라테스** : 이제 이 변이 2자(尺)이고, 이 변도 같다면, 전체는 얼마가 되겠니? 이렇게 하자. 이쪽으로 놓인 변의 길이가 2자이고, 이쪽으로 놓인 변이 1자라면, 그 넓이는 2자를 한 번 한 것이 되겠지?

소년 : 예.

b06 **소크라테스** : 그러나 이쪽으로도 2자이니, 2자를 두 번 한 것이 되겠지?

소년 : 예.

b07 **소크라테스** : 둘의 두 배는 몇 자이지? 계산하고 말해 보렴.

소년: 넷입니다.

b08 **소크라테스** : 자, 넓이가 이것의 두 배이고 모양은 같은 도형, 즉 이것처럼 네 변의 길이가 같은 정사각형을 그릴 수 있을까?

소년 : 예.

b09 **소크라테스** : 그 도형의 넓이는 몇 자이냐?

소년: 8자입니다.

b10 **소크라테스**: 자 그러면, 그 도형의 각 변의 길이는 얼마인지 말해 보렴. 지금 이 도형은 한 변이 2자이다. 넓이가 두 배인 도형의 한 변의 길이는 얼마일까?

소년: 분명 두 배가 될 것입니다, 소크라테스.

m99 **소크라테스**: 잘 보시오, 메논. 나는 그에게 아무 것도 가르치고 있는 것이 아니오. 다만 묻고 있을 뿐이오. 지금 그는 자신이 넓이가 8자인 정사각형의 한 변의 길이를 안다고 생각하고 있소.

메논: 그렇습니다.

m100 **소크라테스**: 정말 알고 있을까요?

메논: 물론 아니지요.

m101 **소크라테스**: 그는 변의 길이도 두 배가 되어야 한다고 생각하고 있겠지요.

메논: 그렇습니다.

b11 **소크라테스**: 이제 그가 어떻게 올바른 순서대로 한 단계씩 회상하게 되는지를 보시오. (*소년에게*) 자, 변의 길이가 두 배로 되면 넓이가 두 배인 도형이 된다고 하였었지? 말하자면 이렇게, 한쪽은 길고 한쪽은 짧은 것이 아니고, 처음 도형처럼 모든 변의 길이가 서로 같고, 그 넓이가 꼭 두 배, 즉 8자가 되어야 해. 아직도 변의 길이를 두 배로 하면 넓이가 두 배인 도형을 얻을 수 있으리라고 생각하느냐?

소년: 예, 그렇습니다.

b12 **소크라테스**: 자 그러면, 이 변(AB)를 두 배로 늘이기 위해서 이 끝에 같은 길이만큼 이렇게(BJ) 선을 그어 볼까?

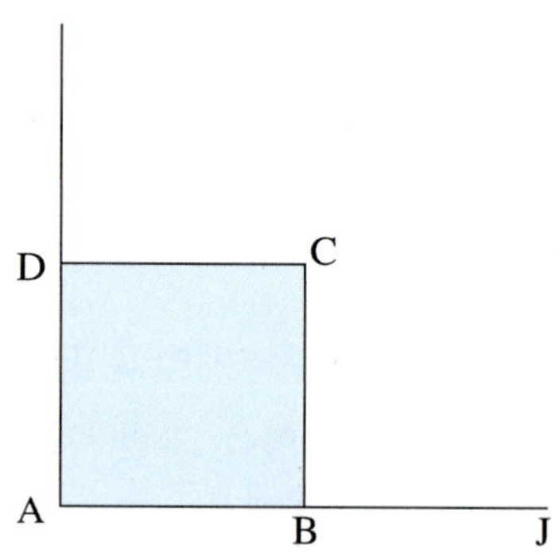

소년: 예.

b13 **소크라테스**: 그렇다면 너의 말대로 이 변을 한 변으로 하여 8자 넓이의 정사각형을 그릴 수 있다는 말이지?

소년: 예.

b14 **소크라테스**: 자, 처음 것을 사용하여 그와 같은 길이의 선분을 4개 그려 보자(*즉, AJ를 긋고, JK, KL을 그은 다음, LA를 연결하여 완성하면 LD가 그 절반에 해당된다*). 이것이 네가 말하는 8자 넓이의 정사각형이란 말이지?

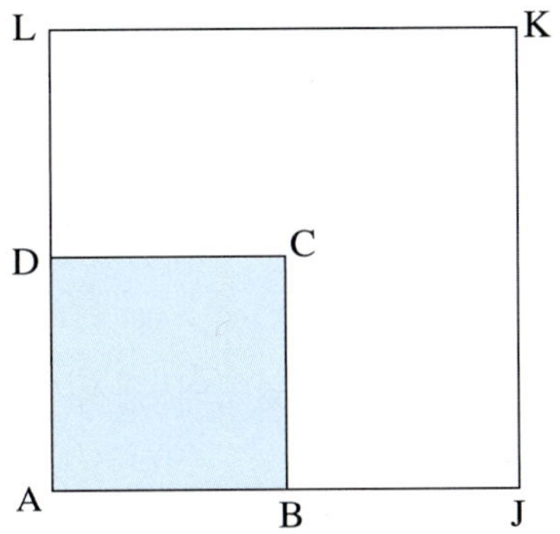

소년: 그렇습니다.

b15 **소크라테스**: 그렇지만, 여기에는 처음 4자 넓이의 정사각형과 같은 크기의 정사각형이 4개나 들어 있지 않느냐?

(소크라테스는 도형 가운데에 선분 CM, CN을 그어 그가 지적하고자 하는 정사각형들을 만들어 보인다)

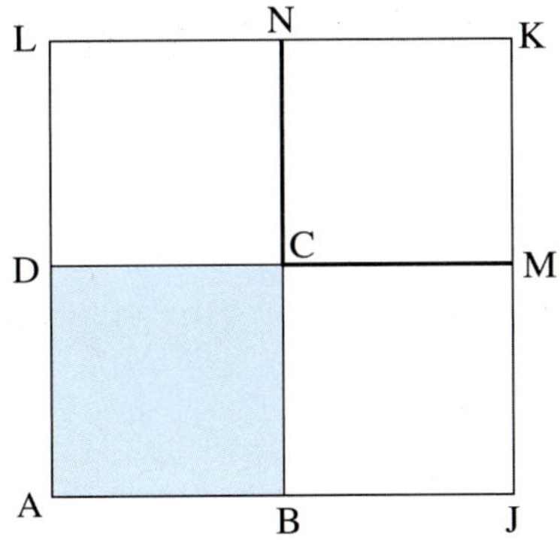

소년: 예.

b16 **소크라테스**: 그러면 넓이가 얼마냐? 네 배로 커지지 않았느냐?

소년: 물론입니다.

b17 **소크라테스**: 네 배가 두 배와 같은가?

소년: 물론 아닙니다.

b18 **소크라테스**: 따라서 변을 두 배로 하면 넓이는 두 배가 아니라 네 배가 되는 것이 아니냐?

소년: 맞습니다.

b19 **소크라테스**: 그리고 4의 네 배는 16이지?

소년: 예.

b20 **소크라테스**: 그러면, 8자 넓이 도형의 한 변은 얼마일까? 지금 이것은 처음 것의 4배이지?

소년: 예.

b21 **소크라테스**: 그리고 변의 길이를 반으로 줄이면 넓이는 4자가 되겠지?

소년: 예.

b22 **소크라테스**: 좋아. 그러면, 8자 넓이의 정사각형은 이 작은 것의 두 배이고 이 큰 것의 절반이겠네?

소년: 예.

b23 **소크라테스**: 그렇다면, 그 한 변의 길이는 이것(AB)보다는 길고, 이것(AJ)보다는 짧겠네?

소년: 그럴 것 같습니다.

b24 **소크라테스**: 옳아. 언제나 네가 생각한 대로 말하거라. 자, 이 변 (AB)는 2자이고, 이 변 (AJ)는 4자이지?

소년: 예.

b25 **소크라테스**: 그러면 8자 넓이 도형의 한 변은 2자보다 길고 4자보다 짧겠지?

소년: 그래야 합니다.

b26 **소크라테스**: 너의 생각에는 그것이 얼마겠니, 말해 보렴.

소년: 3자입니다.

b27 **소크라테스**: 그래, 그렇다면 여기에 요만큼(BJ의 절반인 BO)을 더하면 3자가 되겠지? 이쪽으로 2자(AB)와 1자(BO), 그리고 이쪽으로도 마찬가지로 2자(AD) 더하기 1자(DQ); 자, 이것이 네가 원하는 도형이 되었구나.

(소크라테스는 정사각형 AOPQ를 완성한다.)

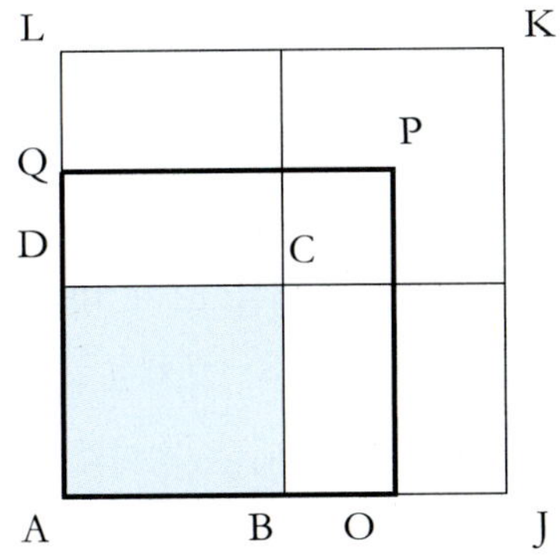

소년: 예.

b28 **소크라테스**: 그렇지만, 이쪽으로 3자이고 저쪽으로 3자이면 넓이는 3×3자가 아니냐?

소년: 그런 것 같습니다.

b29 **소크라테스**: 그것이 얼마이지?

소년: 9자입니다.

b30 **소크라테스**: 그렇지만, 우리의 처음 정사각형을 두 배 하면 얼마가 되어야 하지?

소년: 8자입니다.

b31 **소크라테스**: 그러니 한 변을 3자로 한다고 해서 8자 넓이의 정사각형을 구한 것이 되겠니?

소년: 아닙니다.

b32 **소크라테스**: 그러면 한 변은 얼마일까? 정확히 말해 보렴. 그것을 셀 수 없다면 그냥 그림 위에 나타내 보렴.

소년: 안되겠습니다, 소크라테스. 정말이지 모르겠습니다.

m102 **소크라테스**: 메논, 그가 회상의 길로 접어든 과정을 잘 살펴보시오. 처음에 그는 8자 넓이 정사각형의 한 변의 길이를 몰랐소. 지금도 그는 그것을 모르오. 그러나 그때는 자신이 알고 있다고 생각했었고, 그럴 듯하게 주저함 없이 자신 있게 대답했었소. 그러나 지금은 당황하고 있소. 자신이 답을 모를 뿐만 아니라, 알고 있다고 생각하지도 않소.

메논: 정말 그렇습니다.

m103 **소크라테스**: 어차피 모를 바엔 그에게 이 상태가 더 낳지 않겠소?

메논 : 그것도 인정합니다.

m104 **소크라테스** : 그를 곤혹스럽고 멍하니 만들면서 우리가 그에게 무어라도 해롭게 한 일이 있었소?

메논 : 그런 것 같지 않습니다.

m105 **소크라테스** : 사실 어느 정도 우리는 그가 바른 답을 찾도록 도와주었소. 따라서 그는 자신의 무지를 기꺼이 고치고 싶어 할 것이오. 지금까지 그는 주어진 정사각형의 두 배가 되는 정사각형의 문제에 관해서, 그것은 한 변의 길이를 두 배로 해야 한다는 주장을 아무 때나 많은 사람들 앞에서 거침없이 말할 수 있다고 생각했었소.

메논 : 맞습니다.

m106 **소크라테스** : 당신 생각엔 그가 자신의 무지를 깨닫고 곤혹감을 느껴서, 알고 싶다는 욕구가 생겨나지 않았더라면, 그가 알고 있다고는 생각하지만, 모르고 있는 그 점을 탐구하거나 학습하려 들었을 것이라고 보시오?

메논 : 아니오.

m107 **소크라테스** : 그렇다면 우리가 그를 멍하니 만든 것은 그를 위해 좋은 일이지요?

메논 : 동의합니다.

b33 **소크라테스** : 이제 그가 이 당혹감의 상태에서 출발하여 나와 함께 진리를 추구하고 발견하는 과정을 잘 보시오. 그러나 나는 그를 가르치지 않고 단지 질문만 하겠소. 내가 그 자신의 의견을 묻는 일 외에 그에게 어떤 지시나 설명을 해 주지나 않는지 잘 지켜보시오.

(소크라테스는 이전의 그림을 다 지우고 새로 시작한다.)

(소년에게) 얘야, 이것이 우리가 처음 시작했던 4자 넓이의 정사각형(ABCD)이 아니냐? 이해하겠니?

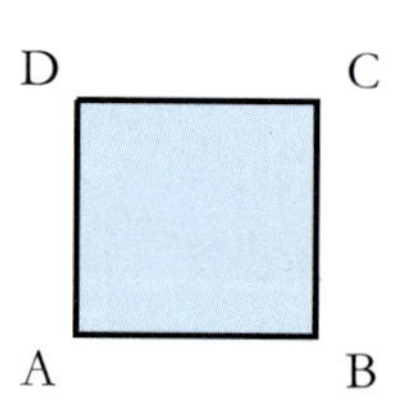

소년 : 예.

b34 **소크라테스** : 여기에 이렇게 똑같은 것(BEFC)을 하나 더 붙일 수 있

겠지?

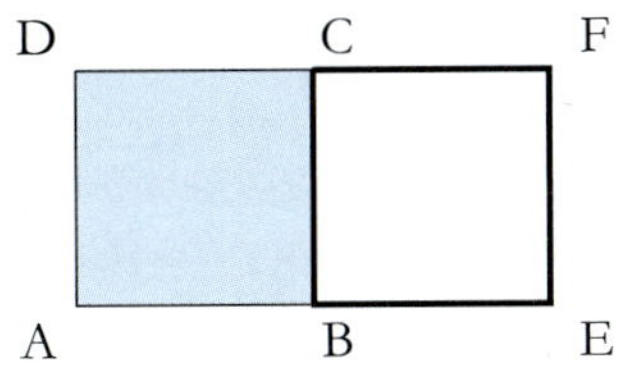

소년 : 예.

b35 소크라테스 : 그리고 여기에 다른 것과 같은 셋째 것(CFGH)을 붙일까?

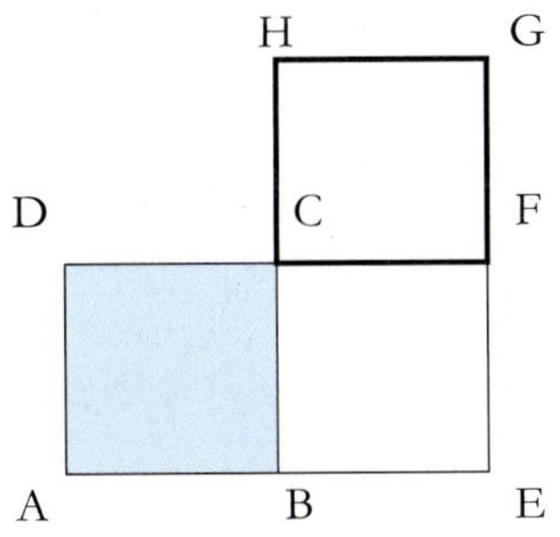

소년 : 예.

b36 소크라테스 : 그리고 이 구석에 마저 하나(DCHJ)를 채울 수 있겠지?

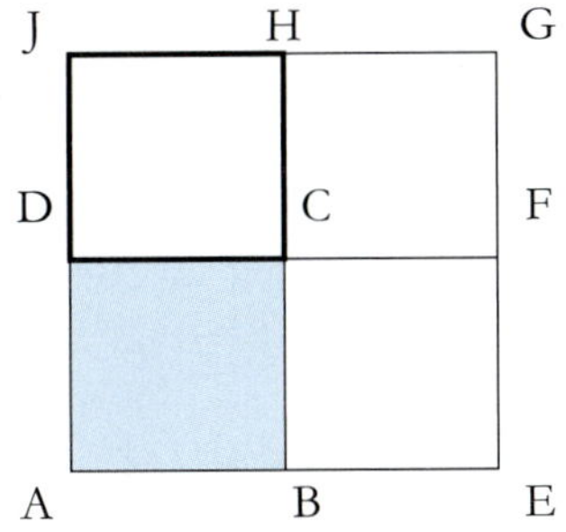

소년 : 예.

b37 소크라테스 : 이제 똑같은 정사각형이 4개 있지?

소년 : 예.

b38 소크라테스 : 이것은 처음 정사각형의 몇 배이지?

소년 : 4배입니다.

b39 소크라테스 : 우리는 넓이를 2배로 해야 하지, 기억나니?

소년 : 예.

b40 **소크라테스**: 이제 이 구석과 이 구석을 연결하는 선분을 그어 보자. 이러한 선분은 이들 각 정사각형을 반으로 쪼개겠지?

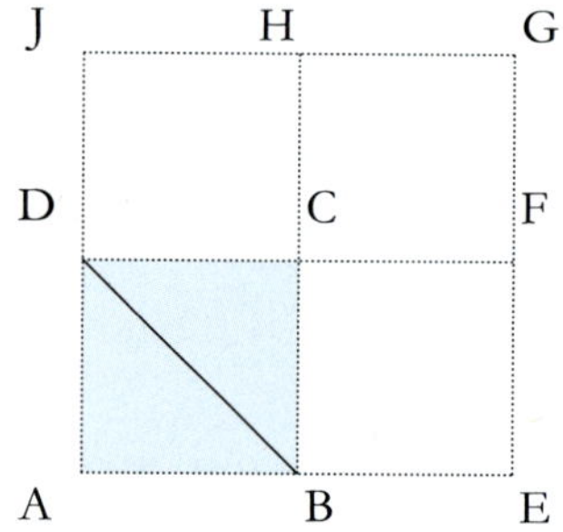

소년: 예.

b41 **소크라테스**: 이러한 선분을 4개 그으면 사각형(BFHD)이 하나 생기겠지?

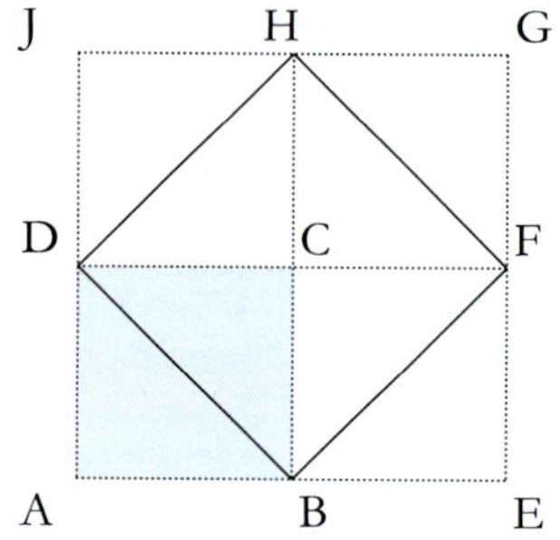

소년: 그렇습니다.

b42 **소크라테스**: 새로 생긴 이 사각형의 넓이는 얼마이겠니, 생각해 보렴.

소년: 잘 모르겠습니다.

b43 **소크라테스**: 정사각형이 4개 있었지. 각 선분은 각 정사각형을 반으로 쪼갰지?

소년: 예.

b44 **소크라테스**: 이러한 반 쪼가리들이 이 사각형(BFHD) 안에 몇 개 있지?

소년: 4개입니다.

b45 **소크라테스**: 이 사각형(ABCD) 안에는 몇 개 있지?

소년: 2개입니다.

b46 **소크라테스**: 4는 2의 몇 배이냐?

소년: 2배입니다.

b47 **소크라테스**: 그러면 이 사각형(BEHG)의 넓이는 얼마이냐?

소년: 8자입니다.

b48 **소크라테스**: 그 한 변은?

소년: 이것(DB)입니다.

b49 **소크라테스**: 이 4자 넓이 정사각형의 구석 이쪽에서 저쪽으로 그은 선 말이냐?

소년: 예.

b50 **소크라테스**: 이러한 선분을 학자들은 '대각선'이라고 부르는데, 이 용어를 사용하기로 하면, 이 대각선을 한 변으로 하는 정사각형이 처음 정사각형의 두 배가 된다는 것이 너의 생각이란 말이지?

소년: 그렇습니다, 소크라테스.

m108 **소크라테스**: 어떻게 생각하시오, 메논? 그가 한 대답 중에 그 자신의 의견이 아닌 것이 있었소?

메논: 아니오, 모두 그의 것이었습니다.

m109 **소크라테스**: 그렇지만 불과 몇 분 전까지만 해도 우리는 그가 모른다고 동의했었소.

메논: 맞습니다.

m110 **소크라테스**: 그러니 이 의견들은 그의 안에 어딘가에 있었다고 보아야 하오, 그렇지 않소?

메논: 그렇습니다.

m111 **소크라테스**: 그러니 무지한 사람이라도 그의 안에 진리에 대한 의견을 갖고 있기 마련이오.

메논: 그런 것 같습니다.

(이후 생략)

6.1.3 소크라테스 대화에 대한 분석

이 교수학적 시범은 일종의 기하학 사고 실험이라고 볼 수도 있다. 이 실험을 통해 소크라테스는 메논에게 자신이 노예 소년에게 무언가를 가르친 것이 전혀 없음을 보이고, 그럼에도 불구하고 소년은 주어진 정사각형의 2배의 넓이를 갖는 정사각형의 한 변의 길이는 주어진 정사각형의 대각선의 길이와 같다는 기하학적 명제를 알게 되는 과정이 '회상'에 의한 것임을 역설한다.

소크라테스의 이러한 기하학 사고 실험은 교수학적으로 소크라테스 대화법의 가장 비근한 예로 널리 인용되고 있다(이홍우, 1977, pp. 232-240 참조). 그러나 소크라테스의 기하학 사고 실험은 기하학적, 교수학적으로 몇 가지 문제점을 포함하고 있다. 이러한 문제점은 근본적으로 플라톤 당시의 기하학의 학문적 수준과 대화를 통한 의사 교환의 사회적 배경 등에 기인한다고 볼 수도 있다. 또한, 플라톤 자신의 철학과 사고방식에 많이 좌우되었을 것이며, 무엇보다도 소크라테스와 메논 사이의 대화는 수학적 지식의 교수 방법보다는 근본적인 인식론적 문제를 주제로 다루고 있음을 감안하여야 할 것이다. 따라서 메논의 노예 소년과의 대화에서 나타난 소크라테스의 대화 방법에 대한 비판은 소크라테스 본인보다는 이를 저술한 플라톤 또는 플라톤이 지어낸 가상적 소크라테스에게 돌려야 할 것이다.

비록, 소크라테스의 기하학 사고 실험이 인식론적 문제를 취급하던 과정의 일부로서 대두된 것이기는 하지만, 수학적 지식을 다루는 교수학적 입장에서 볼 때에는 그에 대한 분석과 비판, 논의 등은 매우 중요한 의미를 갖는다. 소크라테스의 대화법에 나타난 문제점을 분석하기 위해서는 소크라테스와 메논의 소년 사이의 대화 내용을 세분하여 제시함과 동시에 대화의 배경을 분석하여야 한다.

6.2 브루너

6.2.1. 우즈홀 회의

1950년대 말 브루너(Jerome Seymour Bruner, 1915~)를 비롯한 많은 교육학자들은 각 교과의 '구조'를 그 교과 교육에서 가장 중요하게 다루어야 할 요소로 생각하고 있었다. 특히, 구소련의 스푸트니크 인공위성 발사에 자극받은 새로운 수학 교육과정 개발에 있어서는 이 같은 교과 내용의 구조적 측면에 대한 관심이 가장 컸었다.

1960년 브루너의 저서 《교육의 과정》(*The Process of Education*)은 당시의 이 같은 경향을 극명하게 반영하고 있다. 이 책은 미국의 학교 교육을 개선하기 위한 방법에 대하여 우즈홀(Woods Hole)이라는 곳에서 열흘간에 걸쳐 모두 34명의 수학자, 과학자, 심리학자, 교육학자들이 벌인 토의 결과를 종합해 놓은 것이다. 이들 논의의 핵심은 각 교과와 관련된 구조의 지도, 학습의 준비성, 직관적이고 분석적인 사고, 학습의 동기 등으로 압축될 수 있다. 이 우즈홀 회의에서 도출된 학습과 지도에 대한 일반적인 원리는 다음과 같이 요약될 수 있다:

① 최적의 학습 여건에서 이루어지는 적절한 학습은 학습자로 하여금 "학습의 방법을 학습하게" 하는 것이다.
② 어떤 교과도 지적으로 정직한 형태로 제시되면 어떤 지적 발달 수준에 있는 어떤 학생에게도 가르칠 수 있다.
③ 인간의 지적 행위는 그가 초등학교 3학년이든 과학자이든 같다.
④ 교과에 대한 최선의 동기 부여는 그 교과에 대한 흥미이다.

브루너에 의하면 교과의 구조를 지도해야 하는 이유는 다음 네 가지이다.

첫째, 교과의 기초적 구조에 대한 관찰은 학습자로 하여금 해당 교과에 대한 이해의 폭을 넓힌다.

둘째, 교과에 대한 기억을 위해서 세부적 내용은 구조화된 형태 속에 자리 잡아야 한다.

셋째, 특정 학습 내용을 일반적 적용으로 전환하기 위한 최선의 방법은 해당 교과의 구조나 개념, 원리 등에 대해 이해하는 것이다.

넷째, 교과의 기초적 구조에 대해 학습이 일찍이 이루어진다면 학교에서 배우는 내용과 최신의 연구 결과 사이에 생기는 격차가 자연히 해소될 수 있다.

이상과 같은 일반적인 교수 원리와 구조 지도에 대한 특별한 논의는 1960년대 미국의 교육과정 개혁에 기초적 근거를 제공하였다. 그러나 10여 년 뒤인 1971년 브루너는 〈교육의 적절성(The Relevance of Education)〉이라는 글에서 10여 년 전에 자신이 주도했던 교육에 대한 개념이 적절하지 않았던 것으로 평가하고 있기도 하다.

6.2.2 교육의 과정

브루너의 저서 《교육의 과정》의 주요 내용은 구조(structure), 준비성(readiness), 직관적 사고(intuitive thinking), 흥미(interest) 등 네 가지 핵심 주제에 그 교육적 철학의 기초를 두고 있다. 이들 네 가지 주제에 대하여 간단히 살펴보기로 하자.

(1) 구조

수학에서 교환 법칙이나 분배 법칙 또는 결합 법칙과 같은 개념은 대수의 기본 구조를 형성한다. 학생들은 대수 구조를 구성하는 이들 세 법칙에 함유되어 있는 아이디어에 대한 이해를 통하여 복잡한 대수 문제를 그들이 알고 있는 이 세 법칙의 새로운 변형으로 파악하여 해결할 수 있는 것이다. 브루너 주장의 핵심은 처음에 학습한 일반적 아이디어를 통하여 차후의 학습에 이루어지는 전이 현상에 대한 것이다. 초기의 학습 내용이 보다 기본적이고 기초적인 아이디어일수록 차후에 새롭게 부딪치는 문제 상황에서 적용력이 커진다. 수학의 기초를 형성하는 기본적 아이디어들은 이후 의미 있는 수학 학습 경험을 위해 필요한 수학적 구조를 형성한다. 수학적 구조가 이미 학습된 학생은 그 구조와 관련된 세부적 내용에 대한 이해나 기억을 잘 해낼 수 있다. 즉, 수학의 일반적이고 기초적인 원리를 통한 수학 학습은 학습하고자 하는 내용의 구조와는 무관한 방식으로 수학적 사실이나 개념을 학습한 경우와는 달리 기억 면에서 매우 효과적이다.

구조 학습이 갖는 장점은 교육의 과정상 자연적으로 나선형 학습을 유도한다는 점이다. 수학의 어떤 구조를 형성하는 일반적 원리를 학습하는 경우, 일단 학습된 원리는 차후 계속되는 여러 수준의 수학 학습에서 반복하여 각 수준의 기초적 역할을 하기 때문에 학습자는 앞 단계에서 배운 내용을 근거로 자신의 학습을 더욱 확장, 발전시킬 수 있게 된다. 브루너의 발견 학습도 결국은 교과 구조의 지도가 중요하다는 견지에서 제안한 학습 방식이라고 할 수 있다.

(2) 준비성

"어떤 교과도 지적으로 정직한 형태로 제시되면 어떤 지적 발달 수준에 있는 어떤 학생에게도 가르칠 수 있다."(Any subject can be taught effectively in some intellectually honest form to any child at any stage of development. (Bruner, 1962, p. 33.))는 브루너의 주장은 학습의 준비성에 대하여 자주 인용되는 중요한 가설이다. 브루너는 피아제의 인지 발달 이론을 교육의 과정에 적용하여 인지 발달의 각 단계 별로 학습의 과정과 관련된 특색을 논하고 있다. 예를 들어, 구체적 조작기에 들어선 아동은 조작이 가능한 내면화된 구조를 개발하기 시작한다는 것이다. 또한, 아동이 자신의 구체적 사고를 추상적 형태로 사용하기 위한 기초 학습은 전조작기에서 이루어져야 한다는 것이다.

그는 수학 교육과정의 전개는 수학의 역사적 발생 과정을 따르기보다는 수학 특유의 논리적, 내용적 발달의 순서를 따라야 함을 주장한다. 수학적 개념의 심리적 발달 과정은 수학의 역사 발생적 순서보다는 오히려 수학의 공리적, 논리적 전개 순서와 더욱 유사하다. 예를 들어, 아동들에게 있어서 위상적 개념인 연결이나 분리 또는 포함 등의 개념은 유클리드 기하나 사영 기하의 개념보다 먼저 형성된다. 그러나 유클리드나 사영기하학은 역사적으로 위상 기하학보다 먼저 등장했던 것들이다(Bruner, 1962, p. 44 참조).

(3) 직관적 사고

브루너는 수학 학습 지도에 있어서 직관적 사고의 효율성을 강조한다. 직관적 사고는 분석적 사고와 달리 어떤 논리적 결론이나 문제 해결에 이르는 과정에 도약이 포함되기도 한다. 직관적 사고는 분석적 사고와 서로 밀접한 관계를 갖고 있다. 예를 들면, 주어진 문제의 해에 직관적 사고를 통하여 도달한 경우, 분석적 사고는 그 문제의 해에 다시금 도달하는 형식적 방법을 제공함으로써 문제 해결 과정을 재생 가능하게 해 준다. 그러나 일반적으로 학교 수학 학습에서 직관적 사고는 형식적 사고 또는 분석적 사고에 비하여 덜 강조된다고 할 수 있다. 직관적 사고는 그 정의 자체가 모호하고 객관적, 외형적 관찰도 어렵기 때문에 이에 대한 연구 및 학생들의 훈련에 어려운 점이 많다. 그러나 수학 학습자에게는 반드시 필요한 사고이며 수학 내용에 대한 숙지는 직관적 사고를 자연스럽게 유발한다는 연구 보고도 있다.

(4) 흥미

수학 학습에서 우리가 또한 중요하게 생각할 점이 수학 학습에 대한 학습자의 지속적 흥미 유발이다. 수학 학습에 대한 지속적 흥미는 긍정적 학습 태도와 수학에 대한 올바른 가치관을 갖게 한다. 수학 학습에 재능이 있는 학생이거나 학습 부진아이거나 관계없이 수학에 대한 지속적 흥미를 가질 수 있게 지도하여야 한다.

6.2.3 지적 성장의 특성

브루너는 그의 또 다른 저서인 《교수 이론에 대하여》(*Toward a Theory of Instruction*)에서 지적 성장의 본질과 특성에 대여 설명하고 있다.

인간의 지적 성장이 보여 주는 첫째 특성은 즉각적이고 특수한 자극에 대하여 인간은 자신의 반응 행위를 분리시키는 능력을 점차로 증가시킨다는 점이다. 즉, 인간은 지적으로 성장함에 따라 주어진 일련의 자극에 대하여 자신의 반응의 시기를 연기시키거나, 반응을 재구조화하거나, 조정할 수 있게 된다. 따라서 교육의 목적도 학습자로 하여금 자신의 반응 행위를 스스로 조정할 수 있는 능력을 증가시키는 데 있다고 할 수 있다.

둘째 특성은 인간은 외부적 요소들을 자신의 지적 구조로 내면화시켜서 외부에서 주어지는 특수한 예들로부터 그들을 일반화시키는 능력을 갖추어 간다는 점이다. 즉, 주어진 일련의 예나 자료들을 구조화하여 예측이나 외삽(外揷)을 할 수 있게 되는 것이다.

셋째, 자신의 사고 활동의 결과를 나타내는 데 언어적, 기호적 표현을 사용할 수 있게 된다. 수학을 학습하는 과정에서 이와 같은 용어나 기호의 사용은 직관적 방법이나 논리적, 분석적 방법에 월등한 효과를 가져다준다.

넷째, 학생들의 지적 발전은 학습자와 교사 사이의 체계적이고 구조적인 상호 교류를 통하여 이루어진다. 브루너나 피아제와 같은 활동주의적 입장에 있는 심리학자들의 견해에 의하면 다른 사람들과의 다양한 교류 기회가 적으면 적을수록 아동은 지적으로 퇴보한다고 할 수 있다. 지적인 발달은 수동적이거나 일방적인 학습 활동만이 아닌 주위 환경과 상호 교류하는 능동적 과정을 통하여 가속될 수 있는 것이다.

다섯째, 언어를 사용하면 교수 활동이나 학습 활동 모두가 손쉬워진다. 언어적 방법은 단지 교사가 학생들에게 정보를 전달하는 데만 사용되는 것이 아니라, 개념이나 원리를 학습자가 스스로 형성 완료시키는 데 있어서도 필수적이다.

마지막, 여섯째 특성은 여러 가지 변인들을 동시에 다룰 수 있는 능력의 증가이다.

지적 발달의 이와 같은 여섯 가지 특성에 대한 설명을 보면, 브루너의 지적 발달에 대한 연구에서 피아제의 연구 결과가 실질적으로 많은 영향을 미쳤음을 알 수 있다.

6.2.4 수학 학습 지도의 4가지 원리

브루너에 의하면 교수 이론은 반드시 처방적(prescriptive)이며 규범적이어야 한다(Bruner, 1966, p. 40). 교수 이론이 처방적이라 함은 어떤 내용을 지도하든 그 내용의 지도 과정이 효과적이기 위한 원리들을 포함하고 있어야 한다는 것을 뜻한다. 즉, 처방적 교수 이론은 학습 목표를 달성하기 위한 교수 과정이나 방법에 대한 처방을 준비하고 있어야 한다.

교수 이론이 규범적이라는 말은 그 이론이 교수 학습 전략을 평가하거나 수정할 수 있는 기능을 갖추고 있어야 한다는 의미이다. 즉, 교수 이론이 규범적이기 위해서는 일반적인 학습의 기준과 함께 그 기준에 도달하기 위한 조건이 포함되어야 한다.

브루너는 학습 이론과 교수 이론을 서로 구분하고 있다. 학습 이론은 기술적(記述的, descriptive)이어서 학습의 과정에서 어떤 것들이 발생하고 발생할 것인가에 대한 기술이다. 예를 들어, 피아제의 인지 발달 이론은 아동의 지적 수준이 어떤 단계를 거쳐서 발달하고 또 각 단계 별로 나타나는 지적인 능력은 어떤 것들이 있는가를 기술하고 있는 일종의 학습 이론이지만, 교수 과정에 대한 아무런 직접적인 처방을 내리지 않고 있다.

그에 비하여 교수 이론은 처방적이어야 하며 학습 목표를 포함해야 한다. 예를 들어, 학습 이론은 특정 연령의 범위에서는 아동들이 어떤 학습 능력을 가지고 있는가를 설명하는 반면, 교수 이론은 특정 연령의 학생이 어떤 학습의 준비가 되어 있을 때 그 학생들을 어떻게 지도하면 그 학습 목표를 이루게 할 수 있는지를 방법적으로 제시한다.

수학 학습 이론과 수학 교수 이론은 모두가 효과적인 수학교육을 위해 필수적이며, 서로 떼어놓을 수 없는 표리의 관계이다. 피아제 연구의 대부분은 학습의 일반적 원리 구축에 있었지만, 교수 이론에도 관심이 없었던 것은 아니다. 브루너의 경우는 주로 교수 이론에 관심을 갖고 피아제의 학습 이론을 자신의 교수 이론에 적용시키려는 노력을 하였으며, 그 자신의 학습 이론 개발에도 중요한 결과를 가져왔다.

브루너는 일반적 교수 원리 개발을 위한 연구에서 수학 학습을 소재로 택하였다. 그가 도출한 수학 학습 지도의 4가지 원리는 구성(construction), 표기(notation), 대조와 변화(contrast and variation), 연결(connectivity)의 원리이다.

첫째, 구성의 원리란 학습자가 어떤 아이디어를 형성하는 방법은 항상 그 아이디어를 대신하는 구체적인 표현 구성을 통한다는 것이다. 주어진 어떤 개념의 예를 자신의 힘으로 만들 수 있을 때 아동에게 있어서 그 개념의 학습은 더욱 용이해진다. 수학의 규칙이나 원리를 학습할 때, 교사가 완성된 형태의 규칙이나 원리를 제시하기보다는 아동으로 하여금 스스로 구성하도록 도와주는 방법이 더욱 효과적이다. 완성된 상태로 규칙이나 원리의 제공하는 것은 학습의 동기를 저하시키며 이해의 혼란을 초래하기도 한다.

둘째, 표기의 원리란 체계적인 일련의 기호들이 아동의 구성 활동을 외부적으로 그리고 인지적으로 보다 더 간단하게 표현하게 해 준다는 것을 말한다. 수학에서 효과적으로 만들어진 표기 체제는 수학적 원리를 확장하거나 새로운 원리를 만들어내는 것을 가능하게 해 준다.

셋째, 대조와 변화의 원리에 의하면 아동은 대조와 변화의 과정을 통해서 구체적이고 특수한 표현 단계로부터 보다 추상적이고 일반적인 표현 단계로 옮겨 갈 수 있다. 수학의 각 개념들은 이들이 서로 대조되면서 획득된 것이다. 어떤 수학적 개념을 일반화시킬 수 있기 위해서는 그 개념을 구체적 표현 형태에서 추상적 아이디어 형태로 옮겨 갈 수 있어야 한다. 즉, 주어진 개념의 일반화는 그 개념의 표현이나 구체적인 예를 다양하게 변화시킴으로써 이루어진다.

넷째, 연결의 원리란 형식적 체계 안에서는 모든 개념과 연산들이 서로 연결되어 있어 완전히 분리된 채로 존재하지는 않는다는 것이다. 브루너는 수학의 모든 요소들이 각기 다른 요소들과 연결되어 있다는 사실이 수학의 핵심임을 이 원리를 통하여 강조하고 있다.

6.2.5 EIS 이론

브루너에 의하면 아동의 지능은 표현 수단이 발달하는 순서와 그 사이의 조정 능력이 증대됨에 따라 발달한다. 이러한 표현 수단은 활동적 표현(enactive representation), 영상적(iconic) 표현, 상징적(symbolic) 표현의 순서로 발달하는데, 이러한 브루너의 주장을 EIS 이론이라고 한다(Bruner, 1966, pp. 1-21).

브루너의 EIS 이론은 표현하여야 할 대상인 지적 개념이 학습자의 외부에 사전에 존재하여야 한다는 점을 전제하고 있어서, 학습자의 능동적 지적 활동을 전제로 하는 구성주의적 입장과는 상충되는 점이 있지만, 수학 학습-지도의 방법적 측면에서는 나름대로 고려할 만한 가치가 있어 다음에 설명하고자 한다.

활동적 표현은 과거의 사건을 적절한 운동적 반응을 통하여 표현하는 것이다. 활동적 표현 양식은 인지 발달에 기본이 되는 것으로, 구체적 조작기까지의 행동 발달에 지배적인 역할을 하며, 발달과 더불어 점차 내면화되어 간다. 예를 들어,

신발의 짝을 맞추어 본다던가, 검은 바둑돌을 한 움큼 앞에 놓았을 때 그 수만큼의 흰 바둑돌을 옆에 내어놓는 일 등의 활동은 자연수 개념에 대한 활동적 표현이라고 할 수 있다.

활동적 표현을 통하여 자연수 개념을 익히기 위한 활동의 예
(1998년 출판된 초등학교 《수학》 1학년 1학기 12쪽)

영상적 표현은 아동이 행동을 기억할 뿐만 아니라 필요할 때 재생해 낼 수 있는 표현 양식으로서, 구체적 조작이나 함수적 관계를 간단한 도식으로 그려낼 때 발생한다. 전달하고자 하는 구조에 대한 도식적인 표현은 일종의 기하학적 언어라고 생각할 수도 있는 매우 가치 있는 수학적 사고 수단이다. 이미지는 이러한 표현이 내면화된 것으로서, 동시에 실행할 수 없는 여러 가지 행동의 연쇄 현상을 동시에 파악하게 한다. 또한 행동의 기록과 비교를 가능하게 함으로써 인지 발달에 중요한 역할을 하게 된다.

예를 들어, 다섯 개의 점으로 수 5를 나타내는 수도(數圖)나, 뺄셈식 5－3을 나타내는 다음과 같은 도식은 이들 수학적 개념의 영상적 표현이다.

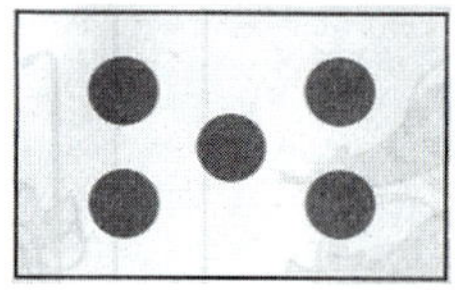

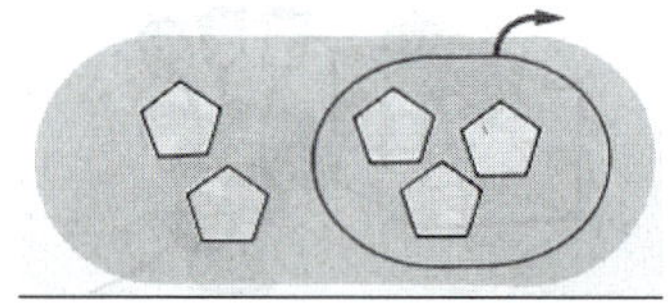

상징적 표현은 언어 능력의 발달과 더불어 나타나게 된다. 아동들이 수학적 연산을 기호로 표기하기 시작할 때에는 추상적인 수학적 표현을 읽는 능력이 형성된 시기로서, 그들은 상징적 표현 양식을 사용하기 시작하는 것이다. 상징적 표현 양식은 초기 단계에서는 행동과 이미지의 뒷받침을 받다가 형식적 조작기에 이르면 비로소 독립적인 의미를 획득한다. 상징적 표현 양식은 가장 추상적이고 가장 성과가 큰 방법이며, 본질적인 특징은 기호를 사용한다는 점이다. 예를 들어, 수를 1, 2, 3, … 등의 숫자로 표기하거나, +, −, = 등의 기호를 사용하여 덧셈이나 뺄셈 등의 수식을 사용하는 것은 상징적 표현을 사용하는 것이다.

6.3 오수벨

1960년대에 브루너에 의해 발견학습이 큰 관심을 받게 되자, 개념 이해를 중시하는 새로운 수학 학습 지도 방법이 관심을 끌게 되면서, 언어적 방법에 의한 설명식 학습 지도에 대한 비판은 당연한 것으로 여겨졌다. 즉, 설명식 교수 방법을 기계적 암기 위주의 학습 방식으로 간주하고, 발견 학습이나 탐구 학습 또는 수학 실험실을 통한 학습들은 의미 있는 수학 학습에 적합한 방식으로 여기게 되었다. 그러나 그 이전인 1950년대의 많은 사람들은 수학 학습의 주된 지도 방법으로서 학습자에게는 별 의미가 없더라도 기계적 학습을 효과적인 것으로 생각하고 있었다.

그러나 발견학습의 과도한 유행에 대해, 설명식 교수 방법이 오랫동안 지속적으로 채택되어 온 점을 고려하여 이 방식을 지지하려는 경향도 있었다. 오수벨(David P. Ausubel)은 여러 세대에 걸쳐 축적된 방대한 양의 지식을 후세에 전달하기 위해서는 설명식 교수 방법만이 가장 효율적이며, 당시 자주 거론되던 발견 학습이나 탐구 학습 등은 의미 충실한 학습을 꾀하는 데도 부적합하다고 주장하였다. 그는 보다 효과적인 설명식 지도 방법 개발을 위해 보다 많은 노력을 기울일 것을 주장 한다.

오수벨의 주장은 1970년대 미국 NAEP(National Assessment of Educational Progress, 미국 교육 발전 평가 사업)에 의한 수학 능력 평가 결과에 의해 기존의 비설명식 수학 학습 지도가 효과적이지 못함이 밝혀지자 더욱 지지를 받게 되었다.

오수벨의 학습 이론은 새로운 학습 내용을 기존의 인지 구조와 의미 있게 연결 짓는 과정에 관한 것이다. 오수벨은 이 과정을 유의미적 학습(meaningful learning)이라고 하고, 의미 있는 관련을 짓지 못하는 경우를 기계적 학습(rote learning)이라고 하였다. 유의미적 학습은 유의미적 학습 과제가 제시되고 학습자가 관련된 정착 아이디어를 소유하며 학습자가 인지 구조상의 아이디어와 새로운 과제를 관련시킬 수 있는 태세를 갖추게 될 때 일어난다.

6.3.1 유의미적 학습과 기계적 학습

오수벨의 유의미적 언어 학습 이론은 설명식 수업이 학습자에게 보다 의미 있는 것이 되기 위해서 어떻게 조직되어야 하는가를 보여 준다. 그의 이론은 수용적 학습이라 할지라도 그것이 어떻게 구성되는가에 따라 효과적이며 의미 충실한 것이 될 수 있음을 보여주고 있다. 수용 학습은 기계적인 암기 위주의 학습 방식이며 반면에 발견 학습은 학습자에게 의미 있는 학습이라는 반론에 대하여 오수벨은 "이 같은 혼돈의 이유는 수용 학습은 기계적이지만 발견 학습은 항상 이미 있는 것이라고 여기는 근거 없는 인식이 널려 있기 때문이다. … 수용 학습이나 발견 학습 모두 그 학습이 이루어지는 배경적 조건에 의해서 기계적이 될 수도 있고, 의미 충실하게 될 수도 있다"고 주장한다.

잘못된 설명 학습이 의미를 제대로 파악하지 못한 채 암기하도록 학습자를 유도하게 되는 것처럼 발견 학습이나 문제 해결의 학습도 기계적 암기 위주의 학습이 될 수 있다. 반면, 의미 충실하게 학습된 수학 내용에 새로운 수학 내용을 관련지어 조직하도록 구조화되고 그에 대한 설명이 잘 이루어진다면, 잘 구성된 설명식 교수 방법은 효율적이며 효과적인 학습을 유도할 수 있는 것이다. 오수벨은 잘 구성된 설명식 방법만이 의미 충실한 학습을 유도할 수 있는 유일한 교수 방법으로 여겼으며, 탐구 형태나 발견 수업 또는 실험실 방식은 비효율적이기 때문에 학교에서 자주 사용되어서는 안될 학습 방식으로 생각하였다.

물론 오수벨 자신도 문제 해결 교육이나 탐구 학습 또는 창조적이고 비평적 사고 학습 등에 관심을 표하였지만, 학습자의 사회 문화적 생활을 영위하는 데 필요한 정보와 기초 기능 등을 배우기 위해서는 학습자 대부분이 쉽게 접하고 동시에 가르치기에도 적합한 방식에 대하여 학교 교육이 보다 중점적으로 관심을 가져야 할 것을 강조하였다.

6.3.2 유의미 수용 학습의 전제 조건

유의미 수용 학습의 전제 조건은 두 가지이다. 첫째, 유의미 학습에 적합한 조건을 갖춘 학습자에게서만 이 학습이 이루어질 수 있다. 즉, 학습자는 학습에 임할 때 적절한 의도를 갖고 있어야 한다. 예를 들어, 주어진 수학 내용을 이해하려고 하며, 새로이 학습하는 내용을 이미 학습한 내용에 적용 또는 관련지으려는 태도를 갖추고 있는 경우에 의미 있는 학습을 이루게 된다. 유의미 수학 학습을 위한 조건을 갖추지 못하는 경우, 그 이유가 몇 가지 있다. 대부분 수학 시간에 경험했던 실패나 좌절 등으로 수학을 이해하려는 생각을 포기하거나, 수학 교사가 학습자에게 수학적 정의를 말 그대로 암기하도록 요구하거나, 숙제로 부과된 문제 해결을 이미 정해 놓은 단계대로 진행하기를 요구하고, 주어진 규칙을 의문의 여지없이 사용하도록 하는 등의 경직된 학습 환경이 부정적 학습의 조건으로 남게 된다.

유의미 수용 학습의 둘째 전제 조건은 학습할 내용이 학습자의 기존 인지 구조에 관련되어 잠재적으로 유의미해야 된다는 것이다. 새로 학습하는 수학 내용을 이미 학습한 수학 구조에 의미 있게 관련지음으로써 유의미한 학습 결과를 얻게 된다. 학습 과제가 잠재적으로 유의미한가의 여부는 학습할 대상이 갖는 속성과 조직된 방법, 학습자가 기존의 지식을 조직하는 방식인 학습자마다의 고유한 인지 구조 등과 관계가 깊다.

한편, 유의미 학습을 저해하는 요소도 있다. 첫째는 학습자가 수학의 특정 내용에 대한 유의미 학습에 필요한 지적 발달의 수준에 도달하지 못한 경우이다. 예를 들어, 학습자의 인지 발달 단계와 학습할 수학 내용이 요구하는 인지 기능의 수준에 차이가 있는 경우 유의미 학습이 될 수 없다. 둘째, 학습자가 수학 학습을 유의미하게 수행하기에 충분히 동기 유발이 안된 경우이다. 셋째, 교사가 자신이 지도할 수학 내용이나 지도 방식이 학습자에게 유의미할 것이라고 스스로 잘못 생각하는 경우이다. 예를 들어, 자신의 방식이 의미 있다고 판단하여 교사 자신이 내린

정의대로 정의를 말하도록 학생에게 요구하고, 교사가 보여준 문제 해결 순서를 다른 문제 해결에서도 그대로 적용하도록 요구하며, 증명 과정에서도 교사가 그대로 순서를 따르도록 요구하는 경우에 학습자는 바로 의미 없는 기계적 암기 위주의 학습을 강요받는 셈이다.

6.3.3 유의미 언어 학습을 위한 기본 전략

오수벨은 학문의 정보-처리 구조와 그 영역을 학습하는 학습자의 지적 구조 사이의 유사성을 찾으려 하였다. 예를 들어, 수학의 구조와 수학을 학습하는 인간의 지적 구조는 공통적으로 가장 일반적인 아이디어를 그 구조상 최상위에 배치하고 점차 부분적이고 특별한 아이디어를 하위로 배치하는 방식을 취하고 있다고 보았다. 따라서 그는 여러 학문 영역을 통합하는 방식의 지도에 대하여 부정적이다. 예를 들어, 과학의 여러 영역을 서로 통합한다든지 수학과 과학을 통합하여 지도하는 등의 교육에 대하여 부정적 견해를 보인다. 또한, 수학 영역 안에 있어서도 기하, 대수, 해석학은 서로 다른 고유의 구조를 갖고 있다고 보기 때문에, 당시 새로운 시도로 등장하는 통합 수학 교과 방식의 지도에 대하여도 오수벨은 반대의 입장을 보였다.

오수벨은 어떤 분야의 학문이든 그 학문의 구조가 학습자의 인지적 형태 안에 안정되게 자리 잡을 수 있게 해야 하지만, 동시에 그 구조가 유일한 것으로 인식되게 해서는 안 된다고 주장한다. 의미 있는 학습 지도를 위해서 교사는 학습자의 개인적 인지 구조와 지도 내용 구조를 서로 연결 짓는 고리를 학습자가 구성하도록 도와주어야 한다.

6.3.4 유의미 학습의 지도 원리

(1) 점진적 분화(progressive differentiation)의 원리

교과의 가장 일반적 아이디어가 먼저 제시되고 특수한 것이 점차적으로 분화되어야 한다. 이 원리는 다음 두 가지 가정에서 출발한다. 첫째, 인간은 이전에 학습한 분화된 내용에서 포괄적 전체를 형성시키기보다 이전에 학습한 포괄적 전체에서 분화되는 부분을 더 쉽게 파악한다. 둘째, 인간은 누구나 자기 나름대로 교과를 조직하는 경우에도 가장 포괄적 정보나 지식에서 덜 포괄적 정보나 지식으로 계열화하여 조직하는 경향이 있다.

점진적 분화는 일련의 위계를 갖는 조직자를 설정함으로써 가능해진다. 가장 포괄적인 것으로부터 시작하여 상대적으로 덜 포괄적인 것의 순서로 제시하되, 제시된 각 조직자 다음에는 그 조직자에 따른 세부적이며 분화된 개념이나 실제적 자료를 제시하는 방식으로 점진적 분화를 구성하는 것이다. 이는 하향식으로 구성되는 교과나 인지 구조의 유사성에 기초한 생각이라고 할 수 있다.

수학은 비교적 그 학습의 위계가 뚜렷하므로 이 점진적 분화의 원리를 적용시키기에 적합한 교과로 보인다. 그러나 실제 수업 전개에 있어서 적정한 일련의 조직자들을 취하기 전에 세부 정보나 지식이 학습자에게 전달되어 학습의 효율성이 저해되는 경우도 있다. 예를 들어, 대부분의 교과서는 각 내용 별로 별도의 장이나 절을 구성하고 그 안의 내용들이 동일한 수준의 추상성이나 일반성을 갖도록 조직되어 있다. 따라서 학습자는 적절한 포괄성을 갖는 포섭자를 습득하기에 앞서 새롭고 세부적인 내용을 학습하게 되는 것이다.

(2) 통합적 조정(integrative reconciliation)의 원리

새로 학습되는 개념이나 내용은 앞서 학습된 내용과 일치되고 통합되어야 의미 있는 학습이 된다. 예를 들어, 수학에서 '2+3=5'라는 사실은 덧셈이라는 개념에, 또 덧셈 개념은 어떤 원리와 관련지어질 때 유의미적인 학습이 일어나게 된다. 이 때 개념이 어떤 원리와 관련지어질 수 있느냐 하는 문제는 학습자의 발달 단계를 고려하지 않으면 안 된다.

교과의 내용은 대체로 상위 단원과 하위 단원으로 구성되어 있는데, 새로 학습되는 단원의 내용과 이미 학습된 단원의 내용을 의미 있게 관련짓기 위해서는 교수 학습의 순서는 구조화하여야 하며 새 내용은 이전 내용을 바탕으로 학습되어야 한다. 오수벨이 말하는 통합은 한 교과 영역 내의 여러 단원들 사이의 통합을 의미하는 것이지, 여러 교과 사이의 통합을 의미하는 것이 아니다. 이는 각 교과가 가지는 고유 구조가 서로 다르다고 보기 때문이다. 통합적 조정의 원리에 의하면 새로이 학습하는 내용은 그 내용이 정착할 수 있을 만한 기존 내용의 정도에 비례하여 학습하고 기억할 수 있다.

(3) 선행조직자(advanced organizer)의 원리

점진적 분화는 일련의 위계적 순서로 조직자를 제시하고 그 다음 이에 대응하는 세부적 분화 자료가 제공될 때 가능해진다. 학습과 파지에 영향을 미치는 중요한 변인은 '관련 정착 아이디어'이다. 유의미 학습이 일어나기 위해서는 현재의 인지 구조와 새로운 개념 사이의 마찰을 최대로 줄여야 한다. 오수벨은 관련 정착 아이디어를 제공하기 위해서는 적절하고 포괄적인 자료를 제공해야 한다고 주장하면서, 이 자료를 '선행조직자'라고 불렀다.

그가 말하는 선행조직자는 새로운 학습 과제를 소개하는 일반성, 추상성, 포괄성 등을 지닌 명제나 논의 또는 행위를 말한다. 이는 새로 학습할 내용을 제시하기에 앞서 이 내용을 포함하는 보다 포괄적 개념이나 원리 등이 지도되어야 함을 의미한다. 교과서에 전형적으로 나타나는 개관이나 요약 등은 그 일반성이나 추상성의 수준이 학습할 과제와 같은 수준에 머물고 있다는 점에서 오수벨의 선행조직자 개념과 구분된다.

선행조직자는 학습 과제보다 높은 수준의 일반성과 추상성을 갖추어야 하며, 전체적으로 포섭의 개념을 제공해야 한다. 선행조직자의 사용 목표는 학습 과제를 학습자의 기존 인지 구조에 의미 있게 관련을 짓는 것이므로 그 교육적 가치는 학습 과제와 학습자의 인지 구조의 조직에 달려 있다. 예를 들어, 수학 학습에서 인수분해를 배우기 전에 학습하는 다항식의 곱셈 전개 공식과 같은 개념은 인수분해 개념의 선행조직자의 역할을 하고 있다고 볼 수 있다. 또 다른 예로는, 직각삼각형의 성질에 대한 학습에 앞서 일반적으로 삼각형이란 무엇이며 어떤 성질을 갖는지 설명함으로써 이를 설명조직자로 사용할 수 있다.

선행조직자가 학습 효과를 증신시킨다는 주상의 근거는 다음과 같다.

① 학습자의 기존 인지 구조 내에 있는 적절한 아이디어를 이용하여 논리적으로 유의미한 새로운 아이디어에 잠재적 의미를 부여하고 안정된 정착지를 제공하기 때문이다;

② 새로운 아이디어가 정착할 관련 아이디어나 포섭자의 역할을 하는 일반적이고 포괄적인 아이디어를 제공하기 때문이다;

③ 학습자의 인지 구조 내에 기존하는 관련 내용을 규명하고, 이후 학습될 과제 자체의 적절성과 이 과제가 자리 잡을 구조의 적절성 모두를 명료하게 하는 데 도움이 된다. 다시 말하면 선행조직자의 주요 기능은 새로운 과제를 학습하기 전에 학습자가 이미 학습한 내용과 새로 학습할 내용 사이의 간격을 메우는 역할을 하는 것이다.

선행조직자는 그 제공 방식에 따라 '설명조직자'와 '비교조직자'의 두 가지로 구별된다. 설명 형태의 조직자는 새로 학습할 내용이 기존의 학습 내용에 비해 생소한 정보인 경우에 적절하고 근사한 포섭자를 제공하는 데 사용한다. 즉, 설명조직자는 새로 학습될 자료의 안정된 통합과 파지를 위한 개념적 기초를 제공하는 역할을 한다. 예를 들어, 삼각형의 내각의 합은 180도임을 학습하기 위해서 여러 가지 삼각형을 그려 그들의 내각의 합을 구해 비교해보는 것은 비교조직자의 역할을 하는 것이라고 볼 수 있고, 일반적으로 평행선의 원리를 적용해서 그 이유를 밝히는 것은 설명조직자에 해당한다고 볼 수 있다. 또 다른 예로, 원주율을 지도한다고 할 때, 원주율의 어원을 설명하는 것은 설명조직자로 볼 수 있고, 구체적으로 여러 가지 원을 그리고 원주와 지름의 관계를 찾아보는 일은 비교조직자에 해당한다.

한편, 새로 학습할 내용이 비교적 친숙한 자료인 경우 이미 학습된 관련 자료와 비교하는 방법을 통하여, 즉 비교조직자를 이용하여 새로운 정보를 학습자의 기존 인지 구조에 존재하는 유사 개념과 통합시킬 뿐만 아니라, 유사한 기존 아이디어와 새로운 아이디어 사이의 분별력을 증진시킬 수 있다.

6.3.5 유의미 학습의 증거

유의미 학습 여부를 판단하는 증거를 제시하는 일은 쉽지가 않다. 예를 들어, 의미 충실한 학습의 결과를 확인하기 위해서 학습된 명제의 본질적 의미나 어떤 개념의 중요 속성을 진술하라고 요구할 경우 학습자는 단순히 기계적으로 암기한 언어만을 사용하여 무의미하게 진술할 수도 있다. 따라서 유의미 학습 여부의 테스트는 자신이 이해한 내용을 다양한 방식으로 표현하도록 해야 하며, 본래의 학습 자료와는 이질적인 상황을 통하여 제시하도록 하여야 한다. 이를 위한 간단한 방법은 학습자로 하여금 서로 관련은 있지만 동일하지 않은 아이디어들을 서로 구분하게 하거나 학습된 개념이나 명제의 특징적 요소를 이와 관련된 일련의 개념이나 명제 요소로부터 선별하도록 요구하는 것이다.

문제 해결 방식은 학습자가 언어화한 학습 과제를 의미 충실하게 이해하였는지 테스트하는 데 실용적인 방법이 된다. 유의미 학습의 테스트 방법으로 문제 해결 방법을 사용하는 것은 타당성이 높고 실제적인 방법이지만, 학습자가 주어진 문제 해결을 해낼 수 없는 경우 그것만으로 유의미 학습이 이루어지지 않고 단지 기계적 암기 학습이 이루어진 것으로 잘못 판단하는 오류를 범할 가능성이 있다는 점에 주의하여야 한다. 성공적인 문제 해결을 위해서는 다양한 능력이 필요하기 때문에, 주어진 어떤 문제 해결의 실패는 해당 개념이나 내용에 대한 유의미 학습의 실패가 아니라 문제 해결에 필요한 다른 요소들의 결핍인 경우도 있을 수 있는 것이다.

6.3.6 유의미 수업 모델

단계 1 : 선행조직자 제시

수업목표를 분명히 하고, 선행조직자를 제시한다. 학습자가 가지고 있는 지식과 경험을 의식하도록 자극한다.

- 선행조직자는 개념이나 명제의 중요 특징을 지적하고 주의 깊게 설명하여야 하며 학생들이 그것을 지각하고 이해하고 조직하는 자료와 관련하여야 한다.
- 통합적 인지 구조 개발을 위하여 이전의 지식과 경험을 생각해내도록 자극하는 것이 중요하다.

단계 2 : 학습 과제 조직 및 자료 제시

학습 자료를 논리적으로 분명하게 조직하고, 설명식 강의를 통해 제시한다.

- 학생들이 지속적으로 주의를 집중하도록 한다.
- 학생들이 학습의 방향감을 갖도록 아이디어가 서로 어떻게 관련되는지 그 조직과 논리적 순서를 확실하게 이해시킨다.

단계 3 : 인지 조직의 강화

새로운 학습 자료를 기존의 인지 구조에 정착시키기 위해 통합적 조정의 원리를 적용한다. 적극적, 활동적 수용 학습을 조장한다. 학습할 교과 내용에 대하여 비판적 접근을 시도하도록 한다. 자신의 주장을 명료화하게 한다.

- 새로운 학습 자료의 중요 특성을 요약하도록 한다.
- 정확한 정의를 반복하게 한다.
- 여러 각도에서 자료의 차이를 묻는다.
- 학습 자료가 포섭자로 사용된 개념이나 명제를 어떻게 뒷받침하는지 설명한다.
- 학습 자료 속의 개념이나 명제에 대한 추가 예를 제시하도록 한다.

- 자신의 용어와 참조 체제를 이용하여 학습 자료의 중요성을 말하도록 한다.
- 다른 관점에서 자료를 조사하여 보도록 한다.
- 주어진 자료를 그것과 반대되는 자료, 경험, 지식과 관련지어 본다.
- 학습 자료에 내재하는 가정과 추론에 대해 판단을 내리고 도전하도록 한다.
- 그들 사이의 모순을 조화시키도록 한다.
- 교사는 학습 자료에 대한 학생들의 질문에 대해 추가적인 새로운 지식을 제공하고 이전 지식을 변화시켜 제시하고 새로운 문제와 새로운 예에 적용시킨다.

토의문제

1. 초등 수학의 내용 중 발견학습 이론에 따라 가르칠 때 가장 효율적인 것을 골라 본다면 어떤 것이 있겠는가?
2. 오수벨의 주장에 따라 부르너의 학습 이론을 비판하여 보라.

읽을거리

- 구광조, 오병승, 전평국 (공역) (1995). **수학 학습 심리학**. 서울 : 교우사.
- 김응태, 박한식, 우정호 (1984). **수학교육학개론**. 서울 : 서울대학교출판부.
- 이홍우 (1977). **교육과정 탐구**. 서울 : 박영사.
- Bruner, J. S. (1962). *The Process of Education*. New York : Vintage Books.
- Bruner, J. S. (1966). *Toward a Theory of Instruction*. New York : W. W. Norton & Company. Inc.
- Bruner, J. S. (1971). *The Relevance of Education*. Oxford, UK : W. W. Norton.
- Plato (1956). *Protagoras and Meno* (W. K. C. Guthrie, Trans.). Penguin Books.
- Plato (1956). Symposium. In *Great Dialogues of Plato* (W. H. D. Rouse, Trans.). New York : The New American Library of World Literature, Inc.

제 7 장

구성주의 이론과 수학 학습

7.1 피아제

피아제(Piaget)

피아제(Jean J. Piaget, 1896~1980)는 스위스 뉴샤텔 지방에서 출생하였으며, 대학에서는 생물학과 철학을 전공하였다. 뉴샤텔 대학, 제네바 대학 등에서 철학과 과학사상사를 강의하였고, 1911년과 1925년 사이에 25편의 생물학 논문을 발표하였는데, 이것은 후에 그의 심리학 연구에 기초가 되었다. 그의 이론은 다윈의 진화론적 색채가 짙다고 볼 수 있다. 그 자신의 세 자녀를 양육할 때에 얻은 관찰은 후에 아동 지능 발달에 대한 연구의 밑거름이 되었다.

피아제는 인간의 지적 활동도 유기체적 발달을 거쳐 이루어진다고 보았다. 그의 이론에 의하면 인간의 인지 발달 과정은 생물학적 성장에 따라 크게 나누어 네 가지 단계를 거치면서 이루어진다. 이들 각 단계가 시작되고 끝나는 시기는 개인의 유전적, 환경적 요인에 따라 다소 다를 수 있지만, 이들 각 단계는 기본적으로 이 순서를 지키며, 인간은 빠짐없이 이들 단계를 통과하면서 일련의 지적 발달 과정을 형성한다는 것이다.

7.1.1 인지 발달의 요인

피아제에 의하면, 도식(셰마, schema)은 환경에 적응하기 위한 개인의 지각, 경험, 행동, 사고의 기본 단위이다. 인간은 성장하면서 자신의 고유한 도식들을 갖추어 나간다. 이러한 과정을 피아제는 조직(organization)과 적응(adaptation)의 개념으로 설명한다.

조직이란 사고 체계에 맞도록 자신의 경험과 행동을 재배치, 재결합하는 과정으로 자신의 도식들에 대한 내부의 효율적 조직을 의미한다. 적응이란 주변 환경에 맞도록 자신을 조정하는 과정으로 외부와의 효율성을 보장하기 위한 것이다.

적응은 다시 동화(assimilation)와 조절(accommodation)의 두 과정으로 구분된다. 동화는 새로운 정보를 기존 도식에 맞추는 과정이고, 조절은 새로운 정보에 맞추어 기존의 도식을 수정하거나 새로운 도식을 만드는 과정이다. 즉, 동화는 새로운 정보나 경험을 자신의 지적 구조에 합치시키는 과정이라고 할 수 있고, 조절은 새로운 정보나 경험에 의하여 발생되는 지적 구조의 재구성이라고 할 수 있다. 인간의 인지 기능은 새로운 정보를 수용하는 일뿐만 아니라 새로운 정보를 수용하기 위하여 기존의 정보를 재구성하는 일도 담당한다. 학습은 단순히 기존의 정보에 새로운 정보를 추가하는 행위가 아니다. 왜냐하면, 새로운 정보를 수용하기 위해서는 기존의 정보들을 변화시키는 작업이 선행되어야 하기 때문이다.

피아제 이론에 의하면 인지 발달에 영향을 주는 요인이 몇 가지 존재한다.

첫째는 일반적인 지적 발전의 중요한 요인으로 뇌와 신경 계통의 생리적 성장을 들 수 있다. 이와 같은 성장을 '생물학적 성장'이라고 한다.

둘째 요인은 '경험'이다. 피아제는 경험의 중요성을 인식하고, 이를 육체적 경험과 논리-수학적 경험의 두 가지로 분류한다. 먼저, 육체적 경험은 인간의 주변 환경에 존재하는 대상들과 인간 사이의 교류 행위이고, 논리-수학적 경험은 자신의 경험에 비추어 정신적 도식이 재구성됨에 따라 수반되는 정신적 행위를 의미한다.

셋째는 '사회적 전달'로서, 다른 사람과의 대인적 교류와 협조 체제를 말하며, 이는 아동의 마음속에 논리를 발전시키는 중요한 역할을 담당한다. 피아제에 의하면 형식적인 조작의 기능은 사람 사이의 견해 교류나 조정 행위 없이는 지적 발달이 있을 수 없다고 한다.

넷째 요인은 '평형'으로서, 이는 새로운 경험의 결과로 기존의 지적 구조가 안정성을 잃었다가 동화와 조절의 과정을 통하여 안정을 되찾게 되는 것을 말한다. 이와 같은 평형으로 인하여 지적 구조는 발전되고 성숙하는 것이다. 피아제는 이상의 네 가지 요인이 인지 발달의 원인적 역할을 하며, 아동이 다음에 설명할 '인시 발달의 4단계'를 성공적으로 거치기 위해서는 이와 같은 각 요인들의 존재가 필수적인 것으로 생각하였다.

7.1.2 인지 발달의 4단계

(1) 감각-운동기(sensory-motor stage)

아동이 태어나서 대략 2년 정도 경과할 때까지의 지적 발달 시기를 가리킨다. 이 시기의 유아는 자신의 육체적, 정신적 행동을 도식(schema)이라고 하는 일련의 분명한 행위 단위로 발전하고 조직한다. 유아는 자신의 감각과 육체적인 움직임을 조정할 수 있게 되고, 시야에서 사라진 물체는 다시 나타날 수 있음을 알게 되고, 물리적인 대상에 이름을 붙일 수 있게 된다.

(2) 전조작기(preoperational stage)

대략 2살에서 7살 정도 아동들의 지적 발달 단계를 전조작기라고 한다. 이 시기의 아동은 자기중심적이어서 자신이 외부 세계에서 겪은 대부분의 경험을 자신을 둘러싸고 있는 근접한 환경에서 구성해 온 도식들을 통하여 동화시키고자 하며, 모든 것을 자신과 연결시켜서 파악하려고 한다. 전조작기의 아동은 자신의 모든 생각이나 경험을 다른 사람들도 공감할 수 있는 것으로 믿고 있으며, 무생물체도 생물체적인 성향을 갖고 있는 것으로 생각하고, 개체가 한 개인 경우와 많은 경우의 차이를 대수롭지 않게 여긴다. 이 시기의 아동은 생각의 방향을 역으로 되돌려 보거나 일련의 행동을 다시 재현하는 데 어려움을 느낀다. 또한, 어떤 사고의 대상이나 상황에 대하여 두 가지 측면을 동시에 고려할 수 없으며, 연역적이거나 귀납적인 추론을 하는 데 어려움을 갖고 있다. 이 아동들은 단지 특정의 것에서 다른 특정의 것으로 생각을 옮길 수 있을 뿐이고 사실과 공상을 구분하지 못한다. 따라서 이 시기의 아동들의 거짓말은 비도덕적인 요인에서라기보다는 실제와 상상을 구분하지 못하는 데서 자연 발생되는 현상으로 볼 수 있다.

전조작기의 아동은 생물학적인 성장이나 주변 환경과의 교류를 통하여 보다 높은 지적 수준에서 조작 활동을 하는 데 필요한 정신적인 도식들을 개발하게 된다. 이 시기의 거의 끝 부분에서 아동들은 자신이 갖고 있는 확신의 이유를 대는 것이 가능해지며, 특정의 한 성질에 따라 여러 대상들을 분류할 수 있게 되고, 사물에 대한 실제적인 개념을 얻기 시작한다.

(3) 구체적 조작기(concrete operational stage)

구체적 조작기는 대략 7살에서부터 12살 정도의 시기를 말한다. 이 기간의 초기에는 아동의 자기중심적 현상이 현저히 감소하고, 혼자서 하던 놀이를 친구들이 보는 앞에서도 할 수 있게 된다. 구체적 조작기의 아동은 여러 가지 성질을 갖는 대상들을 특정 성질에 따라 분류하여 집합과 부분집합의 개념을 적용할 수 있게 되고, 동시에 어떤 대상이 갖고 있는 여러 가지 성질을 고려할 수 있게 된다. 이 아동들은 분류된 각 집단들 사이의 복잡한 관계를 다룰 수 있게 되고, 연산이나 어떤 행위의 과정을 역방향으로 거슬러 올라갈 수 있게 된다. 구체적 조작기의 아동은 다른 사람들의 관점을 이해할 수 있게 되며, 이 시기의 끝 부분에서는 귀납적, 연역적 추론이 시작되기도 하지만, 아직은 어떤 일반적인 원칙에 따르는 여러 개의 예들이라도 서로 관련이 없는 것들처럼 생각하기도 한다.

구체적 조작기의 아동은 성인에게서 찾아 볼 수 있는 지적 능력을 많이 개발하기 시작하지만 언어적 추상화를 이해하기는 어렵다. 즉, 이 아동들은 여러 가지 연산을 수행할 수 있음에도 불구하고, 이를 언어적 기호 체계를 통해 수행하기는 어렵다는 것이다. 이 시기의 아동들의 판단력이나 논리적인 추론은 발달 도중에 있으므로, "A는 B보다 크고, A는 C보다 작다면 누가 가장 큰가?"라는 질문에 답하기가 어렵다. 그러나 이 아동들은 길이가 서로 다른 여러 개의 막대를 크기 순으로 배열할 수는 있다.

이 시기의 끝 부분에 해당하는 아동들은 다른 사람이 만든 정의를 외우거나 되풀이 할 수는 있어도 스스로가 상세한 정의를 만들어 내지는 못한다. 규칙이나 도덕에 대한 개념적인 발전이 이루어진 상태에서도, 규칙이나 도덕, 규범 등의 근원에 대해서는 신비주의적인 속성을 부여한다는 것이다. 예를 들면, 장미를 장미라고 하는 것은 사람들이 장미라고 이름을 지었기 때문이 아니라, 그 자체가 장미라고 생각하기 때문에 장미라고 부르는 것이다.

이 시기를 구체적 조작기라고 부르는 것은 평균적으로 7살에서 12살 사이의 아동들이 형식적인 지능 과정을 사용하는 데 어려움을 갖기 때문이다. 구체적 조작기의 아동들은 어떤 구체적인 모양을 만들거나, 물체들을 조작하거나, 기계적인 도구를 작동시키는 것을 좋아한다. 조작(操作, operation)이란 내면화된 가역적 활동으로서 전조작기 이후에 가능하다.

(4) 형식적 조작기(formal operational stage)

형식적 조작기에 도달한 학생들은 자신의 마음속에 추상화되어 형성된 것을 표현하거나 설명하기 위해 더 이상 구체적인 조작 활동에 의존할 필요가 없게 된다. 그들은 이제 동시에 여러 가지 다양한 관점을 통하여 생각할 수 있게 되고, 자신의 행동을 객관적 입장에서 바라볼 수 있으며, 자신의 사고의 과정을 반영시켜 볼 수 있게 된다. 형식적 조작기의 학생은 이론을 구성하거나 가설을 세울 줄 알게 되며 다양한 가설들을 시험해 볼 줄 알게 된다.

이와 같은 지적 단계에 이른 학생들은 선, 악의 정도를 파악할 수 있으며 어떤 정의나 규칙이나 규범을 적절하게 객관적인 입장에서 볼 수 있게 된다. 또 그들은 귀납적이거나 연역적 방법으로 추론할 수 있으며, "…이면, …이다"식의 논리를 펼 수 있다. 이 시기의 학생은 순열이나 조합, 비율, 상관관계나 확률과 같은 복잡한 개념들을 이해하고 적용할 수 있게 된다. 그리고 무한히 큰 수와 작은 수에 대한 인식이 가능해진다.

감각-운동기	0~2살	유기체적 도식에 의존: 모방, 기억, 사고 등이 시작된다. 물체가 보이지 않아도 없어지는 것이 아님을 알기 시작한다. 반사적 행동에서 목표 지향적 행동으로 발전한다.
전조작기	2~7살	자기 중심적 사고: 언어가 점진적으로 발달하고, 기호 형태의 사고가 가능해진다. 일방적 논리의 조작이 가능해지고, 다른 사람의 관점에서 생각하는 일이 어렵다.
구체적 조작기	7~12살	개체 중심적 사고: 구체적으로 주어진 논리적 문제를 해결할 수 있고, 보존성의 개념이 이해된다. 분류와 나열이 가능하고, 가역성이 이해된다.
형식적 조작기	12살 이상	명제 논리적 사고: 추상적으로 주어진 논리적 문제를 해결할 수 있고, 사고가 보다 과학적으로 되어간다. 사회적 문제, 자기 정체성의 문제 등을 다룰 수 있게 된다.

피아제의 인지 발달 단계는 그 순서대로 진행이 이루어지지만, 각 단계의 시점과 종점이 시기적으로 엄격하게 구분되지 않는다. 또, 한 단계와 그 다음의 단계를 서로 왔다갔다하는 과도적 시기가 존재하기도 한다. 심지어는 완전하게 한 단계에 정착했으면서도 그 이전 단계의 속성을 보여 주는 경우도 있음을 볼 수 있다.

7.1.3 구체적 조작기의 보존성 개념

피아제는 보존성 개념(concept of conservation)을 통하여 구체적 조작기의 특징을 연구하였다. 보존성 개념은 추상적인 사고의 기초를 이루는 필수 조건이다. 즉, 보존성 개념이 형성되지 않으면 수량에 대한 비교나 측정에 관한 사고가 일관성 있게 이루어지지 않는다. 보존성 개념은 아동의 발달 시기, 보존성 개념의 종류, 판단 실험의 방법 등에 따라 다양한 형태로 나타난다.

예를 들어, 아동에게 다음 그림과 같이 같은 모양에 같은 양의 물을 담아 보여 준다. 그리고는 아동이 보는 앞에서 한 컵에 있는 물을 밑면이 좁고 높이가 긴 컵에 옮긴다. 아동이 좁고 긴 컵에 담긴 물이 더 많다고 보임에도 불구하고 두 컵 각각에 담긴 물의 양이 같다고 생각할 수 있으면, 그 아동은 논리적 사고를 한 것이며, 양의 개념에 대한 구체적 조작기에 들어선 것으로 간주할 수 있다(Copeland, 1974, pp. 26-30).

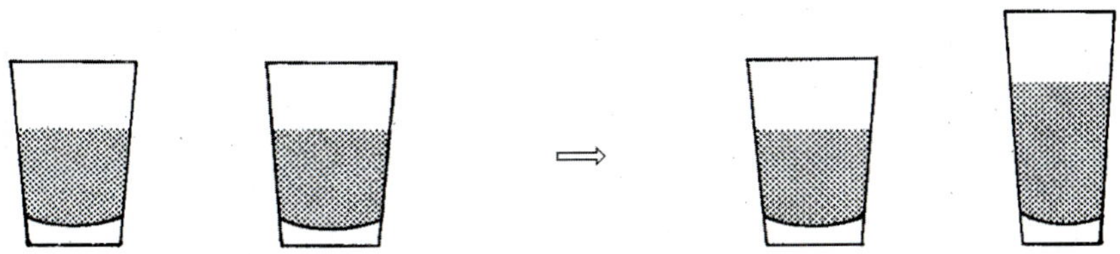

모양이 다른 컵에 물을 옮겨 담아도 양에 변화가 일어나지 않는다는 생각은 보존성의 개념으로, 이러한 단계에 도달하기 위해서는 조작의 가역성(reversibility), 즉 모양이 다른 컵의 물을 원래의 컵으로 다시 옮겨 담으면 양이 같아진다는 생각이 가능해야 된다. 조작의 가역성에 대한 심리학적 판단 기준이 바로 보존성 개념인 것이다.

(1) 수 개념의 보존

피아제와 그의 동료들은 여러 가지 기본적인 수학적 개념의 보존성에 대하여 연구하였다. 예를 들어, 수 개념의 보존성은 다음과 같이 알아 볼 수 있다. 아동들은 수 세기를 통하여 수를 배운다. 수 세기는 구체물 각각에 순서대로 1, 2, 3, 4, … 등의 이름을 붙이는 것이다.

○ ○ ○ ○ ○
| | | | |
1 2 3 4 5

그러나 이러한 수 세기를 하는 아동이 과연 수 개념을 이해하고 있다고 볼 수 있을 것인가? 예를 들어, 아동에게 다음 그림과 같은 두 집합의 구슬을 보여 준다.

○ ○ ○ ○ ○
○ ○ ○ ○ ○

아동은 이들 두 집합의 구슬의 수가 같다고 말한다. 이때, 한 집합의 구슬을 다음 그림과 같이 벌려 놓으면 어떠한 반응을 보일 것인가?

○ ○ ○ ○ ○
○ ○ ○ ○ ○

5 내지 6살 아동의 대부분은 벌려 놓은 쪽의 구슬이 더 많다고 답한다. 이들에게는 구슬이 차지하고 있는 공간이 수에 관한 생각을 지배하는 것이다. 더 많은 공간을 차지한 구슬의 수가 더 많다고 생각하는 것이다. 이러한 아동들은 수 개념의

보존성 단계에 도달하지 못했다고 말할 수 있다. 수의 보존성에 대한 이해가 결여되어 있는지의 여부는 다음과 같은 실험을 통해서도 확인해 볼 수 있다. 5, 6살의 아동에게 양손으로 구슬을 하나씩 집어 다음 그림과 같이 서로 다른 모양의 두 병에 구슬을 동시에 하나씩 담게 해 본다.

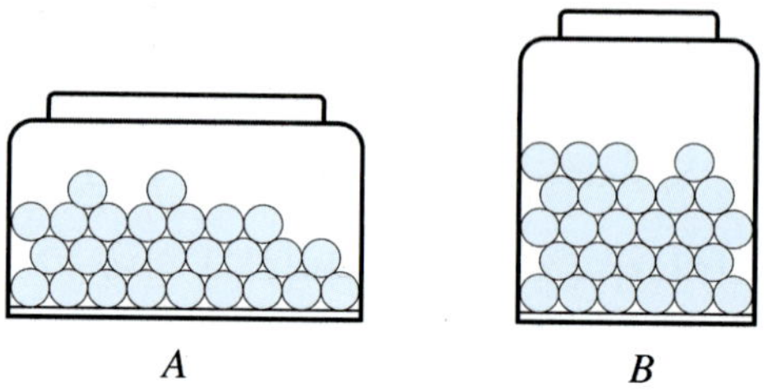

각 병에 같은 수의 구슬을 담았음에도 불구하고, 아동은 병 B에 담긴 구슬이 더 많다고 답하는 경우가 있다. 이처럼 수의 보존성 단계에 도달하지 못한 아동은 그가 설사 30 또는 100까지 구슬을 세어 각 병에 넣었더라도 병 B에 담긴 구슬이 더 많다고 답하는 것이다(Copeland, pp. 82-84).

여러 가지 수학적 개념의 보존성의 단계는 동시에 도달하는 것이 아니라 각기 서로 다른 시기에 도달하게 된다. 그러나 그 도달하는 순서는 대체로 일정하다. 즉, 수의 보존성 단계에 도달한 다음에 양의 보존성 단계에 도달하며, 그 다음에는 무게의 보존성, 그리고 마지막으로 대체로 10 내지 11살이 되어서야 부피의 보존성 단계에 도달하게 된다. 이와 같이 각 개념의 보존성 단계에 도달하는 순서는 일정하지만, 아동에 따라서 영특한 아동은 보통의 아동보다 2년 정도 일찍 각 단계의 보존성을 이해하는 경우도 있다.

(2) 양 개념의 보존

양의 보존성에 대한 이해가 수의 보존성에 대한 이해보다 뒤늦게 일어난다. 물과 같은 연속량의 경우, 수 세기 보다는 측정이라는 조작이 더 필요하기 때문이다. 이러한 사실은 다음과 같은 실험을 통해 알 수 있다.

"큰 컵에 담긴 우유를 작은 두 컵에 나누어 담으면, 그 양이 같아지겠니?"

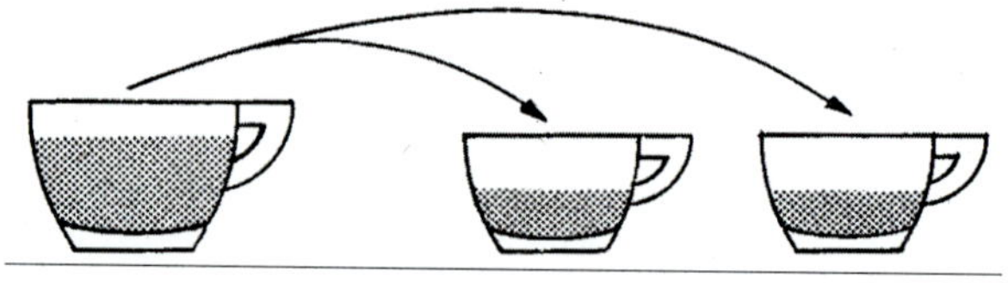

"더 많아요."
"어디에?"
"두 컵에요."
"그러면, 이 두 컵의 우유를 큰 컵에 모아 담으면 어디가 더 많겠니?"

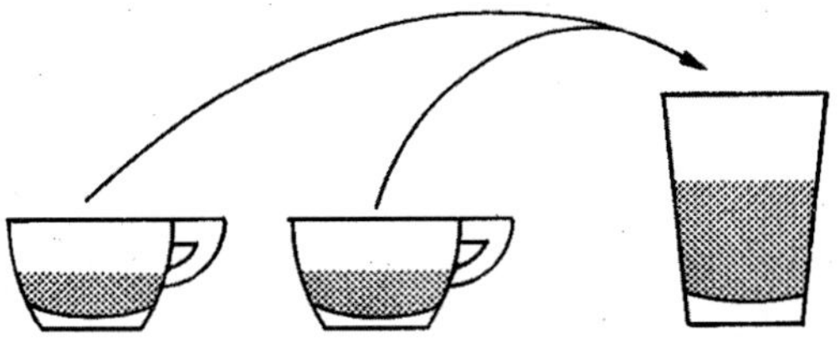

"큰 컵에요."
"왜?"
"더 많으니까요."

이러한 대화는 5살 아동에게서 전형적으로 나타난다. 이 아동에게는 그릇의 모양이 바뀌어도 그 안에 담긴 액체의 양에는 변화가 없다는 사실을 믿을 수 있는 단계에 도달해 있지 않은 것이다. 즉, 양의 보존성을 이해하지 못하는 것이다. 양의 보존성을 이해하는지의 여부는 진흙덩이를 가지고 알아 볼 수도 있다. 똑같은 양의 두 진흙덩이를 똑같은 모양으로 만들어 양이 같음을 확인시킨 후 한쪽을 넓적하게 눌러 펴면 두 진흙덩이의 양이 같다고 생각하지 못하는 아동은 아직 양의 보존성을 이해할 수 있는 단계에 도달하지 못한 것이다(Copeland, pp. 95-96).

4, 5살이 되기 전의 아동은 양의 개념의 일종인 거리의 보존성을 이해하지 못한다. 다음과 같은 실험을 해 보자. 나무 모형 2개를 그림과 같이 50cm 정도 벌려 놓은 다음, 아동에게 '거리'라는 용어를 사용하지 않고 두 나무가 가까운지 먼지 말하게 한다. 다음에는 두 나무 모형 사이에 카드를 세워 놓고 같은 질문을 한다.

두 나무 사이에 카드가 끼어들면 4, 5살 이전의 아동은 두 나무 사이의 관계에

대한 생각에 방해를 받게 되어 두 나무 사이가 더 가까워졌다고 답하게 된다(Copeland, pp. 253-255).

자를 사용하여 물체의 길이를 재는 활동은 위치의 변화에 관계없는 거리나 길이의 보존성을 이해할 수 없는 단계의 아동에게는 유효한 학습 활동이 될 수 없다. 5cm 정도 길이의 막대 두 개를 다음 그림과 같이 여러 가지 위치로 배치한 다음, 아동에게 두 막대의 길이가 같은지 물어 보자.

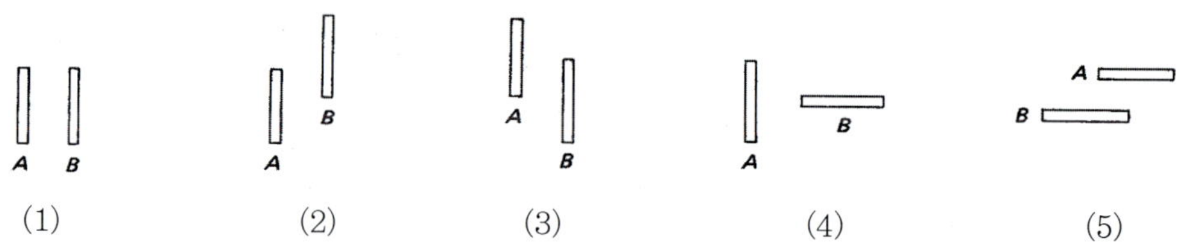

(1)의 경우에는 두 막대의 길이가 같다고 답한 아동도 (2)의 경우에는 B가 더 길다고 답하는 경우가 있고, (3)의 경우에는 A가, (4)의 경우에는 A가, (5)의 경우에는 B가 덜 길다고 답하는 경우가 있다. 이들은 이동한 막대의 한쪽 끝만을 의식하는 바람에 양끝이 같이 움직였기 때문에 길이에 변화가 없다는 사실을 깨닫지 못하는 것이다. 대체로 7, 8세 이전까지는 측정에 필요한, 위치 변화에 관계없는 길이의 보존성을 이해하지 못한다(Copeland, pp. 255-259).

넓이의 측정과 보존성 개념의 관계를 알아보기 위해서는 6개의 정사각형으로 이루어진 직사각형 두 개를 제시해 본 다음, 하나를 오른쪽 그림과 같이 끝의 두 정사각형을 위로 올려 모양을 바꾼 다음에 넓이가 아직도 서로 같은지 물어 본다.

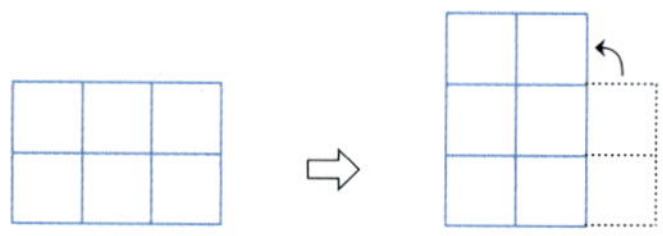

또 다른 방법으로는 합동인 두 직사각형을 제시한 다음, 한 직사각형을 대각선 방향으로 잘라서 다음 그림과 같이 모양을 삼각형으로 바꾼 다음에 넓이가 아직도 같은지 물어 본다.

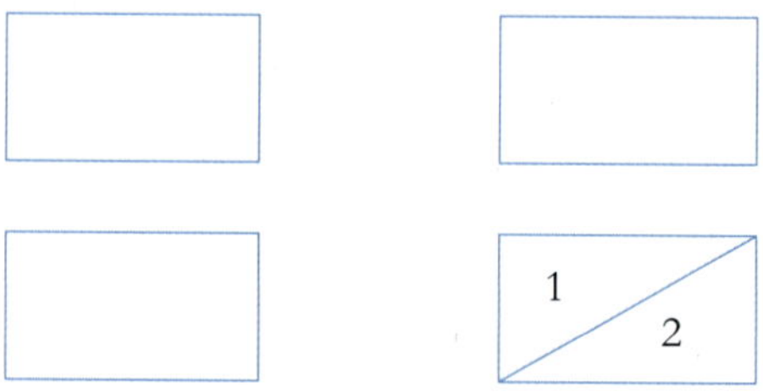

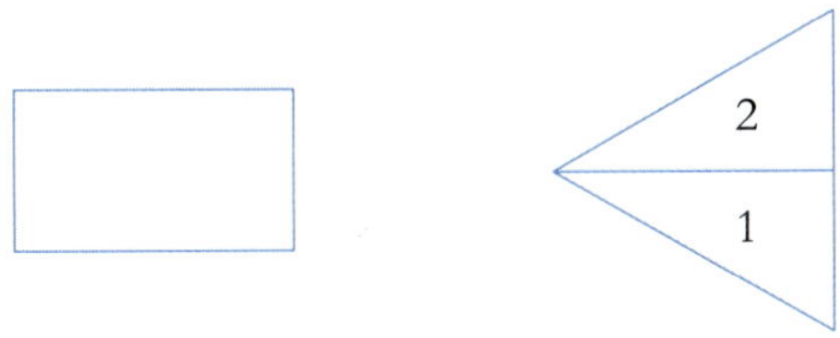

대부분의 5, 6세 아동들은 모양이 바뀌었으므로 넓이도 달라졌다고 생각한다. 다른 한 도형이 크게 보이기 때문에 더 크다든가, 한 도형이 잘렸기 때문에 작아졌다고 생각하는 것이다(Copeland, pp. 292-293).

조작	제1단계	제2단계	전조작적 사고(오답)	획득 연령
수	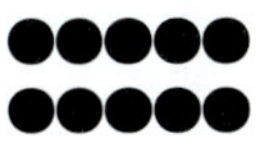 실험자는 완전하게 1대 1 대응이 되는 두 줄의 사물을 제시한다. 어린이는 두 줄에 같은 수가 있다는 데 동의한다.	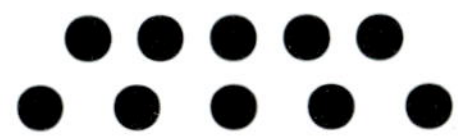 실험자는 한 줄의 물체를 넓게 벌려 놓는다. 그리고 어린이에게 각 줄에는 같은 수가 여전히 있는가 묻는다.	아래 줄의 점들이 위 줄보다 더 많다.	6세
길이	 실험자는 길이가 같은 두 개의 막대기를 제시한다. 어린이는 두 개의 막대기의 길이가 같다는데 동의한다.	 실험자는 막대기를 엇비슷하게 놓는다. 그리고 어린이에게 여전히 길이가 같은지 묻는다.	위(혹은 아래)의 막대기가 더 길다.	6~7세
길이의 굴절	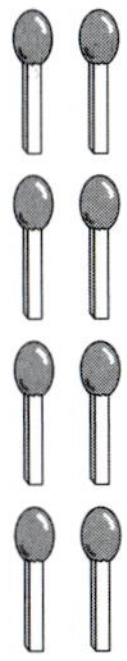 실험자는 성냥개비의 수가 같게 두 줄로 제시한다. 어린이는 두 줄의 길이가 같다는데 동의한다.	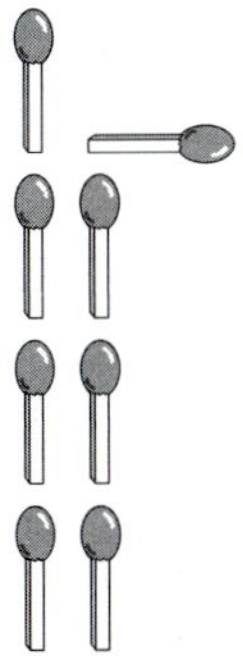 실험자는 성냥개비 한 개를 옮긴다. 그리고 어린이에게 여전히 두 줄의 길이가 같은지 묻는다.	왼쪽 줄의 길이가 더 길다.	5~6세

조작	제1단계	제2단계	전조작적 사고(오답)	획득 연령
넓이	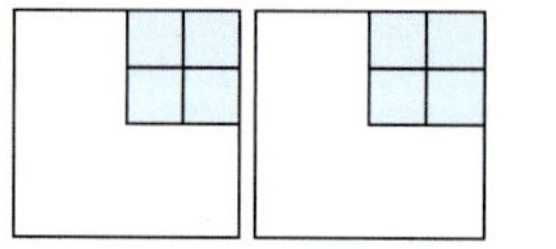 실험자는 정확하게 같은 위치에 같은 수의 벽돌 네모 칸을 가진 두 장의 카드를 제시한다. 어린이는 두 장의 카드에 똑같은 넓이의 잔여 부분이 있다는 데 동의한다.	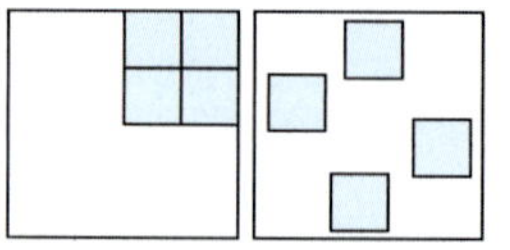 실험자는 한쪽 카드의 벽돌 네모 칸을 옮긴다. 그리고 어린이에게 여전히 같은 넓이의 잔여 공간이 남아 있는가 묻는다.	왼쪽 사각형 속에 남아 있는 공간이 더 넓다.	7~8세
액체(양)	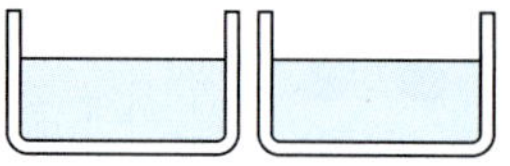 실험자는 물이 채워진 동일한 유리잔을 제시한다. 어린이는 똑같은 양이라는 데 동의한다.	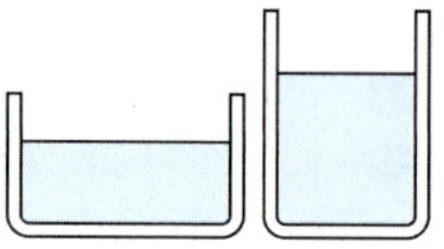 실험자는 한 잔의 물을 길고 홀쭉한 잔에 옮겨 붓는다. 그리고 어린이에게 여전히 같은가 묻는다.	왼쪽(혹은 오른쪽) 물이 더 많다.	7~8세
크기	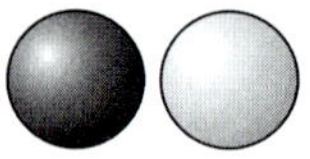 실험자는 똑같은 크기의 점토로 만든 공을 두 개 제시한다. 어린이는 그것이 둘 다 같은 양이라는 데 동의한다.	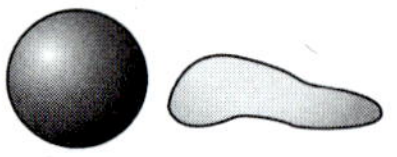 실험자는 둘 중의 어느 한 개의 형태를 변화시킨다. 그리고 어린이에게 그것이 둘 다 아직도 같은 양을 하고 있나 묻는다.	왼쪽(혹은 오른쪽)이 더 크다.	7~8세
부피	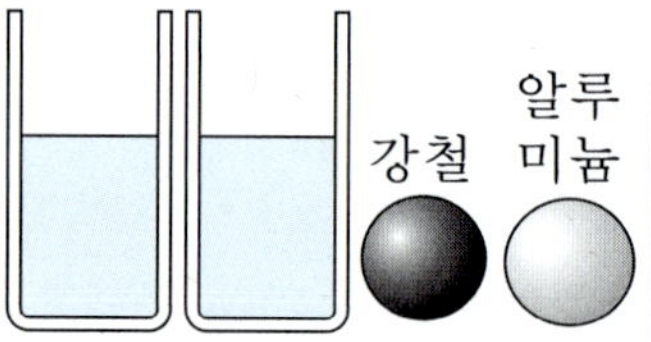 실험자는 액체가 똑같은 양으로 채워진 두 개의 시험관과 동일한 크기에 다른 무게의 두 가지 금속을 제시한다. 어린이는 두 시험관에 똑같은 양의 액체가 있다는 데 동의한다.	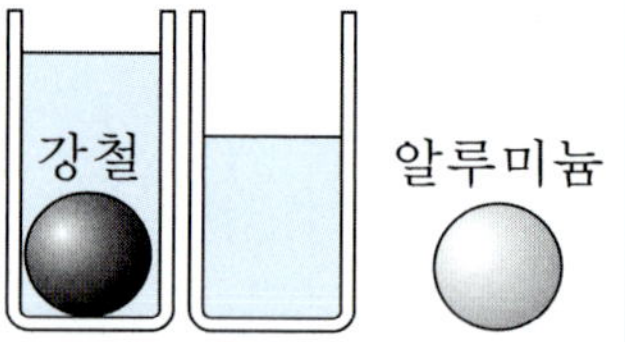 실험자는 무거운 금속을 한 시험관에 넣고 액체가 상승한 곳을 주시한다. 그리고 어린이에게 나머지 가벼운 금속을 다른 실험관에 넣을 때, 물이 얼마나 위로 올라갈까 예측하도록 한다.	오른쪽 액체의 양이 더 많아질 것이다.	11~12세

7.1.4 피아제 이론과 수학 학습 지도

피아제나 그의 동료들은 사고 기능의 본질이나 그 발달에 대한 연구에는 관심을 갖고 있었지만, 학습과 지도의 기능을 증진시키는 방법의 개발과 같은 측면에 대해서는 별다른 관심을 보이지 않았다. 즉, 교육 현장에서의 학습 지도에 대해서는 자신의 이론과 연구 결과를 다른 사람들이 응용하고 이용하도록 몫을 남겨 놓았던 것이다.

피아제 이론에 따른 많은 실험 연구들은 피험자인 학생들에게 수학적 성격의 과제를 부과하고 그 학생들의 반응을 관찰 기록하여 학습에 따른 인지 발달 단계의 특성을 파악하려는 연구 방법을 사용하였다. 이러한 연구들은 서로 다른 나이와 인지 발달 단계에 따라 각 단계에서 다룰 수 있는 수학적인 문제들의 유형을 분류하고 있다. 따라서 수학을 지도하는 교사의 입장에서 피아제 이론에 따른 연구 결과들은 중요한 의미를 지닌다.

예를 들어, 학생들이 가르치려는 수학 과제를 학습하기에 적합한 단계에 도달하였는가를 파악하기 위해 피아제 이론에 따른 다양한 연구 결과를 적용할 수 있다. 초등학교 수학과 교육과정의 측도 영역에 있어서 길이 재기는 2학년에서, 무게 개념은 3학년에서, 넓이 구하기는 4학년에서, 부피 구하기는 5학년에서 지도되는데, 이러한 도입의 순서는 보존성 개념의 출현 순서와 일치하고 시기도 적절한 것으로 보인다.

피아제의 이론으로부터 나오는 교육적 시사점은 다음과 같이 요약할 수 있다.(김응태, 박한식, 우정호, 1984, pp. 109-120).

(1) 사전 교육과정(pre-curriculum): 전조작단계에 있는 입학 초의 아동들이 구체물을 다루면서 자신의 행동과 그 조정의 결과를 경험하는 논리-수학적 경험을 강조함으로써 수학교육의 기초를 다져야 한다.

(2) 활동적 학습: 모든 수학적 지식 및 사고의 본질은 조작이고 조작은 행동의 내면화의 산물이므로, 학습은 조작의 바탕이 되는 여러 가지 활동 중심으로 구성되어야 한다.

(3) 구체적 조작의 강조: 초등학교 시기의 대부분을 차지하는 구체적 조작기 수준의 아동들의 사고의 특징은, 당시에 혹은 전에 행해진 구체적인 대상의 취급과 직접 관련되며 언어적 명제만을 다루는 형식적 수준에는 이르지 못하므로, 수학 학습의 기초가 되는 구체물의 조작 활동을 충분히 제공하여

장래 학습의 토대가 될 수 있도록 해 주는 것이 필요하다.

(4) 갈등 상황 제공 : 논리 수학적 지식 획득을 가능케 하는 반영적 추상화도 균형화의 한 메커니즘이므로 일시적 균형 상태에 있는 학습자의 수준보다 조금 더 복잡한 상황을 경험하게 함으로써 보다 높은 수준의 균형을 위한 동기를 부여할 필요가 있다.

(5) 발달 단계에 순응 : 개념 학습이나 문제 해결 학습 등 모든 수업은 학습자의 현재 능력에 맞게 조직되어야 한다. 현존하는 도식과 학습 자료 사이의 간격이 지나치게 커서 동화와 조절에 의한 재구성이 되지 않는 경우에는 학습이 불가능하기 때문이다.

(6) 수학교육의 본질적인 체질 개선 : 아동이 발달의 초기부터 현대수학적인 자연스러운 조작적 도식을 가지고 사고할 수 있도록 격려하는 수학교육이 되어야 한다. 이를 위해서는 발견적 교수법, 소집단 활동 및 적절한 대화를 통한 의식화 방법, 직관 교수법 등의 교수 원리를 고려할 수 있다.

7.2 비고츠키

7.2.1. 비고츠키의 이론

비고츠키(Vygotsky)

비고츠키(Lev Semenovich Vygotsky, 1896~1934)의 이론은 비교적 최근에 들어서면서 그 동안 피아제의 인지심리학의 이론이 지배적이었던 교육계에 피아제와는 여러 가지 면에서 다른 측면을 강조한 그의 생각이 새로운 시각을 제공하고 있다.

비고츠키는 문화-사회심리학의 창시자이면서 소비에트 발달심리학자의 한 사람이었다. 80세 이상 비교적 장수를 한 피아제와 같은 해에 태어났지만 그와는 대조적으로 38년이라는 짧은 생애를 살았으면서도 인간의 인지 발달에 대하여 매우 다른 생각을 했고 최근에 수학 학습 심리학에 매우 다른 견해를 가지고 영향을 끼치고 있다.

비고츠키는 러시아에서 태어나 1917년에 모스크바 대학을 졸업하고, 모스크바에 있는 심리학연구소에 취직하게 되는데 그는 여기에서 인지 발달과 언어와 사고의 관계에 대한 광범위한 연구를 하면서 이 10여년의 기간 동안에 6권의 책을 집필하게 된다. 그는 발달심리학, 아동 발달, 그리고 교육학 일반에 관한 광범위한 문제들에 대하여 관심을 가지고 있었다. 그는 인지 발달에 있어서 피아제와는 대조적으로 생물학적인 발달에 따라서 자연스럽게 구성해 가는 것이라기보다는 역사적, 문화적, 사회적 요인을 강조하였으며 이 때 언어가 사회에서 제공하는 인지 발달을 위한 가장 중요한 기호적 도구이라고 주장하였다. 그는 1934년 폐렴으로 세상을 떠날 때까지 왕성한 저작 활동을 하였다.

비고츠키는 인지 발달에 있어서 문화-사회적 요인을 강조하였다. 따라서 그를 '사회적 구성주의'의 대표적인 인물로 말하기도 한다. 그는 수영하는 것을 바라보기만 해서는 수영을 배울 수가 없고, 보다 적극적으로 물에 뛰어 들어서 허우적거리다 보면 물에 뜨는 것을 배울 수 있는 것처럼 지식을 습득하기 위해서는 잘 알고 있지 않더라도 직접 해봄으로써 학생들의 인지 발달을 가져올 수 있다고 주장한다. 이는 피아제도 빠져든 학습에 대한 패러독스, '학생들은 어떻게 자신이 아직 알고 있지 못한 것을 배울 수 있는가?'에 대한 답이 될 수 있다. 비고츠키는 인간의 인지 발달은 단선적이고 일관성 있게 진행되기보다는 보다 복잡한 작용에 의하여 이루어지는데 이는 사회적 상호작용에 의하여 촉진되는 것으로 보았다. 그는 인간의 마음을 상호 작용이나 대화의 결과에 의하여 의미를 부여하게 되는 능력을 가진 것으로 보았다. 다음에서 그의 생각을 살펴볼 수 있다.

> 기호의 발달사는 행동 발달을 주관하는 보다 일반적인 법칙을 부여하게 된다. 이 법칙의 핵심은 아동은 발달의 과정에서 다른 사람이 자신에게 했던 행동과 동일한 행동을 자기 자신에 대하여 해 보기 시작한다는 것이다. 아동은 행위의 사회적 형식을 배우게 되고 그것을 자기 자신에게 적용하는 것이다(Vygotsky, 1991, p. 36).

그렇지만 어떻게 사회적인 것이 개인적인 것이 되는가에 대한 설명이 중요한데 그는 우리가 사용하는 말에 의하여 이것이 가능하다고 보았다. 즉 언어의 교환에 의하여 사회적인 것이 아동의 사고의 내부에 내면화되게 된다는 것이다. 또 이런 사고는 마치 언어가 생성되어 나타나듯이 생성되면서 보다 넓은 문화적, 역사적 체계를 만들어 나간다고 보았다.

교육학 및 수학교육을 중심으로 비고츠키이론의 핵심적인 내용을 간략히 살펴보면 문화적 중재(cultural mediation)와 내면화(internationalization), 심리학적 현상으로서의 놀이, 언어와 사고의 발달, 근접발달영역(zone of proximal development)와 비계설정(scaffolding)으로 정리할 수 있다.

7.2.2 문화적 중재와 내면화

비고츠키는 개인간의 의사소통이나 문화의 역할이 어떻게 아동의 내면의 발달을 가져오는지에 대한 연구를 하였다. 그는 부모나 어른들처럼 아동의 삶에 중요하게 영향을 끼치는 사람들과의 상호작용을 통하여 개인적으로 발달하거나 개발된 고차원적인 사고 기능이 어느 특정한 집단 안에서 역사적으로 어떻게 발전되는지에 관심이 있었다. 그에 의하면 아동은 이와 같은 상호 작용을 통하여 말의 형식, 글로 쓴 언어, 다른 기호적인 지식을 포함하는 자신이 속한 문화권 안에서 마음의 성향을 배우게 되고, 이는 각자의 지식을 구성해 가는 데 영향을 주게 된다. 이런 의미에서 그는 문화적 중재(cultural mediation)를 중요한 전제로 하고 있다. 이와 같이 한 문화권 안에서의 상호작용에 의하여 아동이 습득한 특정한 지식은 그 문화권 안에서 공유된 지식으로 표현된다. 이런 과정을 내면화(internalization)라고 한다.

내면화는 차를 운전하거나 뜨거운 물을 흘리지 않고 컵에 따르는 것과 같이 아동의 밖에 있었던 사회의 도구를 자신의 것으로 만드는 과정이다. 이런 기술을 익히는 것은 사회 속에서 아동 자신의 행위에 의하여 가능하다. 진정한 내면화는 아동이 도구를 자기 자신의 것으로 만드는 것이다. 즉, 사회에서 이미 사용한대로 사용하는 것이 아니라 자신만의 목적을 따라서 독특한 방법으로 도구를 사용하는 것이다.

비고츠키는 내면화의 단계를 둘로 나누어 설명하였다.

> 어린이의 문화적 발달의 모든 기능은 두 단계로 일어난다. 첫째, 사회적 수준에서 그리고 다음에는 개인적 차원에서이다. 처음에는 사람들 사이에서(interpsychological), 그리고 다음에는 아동의 내에서(intrapsychological) 일어난다. 이는 개념에 대해서도 동등하게 자발적인 주의 집중, 논리적 기억, 그리고 개념의 형성에도 적용된다. 모든 고차원적인 기능은 각 개인

들 사이의 실질적인 관계성에서 비롯된다(Vygotsky, 1978, p. 57).

수학교육의 측면에서 보면 바둑돌을 덧셈과 뺄셈을 학습하는 데 사용할 수도 있지만, 묶음의 단위로 하여 곱셈이나 나눗셈의 개념을 발견하고 이를 응용하는 학생이 있을 수 있다. 이 아동에게 바둑돌은 곱셈과 나눗셈의 개념을 내면화하도록 하는 도구 또는 중재자(mediator)의 역할을 하는 것이다. 흔히 수학 시간에 사용하는 자, 컴퍼스, 각도기, 점판 등의 조작도구나 LOGO, GSP 등과 같은 컴퓨터용 프로그램도 각 학생들이 어떻게 사용하느냐에 따라 개념 발달을 위한 도구로서의 역할을 하게 된다. 이와 함께 소그룹 토론이나 활발한 표현 활동을 하도록 격려하는 것은 내면화의 첫 단계인 개인과 개인 사이의 상호작용을 활발히 일어나도록 할 것이다. 둘째 번 단계의 내면화는 각 개인의 내면에서 일어나는 것으로, 필연적이라고 볼 수는 없겠지만 자신의 행동에 대한 반성으로서 반성적 질문을 통하여 계속적 자극을 줄 수 있다.

7.2.3 심리학적 현상으로서의 놀이

비고츠키(1978)는 피아제와 마찬가지로 아동의 학습에 놀이의 중요성을 강조하였다. 놀이는 아동의 세계에 있는 구체적 활동이나 자연스런 놀이 활동을 통하여 추상적 의미와 고차원적 정신 기능을 발전시켜 나갈 수 있도록 한다. 그는 말을 타고 싶어 하지만 탈 수 없는 아동의 예를 들고 있다. 그 아동이 3살 아래라면 울거나 화를 낼 수 있을 것이다. 3살 정도가 되면 주변과 자신에 대한 관계가 변하게 된다. 이와 같이 놀이는 이루어질 수 없는 상상으로만 갖는 욕망에 대해 설명을 해 준다. 이 상상은 아주 어린 아동의 의식에는 존재하지 않는 새로운 형태의 욕망의 표현이다. 이것은 다른 동물에서는 찾아 볼 수 없는 것으로 의식적인 행위를 표현하는 인간만이 갖는 특별한 형식이다. 이는 다른 모든 의식의 기능과 같이 근본적으로 행동으로부터 나온다.

어린 아동은 말을 타고 싶지만 탈 수 없으므로 막대기를 집어서 말을 타는 시늉을 하게 된다. 여기에서 막대기는 중요한 역할을 한다. 모든 행동은 생각에서 나오는 것이지 물건에서 나오는 것이 아니다. 아동들에게 물건으로부터 직접 생각을 이끌어내게 하는 것은 매우 어려운 일이다. 그런데 놀이는 여기에서 과도적인 역할을 하게 된다. 아동이 막대기를 타는 말 대신으로 여길 때, 막대기는 실제 말에 대한 의미를 이끌어내는 중요한 역할을 하게 되는 것이다. 그리고 바로 이때 어린 아동과 실세계 사이의 관계를 규정하는 기본적 심리학적인 구조의 하나가 급격히 변하게 된다. 여기에서 놀이의 역할은 단순히 거쳐 가는 것이기 보다는 아동 발달의 중요한 체계이다.

그런데 아동들이 점차 나이를 먹어감에 따라서 막대나 인형과 같은 것들은 장난감으로서의 역할이 줄어들게 된다. 대신에 그들이 세상을 이해하는 데 이런 것들은 이미지나 추상적 개념으로 내면화되게 된다. 이는 마치 성인들이 행동으로 해 보지 않고도 즐기는 놀이와 같이 이미지가 변하는 것에서 알 수 있다.

비고츠키는 놀이의 또 다른 면으로 사회 규칙에 대한 변화를 말하고 있다. 아동들은 집에서 자매 역할 놀이를 하면서 평상시 실제로는 발견하지 못한 것들을 발견하게 된다. 어린 아동들은 놀이를 통하여 사회 규칙 또는 자기 조정 능력을 갖게 된다. 이는 마치 달리기 경주를 할 때 빨리 달려가서 가장 먼저 결승선에 도달하고 싶지만, 모두가 동시에 출발하여야 한다고 하는 사회적 규칙에 따라야 하는 것과 같다. 사회적 규칙에 대한 지식은 그 게임을 즐기고 싶다는 욕망을 누르고 그를 출발 신호가 날 때까지 기다리도록 하는 것이다.

여기에서 중요한 것은 이런 놀이가 어린이들로 하여금 어른의 도움 없이도 자신들의 잠재발달영역(ZPD)에 들어가도록 한다는 것이다. 어린이들은 놀이를 하면서 자신들의 수준보다도 더 높은 수준의 행위를 하려고 하는데 이것은 잠재발달영역진입에 중요한 동력이 된다. 수학교육에서 구체적 조작물의 적절한 사용은 주로 피아제의 수준 이론에 입각하여 설명하지만 비고츠키의 놀이를 보는 관점에서 볼 때에도 매우 의미 있는 일이라고 볼 수 있다. 왜냐하면 수학교육의 궁극적인 목표는 추상적인 사고를 하도록 하는 것이고 이를 이루기 위하여 구체적 조작물들은 어린이들이게 '놀이'로 사용될 수 있기 때문이다. 다만 이 조작물들은 의미가 있어야 하고 그 상황에 이용 가능해야 할 것이다.

7.2.4 언어와 사고의 발달

비고츠키의 가장 중요한 업적 중의 하나가 언어와 사고의 관계에 관한 것이다. 그는 '말(speech)'이라는 용어를 사용하였는데 여기에서 말이란 내적인 말이나 외부로 하는 구술적인 언어를 모두 포함한다. 내부적인 말은 '말로 표현하는 활동'을 통하여 점차적으로 외부적인 말로 발달하게 된다. 그리고 이런 말들은 사회적인 상호작용에 의하여 다른 사람에게 이해가 되도록 할 필요가 있다.

매우 어린 아동들은 자신들의 생각을 통용되는 언어로 표현할 수 없기 때문에 그들이 원하는 것을 알리기 위하여 울거나 손으로 가리키는 행동으로 표현하게 된다. 그리고 점차 언어적 상호작용을 통하여 자신들이 표현하고자 하는 행위를 말로 표현하는 방법을 배우게 된다. 언어는 사회적 상호 작용을 하기 위하여 아동이 사용하는 외적인 도구이다. 어린이는 처음에는 혼잣말로 되뇐다. 이러한 혼잣말은 점차 자기 주도적이고 자기 조절이 가능한 행동을 위한 도구로 발달한다. 이 사적(私的)인 말은 미성숙의 표시라기보다는 인지발달에 중요한 과정이다. 이 사적인 말의 발달은 어린이가 초등학교에 들어갈 시기까지 계속된다.

사적인 말은 내적인 말로 변하게 되는데 내적인 말은 자신의 행동을 조절하는 것을 돕게 된다. 예를 들면, '이렇게 하면 ~되겠지,' '아니야, 여기에서 이렇게 해야 되지' 등 의식적 또는 무의식적으로 하는 말을 일컫는다. 우리는 우리의 생각을 일깨우고, 격려하고, 안내하기 위하여 이와 같은 내적인 언어를 사용하게 된다. 비고츠키는 말과 사고가 서로 상호작용하면서 발달해 가는 것으로 보았다. 물론 말없이도 사고가 가능하지만 말로 인하여 좀 더 고차원적인 수준의 사고를 가능하게 한다고 보았다. 마치 생일 케이크가 단지 빵의 의미로만 인식되는 것이 아닌 것처럼 내적인 말은 낮은 수준의 심리적 기능 이상의 깊은 의미를 가지게 된다. 외적인 말이 사고를 언어로 바꾸는 과정이라면 내적인 말은 그와 반대로 말을 내적인 사고로 바꾸는 과정으로 볼 수 있다.

수학교육의 측면에서 보면 최근에 미국수학교사회(NCTM: National Council of Teachers of Mathematics)에서 강조하고 있는 적극적인 의사소통이나 다양한 표현 활동과 관련하여 비고츠키의 생각을 적절히 적용해 볼 수 있을 것이다. 수학교실에서는 학생들 사이에서의 외적인 말의 교환이나 자신의 행동을 자신의 생각에 비추어 보게 하기, 자신의 생각을 다른 동료들에게 표현해 보기 등의 활동을 보다 적극적으로 할 필요가 있다. 그리고 비고츠키의 권고대로 '자, 이렇게 하면...,' '이것을 이렇게 바꾸면...' 식으로 수학 문제를 해결하면서 자기 자신에게 스스로 말을 되뇌며 활동을 하도록 하는 것도 학생들로 하여금 진정한 수학학습을 하도록 하는 데 효과적일 수 있다.

7.2.5 근접발달영역

비고츠키 이론의 가장 핵심적인 개념 중의 하나로 타인의 도움이 없이 스스로 이해할 수 있는 수준과 타인의 도움을 받아 진정한 학습이 일어날 수 있는 영역에 대한 개념이다. 비고츠키(1978, p. 86)는 근접발달영역(ZPD : zone of proximal development)을 '독립적인 문제해결에 의하여 결정되는 실제 발달 수준과 성인의 지도나 좀 더 능력 있는 동료와의 협력에 의하여 문제해결을 할 수 있는 보다 높은 수준 사이의 거리'로 정의하고 있다.

ZPD는 결국 아동들의 인지 발달이 사회적 상호작용과 상호 협력에 의하여 가능함을 의미한다. 이때 이 과정 속에서 결정적으로 작용하는 것은 언어, 기호와 같

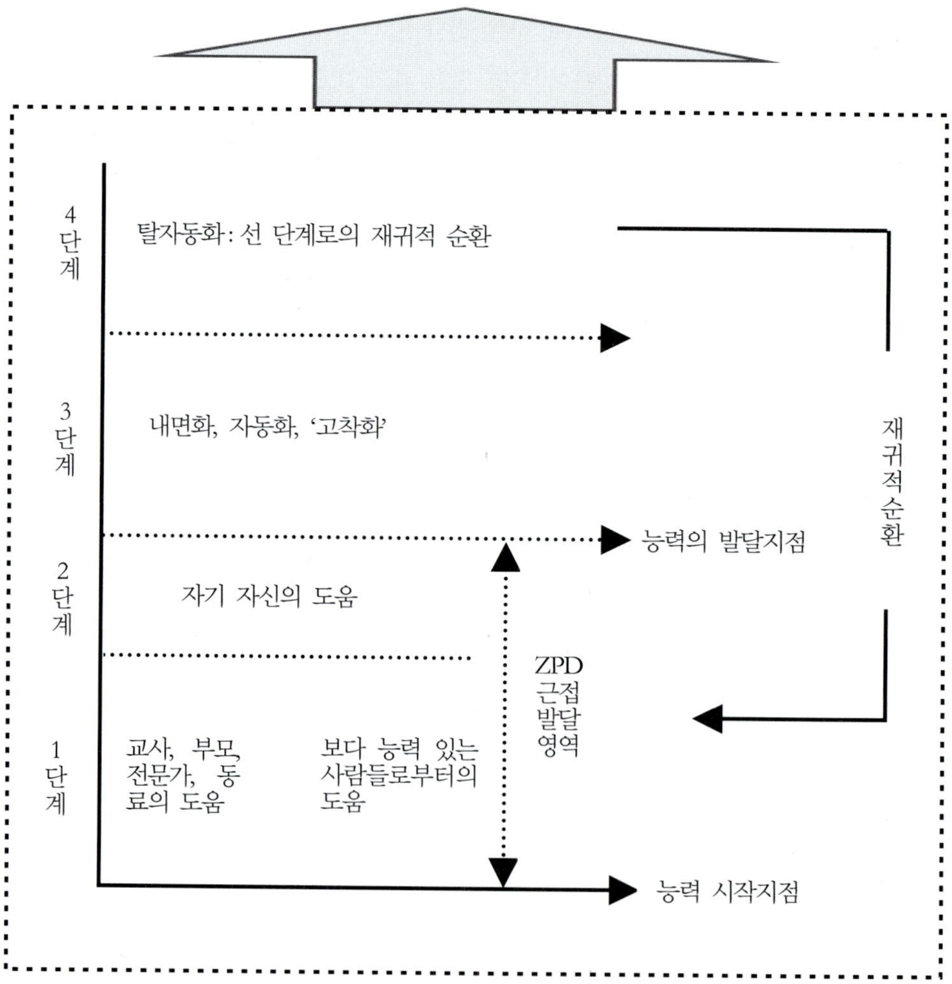

그림 7-1 ZPD의 4단계 모델

은 다양한 문화적 중재자이다. 외부의 사회적 현상은 내부적인 심리적 도구가 된다. 타프와 갤리모어(Tharp & Gallimore, 1988, p. 35)는 ZPD의 4단계 모델을 그림 7-1과 같이 제시하였다.

그들은 ZPD를 단순히 두 평행선 사이의 공간으로만 나타내지 않고 4단계로 나누었다. 첫 단계는 보다 능력 있는 사람들로부터의 도움으로, 그리고 둘째 단계에서는 자기 스스로의 노력과 도움으로 보다 발전해 가고, 셋째 단계는 내면화, 자동화, 고착화의 단계로 보다 확고한 지식이 된다. 마지막 단계에서는 다시 이전 단계의 회귀로, 반성 단계를 거치면서 더욱 견고한 지식으로 발달되고, 이는 다시 다음 단계의 ZPD 자료로 사용된다.

ZPD는 아동의 발달 가능성에 대한 미래지향적 개념이다. 교사는 아동에게 질문, 토론, 격려, 조언, 설명, 공동 작업 등을 통하여 지적인 자극을 줌으로써 ZPD 내에서 보다 상위 수준에 이르도록 도와야 한다. 이것은 이 영역 내에서 아동이 하는 타인과의 상호작용을 의미한다. 즉, ZPD 내에서의 교수는 발달을 유도하는 중요한 수단이다. 이에 대해 보다 상세히 접근하기 위하여 근접발달영역 안에서 학생들의 발달을 도울 수 있는 교수 학습의 방법으로 비계설정(scaffolding)이라는 개념을 사용한다.

7.2.6 비계설정

비고츠키(1978)는 인간을 사회적 동물로 규정하고 인지 발달은 사회적 상호작용을 통하여 이루어진다고 보았다. 따라서 교사는 협동적 대화를 나누고 학습자가 의미 있는 활동을 할 수 있도록 도와야 한다. 비계설정(scaffolding)은 ZPD 내에서 이런 사회적 활동의 지원체제로, 비고츠키의 이론을 근거로 우드, 브루너, 로스(Wood, Bruner, & Ross, 1976)가 소개한 개념이다. 비계의 사전적인 의미는 "건축 공사 등에서, 높은 곳에서 일을 할 수 있도록 긴 나무나 쇠 파이프 등을 가로세로로 얽어서 시설을 만드는 것"이다. 학습에서는 수행 능력이 뛰어난 사람이 그렇지 못한 사람의 학습 과정을 돕기 위하여 도움을 주는 행위를 말한다.

이때 도움을 주는 사람은 마치 건축물이 완성 단계에 이르면 비계를 제거하듯이, 학습자 스스로 과제를 해결해 갈 수 있는 능력이 증가하고 학습자의 자율적, 독립적 학습이 가능해 질 때, 스스로 학습을 할 수 있도록 책임감을 부여한다는 면에서 비슷한 역할을 한다. 교사로서 중요한 것은 비계가 어느 정도 필요하고 어느 단계에서 제거해야 하느냐를 적절히 판단하는 것이다. 교사는 관찰이나 아동과의 밀접한 상호작용을 통하여 이 민감성 영역을 판단할 필요가 있는데, 이는 비계의 제거가 너무 이른 경우 적절한 도움을 줄 수 없고, 너무 늦은 경우 자율적인 성장을 방해하게 되기 때문이다.

적절한 비계설정이 이루어지려면 교사와 학생 사이의 의미 있는 상호작용과 대화가 필요하다. 즉 학생이 교사나 다른 학생과 상호작용함으로써 학습상황을 조성해 가는 '교수적 대화(instructional conversation)'가 필요하다. 이것은 전통적으로 하듯이 교실에서 교사의 일방적 강의나 지시가 아닌, 학생들이 언어를 창조하고 이 언어를 사용하여 타인을 설득하고 자기의 주장을 펼치는 기회를 제공하면서 보다 적극적으로 대화에 참여하도록 하는 것을 의미한다.

7.2.7 피아제와 비고츠키 이론의 비교

비고츠키는 피아제와 동시대에 태어나 살면서 매우 다른 학문적 입장을 견지하였고 후대에까지 많은 영향을 주었다는 점에서 비교해 볼 가치가 있다. 김애경(1998)이 제시한 비교를 토대로 몇 가지 첨가하여 다음의 표에서 이 둘의 공통점과 차이점을 정리하였다. 비고츠키와 피아제 두 사람 모두 발달을 아동과 환경 간의 상호 작용의 산물로 본다는 것과 아동의 능동적 참여를 발달의 중요한 요소로 본다는 점에서 공통점이 있다. 피아제는 생물학적 발달이 일어난 후에 그에 따른 학습이 가능해진다는 입장으로 각 발달 단계마다 적절한 과제가 있다고 보는 반면, 비고츠키는 학습이 발달을 촉진시킬 수 있다고 보고 현재의 수준보다 약간 더 높은 수준의 과제를 해결해 가도록 자극하고 도우면서 보다 높은 수준의 발달을 가져올 수 있다는 입장이다. 피아제가 아동들을 자신의 세계에 대하여 스스로 구성해 가는 작은 과학자로 본 반면, 비고츠키는 이미 이루어 놓은 문화와 사회 유산과 자신이 속해 있는 주변의 사람들과 언어를 통한 상호 작용에 의하여 발달하는 존재로 보았다.

수학교육에서는 두 학자의 견해 중 각자의 관점에서 각 상황에 적절하게 응용 가능한 것을 자신의 학급에 적용해 볼 수 있을 것이다. 중요한 것은 학생들에 대한 교사의 애정과 관심이 필요하며 학생들과의 상호 작용 속에서 '왜 학생들은 이것을 이해하는 데 어려움을 느끼는가?'라는 자문을 해 가면서 보다 효과적인 방법을 찾아가는 노력이 필요하다는 것이다.

그림 7-1 피아제와 비고츠키의 비교

비교 요소	피아제	비고츠키
인지발달	양적 발달이 아닌 질적인 변화	
발달과 학습의 관계	변증법적 과정에 의한 상호 발달	
학습 가능성	학습준비도와 ZPD사이에 유사성이 있음	
아동의 활동	학습에 있어서 아동의 적극적인 '활동' 강조	
지식의 근원	아동이 구성하는 것	사회문화적 형태
지식의 구성	아동의 조정활동	사회 문화적 상호작용
발달과 학습의 관계	발달이 학습을 가능케 함	학습에 의해 발달을 촉진케 할 수 있음
발달의 특징	연령에 따라 특징 지워짐	사회적 환경적 요인에 의해 다양함
상호작용의 초점	개인의 심리적 차원 강조	사회적 상호작용, 내적 작용 강조
언어의 역할	사고의 반영	사고 발달에 필수불가결함
타인의 역할	동등한 지위의 상호작용 강조	유능한 지위와의 상호작용 강조
아동에 대한 관점	능동적이고 적극적인 문제해결자	이끌어 주어야 할 발달 가능한 존재
작업의 유형	단독 작업 선호	공동 작업 선호
주요 학습활동	반영적 추상화, 연역, 추론	관찰, 모방, 시범, 힌트, 조력
의미 있는 학습의 조건	적절한 생물학적 발달	ZPD 안에서 적절한 자극

7.2.8 수학교육에서 비고츠키 이론의 의미

비고츠키의 문화-사회적 심리학은 그가 살아 있는 동안뿐만 아니라 그의 사후에도 상당한 기간 동안 그리 환영받지는 못했다. 이는 그가 속한 공산당의 이념과도 대치되는 것으로 그가 죽는 날까지 그의 학문적인 활동이 제약받게 되는 결과를 가져왔다. 그의 이론은 수제자인 루리아(Luria)와 레온티에브(Leontiev) 등에 의하여 사후에 빛을 보게 되었다. 최근에 들어서는 수학과 과학 분야에서 영재교육에 대한 관심이 커지면서 조기교육 등과 관련하여 비고츠키의 이론이 더욱 관심을 받게 되었다.

진정한 학습은 생물학적인 발달이 선행되지 않으면 의미가 없다고 보는 피아제와는 대조적으로 발달을 촉진하는 중요한 수단으로 문화적, 사회적으로 축척된 지식을 상호 작용에 의하여 각 개인에게 내면화하면서 학습이 가능하다는 비고츠키의 이론은 수학교육을 담당하는 교사들에게 더 흥미를 주게 될 것이다. 이에 관심이 있는 사람은 활발한 교수적 대화를 촉진하는 학습 내용 선정과 학습 집단 조직 등에 대하여 지속적인 노력을 해야 한다. 또한 아동 각 개인에 대한 ZPD를 효과적으로 평가하고 알아내는 연구가 계속되어야 할 것이다.

비고츠키가 학습과 발달의 매개로서 언어의 역할을 강조한 것처럼, 사회적으로 축적한 지식을 각 개인이 효과적으로 내면화하도록 돕기 위하여 수학 시간에 언어의 사용을 의도적으로 강조하는 것도 필요하다. 가정에서는 부모와 자녀 사이의 수학적인 대화가 아동의 학습을 어떻게 도울 수 있을지에 대한 보다 적극적인 실험과 연구가 있어야 할 것이다. 초등학교 교실에서는 교사들이 비고츠키 이론을 보다 적극적이고 비판적으로 적용하여 실제적인 자료들이 현장 교사들로부터 끊임없이 나오고 이에 대한 긍정적인 비평으로 수학 교육이 발전해 갈 필요가 있다.

토의문제

1. 피아제의 이론을 초등수학 학습에 적용할 때 주의할 점은 무엇인가?
2. 취학 전에 곱셈구구를 외우도록 지도하는 일은 어떤 이유에서 바람직하지 않은가?
3. 비고츠키가 보는 아동의 발달과 학습에 대한 관점은 무엇인가?
4. ZPD 이론에 대해 피아제와 비고츠키의 각 측면에서 비판하여 보아라.
5. 초등학교 교실의 일상적인 교수 – 학습 과정을 되돌아보고 비고츠키 이론에 비추어 개선해 나가야 할 구체적인 사례를 찾아보아라.

읽을거리

- 김애경 (1998). 인지발달에 관한 Piaget 이론의 고찰과 Vygotsky와의 관점에 비교연구. **역사와 사회**, 21, 161-190.
- 김응태, 박한식, 우정호 (1984). **수학교육학개론**. 서울: 서울대학교출판부.
- 김아영, 백화정, 설인자, 양혜영, 이선자, 정명숙 공역 (2001). **교육심리학**. 서울: 학문사. [E. W., Anita, (1995). *Educational Psychology*. Needham Heights, MA: Allyn & Bacon.]
- Copeland, R. W. (1974). *How Children Learn Mathematics: Teaching Implications of Piaget's Research* (*2nd ed.*). New York: Macmillan.
- Daniel. H. (2001). *Vygotsky and Pedagogy*. New York: Routledge Falmer.
- Tharp, R. G., & Gallimore, R. (1988). *Rousing Minds to Life: Teaching, Learning, and Schooling in Social Context.* New York: Cambridge University Press.
- Wood, D., Bruner, J. S., & Ross, G. (1976) The role of tutoring and problem solving. *Journal of Child Psychology and Psychiatry. 17*, 89-100.
- Vygotsky, L. S. (1978). *Mind in Society: The Development of Higher Psychological Processes*. Cambridge, MA: Harvard University Press.
- Vygotsky, L. S. (1991). Genesis of the higher mental function. In P., Light, S., Sheldon & M., Woodhead, (Eds.) *Learning to Think* (pp.32-41). London: Routledge.
- Woolfolk, A. E. (1987). *Educational Psychology* (3rd ed.). Englewood Cliffs, NJ: Prentice-Hall.

제 8 장

수학학습심리학과 현실주의 수학교육

20세기 후반 수학, 교육학, 심리학, 인식론적 철학 등의 여러 분야에서 수학 교육에 대하여 다양한 이론들이 제기되자, 이들을 통합하여 수학 교육 고유의 이론으로 발전시키고자 하는 노력이 나타나게 되었다. 이러한 노력은 두 가지 방향으로 전개되었는데 하나는 심리학 관련 이론을 통합하려는 움직임이며, 다른 하나는 현상주의 철학 관련 이론을 통합하려는 움직임이라고 말할 수 있다.

본 장에서는 먼저 수학 학습과 직접적으로 관련된 심리학 이론으로서 스켐프(R. R. Skemp 1919-1995)의 도구적 이해와 관계적 이해, 디에네스(Zoltan P. Dienes)의 활동주의 수학 학습 이론, 반 힐(van Hieles) 부부의 기하학적 사고 발달 단계 이론, 숀펠트(Alan H. Schoenfeld)의 수학적 문제 해결의 심리학 등에 대하여 알아보기로 한다.

이어서 네델란드의 수학교육학자 프로이덴탈(Hans Freudenthal 1905-1990)의 현실주의 수학 교육 이론에 대하여 그의 사상을 구현한 MiC(*Mathematics in Context*) 교과서, 랑에(Jan de Lange)의 평가틀 이론을 함께 살펴보기로 한다.

8.1 스켐프

일반적으로 개인의 인지적 능력은 그 개인의 개념 학습 능력과 비례하면서 발달한다. 수학 학습 활동의 상당 부분은 수학적 개념 학습으로 구성되어 있다. 따라서 수학적 개념 학습은 단순히 특정한 단편적 지식의 획득만을 의미하는 것이 아니다. 수학 학습에서의 개념 학습은 그 보다 높은 차원에서의 수학적 원리나 문제해결 학습의 바탕을 마련한다. 따라서 스켐프는 개념 학습에 남다른 중요성을 부과하고 이에 대한 연구를 깊이 하였다. 그에 의하면 수학에서의 개념 학습을 위한 최선의 방법은 정의를 통한 주어진 개념의 학습보다는 그 개념과 관련된 적절한 범례를 제시하고 이들 범례가 갖고 있는 공통적 요소를 추출하여 그 요소들로부터 목적하는 개념을 구성하는 귀납적 추론을 통한 개념 학습의 방법이다.

스켐프의 개념 학습의 원리에 대한 이해를 위해서는 먼저 수학 학습에서 개념이 갖는 의미에 대한 분석이 필요하다. 스켐프는 추상화 과정을 거쳐 특정 개념이 형성되는 것으로 생각하여 그 추상화 과정의 산물을 그대로 일반적으로 말하는 '개념'으로 받아들이고 있으며, 동시에 추상화의 활동 과정을 넓은 의미에서 생활하는 가운데 경험을 통하여 그들 중 유사한 것을 인식해 가는 정신적 활동 과정으로 보고 있다. 그리고 이와 같이 추상화된 개념을 형성하는 과정에서 유사점을 근거로 하여 우리의 경험을 유사한 것끼리 묶는 기능을 '분류'라고 부르고 있다. 즉, 스켐프에 의하면 이미 학습된 내용이 우리들로 하여금 분류라는 정신 활동을 가능케 하고, 이것이 한 유(類)를 정의할 수 있게 되고 따라서 새로운 개념을 구성하게 된다는 것이다.

이와 같은 과정을 통하여 일단 특정 개념이 구성되면 그 개념에 이름을 붙이는 순서가 뒤따르게 된다. 그리고 특정 개념의 이름이 만들어지면 이 이름은 단순히 특정 개념의 명칭 역할뿐만이 아니라 그 개념과 관련하여 여러 중요한 역할을 하게 된다. 스켐프에 의하면 개념은 아이디어이고 그 개념의 이름은 개념과 관련된 소리나 종이 위에 표시된 기호이다. 특정 개념에 이름을 부여하는 것은 해당 개념의 구별이란 단순 기능 외에도 다른 새로운 개념의 형성에 유용하며, 그 개념의 확장에도 중요한 역할을 수행한다. 여러 가지 다양한 경험을 통하여 동일 명칭의 개념에 접하는 것은 이들 경험들을 한데 모으는 발전적인 경험을 가능케 하며 그 경험들이 내포하고 있는 유사점들을 추상화할 수 있게 하는 한 차원 높아진 경험의 기회를 제공하는 셈이 된다.

특정 개념에 명칭 부여를 함으로써 그 개념의 정례와 반례를 구분하는 것을 도와주면서 해당 개념의 형성에 큰 도움이 될 수 있다. 그렇다면 바로 이러한 언어적인 방법을 이용하여 특정 개념을 정의함으로써 개념의 형성이나 학습 과정을 단순화 또는 단축시키는 네 효과적일 것인가 하는 새로운 의문이 세기될 수 있다. 이러한 연구가 특히 수학 분야에서 많이 시도되었다. 수학 분야에서의 정의의 기본 역할은 특정 개념과 그 주변의 유사 개념들을 서로 구별하는 데 정확도를 높여 주고, 일단 구성된 개념과 다른 개념과의 관계를 명확히 해 주는 방법이 된다. 일상적인 생활에 등장하는 개념인 경우 그 개념의 정의만으로도 서로간의 의사 교환이 가능하지만 수학과 같이 일상적인 개념보다 훨씬 더 추상적이며 복잡 미묘한 개념들의 경우에는 단순히 정의를 통한 수학적 의사 교환이 어렵다. 스켐프는 개념적 사고가 갖고 있는 사고의 효율성으로 다음과 같은 점을 지적한다:

① 사고의 주체자로 하여금 그가 처해 있는 상황에 알맞게 행동케 하고, 또한 주위의 상황을 조정해 나가는 것을 도와준다.
② 다양한 차원의 경험들을 결합, 관련지을 수 있게 하며 추상화될수록 이러한

힘은 더욱 증대된다.

③ 우리의 사고가 집약적이며 경제적으로 전개되는 것을 도와줄 수 있다.

이 때문에 개념적 사고는 특히 수학과 같이 가장 추상적인 이론적 체계 속에서 그 효율성을 최대한 발휘할 수 있게 된다.

수학적 개념의 효율적 학습을 위하여 스켐프는 두 가지의 원리를 제시하고 있다.

① 이미 소지하고 있는 개념보다 높은 수준의 개념은 해당 개념의 정의만으로는 그 개념의 습득이나 학습이 어렵고, 적절한 범례를 통한 학습 방법이 필요하다.
② 보다 높은 수준의 개념은 거의 모두가 또 다른 하위 개념들로 이루어진 것이므로 앞의 개념 학습의 원리가 효과적이기 위해서는 학습자가 이미 이러한 하위 개념들에 대해 이해를 하고 있는지 확인이 필요하다.

스켐프에 의하면 기존의 수학 교과서나 학교에서의 수학 지도에 있어 대부분의 경우가 특정의 개념 지도에 범례를 사용하기보다는 언어적인 방법으로 그 개념의 정의를 사용함으로써 학생에게는 해당 개념의 학습이 어렵게 느껴지고 따라서 수학 학습의 흥미도 상실하게 되는 부정적 결과를 초래하고 있음을 지적하고 있다. 그리고 특정 개념의 학습에 앞서 그 하위 개념들에 대한 이해가 선행되어야 한다는 원리는 특히 수학 교과의 개념처럼 그의 선행 개념에 의존도가 높은 경우 연속적인 추상화의 과정에서 중간 단계의 손실이 전체적인 개념 학습의 과정을 그르칠 수도 있다는 점에서 개념 학습의 기본적이면서도 중요한 원리임을 알 수 있다.

스켐프는 수학 학습이 제대로 이루어지기 위해서는 진정한 이해가 따라야 하는 점을 강조하면서 수학 학습에서 발생하는 이해를 '관계적 이해(relational understanding)'와 '도구적 이해(instrumental understanding)'의 두 가지로 구분하고 있다. 여기서 관계적 이해라고 함은 우리가 일반적으로 '이해'한다고 할 때의 이해에 가까운 것으로 수학 학습 과정에 '무엇을 해야 할지' 그리고 '왜 그렇게 되는지'를 아는 것을 의미한다. 도구적 이해는 일반적으로 이해에 대하여 말할 때 별로 고려되지 않는 유형으로 어떤 수학적 법칙을 기억하거나 사용할 줄 아는 능력을 의미한다. 예를 들면, 어떤 수학 공식을 사용하여 주어진 문제를 풀어 답이 맞은 경우 그 공식이 왜 맞는 문제 풀이의 결과를 가져다주는지는 모르면서 그 공식의 사용에 대하여 이해하고 있다고 말할 때 바로 도구적으로 이해하고 있다는 것을 의미한다.

이해의 경우와 유사한 방법으로 스켐프는 수학을 '관계적 수학'과 '도구적 수학'의 두 가지로 구분하고 있다. 즉, 수학 학습의 과정에 관계적 이해를 통하여 얻게 되는 수학이 관계적 수학이며 도구적 이해의 과정을 통하여 얻는 수학이 도구적 수학이다. 특히 도구적 수학은 도구적인 이해가 관계적 이해에 비하여 상대적으로 보다 쉽다는 점에서 학습의 보상이 즉각적이고 분명하게 나타난다는 장점을 갖고 있다. 한편, 관계적 수학이 갖는 장점은 새로이 부딪치게 되는 수학 문제에 관계적 수학의 지식을 적용함으로써 보다 쉽게 적응할 수 있으며 일단 학습된 관계적 수학은 기억이 쉬울 뿐만 아니라 지속적이라는 점이다. 따라서 관계적 수학은 수학 학습의 기본 목적이 된다. 그러나 기존의 학교 수학에서는 주로 도구적 이해를 유도하는 경우가 많은데 그 이유로 스켐프는 다음과 같은 점을 들고 있다.

① 학생들로 하여금 관계적 이해를 하도록 유도하는 것이 비경제적이며, 학생들의 입장에서도 도구적 이해를 요구한다.
② 수학 내용을 관계적으로 이해하는 것은 어렵다.
③ 수학적인 스키마를 관계적으로 이해하기에 앞서 과학과 같은 다른 교과 분야에서 요구하기 때문에 도구적 이해를 필요로 한다.

스켐프는 수학 학습에 있어서도 도구적 학습과 관계적 학습의 두 가지로 분류하고 있다. 도구적 수학 학습 방식은 단편적으로 계속되어 누적되는 학습 방식으로 그 다음의 학습 단계에서는 어떻게 대처해야 되는지 단지 국지적인 상황에 의해서 결정되기 때문에 전체적인 학습 효율은 떨어지게 마련이다. 반면 관계적 수학 학습에서는 학습이 주로 개념적 스키마나 구조를 형성하는 방식으로 이루어지기 때문에 일단 그 스키마가 형성되어 있는 학습자에게 있어서는 새로운 스키마에 도달하기 위한 다양한 방안을 찾아 낼 수 있게 해 주기 때문에 학습이 오히려 수월해지면서 결국 학습 효율도 높아지게 된다.

8.1.1 스켐프의 수학 학습 이론

스켐프의 수학 학습 이론은 '이해' 중심의 이론이라고 볼 수 있다. 이해란 무엇이고, 지능과 이해는 어떤 관련이 있으며, 진정한 이해를 위해서는 어떻게 지도해야 되는가? 스켐프의 학습 이론을 지능 학습 모델, 직관적 지능과 반영적 지능, 스키마와 이해, 관계적 이해와 도구적 이해로 나누어 살펴보자.

(1) 지능 학습 모델

스켐프는 지능을 '유용한 정신적 능력의 집합체'로 정의하고, 지능의 기능을 설명하기 위해 지능 학습(intelligent learning) 모델을 고안하였다. 그는 지능 학습을 행동주의 심리학자에 의해서 주장된 습관 학습과 대조되는 의미로 사용하였다. 습관 학습과 비교했을 때 지능 학습의 결과는 오래 기억될 수 있으며 적용력이 높고 이해의 습득이라는 보상 때문에 지능 학습 방식은 학습의 자신감을 갖게 하고 이해의 폭을 넓혀 준다는 장점이 있다.

지능 학습 모델은 인간 행동이 목표 지향적이라는 것을 가정하고 이러한 가정 아래 지휘 체계(director system)라는 개념을 도입한다. 지휘 체계란 다양한 환경 속에서 자신이 선택한 목표를 얻기 위한 활동을 가능하게 해 주는 물리적 또는 정신적 도구를 말한다. 따라서 지휘 체계의 본질은 어떤 피작용자(operand)의 현 상태와 목표 상태 사이를 비교하여, 현 상태가 목표 상태에 일치할 때까지 그 간격을 좁히기 위한 계획된 행동을 결합하는 것이다. 지휘 체계는 다음의 네 가지 요소로 구성되어 있다.

① 사물의 현 상태를 감지하는 요소(감지기, sensor)
② 목표 상태(G)를 파악하는 요소
③ 조작의 현 상태(P)와 목표 상태 사이의 차를 표현하는 요소(비교자, comparator)
④ 비교자가 파악한 정보에 따라 주체자가 목표 상태에 있을 때와 있지 않을 때에 따라 무엇을 할 것인지 결정하는 계획을 세우는 요소

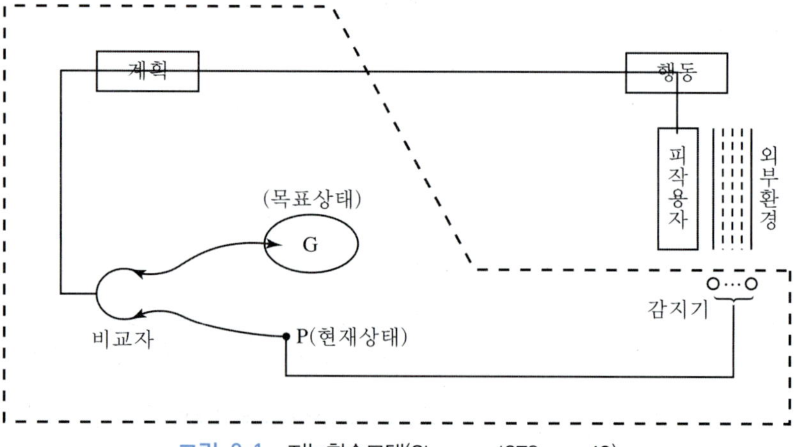

그림 8-1 지능학습모델(Skemp, 1979, p. 49)

위의 그림에서 피작용자와 외부 환경 사이에 그은 선분들은 둘 사이의 관계를 의미한다. 출발점이 되는 현 상태는 하나의 점(P)으로 나타나지만 도달하려는 목표 상태는 영역(G)으로 나타내어진다. 이 둘 사이를 연결하는 비교자는 두 상태를 비교하여 차이를 '계획'으로 표시된 곳으로 전송한다. 피작용자를 제외하고 점선으로 둘러싸인 부분이 바로 지휘 체계이다.

지휘 체계는 다시 '델타 1'과 '델타 2'로 나뉘어 목표 상태에 도달하기 위해 효율적인 정보를 채택하고 효과적인 계획을 세우게 된다. '델타 1'은 외부 환경에서 물리적 대상을 피작용자로 가지는 지휘체계이며, '델타 2'는 '델타 1'을 피작용자로 가지는 둘째 지휘 체계인데, '델타 1'이 경제성과 적응력을 가진 행동 계획으로 목표 상태에 도달하도록 하기 위해서 '델타 2'는 지식 구조인 스키마를 구성하게 된다. 이때 지능은 많은 수의 스키마를 구성하고 스키마로부터 서로 다른 처음 상태와 목표 상태에 적합한 특정 계획을 도출시킴으로써 학습에 기여한다.

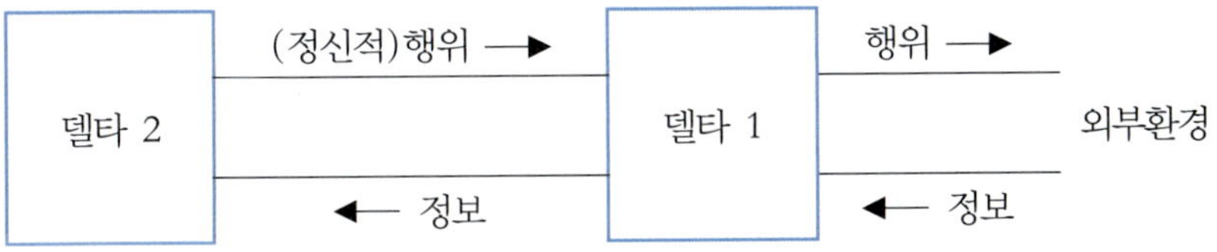

스켐프의 지능 학습 모델에서는 먼저 목표가 설정되고 그 목표를 달성하기 위해 지휘 체계가 작동하여 정보를 수집하고 계획을 세운다. 보다 효율적인 정보를 채택하고 효과적인 계획을 세울 수 있도록 지휘 체계를 변화시켜줄 수 있는 것이 바로 학습이다. 그러나 지휘 체계가 해야 할 가장 중요한 일은 계획을 세우는 것일 뿐, 실행시키는 일은 담당하고 있지 않으므로 학생들이 이해하고 있다는 사실을 외부로 표현할 수 없어도 이해했다고 인정해야 한다. 이것이 행동의 결과를 측정하여 이해했는가를 판단하는 행동주의 심리학과 다른 점이다.

(2) 직관적 지능과 반성적 지능

스켐프는 지능을 직관적 지능과 반성적 지능의 두 가지 양식으로 구분하였는데 이 두 가지 양식은 같은 체계 내에 있는 기능의 두 가지 양식으로 설명되어 진다. 직관적 수준에서 외부 환경으로부터의 데이터를 감각 기관이 인식하면 이 데이터들은 자동적으로 분류되고 개념 구조에 의해 다른 데이터들과 관련이 된다. 직관적 지능은 물리적 환경 내에 있는 대상을 인식하는 반면, 반성적 지능은 의식의 대상이 '델타 1' 내에 있으며 의식은 '델타 2' 내에 집중된다.

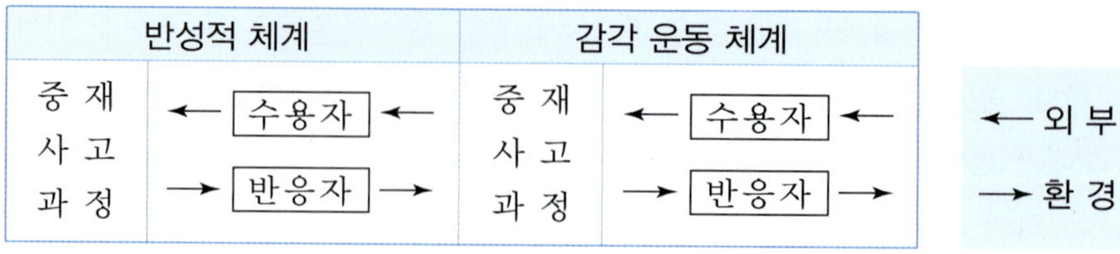

일반적으로 반성적 지능은 다음과 같은 '델타 2'의 기능을 한다.

① 감각-운동 체계의 개념과 피작용자를 지각하고 그것에 대해 작용한다.
② 개념과 피작용자 사이의 단계를 인지한다.
③ 기억한 내용과 외부 환경에 의해 이러한 관계와 다른 정보를 설명하는 방식으로 작용할 수 있다.

스켐프의 반성적 지능은 일반적인 반성적 지능을 의도하였지만 수학과 관련된 것으로는 다음과 같은 것들이 있다.

① 논리적 사고와 증명을 포함하는 추론 과정
② 일관성이 없고 잘못된 추론에 대한 개념과 스키마를 조사하고 옳게 바꾸려는 시도
③ 잘되었는지 점검하고 잘못된 점 고치기
④ 이미 알고 있는 지식을 증진하고 체계화하기
⑤ 반성적 탐구
⑥ 반성적 계획
⑦ 문제 해결

스켐프는 직관적 사고와 반성적 사고를 구분하여 설명하고 있으나 서로 보완적인 역할을 해야 한다고 주장한다. 수학교육에서 직관적 사고를 강조하다보면 형식적 사고가 약해지고 반성적 사고를 강조하다보면 수학적 아이디어를 직관하는 데 어려움이 따른다. 직관적인 도약은 즉각적인 일반화에 필요하며, 반성적 사고 또한 법칙을 이끌어내는 활동으로 필요한 것이다.

(3) 스키마(schema)와 스키마 학습(schematic learning)

스켐프의 지능 학습 모델의 가장 큰 특징은 스키마[1)]에 의한 학습이라고 볼 수 있다. 스켐프에게 있어서 지식은 개념과 스키마이며 수학적 지식 즉 수학적 개념과

스키마를 구성하는 과정에서 조작적 활동과 반성적 사고를 중시하고 있음을 감안할 때 스켐프의 학습 이론은 구성주의적 특성을 포함한다. 스켐프는 스키마를 한마디로 '개념적 구조'라고 일컫는다. 각각의 개념은 그 개념 자체로 존재할 수 있지만 다른 개념의 구조에 속할 수도 있고, 다른 개념으로부터 이끌어내어지기도 하고, 다른 새로운 개념의 형성을 도울 수도 있다. 이와 같이 개념들은 상호간의 위계를 형성하는 데 있어서 고정된 위계가 존재하는 것이 아니라 매 순간마다 선택적인 분류가 가능하여 또 다른 위계를 이끌어 내게 된다. 또 여러 개념을 적절히 연결하여 결합한 결과는 각각의 개념과는 다른 의미를 지니게 되는데 이러한 개념적 구조를 스키마라고 하는 것이다.

스켐프에 의하면 스키마는 학습에 의해서 얻어지며 지능 학습 모델에서 이런 스키마의 구성은 목표 지향적 활동이고, '델타 2'가 '델타 1'에 작용하는 활동이다. 여기서 구성이란 용어의 의미는 형성(building)하고 검사하기(testing) 모두를 지칭하는 말로 사용되고 있다. 형성과 검사하기는 '델타 1'과 '델타 2' 수준 모두에서 일어난다. 형성의 과정은 옳은 요소를 선택하고 연관시키는 것인 반면에 검사는 스키마를 형성한 후에 실시된다. 스키마를 형성하는 '델타 2'의 활동 중에 형성하기의 세 가지 양식과 검사하기의 세 가지 양식을 스켐프는 다음과 같이 표로 나타내고 있다.

스키마의 구성		
형성하기		검사하기
물리적 세계와의 만남으로부터 : 경험	양식 1	물리적 세계에서 사건에 대하여 : 실험
다른 사람의 스키마로부터 : 전달	양식 2	다른 사람의 스키마와 비교 : 토론
보다 높은 차원의 개념 형성에 의해 : 부연, 상상, 직관에 의해 : 창의성	양식 3	다른 사람이 알고 있는 지식과 신념과의 비교 : 내적 일치

여기서 양식 1, 2, 3으로 구별되는 스키마 구성 양식들은 위계적인 순서를 가지지 않는다. 학생들은 능력에 따라 경험이나 전달에 의해서만 스키마를 형성하는 것이 아니라 매순간마다 이러한 양식들이 결합되어 스키마를 형성한다.

---

1) 스키마는 바틀렛(Bartlett)에 의해 1932년 심리학에 처음 도입된 이래 피아제(Piaget)를 비롯하여 많은 학자들이 사용해 왔는데, 통합된 인지적 특성을 강조하고 서로 다른 요소들이 적절히 관련되었을 때 나타나는 인지 구조가 새로운 특성을 가질 수 있음을 시사하기 때문에 스켐프도 이 용어를 사용하였다. 하워드(Howard)에 의하면 스키마는 지식을 조직화한 체계, 자극 영역의 한 부분을 나타내는 정신적 구조로 정의될 수 있다. 개념처럼 스키마는 경험으로부터 추상화된 것을 표현하고 외부 세계를 이해하고 다루는 데 이용된다. 스키마는 외부 세계의 부분이 어떻게 조직되는지에 대한 예상들로 이루어져 있다.

스키마를 구성하는 첫째 양식이 경험이라는 것은 많은 것을 의미한다. 먼저 수학을 추상적인 학문으로 알고 있지만 그 기반은 구체적 경험에서 비롯된 것이므로 학습자가 경험할 수 있는 구체적 학습 상황을 마련해 주어야 한다. 그러나 구체적 활동을 실제로 제공한다는 점에는 많은 어려움이 따르게 된다. 이때는 둘째 양식인 아이디어의 교환과 토론을 통해 스키마를 형성하는 것이 바람직하게 보인다. 셋째 양식은 수학 자체의 특징을 나타낸 것으로 모든 학생이 이 양식으로 학습하는 것이 가능할지는 의문이다.

스키마라는 말은 개념 구조를 의미하는 것이므로 스키마에 의한 학습은 개념 학습과 연결된다. 수학을 이해하는 것이 수학적 지식을 이해하는 것이라고 볼 때, 개념과 스키마의 학습은 학생들의 수학 학습 현상을 이해하는 데 있어 중요한 부분이 된다. 사물의 공통 성질에 대한 정신적 표현이 개념이고, 지능 학습의 주요 특징이 개념들 사이의 규칙을 발견하여 구조로 조직하는 것이라면 개념 형성은 수학 학습의 기본이 된다고 할 수 있다. 공통 성질의 정신적 표상을 개념으로 정의하고 있으므로 지능 학습의 주요 특징은 이같은 규칙성을 발견하고, 추상의 결과로서의 산물, 즉 체계적인 개념 구조를 조직하는 것이다.

스켐프는 개념을 추상 수준에 따라 외부 세계의 감각적이고 직접적인 경험을 통하여 이끌어내는 '일차 개념(primary concept)'과 다른 개념으로부터 추상화된 개념인 '이차 개념(secondary concept)'으로 구분하였다. 스켐프가 말하는 개념 학습 지도의 두 가지 방법은 설명과 예시 및 예들을 선택하여 제시하는 방법이다. 설명은 학생이 이미 알고 있는 개념들을 이용하여 서로 관련짓고 결합함으로써 새로운 개념을 형성하도록 도와주는 방법이다. 설명과 함께 사용 가능한 전달 방법은 정의를 사용하는 방법인데 분명하고 정확한 설명으로 예와 반례를 명확히 구분하도록 해준다. 스켐프는 학생이 이미 알고 있는 개념과 같은 수준이거나 낮은 수준일 때의 지도 방법으로 설명과 정의를 들고 있고, 높은 수준일 때는 예를 제시하여 학생들 스스로 개념을 추상화할 수 있도록 해 주어야 한다고 주장한다. 그는 또 개념 자체를 일차 개념과 이차 개념으로 구분하고 이차 개념의 학습은 기호화할 수밖에 없다는 사실을 강조하여 언어의 사용이 이차 개념의 형성에 있어 필수적인 요인임을 밝힘으로써 비고츠키가 지적했던 '추상화 방법'에서의 언어의 역할이 무시된다는 주장을 극복하려고 했다.

스켐프는 스키마 학습에 대한 효과 연구에서 다음과 같은 결론을 이끌어 냈다. 첫째, 수업 과제는 스키마 학습을 이용할 수 있는 형태로 배열되어야 한다. 둘째,

스키마 학습은 즉각적인 반응을 나타내거나 기억을 지속시킬 때에도 효과적이다. 셋째, 동화되지 않은 스키마는 오래 지속되지 못한다. 어떤 과제가 독립된 성격을 지니고 있을 경우 스키마 학습을 하면 시간이 더 오래 걸릴 수 있다. 그러나 암기해야 할 법칙의 수가 많아지면 결국 과제를 감당하지 못하게 되므로 스키마 학습이 시간이 걸리더라도 심리적 안정감을 줄 수 있다. 또 기존의 스키마와 잘 맞는 새로운 경험이 더 잘 기억되므로 스키마는 경험에 대해 매우 선택적인 영향을 미친다. 그러므로 부적절한 스키마는 장래 학습에 장애가 될 뿐 아니라 실제로 가치가 있었던 스키마조차도 기존의 스키마와 맞지 않는 새로운 아이디어가 획득될 필요가 있을 때 더 이상 가치가 없을 수도 있다. 결론적으로 지능 학습에서 스키마의 성질은 다음과 같이 요약된다.

① 이해를 가능하게 해주고 적응성을 길러 준다.
② 행동을 계획함에 있어 많은 자료와 다양한 적용을 위한 기술을 제공해 준다.
③ 이해를 나누고 목표를 향해 계획을 세울 수 있도록 해주는 사회적 기능을 갖고 있다.
④ 학습이 쉬워진다.
⑤ 기억이 오래간다.
⑥ 앞으로의 학습을 용이하게 만든다.

(4) 이해

스켐프는 새로운 상황을 이미 알고 있는 스키마와 동화시키는 것을 '이해'라고 설명한다. 여기서 스키마는 개념 구조를 의미한다. 이해를 했을 때 목표를 획득하고, 다른 사람과의 상호 협력이 일어나며 창조적인 활동을 할 수 있다고 설명한다. 그는 이해가 만든 지식의 형태에 따라 도구적 이해와 관계적 이해, 논리적 이해로 구분하여 설명하고 있다.

그가 이해라고 말하는 것은 일반적으로 관계적 이해를 지칭하는 것이지만, 학생이 주어진 규칙을 적용하여 정답을 구하고 이해하였다고 하는 경우는 도구적 이해를 말한다고 설명한다. 도구적 이해는 해당 규칙이 어떻게 적용될 수 있는지는 모르면서 암기한 규칙을 문제해결에 적용할 수 있는 능력을 말한다. 이에 비해서 관계적 이해란 보다 일반적인 관계로부터 특별한 규칙 또는 절차를 이끌어내는 능력을 말한다. 즉, 관계적 이해는 '왜(why)'에 관련된 것이라면, 도구적 이해는 '어떻게(how to)'에 보다 초점을 맞춘 것이라고 할 수 있다.

예를 들어, 일차방정식의 근을 구하는 방법을 이해시키려 할 때, 등식을 성질을 이용하여 양변에 같은 수를 조작하여 근을 유도하는 방법을 설명한다면 이는 관계적 이해를 목표로 하는 것이라고 볼 수 있는 반면에, 등식의 우변이나 좌변의 항을 이항시켜 가며 근을 유도하는 방법을 설명한다면 이것은 도구적 이해를 목표로 하는 지도 방법이라고 할 수 있다.

스켐프는 학교에서 많은 교사들이 이해하기가 쉽고 곧바로 정답을 찾아냄으로써 보상이 즉각적이고 분명하다는 이유로 도구적 이해를 하도록 가르친다고 주장한다. 그러나 도구적 학습에 의해 얻어진 정신적 구조는 적응력에 한계가 있다. 왜냐하면 규칙은 기호를 조작하는 방법 이상으로 개념 사이의 관련성을 의미하기 때문이다. 그러므로 새로운 상황에 적용하기 위해서는 개념적 연관이 필요하고 이를 관계적 스키마라고 부른다.

스켐프는 관계적 이해를 일반적인 수학적 관계로부터 특별한 규칙 또는 절차를 이끌어 내는 능력이라고 정의하였다. 관계적 이해와 도구적 이해는 상호보완적인 장단점을 지닌다. 관계적 이해의 장점은 새로운 과제에 적용하기 쉽고, 기억이 오래가며, 그 자체로 학습의 목적이 된다는 점을 들 수 있다. 그러나 시간 개념의 지도에 있어서 시간과 관련된 여러 가지 공식 이전에 시계보기를 먼저 지도한다던지, 최대공약수나 최소공배수 구하기 등의 지도에서 볼 수 있듯이, 관계적 이해가 수학의 학습에 보다 더 효과적이라는 사실이 분명히 하면서도 도구적 이해를 우선 지도해야 하는 경우가 더 많은 것은 어떠한 이유 때문일까?

스켐프는 우선 관계적 이해를 하도록 지도하는 데는 시간이 오래 걸리고, 특별한 주제에 대한 관계적 이해는 너무 어렵기 때문을 이유로 들고 있다. 이러한 관계적 이해의 어려움을 증가시키는 요인으로는 ① 시험에서 정답을 얼마나 냈는가를 중요하게 생각하는 학생들의 생각과 ② 학습해야 될 교과 내용 양의 과다 그리고 ③ 학생들의 이해 과정을 파악하기 어려움 등을 들고 있다.

스켐프는 또 이해에 대한 세 가지 유형과 직관적 지능 및 반성적 지능으로 불리는 두 가지 정신적 기능과 관련지어 다음과 같은 이해의 유형을 제시하였다.

		이해의 유형		
		도구적 이해	관계적 이해	논리적 이해
정신적 활동 양식	직관적	I_1	R_1	L_1
	반성적	I_2	R_2	L_2

여기서 논리적 이해는 자기 자신을 확신시키는 것으로 충분한 관계적 이해와는 다르게 다른 사람까지 확신시킬 수 있어야 한다는 차이점이 있다. 논리적 이해는 논리적 필요성에 따라 서술된 것을 나타낼 수 있는 능력, 그리고 주어진 전제들과 함께 공리나 정리와 같이 이미 수립된 수학적 지식으로 받아들여지는 것들 가운데서 적절히 선택된 것들로부터 연쇄적으로 추론하는 능력이 요구된다. 직관적 형태의 정신 활동에서 의식은 '델타 1'에 중심을 둔다. 반성적 양식에서 의식은 '델타 2' 내에 중심을 둔다.

학생들이 어떤 이해 단계에 머물러 있는지 알 수 있다면 교사가 과제를 제시하거나 배울 내용을 가르칠 때 효과적일 수 있다. 그러나 이해를 이렇게 단계별로 정확하게 구분할 수 있는 것은 아니다. 또한 선형적인 위계가 정해져 있는 것도 아니다. 이해를 유형에 따라 구분하는 것은 학습자의 이해 과정을 설명해 주지 않는다. 그러므로 이해의 과정에 대한 모델이 제시될 필요가 있다.

한편, 스켐프는 기호의 기능을 일반적으로 기능의 전달, 지식의 기록, 새로운 개념의 전달, 복잡한 분류를 직접 가능하게 함, 설명, 반성적 활동을 가능하게 함, 구조를 보여줌, 틀에 박힌 조작을 자동적으로 해 줌, 정보와 이해의 재생산, 창조적인 정신 활동으로 정리하고 있다. 그는 기호가 이해의 새로운 유형임을 깨닫고 '기호적 이해(symbolic understanding)'라는 새로운 용어를 제시하였다. 여기서 기호적 이해라는 용어는 수학적 기호와 표기를 수학 아이디어와 적절히 연결하고 논리적 추론을 하여 국소적으로 연역하는 능력을 필요로 하는 형식적 이해와 같은 뜻으로 사용되었다고 볼 수 있다.

8.2 디에네스

수학교육학자인 디에네스(Zoltán Pául Dienes)는 아동의 수학 학습 경험의 계열화 과정과 구체적 학습 자료의 사용을 중시하고 있다. 그는 아동에게 수학적 개념을 물리적으로 다양하게 구현한 교구를 조작하는 활동을 시켰을 때 구조적 개념이 발달하고 세련화 된다고 한다. 디에네스는 아동은 본질적으로 분석적이기보다는 구성적 경향을 갖고 있으며, 따라서 아동은 사물에 대한 경험으로부터 실체의 전형을 종합, 구성하게 된다고 보았다. 이러한 과정은 피아제가 강조했던 것처럼 다분히 능동적 탐구 활동에 의존한다.

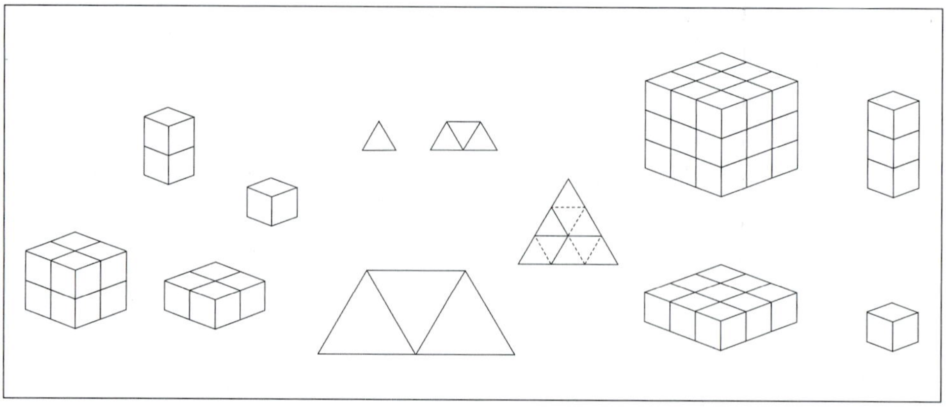

그림 8-2 다진수 블록

그림 8-3 속성 블록

디에네스는 서로 다른 진법 체계를 구현할 수 있는 다진수 블록(multibase arithmetic blocks) 또는 디에네스 블록이라는 구체물을 고안하여 아동에게 수학의 구조 지도가 기호를 사용하지 않고서도 가능함을 보였다. 이외에도 수학 학습을 돕기 위하여 개발된 속성 블록(attribute blocks)은 수학의 구조를 구체적으로 구현하기 위하여 고안된 교수 자료의 예라고 할 수 있다. 속성 블록은 나무나 플라스틱 등으로 만들어진 삼각형, 정삼각형, 원, 육각형 등의 모양으로서 크기, 두께, 색깔을 다양화시켰다. 아동은 이 속성 블록을 활용하여 놀이나 게임을 함으로써 집합의 개념이나 분류 원리를 발견할 수 있게 된다. 속성 블록은 집합의 특성이나 분류 원리의 발견학습 외에도 간단한 논리 게임을 활용하여 논리곱(disjunction), 논리합(conjunction), 부정(negation) 등의 논리적 원리의 학습을 지도할 때에도 사용할 수 있다. 속성 블록의 대표적인 예는 퀴즈네르(Cuisenaire) 막대로 이 퀴즈네르 막대는 숫자를 사용하지 않고 산술 개념을 명백하게 구체화시켜 놓은 자료이다. 이들은 특정의 수학적 관계를 제시하기 위해서 서로 다른 색깔로 이루어져 있으며, 이 막대는 수나 다른 기호의 사용 없이 수학적 유형이나 관계를 발견하는 데 도움이 되도록 고안된 구체물이다.[2)]

디에네스는 자신의 수학교육 경험과 학습 심리에 대한 연구 경험을 활용하여 수학 학습 지도를 보다 체계적으로 발전시키는 데 많은 노력을 하였다. 그는 피아제의 학습 심리에 기초를 두고, 수학을 보다 흥미 있고 쉽게 학습할 수 있는 방법에 대한 연구를 주로 하였다. 디에네스의 연구에 의하면 어린 아동의 수학 학습은 자발적인 학습 동기에서 시작하여 수학적인 상황에서 '놀이(play)'를 통하여 조직된 학습으로 발전하고, 수학적 구조를 함유하고 있는 학습 상황에서 수학적 구조의 구성과 그 구조를 응용하는 학습의 과정을 통하여 완성된다.

8.2.1 수학적 개념

디에네스는 수학 학습을 구조, 구조의 분류, 구조 내에서 관계의 분류, 또는 여러 구조들 사이의 관계를 분류하는 학습으로 간주한다. 디에네스는 수학의 각 개념들이나 원리는 학습자에게 초기에 구체적이며 외형적으로 다양하게 제시되기만 한다면 적절한 이해가 항시 가능하다고 주장한다. 디에네스는 개념이라는 용어를 수학적인 구조를 의미하는 것으로 사용하는데 이는 가네(Gagné)의 개념에 관한 정의보다는 다소 넓은 의미를 갖는 정의가 된다.

디에네스는 개념을 순수 수학적인 개념, 기호적 개념, 응용된 개념 등의 세 가지로 분류한다.

순수 수학적인 개념은 수나 수들 사이의 관계를 분류하는 것과 관련이 있으며, 그 수가 표현되는 방법과는 완전히 무관하다. 예를 들어,

3, 다섯, seven, VII, *********,

등은 모두 홀수 개념의 예가 되며, 각 표현들은 특정의 홀수를 서로 다른 방식으로 표현하고 있을 뿐이다.

---

2) 디에네스는 아동의 수학 학습이 특정 구체물에 얽매여 이루어짐으로써, 이것이 오히려 바람직한 개념의 추상화 과정을 방해하게 될 가능성을 지적한 반면, 가테뇨(Gattegno, 1963)는 퀴즈네르 막대(Cuisenaire rods)가 수학의 핵심적 관계를 구현하며, 직관과 탐구 활동을 모의 실험할 수 있기 때문에 퀴즈네어 막대의 활용을 적극 권장하였다.

기호적 개념은 해당 기호가 나타내고 있는 수가 갖고 있는 성질을 의미하며, 특히 이 수의 성질은 그 수를 표현하는 방식에 따라 직접적인 영향을 받는다. 예를 들어, 373에서 두 3은 각각 의미가 다른데 그것은 십진법의 표현 방식에 의하면 각 자리에 따라 같은 숫자이더라도 그 의미하는 값이 다르기 때문이다.

그리고 응용된 개념은 순수 수학적 개념이나 기호적인 개념들이 수학 문제해결이나 관련 영역에 적용된 경우를 의미한다. 예를 들면 길이나 넓이, 부피 등은 응용된 수학적 개념이라고 할 수 있다.

응용된 수학적 개념은 물론 순수 수학적 개념이나 기호적인 수학적 개념이 선취된 후에 지도되어야 한다. 그리고 기호적인 개념은 순수 수학적인 개념의 지도 후에 학습되어야 하는데, 이 차례가 뒤바뀐 경우에 학습자는 순수 수학적인 개념의 이해가 이루어지기도 전에 단지 기호들을 조작하는 규칙을 암기하여 의미 없는 수학을 학습하는 결과를 낳게 된다.

디에네스에 의하면 개념 학습은 가녜의 학습 단계에 관한 이론처럼 단순한 자극-반응으로 설명될 수 없는 하나의 창조적 행위가 된다. 그는 모든 추상적 개념은 구체적 경험과 직관에 기초를 두고 있기 때문에 수학의 지도는 수학 실험실을 통하거나, 조작 가능한 대상물이나 수학적인 게임을 통해서 이루어져야 한다고 주장한다.

그리고 수학 학습을 이루기 위해서 학습자는 반드시 다음의 것들을 학습해야 된다고 말하고 있다.

① 수학적 구조와 그 구조의 논리적 관계의 분석
② 다양한 구조나 사례로부터 공통된 성질을 추상화해내고, 상호 관련된 구조나 사례를 분류
③ 이미 학습된 수학적 구조를 일반화
④ 보다 복잡하고 상위에 속하는 추상화를 구성하기 위해서 이미 학습된 추상화의 활용.

8.2.2 수학적 개념 학습의 단계

디에네스는 수학적 개념이 피아제의 인지 발달의 단계와 일면 유사한 발전적인 단계를 거쳐 학습된다고 주장하면서 수학 학습과 지도를 위한 여섯 가지 단계를

① 자유 놀이 단계 (free play stage)
② 규칙 놀이(구조화된 게임) 단계 (stage of the structured games; learning to play by the rules)
③ 비교(공통성 탐색) 단계 (stage of search for commonalities; comparison)
④ 표현 단계 (stage of representation)
⑤ 상징화 단계 (stage of symbolization)
⑥ 형식화 단계 (stage of formalization)

로 구분하고 있다(Dienes, 1970; 김수미 2008). 디에네스의 놀이 이론은 마이크로하게 보기보다는 매크로하게 보아야 한다. 디에네스에게 있어서 놀이 개념은 단편적 게임이 아니라 구조화된 활동을 의미한다.

(1) 디에네스의 수학 학습의 첫째 단계인 자유놀이 단계에서는 아동들이 구조화되어 있지 않은 조작이나 실험의 활동, 즉 자유스러운 놀이를 하게 된다. 이 단계에서는 다양한 조작 활동을 가능케 하는 구체물을 다량 공급하여 아동으로 하여금 자유로운 놀이를 하도록 하는 가운데 아동에게는 특정의 개념을 구체적인 형태로 함유하고 있는 구체물을 다루면서 새로운 개념들에 대한 경험을 하도록 해야 한다. 자유놀이 단계에서는 이후 단계를 통하여 주어진 개념 속에 자리 잡고 있는 수학적인 구조의 이해를 하는 데 도움을 주는 정신적 구조나 태도를 구성케 한다.

(2) 특정 개념을 구체적인 형태를 함유하고 있는 물체를 통한 자유로운 놀이의 과정을 거치면서 아동은 점차로 그 개념 속에 들어있는 규칙성을 감지하게 된다. 일상적으로 벌어지는 일에서도 그 일을 주도하는 어떤 규칙이 있음을 알게 되고, 일단 그 규칙을 알게 되면 게임을 할 수 있는 단계에 이른 것이라고 할 수 있다. 이 단계에서는 주어진 게임의 규칙을 바꾸거나 아니면 자신들의 게임을 스스로 만들 수도 있게 된다. 게임은 아동들로 하여금 주어진 개념의 범주 안에서 변수와 관계하여 실험을 할 수 있게 하여 주어진 개념이 갖고 있는 수학적인 구조의 분석을 가능케 한다. 따라서 주어진 개념을 여러 가지 방법으로 표현한 다양한 게임들은 학생들로 하여금 그 개념의 논리 수학적 요소를 발견하는 데 도움을 준다.

(3) 비교(공통성 탐색) 단계는 외형적으로 다양하게 표현된 게임을 경험하면서 그 여러 표현 속에 공통적으로 들어 있는 특정 개념의 수학적 구조를 파악하기

시작하는 단계이다. 이와 같은 학습 능력이 갖추어졌을 때 아동들은 주어진 특정 개념의 예와 반례를 구분할 수 있게 된다. 디에네스에 의하면 이 단계의 학생들에게는 동일 개념에 해당되는 여러 가지의 예를 제시하고, 그 중 한 예로부터 다른 예로 모든 예에 공통으로 함유되어 있는 추상적 성질을 변화시키지 않은 채로 어떻게 이동할 수 있는 가를 보여줌으로써 주어진 개념의 예들이 갖고 있는 구조적 공통성을 이해시킬 수 있다고 한다. 다시 말하면 이 셋째 단계에서는 동시에 제시된 여러 가지 예들을 분석하여 각각의 예로부터 서로 공통된 성질을 찾아낼 수 있다는 것이다.

(4) 표현 단계는 아동이 특정 개념과 관련된 여러 가지 예들로부터 공통된 요소를 추출한 후 이 공통된 요소를 함유하는, 그러면서도 동시에 그 개념을 한 가지 방법으로 표현하게 되는 단계이다. 이 때 사용하는 표현 방법은 간단한 그림의 형태나 언어적인 방법 또는 보다 포괄적인 예 등과 같이 다양할 수 있다. 이와 같이 주어진 개념을 다시 표현한 경우 이 표현은 그 개념의 예보다 더 추상적이며, 이와 같이 주어진 개념을 다시 표현해 보는 과정은 아동으로 하여금 주어진 개념의 저변에 있는 추상적인 수학적 구조의 이해를 쉽게 해 준다.

(5) 상징화 단계에서는 아동이 표현 단계에서 주어진 개념을 나름대로 표현해 본 것을 묘사하는 데 있어서 언어적이거나 수학적으로 적절한 상징체계를 형성하게 되는 단계이다. 여기서 아동 나름대로 묘사 방법을 고안해 보는 경험을 갖도록 하는 것도 필요하지만, 결국은 교과서에서 사용하는 방법과 같이 통일된 방법을 사용토록 지도가 되어야 한다. 그리고 이와 같이 상징적인 기호 체계의 사용은 수학을 하는 데 있어서 여러 가지 면에서 그 가치가 크다는 것을 아동에게 인식시켜야 한다.

(6) 디에네스의 여섯 단계 중 마지막 단계에 해당하는 형식화 단계에서는 아동이 주어진 개념이 함유하고 있는 수학적 구조를 파악한 후 그 개념이 갖고 있는 여러 가지 성질을 체계화하게 된다. 즉, 주어진 개념으로부터 나온 여러 가지 성질들 가운데 기본적으로 선정된 몇 가지 성질로부터 다른 성질에 도달하는 과정에 필요한 규칙을 찾아내게 되는데 이 과정이 형식화 과정이다. 예를 들어, 몇 개의 기본적인 공리로부터 하나의 정리가 만들어지는 과정이 수학적인 형식화의 예라고 할 수 있다.

8.2.3 개념 학습의 원리

디에네스는 일반적으로는 피아제의 이론을 추종하면서 수학 학습과 관련하여 나름대로 인지심리학적인 관점을 형성해 왔다. 디에네스(1971a)는 그의 연구를 통하여 효과적인 수학 학습의 필요 요건으로 다음 네 가지의 원리를 제시하고 있다:

① 역동적 원리(dynamic principle)
② 지각적 다양성의 원리(perceptual variability principle or multiple embodiment principle)
③ 수학적 다양성의 원리(mathematical variability principle)
④ 구성의 원리(constructivity principle)

(1) 역동적 원리

역동적 원리는 바람직한 수학 학습을 위해서는 모델 사이의 전이나 한 모델 내의 변환 등 역동적인 학습 활동이 전제되어야 한다는 원리이다. 역동적 원리에 의하면 수학에서 새로운 개념을 이해한다는 것은 학습자가 세 가지 단계 — '놀이(play)' 단계, '의식하는(becoming aware)' 단계, 그리고 수학적 개념이 형성되는 단계 — 의 순서로 진행되는 일련의 역동적 정신 작용 과정을 거친다는 것을 의미한다. 먼저, 첫째 단계인 '놀이' 단계는 학습자가 뒤에 일어나게 될 경험과 관련된 비교적 짜임새가 적은 형태의 활동을 하고 있는 시기를 말한다. 이 단계의 활동은 짜임새는 갖추고 있지는 못하지만 그 활동 자체가 무계획적인 임의의 행동은 아닌 상태이다. 즉, 학습자는 특정 수학적 개념이 함유된 일종의 잘 계획된 교육적 환경에서 충분한 자유로움을 가지고 '놀이'에 임하게 되는 것이다. 바꾸어 말하면, 학습자는 어떤 수학적 개념의 기초 형태를 아주 비정형적인 모양으로 만들어 놓은 환경에 놓이게 되는 셈이다. 실험실에서의 자유스러운 분위기는 필수 요건이므로 자연히 학습자의 반응은 그 학습자가 표현한 형태 그대로 존중되어야 되며, 교사에 의한 어떤 강제성도 개입되어서는 안 된다.

둘째 단계인 '의식하는 단계'에서는 '놀이' 단계에서보다는 좀 더 짜임새 있는, 어느 정도 형식성을 내포하고 있는 활동이 요구된다. 즉, 이 단계에서 학습자는 궁극적으로 배우고자 하는 수학 개념의 구조와 닮은 형태의 구조를 갖고 있는 경험을 하게 된다.

셋째 단계는 학습자에게 특정 수학적 개념이 점차 형성되면서 동시에 이 개념을 학습자가 역으로 적당한 외부 자극에 따라 다시 응용할 수 있는 준비가 되어 있는 상태를 의미한다. 학습자가 습득한 어떤 수학적 개념이 완전히 조작적 상태에 있다는 것은 그 개념을 학습자가 자유자재로 인지하고, 관련 있는 분야에 적용시킬 수 있는 상태를 말한다.

이러한 실용적 단계는 수학 학습이라는 과정에서 이중적인 역할을 하게 된다. 하나는 새로 형성된 수학적인 개념을 학습자 자신의 인식 체계 속에다 분명히 굳히는 역할이고, 다른 하나는 다음에 배우게 될 새로운 개념을 습득하기 위한 '놀이'의 단계에 사용될 수 있도록 준비시키는 역할이다. 어떠한 수학적 개념이든지 그 새로운 개념이 학습자에 의하여 조작될 수 있는 상태에 이르기 위해서는 이러한 수학 학습의 순환적인 전 과정을 반드시 거쳐야 하며, 수학의 새로운 개념들이 학습자에게 형성되게 하기 위해서는 이러한 주기가 간단없이 계속되어야 한다. 이러한 디에네스의 학습 모델에 대한 이론은 피아제의 인지 발달의 개념과 유사하다고 할 수 있다.

디에네스(1967, 1971a, b)는 이러한 학습 활동의 주기를 다시 효율적인 수학 학습의 필수적인 요인 여섯 가지로 세분하였다. 이것은 디에네스 자신이 분류한 수학적 개념 학습의 여섯 단계와 일치한다.

첫째는 학습자와 주위 환경과의 상호 작용의 단계이다.

둘째는 법칙의 형성과 조작(rule construction and manipulation)의 단계로, 이 단계는 앞의 환경과의 상호 작용 과정에서 이루어지게 될 규칙성의 발견 과정과, 발견된 규칙성을 가지고 새로운 실험의 활동을 거치면서 생기는 자연스러운 결과가 되는 셈이다.

셋째는 유사한 구조나 규칙성을 갖는 다양한 활동이나 게임을 상호 비교하는 단계로 자기동형(isomorphisms)을 찾는 단계라고 할 수 있다.

넷째는 유사한 구조를 표현하는 단계로, 유사한 구조를 갖는 모든 게임이나 활동을 일괄적으로 표현하는 방법을 생각해 낼 수 있는 능력을 갖고 있고 또한 이 '유사성'을 표현할 수 있는 단계이다.

다섯째는 상징화(symbolization) 단계이다. 이 단계에서는 네 번째 단계에서 찾아낸 수학적 구조나 성질들을 가지고 다시 연구하는 과정으로 특징지어 진다. 이 연구 과정에서는 비록 기호의 형태로 형성된 결과와 그와 관련 있는 실제 세계와의 관계를 확인하는 과정에는 필요하지만 이 기호화의 과정은 더 이상 실재의 세계와는 관련을 갖지 않는 단계이다.

마지막 여섯째는 형식화(formalization) 단계이다. 이 단계는 앞의 여러 단계에서 이미 확인된 수학적 사실로부터 다른 성질을 도출해 내는 과정이다. 즉, 이미 확인된 공리 - 수학적 게임의 규칙이나 자명한 수학적 사실 - 로부터 정리 즉 논리적으로 연역된 성질을 만들어내는 과정이다. 정리를 이끌어 내는 이 과정이 바로 수학에서의 증명 과정을 의미하며, 수학적 활동의 정수(精髓)를 차지하는 부분이다.

(2) 지각적 다양성의 원리

지각적 다양성의 원리는 수학적 개념은 추상적인 경우가 많기 때문에 이들 개념을 지도하기 위해서는 지각적으로는 다르지만 구조적으로 동형인 다양한 형태의 구체물을 활용하여 지도하여야 된다는 원리이다. 수학의 개념 형성을 위한 각 학습자에 맞는 개별화된 학습을 구상하는 데 필수적인 요인으로 디에네스는 지각적 다양성의 원리를 주장한다. 이 원리는 학습자가 지각적으로 다양한 상황에 처해 있을 때 개념 학습이 극대화될 수 있다는 것이다. 다양한 상황이란 주어진 외형은 서로 다르지만 동일한 기본적 개념을 함유하고 있는 학습 경험을 의미한다. 학습자가 개념 학습을 달성하기 위하여 필요로 하는 이러한 지각적으로 다양한 상황의 가지 수는 학습자 개인에 따라 다르다. 이 원리는 학습자에게 외견상으로는 상이하지만 함유하고 있는 수학적 구조면에서는 동일한 종류의 과제를 여러 가지 부과하면 학습자는 이 다양한 경험으로부터 유사성을 추상화해내는 경향을 가지고 있다는 가정에서 출발한다. 즉, 수학적 추상화를 가능하게 하는 것은 학습자에게 주어지는 다양한 수학적 상황 중 어느 특정한 하나에 의한 것이 아니라 그 모든 상황이 갖고 있는 궁극적인 유사성을 찾아내는 과정에 의한 것이다.

예를 들어, 평행사변형의 개념을 도입하기 위하여 빨대로 만든 평행사변형을 보여준다거나 벽지패턴에 있는 평행사변형을 보여준다면 이것은 지각적 다양성의 원리를 적용한 것이다.

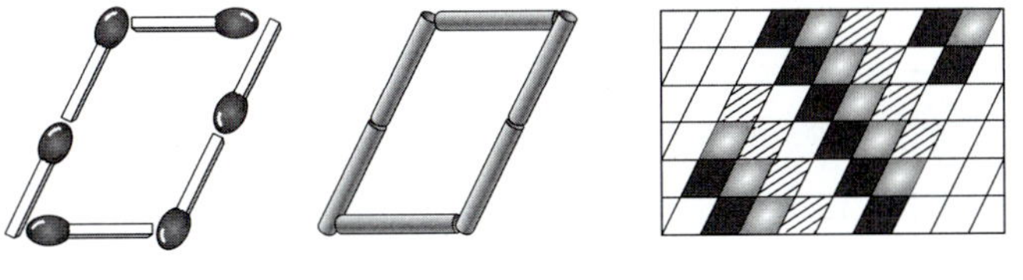

(3) 수학적 다양성의 원리

수학적 다양성의 원리는 수학의 일반화가 잘 되기 위해서는 해당 수학의 내용과 관련된 변수는 고정시키고 관련 없는 변수는 다양하게 변화시키는 경험이 제공되어야 한다는 원리이다. 이 원리는 앞의 지각적 다양성의 원리와 비슷하다. 즉, 만일 어떤 수학적 개념이 몇 개의 변수와 관련이 있다면, 그 개념을 학습자가 효과적으로 이해하기 위해서는 이들 변수의 다양화가 중요한 선행 요건이 된다는 것이다. 예를 들어, 학생들에게 평행사변형의 개념을 지도할 때 변의 길이나 각 등은 평행사변형과 직접 관련되지 않은 변수이므로 변의 길이나 각의 크기가 다양한 예를 많이 제시하는 방법을 사용할 수 있다. 수학적 다양성의 원리는 학습자로 하여금 주어진 개념에 대하여 연구하는 과정에 서로 관련된 변수를 체계적으로 분별하게 하여 수학에서의 일반화를 유도해 내도록 할 수 있다.

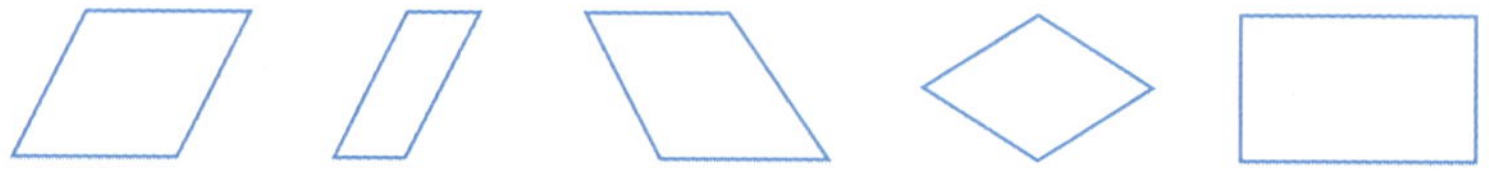

(4) 구성의 원리

구성의 원리는 수학적인 관계는 구체물로부터가 아니라 구체물에 대한 활동으로부터 추상화되는 것이며 그 관계를 인식하기 위해서는 그 관계에 대한 직관적인 구성이 선행되어야 한다는 것이다. 이 원리에서 디에네스는 사고자(thinker)를 두 가지의 부류로 나누고 있다. 즉, 구성적(constructive) 사고자와 분석적(analytical) 사고자로 분류하는데, 구성적 사고자는 피아제의 인지 발달 과정 중에 구체적 조작 단계와, 그리고 분석적 사고자는 피아제의 형식적 조작 단계와 연결 지워 볼 수 있다. 이 원리는 간단히 말해서 "구성은 항시 분석에 선행한다"라고 표현할 수 있는데, 이는 학습자는 그들의 수학 개념을 발전시키기 위하여 항상 그들 자신의 경험으로부터 나오는 직관적 방법이나 종합적 방식을 따르도록 유도해야 한다는 의미이다. 이와 같이 주의 깊게 준비된 경험은 학습자의 모든 수학 학습의 기초를 제공하는 중요한 역할을 담당하게 된다.

이상에서 알아본 디에네스의 4원리가 주장하는 바는 수학 학습에서 학습자의 주위 환경과 직접적인 상호 교류를 통한 학습 방식이 무엇보다도 중요하다는 점이다. 디에네스가 주장하는 바에 의하면 효과적 수학 학습은 관람자적 입장이 아니라 육체적으로나 정신적으로나 열심을 갖고 능동적으로 참여하는 학습자의 입장에서 이루어질 수 있다는 것이다. 효과적인 개념 학습을 위하여 환경적 요인을 중시하면서 디에네스는 두 가지의 다양성의 원리를 통하여 개인마다 다른 학습 능률과 학습 방식으로부터 발생하는 학습상의 문제를 해결해 보려 한 것이다. 이와 같은 구성적 원리는 피아제의 이론과 아주 밀접하게 관련을 가지면서 수학 학습에서의 발달적 접근 방식을 제안하고 있다.

디에네스의 이론을 학습에 십분 적용시키려면 일반적인 수학 시간과는 상당히 다른 수업 모델이 되어야 할 것이다. 우선, 학습자 개인마다 다른 학습 능력과 흥미를 수용하기 위하여 종전의 일반적인 강의식 학습은 배제되어야 할 것이다. 그리고 거의 모든 학습 활동이 개인 단위나 두, 세 명으로 형성된 소집단 단위로 진행되어야 한다. 왜냐하면, 제한된 시간에 학습자가 서로 흡사한 경험을 동시에 하기 위해서는 이보다 더 많은 인원으로는 어렵기 때문이다. 학습자의 구성 규모나 방식이 달라짐에 따라 교사는 더 이상 동시에 여러 집단의 일차적인 지식의 근원이 될 수 없고, 따라서 교사의 역할도 큰 변화를 요구하게 된다. 학습자의 역할 또한 많이 바뀔 수밖에 없다. 학습자는 자기 자신의 수학 학습에 전보다 증가된 책임을 스스로 져야 한다. 디에네스에 의하면 학습 실험실은 다양한 형태의 구체물을 구비해야 할 뿐만 아니라, 수학적 다양성과 지각적 다양성에 따라 잘 준비된 학습 활동 체계를 갖추고 있어야 한다. 이 학습 활동은 학습자의 개인차를 수용할 수 있도록 선택의 여지와 다양성 또한 제공할 수 있어야 한다. 즉, 디에네스의 수학 학습 이론은 기존의 수학교육 현실에 대한 교사, 학습자간의 상호 교류의 형태에서부터 전반적인 교실 분위기까지 근본적이고 철저한 개선에서 출발한다고 할 수 있다.

8.3 반 힐

1950년대 네덜란드의 중등학교 기하 교사였던 반 힐 부부(van Hieles)는 왜 많은 학생들이 기하 학습에 어려움을 느끼고 있으며, 이러한 어려움을 해소하기 위해서는 어떤 방법이 사용될 수 있는지에 대한 의문을 갖고 이를 알아보기 위한 다각적인 연구를 시작하였다.

피에르 반 힐
(Pierre van Hieles)

특히, 남편인 피에르 반 힐(Pierre van Hiele)은 피아제의 이론을 바탕으로 수학 학습 사고 수준의 체계를 바탕으로 지도하는 것만이 이와 같은 학습의 난점을 해결할 수 있는 방안이라고 생각하였다. 그는 종전의 기하 학습에서 학생들에게 제시되는 문제나 과제가 그들의 사고 수준을 넘어서는 용어 사용이나, 성질 규명 요구 등을 포함하고 있음을 발견하였다. 그는 기하 학습 지도가 아동의 사고 수준을 넘어서게 되면 그 학습은 아동에게 의미가 없어지게 된다는 것을 알아내었다.

1957년 반 힐 부부는 기하 학습에 대한 아동들의 이해력과 통찰력을 신장시키기 위해서 사고의 수준을 다루는 실험 연구와 그에 따르는 이론을 구성하여 〈기하 교수-학습에서 직관의 역할〉과 〈기하학 교수법〉이라는 논문을 각각 발표하여 박사 학위를 받았다. 그 뒤 피에르 반 힐은 심리학적 원리에 초점을 맞추고, 부인인 다이나 반 힐-겔도프(Dina van Hiele-Geldof)는 아동의 사고 수준의 신장에 대한 현장 실험에 역점을 두어 그들의 이론을 체계화한 〈아동의 사고와 기하학〉(*The Child's Thought and Geometry*, 1959) 이라는 논문을 내놓아 수학교육계에 많은 관심을 불러일으켰다.

8.3.1 반 힐의 기하학적 사고 수준 이론

반 힐은 학생들의 기하 학습에서 기하학적 사고 수준이 다음과 같은 순서에 따라 발달한다는 것을 찾아냈다. 반 힐의 기하학적 사고 수준 이론에서 수준을 결정하는 것은 연령보다는 학습이나 경험의 결과이며, 이러한 점에서는 피아제의 인지 발달 단계 이론과 대조된다. 반 힐의 이론에 따르면 아동이 상위 수준으로 이동하기 위해서는 학습이나 기타의 경험을 통해 직전 수준에서의 풍부한 기하학적 경험을 충분히 겪어야 한다. 기하학적으로 풍부한 경험을 지닌 사람은 초등학생이라도 제2수준의 추상화된 사고를 할 수 있으며, 성인이라도 충분한 학습 경험이 없으면 평생 제1수준인 도형 분석 수준에 머무를 수밖에 없다.[3)]

(1) 제0수준(시각화 수준)

도형을 그 구성 요소에 대한 고려 없이 전체로서의 시각적 외관에 의해 인식하는 수준으로 이 수준에서는 도형의 성질이나 도형 사이의 관계는 인식할 수 없다. 이 수준에서는 기하학적인 용어(예를 들어, 삼각형, 다각형 등)나 도형을 인식할 수 있고 주어진 도형을 복제할 수도 있다. 즉, 직육면체의 상자를 보고 그 면들이 네

3) 반 힐 부부는 초기 이론에서 각 수준에 0에서 4까지의 번호를 붙였으나, 이 이론이 미국으로 건너가자 미국의 학자들은 각 수준에 1에서 5까지의 번호를 붙여 사용하기도 한다. 이때에는 제0수준을 도형에 대한 인식 전단계로 보고 이 단계의 아동은 도형을 전혀 인식하지 못하는 것으로 간주한다. 이 책에서는 반 힐 부부의 초기 이론에 따라 0에서 4까지의 번호를 사용하였다.

모 모양, 삼각자를 보고 세모 모양, 피자를 보고 동그란 모양이라고 인식하며, 그들 모양들은 서로 다르다는 것을 구별할 줄 아는 정도이다. 이처럼 삼각형, 사각형, 원 등이 있으면 그 외형적인 형태를 인지할 줄 알며, 또 같은 모양의 도형에서 크기가 다른 것이 두 개 이상 있으면 어떤 것이 더 크다는 정도의 외연적인 특징만을 파악하고 있는 수준이다. 그러나 정사각형과 옆으로 긴 직사각형과는 서로 모양이 다른 별개의 도형으로만 인식하고, 이들이 갖고 있는 공통의 특성은 인지하지 못한다. 다시 말하면, 이 수준의 아동은 현재 자기가 갖고 있는 언어로써 "세모 모양이다", "네모 모양이다", "동그란 모양이다"라고 어느 정도의 표현은 가능하나 그 도형이 갖고 있는 성질을 명확히 설명하지는 못한다.

이 수준의 아동은 도형의 성질을 분석하기 보다는 있는 그대로 보게 되는데, 예를 들어 정사각형이 수평 방향에 45° 기울어져 놓여 있으면 이것을 정사각형으로 인식하지 못하고 다이아몬드(마름모) 모양이라고 부르기도 한다.

이 시기에 도움이 되는 학습 활동의 예는 다음과 같다.

- 모양을 분류하기, 인식하기, 묘사하기
- 구체적 모형을 다루기
- 같은 모양을 크기나 방향을 달리하여 관찰하기 (각 모양의 특성 중 필요한 것과 불필요한 것을 구별하는 데 도움이 된다.)
- 여러 가지 모양을 그리기, 만들기, 같이 붙여 놓거나 따로 떼어 놓기

활동 1 교실에서 네모, 세모, 동그라미 모양을 찾아 보시오.

2006년 발행된 초등학교 1학년 2학기 《수학》 교과서 24쪽의 일부

(2) 제1수준(도형 분석 수준)

관찰과 실험을 통하여 주어진 도형의 구성 요소나 성질을 분석할 수 있는 수준으로 도형의 성질들 사이의 관계성은 인식하지 못하며 또한 명확한 수학적 정의를 내리지는 못한다. 이 수준의 아동은 어떤 물건의 길이와 높이, 두께 등의 대소 개념이 형성되어서 어떤 상자에 있는 직사각형을 보고 "마주 보는 두 변의 길이는 서로 같다"는 것을 인식하게 된다. 더 나아가서 이 도형은 "네 개의 곧은 선으로 만들어져 있고, 그 선들이 만나면 하나의 점이 생기는데 그 점은 모두 네 개다."는 등 도형의 구성 요소와 기본 성질에 대한 초보적인 분석만 하고 있는 수준이다. 그러나 "직사각형의 두 대각선의 길이는 같다."는 것은 인지하고 있으며, "두 대각선이 서로 다른 것을 이등분하고 있다."는 사실은 조작적 검증을 거쳐야만 이해를 할 수 있다. 이 수준은 도형과 그 성질과의 상호관계를 명확하게 논리적으로 연결시킬 수는 없으나 어떤 특성을 그것에 대한 예측과 조작적 검증을 통해서 인식할 수는 있는 단계이다.

이 수준의 아동은 정사각형은 직사각형이 아니라고 생각할 수 있으며, 도형의 성질들 사이의 관계를 이해하지 못한다. 도형의 일반적인 성질을 몇 개의 사례로부터 귀납적으로 끌어낼 수는 있지만 연역적으로 추론하지는 못한다.

이 시기에 도움이 되는 학습 활동의 예는 다음과 같다.

- 구체물을 사용하여 도형의 성질을 관찰하고, 정의하고, 측정하고, 성질을 바꾸어 보기 (단순한 도형 인식에서 벗어나 도형의 성질을 파악하는 데 도움이 된다)
- 모형을 사용하여 도형의 성질을 정의하기
- 도형의 성질을 목록으로 작성하기
- 도형을 정의하는 데 필요한 조건에 대하여 논의하기
- 도형의 성질이 중요한 역할을 하는 과제가 포함된 문제 해결하기
- 도형의 성질을 사용하여 분류하기

(3) 제2수준(추상화 수준; 비형식적 추론 수준)

한 도형 또는 다른 도형 사이에 존재하는 성질들의 논리적인 관계를 파악할 수 있다. 도형의 성질을 추론할 수 있고 도형을 특정의 관점으로 분류할 수 있다. 이 때 도형의 포함 관계와 수학적 정의가 이해될 수 있다. 간단한 형식적 증명이 가능

생활에서 알아보기

계단의 난간에서 볼 수 있는 사각형을 알아보시오.

활동 1 마주 보는 두 쌍의 변이 서로 평행인 사각형을 찾아보시오.

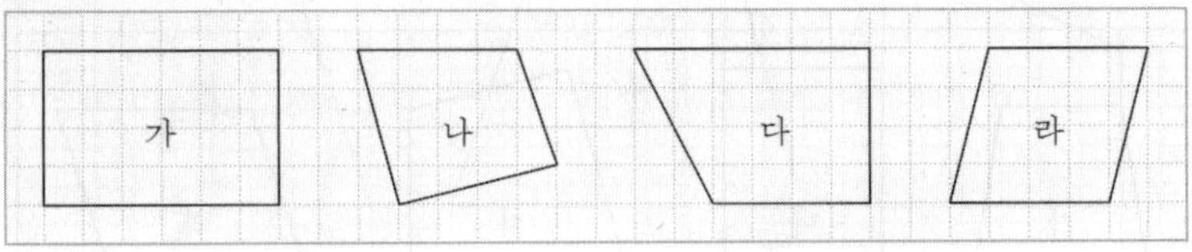

약속하기

마주 보는 두 쌍의 변이 서로 평행인 사각형을 평행사변형이라고 합니다.

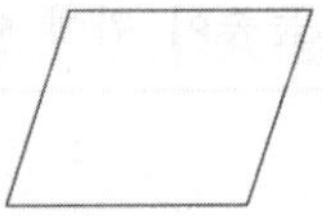

활동 2 평행사변형에서 변의 길이와 각의 크기를 알아보시오.

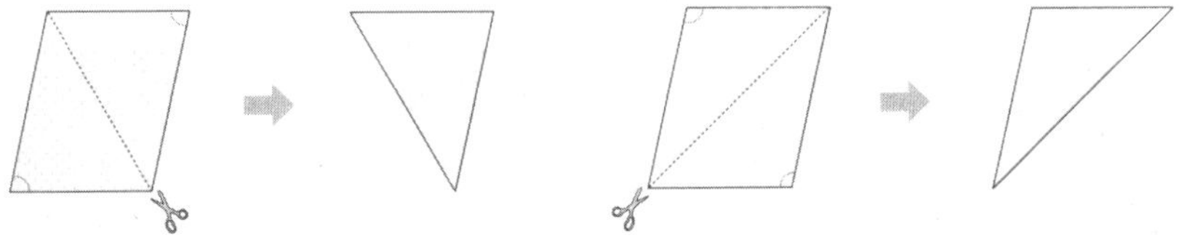

- 평행사변형의 종이를 그림과 같이 잘라서 겹쳐 보시오.
- 평행사변형의 마주 보는 변의 길이는 같습니까?
- 평행사변형의 마주 보는 각의 크기는 같습니까?

2006년 발행된 초등학교 4-나 《수학》 교과서 66, 67쪽의 일부:
제0수준의 활동에 이어 제1수준의 활동이 제시되어 있다.

하며 다른 사람의 증명 과정을 이해할 수는 있으나 연역의 의미나 공리의 역할을 이해하지는 못한다. 이를테면, 제2수준에서 "삼각형이란 세 개의 선분으로 둘러싸인 도형이다."라고 정의한 도구적인 이해에서 관계적인 이해로 전환되는 단계이기 때문에 이 수학적인 문장을 이론적으로 정리된 하나의 명제로 인식하게 된다. 이렇게 이해된 정의 위에서 "삼각형의 세 각의 합은 어떻게 되겠는가?"라고 의문을 갖게 되며, 이러한 의문을 논리적 추론의 방법으로 풀어서 결국 "삼각형의 세 각의 합은 180°이다."라는 하나의 정리를 유도해내는 것이다.

이 시기의 아동은 사각형의 포함관계와 같은 도형의 성질들 사이의 관계를 이해할 수 있다. 예를 들어, 모든 정사각형은 직사각형이지만, 모든 직사각형이 정사각형일 필요는 없다는 사실을 이해할 수 있다.

그러나 이와 같이 간단한 성질을 규명할 수는 있으나 관찰한 결과를 입증할 수 있는 예비적인 보조 명제를 구성하지는 못한다. 그래서 이 수준에서는 공리와 정리의 의미를 정확히 알고 있지 못할 뿐만 아니라, 그 구별조차 할 수 없으므로 연역적 추론은 아직 어려운 상태이다.

이 시기에 도움이 되는 학습 활동의 예는 다음과 같다.

- 도형의 성질이 중요한 역할을 하는 과제가 포함된 문제 해결하기
- 도형의 성질을 열거하고, 그 중에서 어떤 성질들이 특정한 도형을 만족하기에 필요충분한 조건인지 논의하기
- 비형식적인 방법으로 "모든", "어떤", "어느 무엇도 ~아니다.", "만일 ~이면 ~이다", "만일 ~이 아니라면" 등과 같은 연역적 용어 사용하기
- 다각형의 성질들 사이의 관계를 조사하여 어떤 명제의 역도 성립하는지 알아보기(예를 들어, "어떤 평행사변형이 직사각형이면, 그 평행사변형의 네 각은 각각 직각이다"라는 명제에 대하여 "어떤 평행사변형의 네 각이 각각 직각이면, 그 평행사변형은 직사각형인가?"를 알아보기)
- 작도나 모형을 사용하여 도형의 성질의 일반화를 알아보거나 반례를 찾기
- 가설을 세우고 검증하기
- 도형의 성질을 이용하여 특정한 도형을 정의하기
- 특정한 도형이 주어진 성질을 만족하는지 확인하기

참고로, 반 힐의 수준 이론은 매우 위계적이라서 학생이 어느 수준에 도달하기 위해서는 그 앞까지의 모든 수준을 통과해야만 한다는 주장도 있다. 그러나 우리나

라의 수학과 교육과정과 교과서에 나타난 기하 학습 내용을 살펴보면 그러한 주장이 온전하게 성립한다고 보기 어렵다. 예를 들어, 앞의 그림에서 보듯이 제0수준의 활동이 제1수준의 활동과 함께 같은 학습 차시에 제시되기도 하고(4-나 《수학》 66-67쪽), 다음 그림에서 보듯이 제0수준과, 제1수준, 제2수준의 활동과 함께 같은 차시에 제시되기도 한다(4-나 《수학》 68-69쪽). 또 중학교 1학년에서는 비형식적인 증명 활동을 하지만(그림 참조), 중학교 2학년에서는 연역적 증명 방법의 초기 단계를 학습하게 되어 있다. 따라서 위계적으로 구분하자면, 제0수준에서 제2수준까지의 위계성은 그리 엄격하지 않고, 제2수준과 제3수준, 제3수준과 제4수준 사이의 위계성은 엄격하다고 말할 수 있다.

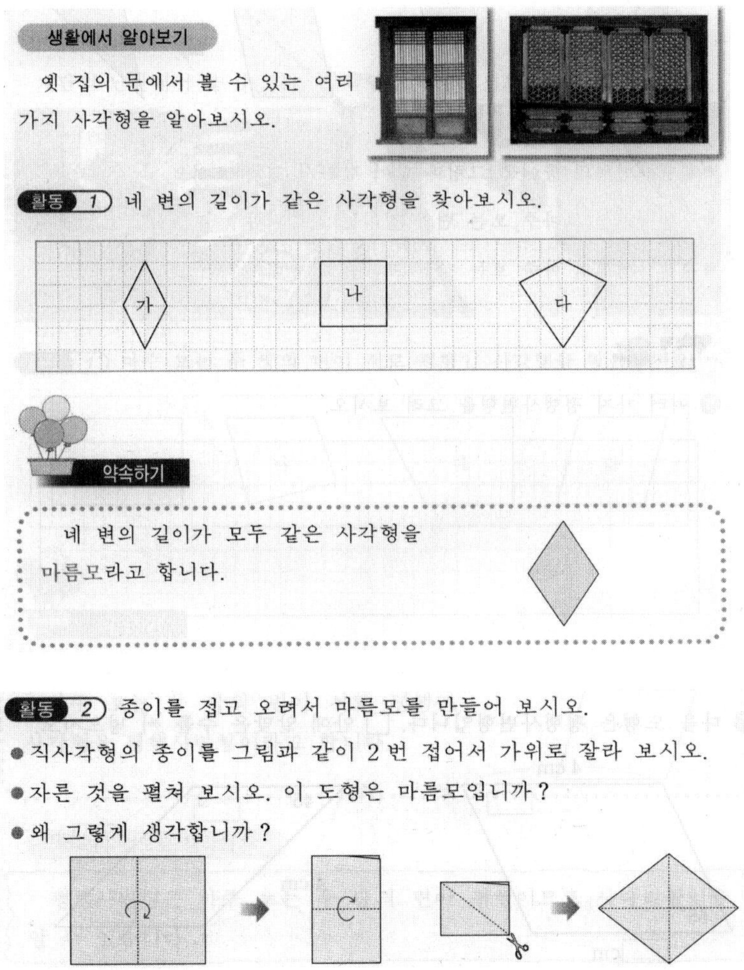

2006년 발행된 초등학교 4-나 《수학》 교과서 68, 69쪽의 일부:
제0수준의 활동에 이어 제1수준의 활동, 다시 이어 제2수준의 활동이 제시되어 있다. (계속)

활동 3 마름모에서 마주 보는 변을 알아보시오.

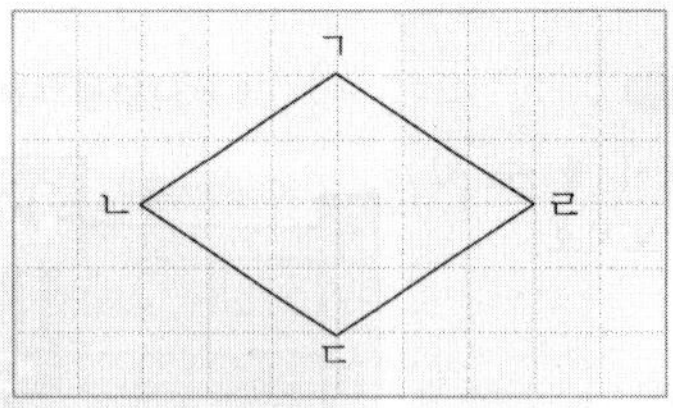

- 한 변 ㄱㄹ에 수직인 직선 가를 그어 보시오.
- 변 ㄴㄷ과 직선 가가 만나서 생기는 각의 크기를 재어 보시오.
- 변 ㄱㄹ과 변 ㄴㄷ은 평행입니까?
- 같은 방법으로 변 ㄱㄴ과 ㄹㄷ이 평행인지 알아보시오.

- 마름모를 평행사변형이라고 할 수 있습니까?
- 왜 그렇게 생각합니까?

- 마름모를 사다리꼴이라고 할 수 있습니까?
- 왜 그렇게 생각합니까?

2006년 발행된 초등학교 4-나 《수학》 교과서 68, 69쪽의 일부:
제0수준의 활동에 이어 제1수준의 활동, 다시 이어 제2수준의 활동이 제시되어 있다.

■ **맞꼭지각이란 무엇인가?**

토론 학습 오른쪽 그림에서 두 직선 AB와 CD는 한 점 O에서 만난다.

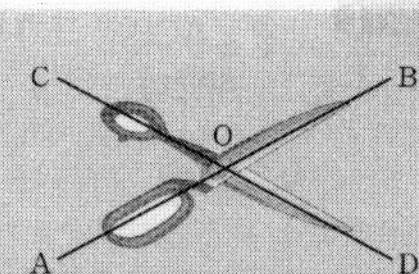

Q1 각도기로 ∠AOC, ∠BOD, ∠AOD, ∠BOC의 각의 크기를 재어 보아라.

Q2 ∠AOC+∠BOC, ∠AOC+∠AOD의 크기를 구하여라.

오른쪽 그림과 같이 서로 다른 두 직선이 한 점에서 만날 때, 평각보다 작은 4개의 각

$$\angle a,\ \angle b,\ \angle c,\ \angle d$$

가 생긴다. 이들 각을 두 직선의 **교각**이라고 한다.

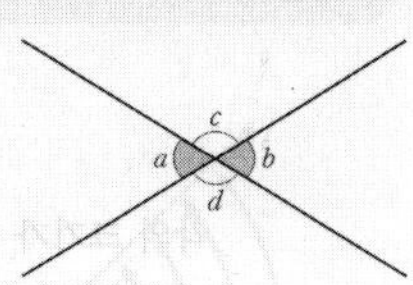

특히, 이들 교각 중 $\angle a$와 $\angle b$, $\angle c$와 $\angle d$와 같이 서로 마주 보는 각을 **맞꼭지각**이라고 한다. 이 때,

$$\angle a+\angle c=180°,\quad \angle b+\angle c=180°$$

이므로 $\angle a+\angle c=\angle b+\angle c$에서 $\angle a=\angle b$이다.

따라서, 다음을 알 수 있다.

> **맞꼭지각의 성질**
> 두 직선이 한 점에서 만날 때 생기는 맞꼭지각의 크기는 서로 같다.

2007년 천재교육 출판사에서 발행한 중학교 7-나 《수학》 교과서 44쪽의 일부

(4) 제3수준(연역적 추론 수준)

이 수준에서는 공리론적 조직 속에서 기하의 정리를 세우는 추론을 이해할 수 있으며, 무정의 용어, 공리, 공준, 정의, 정리 및 증명의 역할과 관계성을 알게 된다. 이 수준의 학생은 증명 과정을 기억해서 기술하는 수준이 아니고 자신이 만들어낼 수 있으며, 필요, 충분조건의 상관성을 이해할 수 있다. 이를테면, “두 변의 길이가 같은 삼각형을 이등변삼각형이라 한다.”는 정의에서 “이등변삼각형의 두 밑각의 크기는 같다.”는 증명을 할 줄 안다. 그러나 학생들은 명제의 추론 과정에서 엄밀성이 얼마나 필요한지를 깨닫지 못할 뿐더러 어떤 한 연역 체계에서 다른 연역 체계로 넘어갈 때의 사고의 이행 관계도 제대로 이해하고 있지 못하다. 예컨대, “직선 밖의 한 점을 지나고 이 직선에 평행인 직선은 존재하며 단 하나 존재한다.”는 평행선 공준을 사실 그대로 인식해야 하는 것인지 아니면 증명을 해야 되는 것인지를 모르고 있는 상태이다. 그리고 이것이 “삼각형의 내각의 합은 180°이다.”의 증명에 반드시 있어야만 되는 사실인지, 또는 꼭 필요하다면 이것이 그 다음 연역 체계에 어떻게 적용하는 것인지에 대해서는 잘 모르고 있다.

예제1 $\triangle ABC$에서 $\overline{AB}=\overline{AC}$이면 $\angle B=\angle C$임을 증명하여라.

착안점 삼각형의 합동조건을 이용한다.

풀이 [가정] $\triangle ABC$에서 $\overline{AB}=\overline{AC}$

[결론] $\angle B=\angle C$

[증명] $\angle A$의 이등분선을 그어 변 BC와의 교점을 D라고 하자.

$\triangle ABD$와 $\triangle ACD$에서

$\overline{AB}=\overline{AC}$ (가정) …… ①

$\angle BAD=\angle CAD$ …… ②

$\overline{AD}$는 공통 …… ③

①, ②, ③에서 두 변의 길이와 그 끼인각의 크기가 각각 같으므로

$\triangle ABD \equiv \triangle ACD$ (SAS합동)

$\therefore \angle B=\angle C$

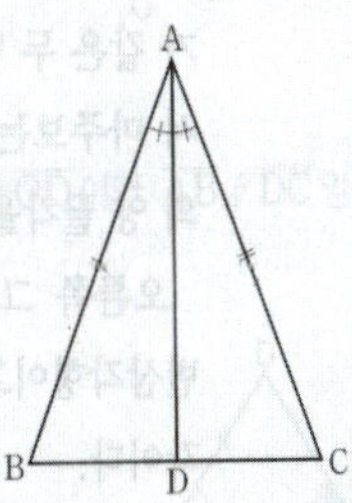

정리① 이등변삼각형의 밑각

이등변삼각형의 두 밑각의 크기는 서로 같다.

2007년 천재교육 출판사에서 발행한 중학교 8-나 《수학》 교과서 48쪽의 일부

공리 I—1

서로 다른 두 점을 지나는 직선은 오직 하나 뿐이다.

이 공리에는 점과 직선 사이에 「지난다」는 관계가 있는 데 이 관계도 그 뜻을 정의하지 않고 사용한다.

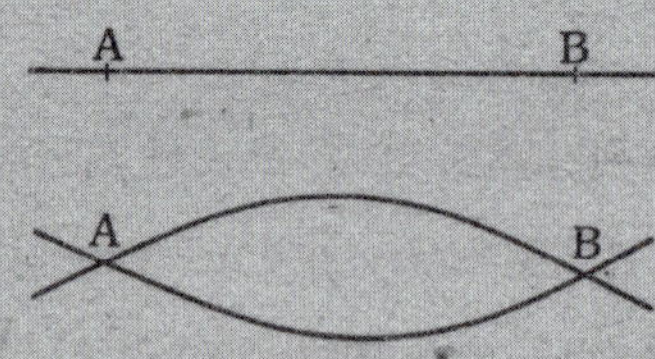

주의 ① 직선 l이 점 A를 지날 때 점 A는 직선 l 위에 있다고도 한다.
② 서로 다른 두 점 A, B를 지나는 직선을 $\overleftrightarrow{AB}$로 나타낸다.

1979년 삼화출판사에서 발행한 고등학교 《수학 II》 교과서 66쪽의 일부

(5) 제4수준(공리적 엄밀화 수준)

이 수준은 고등학교의 수준을 훨씬 넘는 것으로 비유클리드 기하를 연구할 수 있고 기하의 여러 공리들 사이의 차이점을 비교할 수도 있다. 즉, 구체적인 모형 없이도 추상적으로 다양한 기하 체계를 학습할 수 있는 수준이다. 기하학 구조의 논리성 자체가 연구의 대상이 되어 힐버트의 여러 가지 공리 체계를 이해하고 기하학의 형식적 엄밀성을 파악하며 다양한 추상적 추론의 방법으로 도형의 특성을 분석하고 이해할 수 있는 수준이다. 이 수준에 있는 학생들은 어떤 명제를 추론할

Figure 7.11 illustrates a Lambert quadrilateral. You can see that the fourth angle is acute.

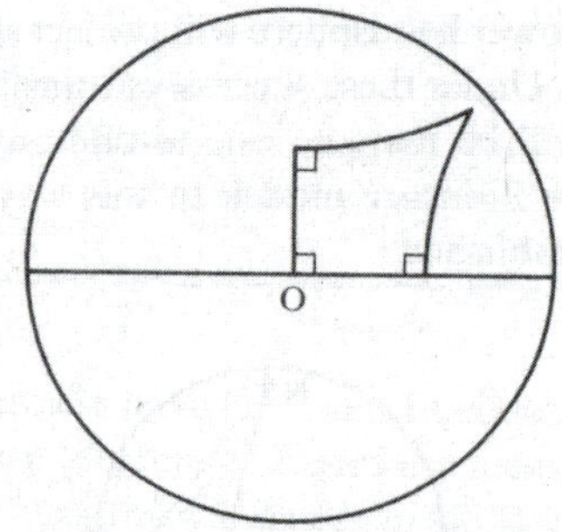

Figure 7.11

By adding the mirror image of this Lambert quadrilateral we get a diagram illustrating a Saccheri quadrilateral (Figure 7.12).

1973년 Freeman 출판사에서 발행한 대학 수학 교과서 《*Euclidean and Non-Euclidean Geometries*》 189쪽의 일부: 비유클리드 기하의 한 예를 보여주고 있다.

때, 어느 증명 방식으로 접근해야 하는지 판단하여 그 전개 과정에서 완벽성을 기하고 있다. 이를 테면, 앞에서 언급한 평행선 공준을 근거로 하여 "평행인 두 직선이 제 3의 직선과 만나서 이룬 엇각은 서로 같다."는 사실을 귀류법으로 증명할 수도 있고, 이러한 평행선 공준과 보조 정리를 이용하여 "삼각형의 세 내각의 합은 180°이다"라는 정리를 연역적으로 증명할 수 있다.

8.3.2 수준 결정의 판단 기준

이상과 같이 반 힐이 제시한 다섯 단계의 각 수준을 구별하고 결정짓는 중요한 판단 기준은 첫째로 그 단계에서 아동들이 부딪히고 있는 기하 학습의 장애 요소가 무엇이며, 또 그 장애 요소의 제거가 어느 단계에서 가능한가에 달려있다(김응태, 박한식, 우정호, 1986). 만일 어떤 아동이 제n수준에서 기하 학습 장애를 받고 있는 용어, 개념, 성질 규명 등을 그와 같은 수준에서나 아니면 그 보다 한 단계 높은 제n+1수준에서 다루고자 한다면 그 아동은 심리적으로 좌절과 불안을 느낄 뿐만 아니라 그 다음 단계로의 학습 진입은 불가능하다는 것이다.

둘째 판단 기준은 비록 제n수준에서 장애를 받고 있는 학습 요소들이라도 그 학습 내용 전체의 적절한 구성과 교사의 열의 있는 지도로써 그 장애 요소들의 해소가 가능한가에 있다.

셋째 판단 기준은 학습의 연속성으로 학습의 내용이 적절한 수준에 맞게 잘 배정되어 있다고 하더라도 전후 수준의 연결 상태에 문제가 있어 실제로 연속적인 학습으로 이루어지지 않는다고 하면 아동은 계통적이고 일관성 있는 학습을 할 수 없게 된다. 그래서 이웃 수준의 개념들이 서로 연속이 되어야 할 뿐만 아니라 그 연결 부분의 앞뒤가 약간은 겹쳐지게 하여 반복 학습의 효과를 노려야 할 것이다.

8.3.3 반 힐 이론의 기본 개념

이 이론은 우리가 생활 주변에서 항상 느끼고 있는 경험의 세계를 조직화하고 이론화하여 수학의 구조 속으로 진입시키는 수학적 사고 활동에 근거를 두고 있다. 그렇게 하기 위해서는 어느 한 수준에서 경험을 정리하는 수단이 새로운 학습의 대상으로 의식되어, 그것을 조직화하려는 활동이 점진적으로 이루어지면서부터 그 다음 상위 수준에로의 도약을 하게 되는 과정을 계속 전진, 반복하게 된다. 이렇게 해서 수학 학습 지도는 그렇게 전진, 반복되는 주기에 맞게 진행되어야만 다음 단계의 대상이 자연스럽게 재발견되어 갈 수 있다는 것이다. 이러한 사실을 보기를 들어서 설명해 보면 다음과 같다.

① 생활 주변에서 찾아 볼 수 있는 종이 상자를 예로 들어 볼 때, 이러한 주변의 '사물'이 기초 수준에서는 학습의 대상이 되고, 그 상자의 표면에 있는 직사각형이란 '도형'이 학습의 수단으로 등장하여 "그 모양은 네모꼴이다."라는 정도로 인지하게 된다.

② 이러한 직사각형, 삼각형, 원 등의 '도형'이 제1수준에서 학습의 대상이 되고, 이러한 도형의 관찰에서 "직사각형의 마주보는 두 변의 길이는 같다."라는 간단한 '성질' 규명을 하게 된다. 이러한 '성질'의 규명이 이 수준에서 학습의 수단이 된다.

③ 이러한 '성질' 규명이 제2수준에서는 학습의 대상이 되고, 이러한 성질을 바탕으로 하여 "네 각이 모두 직각이고, 마주 보는 두 쌍의 길이가 같은 사각형을 직사각형이다."라고 정의를 하게 된다. 이렇게 올바른 판단으로 나타낸 문장인 '명제'가 이 수준에서의 기하 학습의 수단이 된다.

④ 이러한 '명제'가 제3수준에서 학습의 대상이 되는데 이 때는 정의, 공리, 정리 등의 모든 기하학적 요소가 명제라는 도구로써 표현이 된다. 이러한 명제를 사용하여 기하학의 구조를 논리 정연하게 나타내게 된다. 예컨대, "직선 밖의 한 점을 지나고 이 직선에 평행인 직선은 존재하며 단 하나 존재한다."는 평행선 공리를 논리에 어긋나지 않게 표현하게 된다. 이러한 '논리'가 이 수준에서의 학습 수단이 된다.

⑤ 이러한 '논리'가 제 4수준에서 학습의 대상이 되고, 평행선 공리를 근거로 하여 "평행인 두 직선이 제 3의 직선과 만나서 이룬 엇각은 서로 같다."는 사실을 귀류법으로 증명할 수도 있고, 이러한 평행선 공리와 보조정리를 이용하여 "삼각형의 세 내각의 합은 180°이다."는 정리를 연역적으로 증명할 수도 있다. 이러한 논리적인 판단의 대상이 되는 모든 수학적 사실을 추상화함으로써 기하학을 더욱 일반화하고 확대, 발전된다. 이러한 '추상화'가 이 수준에서 학습의 수단이 된다. 이러한 다섯 단계를 도표화하면 다음과 같다.

기능 \ 수준	제0수준 (도형인식)	제1수준 (분석)	제2수준 (명제화)	제3수준 (논증)	제4수준 (연역)
인식 대상	주변의 사물	도 형	성 질	명 제	논 리
인식 수단	도 형	성 질	명 제	논 리	추상화

8.4 숀펠드

숀펠드(Alan H. Schoenfeld)는 학교 수학을 지도하는 근본적인 이유를 수학적 사고를 훈련시키기 위함이라고 보고, 수학적 사고가 어떠한 방식의 사고이며 이를 위하여 갖추어야 할 요소가 무엇인가를 찾아내려는 연구를 하였다. 그는 특히, 수학적 사고의 전형이 수학적 문제 해결 상황이나 문제 해결 과정을 통하여 나타난다고 생각하였으므로, 주로 수학적 문제 해결 과정을 분석함으로써 수학적 사고의 메커니즘을 규명하고 이를 수학 학습 지도에 반영하려고 하였다. 이러한 의미에서 그의 연구를 수학적 문제 해결의 심리학이라고 부르는 것도 자연스러워 보인다. 그는 수학적 문제 해결 과정에 대한 심도 깊은 분석을 위하여 인공 지능(artificial intelligence) 이론이나 정보 처리 심리학(information-processing psychology)과 같은 인지 심리학적 방법론을 사용하고 있다.

8.4.1 수학적 문제 해결의 구성 요소

수학적 문제 해결과 같은 복잡하고 높은 수준의 정신적 활동을 분석하기 위하여 인지적 자원, 발견술, 통제, 신념 체계 등 4가지 개념적 요소를 추출하였다.

① 인지적 자원(cognitive resources)은 특정의 수학적 상황에서 인지 활동의 주체자가 임의로 사용할 수 있는 일련의 지식을 말한다. 이러한 지식의 형태는 사실적 지식, 절차적 지식, 명제적 지식 등으로 세분되기도 한다.

② 발견술(heuristics)은 효과적인 문제 해결을 위한 대략적인 사고 수단으로서, 생소하거나 어려운 문제 상황에 부딪혔을 때 문제 해결을 진전시킬 수 있는 적용 범위가 큰 사고 전략을 말한다.

③ 통제(control)는 문제 해결 과정에서 자신이 소유하고 있는 인지적 자원을 관리, 배당하는 기능으로서 자신의 문제 해결 활동을 계획하거나 모니터 또는 평가하는 과정에 필요한 결정을 내리는 활동과 관련된 지적 기능을 말한다.

④ 신념 체계(belief system)는 인지 활동의 주체자가 특정 영역에서의 자신의 인지 활동과 관련하여 지니고 있는 수학적인 관점이나 선입견 등으로서, 이는 앞에서 언급한 세 가지의 요소들이 작동하는 장을 개인적으로 특성화하는 기능을 가지고 있다.

숀펠트는 이들 각 요소가 주로 수학적 문제 해결 과정에서 작용하는 메커니즘이나 그 효과 등에 대하여 다음과 같은 사실을 밝혀내었다.

(1) 인지적 자원

인지적 자원은 각 개인이 현재 주어진 문제 해결에 필요하다고 생각하는 지식 전반으로서, 여기에는 현재의 문제 해결에 사용할 수 있는 수단까지 포함된다. 인공지능 심리학 분야에서는 특히 문제 해결 과정 분석에 있어서 주어진 문제 해결에 필요한 자원들을 어떠한 경로를 통하여 접근, 도출해 내는지에 대하여 많은 연구를 하고 있는데 이는 유능한 문제 해결자들의 문제 해결 행위를 파악하는 데 기본적인 정보를 제공해 주기 때문이다.

주어진 문제의 전형적 외형은 문제 해결자의 전형적 인지적 자원으로의 접근 활동 유형을 결정한다. 특정 개인의 문제 해결 활동을 결정짓는 요소는 여러 가지가 있는데 이중 숀펠드가 지적하는 대표적인 것을 정리하면 다음과 같다.

① 주어진 문제 영역에 대한 비정형적이면서 직관적인 지식
② 주어진 문제와 관련된 수학적인 사실이나 정의
③ 알고리듬적 과정을 수행할 수 있는 능력
④ 주어진 문제의 해결과 관련된 능력의 스펙트럼 소지
⑤ 주어진 문제 영역 내에서의 논의 과정에 필요한 규칙에 대한 지식

이상의 요소들에 대한 개인의 능력이 분석되면 그 개인의 문제 해결 능력이 구체적으로 파악될 수 있다. 개인에 따라서는 이와 같은 인지적 자원이 불안정하여 때로는 오류적인 인지적 자원을 소지하고 있을 수 있다. 이와 같은 현상에 대한 연구에 의하면 수학을 배우는 학생들에게서 다양한 범위에서의 일관된 오류 양상

이 존재하고 있음이 지적되고 있다. 이러한 오류를 보이는 학생의 경우에 대하여 교사는 단순히 아직 그 학생이 주어진 문제의 해결에 필요한 바른 인지적 자원을 갖추고 있지 못하다는 판단을 할 수도 있지만 사실은 잘못된 인지적 자원을 소지하고 있으면서 일관되게 그 자원을 사용하는 오류를 보일 수도 있다는 점을 주목해야 한다고 말한다(Schoenfeld, 1985). 이러한 경우 교사의 필요한 지도 활동은 반복하여 올바른 내용을 지도하는 것이 아니라, 그 학생이 보여주고 있는 오류를 추출하여 이를 근본적으로 제거시키는 것이다.

(2) 발견술

올바른 발견술 사용을 위하여 숀펠드는 세 가지 사항에 대하여 주의할 것을 권하고 있다.

첫째, 대부분의 발견적 전략들이 너무도 넓은 의미로 정의되어 있기 때문에 이 전략들이 문제 해결에 적용되기에는 부적합하다는 것이다. 예를 들어, "유추의 방법"을 사용하거나 "부분적인 목표"를 세우거나 "세분한 다음 다시 조합"하라는 등의 일반적 발견 전략들은 그 하부에 포함하고 있는 구체적이고 직접적인 전략들을 총괄하는 대표명에 불과하기 때문에 단순히 이들 발견 전략을 제시하기 보다는 각 전략들 밑에 존재하는 세부적 전략들을 자세하고 구체적으로 제시하여 이들에 대한 강조를 새롭게 할 필요가 있음을 주장하고 있다.

둘째, 이와 같은 발견 전략을 효율적으로 사용하기 위해서는 단순히 각 전략에 대한 시식은 물론 이들 전략의 사용과 관련하여 적절한 판단력과 함께 각 전략과 연결된 세부적인 기능을 잘 알고 있어야 한다. 예를 들어, 폴리아가 제시하고 있는 기하 문제를 "보다 쉽고 관련된 문제의 해결"의 전략을 통하여 해결하기 위해서는 다음과 같이 이 발견적 전략 하부에 존재하는 세부적 전략이나 기능을 알고 있어야 이 발견적 전략이 효력을 발휘할 수 있게 된다.

① 바른 전략의 사용에 대한 지식
② 주어진 문제에 적합한 전략 형태에 대한 지식
③ 주어진 문제의 보다 쉽고 관련된 적절한 문제의 구성
④ 자신이 해결할 수 있는 문제들이 갖는 공통점의 파악과 그 문제들을 해결하는 능력
⑤ 옳은 것을 선택할 수 있는 능력

⑥ 선택한 문제의 해결 능력
⑦ 그 문제의 해를 이용할 수 있는 능력

셋째, 문제 해결에 있어서 발견적 전략에 많은 것을 기대하기가 어렵다는 점이다. 즉, 문제 해결에 있어서의 우선적인 능력은 문제 해결자가 주어진 그 문제 영역 내에서 소지하고 있는 인지적 자원으로부터 나오고 발견적 전략은 그 다음으로 사용될 수 있는 능력이라는 것이다.

(3) 통제

통제는 숀펠드가 특히 문제 해결의 활동에서 문제 해결의 성패를 좌우할 만큼 중요한 기능으로 강조하고 있는 인지적 기능이다. 숀펠드는 실험적 연구를 통하여 수학 문제 해결 과정에서 통제의 기능이 하는 역할에 대하여 다음과 같은 연구 결과를 보고하고 있다.

① 간단하고도 분명한 문제 해결에서조차 적절한 통제의 전략을 사용하지 않은 학생은 문제 해결에서 어려움을 겪고 있다.
② 반면에 연구자에 의하여 제안된 통제의 전략들이 학생들의 문제 해결의 과정에 주목할 만한 발전을 가져다주고 있다.

즉, 문제 해결에서 제대로 된 통제 기능을 사용치 못한 학생의 경우에는 주어진 문제에서의 알고리듬 수행에 오류를 가져다 줄 뿐만 아니라 전체적으로 제대로 선택한 발견 전략 사용의 효과도 무효화시키는 결과를 맞고 있다. 그의 다른 연구에 의하면 문제 해결 지도에 있어서 발견술의 훈련은 적절한 통제 전략의 소개와 함께 이루어질 때 분명한 발전을 보이고 있음을 지적하고 있다.

한편, 문제 해결에서의 통제 기능과 연관지어 숀펠드는 메타 인지(metacognition) 기능을 강조하고 있다. 그가 말하는 통제 기능이란 일반적 의미에서의 메타 인지적 기능이다. 문제 해결자는 자신의 문제 해결 행위는 물론 그 문제 해결과 관련된 제반 요소들을 모니터하고, 통제하며, 때로는 평가한다. 이는 문제 해결 과정에 자신의 인지적 자원이나 활동을 통제하는 기능과 같은 것이다.

숀펠드는 문제 해결의 연구에서 문제 해결 활동의 메타 인지적 측면에 대한 연구가 갖는 의미를 중요시하며, 동시에 이에 대한 연구를 통제라는 인지적 기능에 대한 자신의 연구와 동일시하고 있음을 볼 수 있다.

다음으로 그는 문제 해결을 잘 하는 학생이 보여주는 전형적 통제 기능으로 문제 해결자 스스로 자신의 문제 해결에 대하여 내적인 대화를 한다는 점을 지적하고 있다. 즉, 숀펠드는 유능한 문제 해결자는 문제 해결자로서의 자신과 이를 통제하는 또 다른 자아와 문제 해결의 과정에 서로 자신의 문제 해결 행위와 결과에 대하여 논의를 하는 마치 소사회적인 역학 활동이 내적으로 전개되면서 보다 발전된 그리고 올바른 문제 해결에 접근하게 된다는 것으로 비고츠키의 생각을 문제 해결의 메커니즘에 받아들이고 있음을 볼 수 있다.

(4) 신념 체계

숀펠드는 인지 활동의 주체자가 소지하고 있는 신념 체계를 인지적 영역과 정의적 영역의 중간에 위치하는 인지와 정의적 성향을 공유하는 것으로 생각하고 있다. 일반적으로 학생들은 자신의 수학 학습 과정에 자신이 수학에 대하여 가지고 있는 선입견이나 가치관 또는 수학의 성격에 대한 생각으로부터 큰 영향을 받고 있다.

예를 들면, 수학은 천재들만이 잘할 수 있는 과목이라든지, 아니면 수학은 여학생보다는 남학생이 더 잘한다고 생각한다든지, 모든 수학 문제에 올바른 풀이 방법은 단 한 가지만 있다고 생각하거나 주어진 문제를 해결하기 위하여 10분 정도 생각해도 그 해결의 실마리가 생기지 않는 경우는 그 문제를 해결할 수 없다 등, 학생 개개인마다 수학 학습을 해 오면서 누적되어 자리 잡은 이와 같은 생각들은 자신의 수학 학습 전반에 걸쳐 많은 영향력을 발휘할 것이다.

숀펠드도 학생 개개인이 갖고 있는 수학에 대한 신념 체계가 수학 학습을 어떠한 방법으로 할 것인가 라든지 주어진 문제의 해결을 위하여 얼마만한 시간을 투여할 것인가 등의 수학 학습 활동의 여러 요소를 결정짓는 데 큰 역할을 함을 지적하고 있다. 따라서 이와 같은 신념 체계가 문제 해결 활동에도 미치는 영향력이 지대할 것이라는 가정을 다각적인 연구를 통하여 확인하고 있다.

그에 의하면 수학 학습시 학생들이 보여주는 자신의 행위 결정에 종종 이성적 결정과는 거리가 먼 결정이 작용할 때가 많다고 한다. 그리고 이와 같이 이성적 판단에서 벗어나는 결정 형태가 일관되게 체계성을 갖고 있어 이를 추적해 보면 그 자신이 갖고 있는 잘못 고정된 선입견이나 신념 체계 때문이란 것을 알 수 있다고 한다.

8.5 현실주의 수학교육

8.5.1. 현실주의 수학교육의 의미

현실주의 수학교육(Realistic Mathematics Education: RME)은 네덜란드의 수학교육학자 프로이덴탈(Hans Freudenthal, 1905~1990)의 수학화(mathematization) 이론을 기반으로 구성된 수학교육 사조이다.

프로이덴탈
(출처: Wikipedia)

프로이덴탈의 수학화 이론은 우리가 학교에서 가르쳐야 할 수학은 '이미 만들어진 지식체로서의 기성 수학'이 아닌 '구성 과정 중에 있는 실행 수학'이어야 한다는 수학교육관을 기반으로 한다. 따라서 수학화 이론에 따른 바람직한 교수 방법은 기성 수학의 전달이 아니라 소위 안내된 재발명 방법이다. 수학적 개념 및 정리를 발견한 수학자들이 그 발견 과정에서 경험한 수학적 과정을 재구조화시켜 학생들을 안내함으로써 직접 경험하도록 하는 것이다.

수학화란 현상을 수학적 도구로 정리하고 조직하는 수학적 지식의 구성 과정으로 설명된다. 수학화는 바닥 수준에 있는 주변의 '현실'이 정리되어야 하는 '현상'이 되고, 그것을 조직하고 정리하는 도구인 '본질'로서 수학적 지식을 이용하는 것으로부터 시작한다. 이때 제n수준에서 인식 대상이 인식 수단을 통하여 수학화가 이루어지고 나면, 다음 n+1수준에서는 직전 n수준의 인식 수단을 다시 인식 대상으로 삼고 새로운 수학적 본질을 인식 수단으로 하여 정리하고 조직하는(수학화 하는) 교대 상승 과정이 일어난다.

개념 발달의 교대 상승 과정은 개폐연속체(open-closed continuum)라고도 불린다. 반 힐(van Hieles)의 기하학 사고 수준 이론[4]에서 보면, 도형 인식 수준(제0수준)에서 인식 수단(closed)이었던 '도형'이 다음 수준인 분석 수준(제1수준)에서는 인식 대상(open)이 되고, 이 수준에서 인식 수단인 '성질'은 다음 수준인 비형식적 추론 수준(제2수준)에서 인식 대상이 된다. 그리고 비형식적 추론 수준에서 인식 수단이었던 '명제'는 다음 수준인 연역적 추론 수준(제3수준)에서 인식 대상이 된다.

4) 제8장 제3절 (215쪽) 참조.

이 때 인식 대상이 되는 현실이란 학습자 주변의 실세계에 국한된 것이 아니라 학습자가 현실로 간주하여 다룰 수 있는 모든 특성을 포함하는 폭넓은 개념이다. 이러한 프로이덴탈의 아이디어에 입각하여 설립된 네덜란드 프로이덴탈 연구소(Freudenthal Institute: FI)의 수학교육자들을 중심으로 형성된 교육 사조를 현실주의 수학교육이라 일컫는다.

현실주의 수학교육에 따른 수학 수업에서 발생하는 수학화 과정은 다음 도식과 같이 네 단계로 표현할 수 있다.

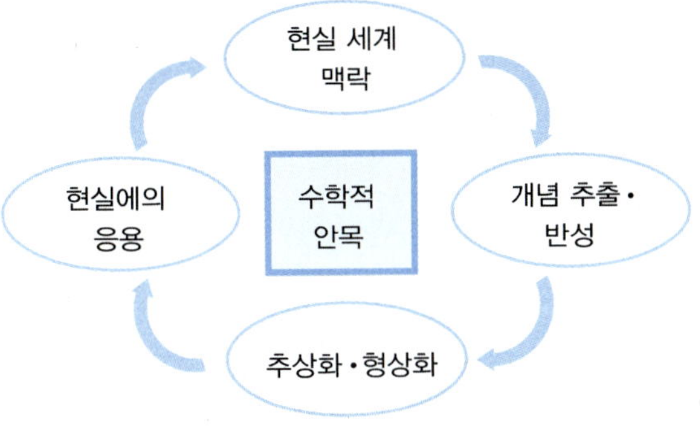

이는 랑에(Jan de Lange) 등이 규정한 '개념적 수학화(conceptual mathematizing)'의 네 단계에 대응하며(Gravemeijer, 1987), 현실 세계로부터 출발하여 수학적 개념과 아이디어를 개발하는 과정을 뜻한다. 각 네 단계에 대한 설명은 다음과 같다.

첫 번째 단계는 문제를 조직화하고 구체화해서 문제의 수학적 측면을 알아내고 규칙성을 발견하는 단계이다.

두 번째 단계는 학생들 간의 상호작용과 학생들의 사회적 환경, 형식화 및 추상화 능력과 같은 요인에 의존하여 현실 상황으로부터 수학적 개념을 추출해 내게 된다. 이 단계를 '개념적 수학화' 라고 부를 수 있다. 여기서 반성적 사고가 중요한 역할을 수행한다.

세 번째 단계는 형식화와 추상화의 단계로 수학적 개념을 기술하고 이어서 보다 엄밀하고 형식적인 정의를 내리게 된다.

네 번째 단계는 수학적 개념을 새로운 문제에 응용함으로써 수학적 개념을 강화하고 수학화 기능을 개발하며 일반화하는 단계이다.

끝으로 해결된 문제는 현실 세계에 대한 학생들의 관점에 영향을 미치게 된다.

8.5.2 현실주의 수학교육의 실제

현실주의 수학교육이 교육 현장에서 구현되는 실제 모습에 대하여 좀 더 자세히 알아보기 위해서는 MiC(*Mathematics in Context*) 교과서를 참조하는 것이 도움이 된다. 이 교과서는 미국과 네덜란드에서 개발되었다. 기본 청사진은 네덜란드의 프로이덴탈 연구소(FI)에서 제시하였고, 미국 위스콘신 메디슨 대학교의 연구자들이 이것을 수정 보완하였으며, 최종 완성은 미국에서 이루어졌다. 개발된 학습 자료는 미국 위스콘신 주에 있는 학교들을 대상으로 적용하여 검증을 마쳤다.

(1) 개관

MiC는 말 그대로 수학을 학습자가 이해와 의미를 구성하고 탐구할 수 있는 실생활 맥락 속에 구현하는 것을 목표로 한다. 1998년에 첫 발행된 MiC는 미국 기준으로 중학교에 해당되는 5, 6, 7, 8학년을 대상으로 각 학년 10권씩 총 40권으로 이루어진 수학 종합 학습 교재이다. 이 40권은 학년별로는 10권씩 분류되지만, 내용 영역으로는 수, 대수, 기하, 통계의 4개 영역으로 분류된다. 각 권에는 '수로 말해요(Measure for Measure)', '지도 보기(Figuring all the Angles)', '오르락내리락(Ups and Downs)' 등 '맥락'을 의미하는 말로 제목을 붙였다. 이러한 제목들은 수업 절차의 출발점이 되는 현실 맥락으로부터 수학적 개념을 직관적으로 추출하고 반성하며, 이를 더욱 추상화, 형식화시킴으로써 수학적 지식을 학습하고 이를 다시 현실 맥락에 적용하는 고유의 교수-학습 틀을 대체로 잘 반영하고 있는 것을 보여주고 있다. 이들 40권의 책 제목을 MiC에서 권장하는 지도 순서대로 나열하면 다음과 같다.[5)]

〈5학년〉
다르게 보여요 (Side Seeing)
패턴과 기호 (Patterns and Symbols)
분수 (Some of the Parts)
수를 그림으로 (Picturing Numbers)

---

5) MiC 교과서는 2003년 나온교육연구소에서 전권 우리말로 번역한 바 있다. 각 책의 제목 중 일부는 이 번역본에 따랐지만, 나머지 대부분은 책의 내용을 알 수 있도록 우리나라 교육과정에 나오는 용어를 사용하였다.

수로 말해요 (Measure for Measure)
지도 보기 (Figuring All the Angles)
백분율 (Per Sense)
확률 (Take a Chance)
양수와 음수 (Dry and Wet Numbers)
축척 (Grasping Sizes)

〈6학년〉
도형의 넓이 (Reallotment)
식과 계산 (Expressions and Formulas)
비율그래프 (Fraction Times)
추이그래프 (Tracking Graphs)
비율을 곱하기 (More or Less)
데이터를 한눈에 (Dealing with Data)
양의 비교 (Comparing Quantities)
정수의 가감산 (Operations)
비와 비율 (Ratios and Rates)
측정 (Made to Measure)

〈7학년〉
다면체 (Packages and Polygons)
문자와 식 (Building Formulas)
삼각형 그 너머 (Triangles and Beyond)
분수의 곱셈 (Cereal Numbers)
오르락내리락 (Ups and Downs)
각도와 전망 (Looking at an Angle)
행복한 결정 (Decision Making)
십진법 (Powers of Ten)
경우의 수 (Ways to Go)
통계와 환경 (Statistics and Environment)

〈8학년〉
방정식과 그래프 (Graphing Equations)
삼각형 무늬 (Triangles and Patchwork)
수의 패턴 (Patterns and Figures)
자료와 통찰 (Insights into Data)
약수와 배수 (Reflections on Number)
최대와 최소 (Get the Most Out of It)
기댓값 (Great Expectations)
마야 기수법 (Digging Numbers)
거리 구하기 (Going the Distance)
생장 (Growth)

MiC 교과서가 목표로 하는 것은 ① 학생들로 하여금 도구로서의 수학을 이해하도록 하는 것이며, ② 수학 교육의 새로운 접근 방법을 보여주는 것이다. 즉, 학생들로 하여금 수학적 관계를 탐구하고, 문제 해결을 위한 사고 전략과 논리적 근거를 스스로 개발하고 설명하며, 문제 해결 도구를 적절하게 사용하며, 서로 각자의 사고 전략에 대하여 듣고, 이해하고, 평가할 수 있도록 만드는 것이다.

(2) 전개 방식

MiC 교과서를 좀더 구체적으로 이해하려면 교과서를 직접 살펴보는 것이 도움이 된다. 《분수》(Some of the parts) 교과서를 예로 들어 살펴보자.

이 책은 등분할을 통해 분수 개념을 도입하고 다양한 맥락 속에서 분수를 활용하도록 구성되어 있다. 자연탐사에서의 점심 식사를 위한 '샌드위치 나누기'의 현실 맥락은 분수 개념을 위한 출발점으로 작용한다. (예시 그림 1)

이후 나누어 먹을 학생의 수를 달리하여 상황을 전개한다. 이때 과일 테이프라는 간식은 n등분을 할 필요를 야기하는 모델로 작용한다. 이 활동으로부터 학생들은 직관적으로 등분할과 부분과 전체의 크기에 대한 개념을 파악하도록 안내된다. (예시 그림 2)

다음 단계에서는 태평양의 한 섬에 난파된 가상의 상황 속에서 앞선 활동을 형식화한 수학적 개념으로서 분수가 도입된다. 이때 분자와 분모라는 용어도 다루고 그 의미가 무엇인지에 대해 명시적으로 이해시키고 있다. (예시 그림 3)

A. SHARING FOOD

SUBMARINE Sandwiches

At Booker T. Washington Middle School, a class is planning a nature hike. The class is divided into groups of students. Each group of students pools their money to buy submarine sandwiches for lunch. When lunchtime arrives, each group shares the subs *equally*.

Above, you see four groups and the number of subs they have to share.

1. In which group do the students get the most to eat? Explain your answer.

2. In which group do the students get the least to eat? Explain your answer.

예시 그림 1

이 교재의 마지막 단계는 보다 높은 수준에서 수학적 개념을 적용하는 활동을 풍부하게 다루고 있다. 요리법에서 재료의 양의 변화, 인구 막대, 건강 달리기의 상황 등을 이용하여 학생들로 하여금 대분수와 함께 분수의 개념과 연산을 다채롭게 경험하게 함을 파악할 수 있다. (예시 그림 4)

FRUIT TAPE

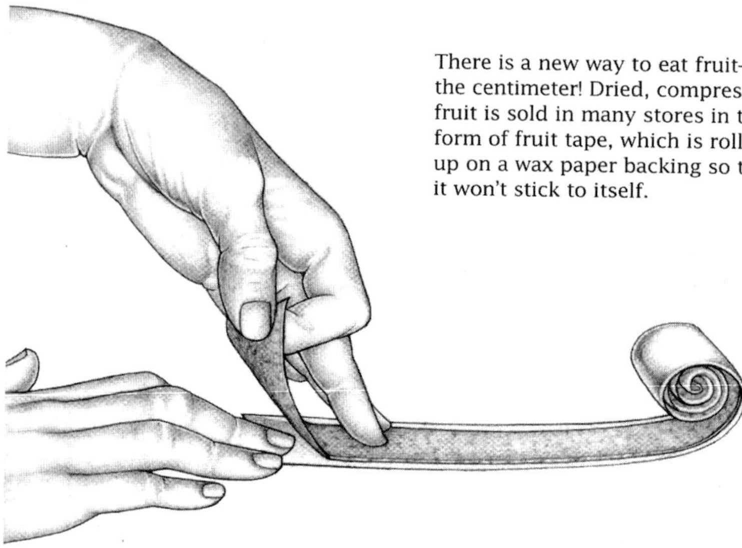

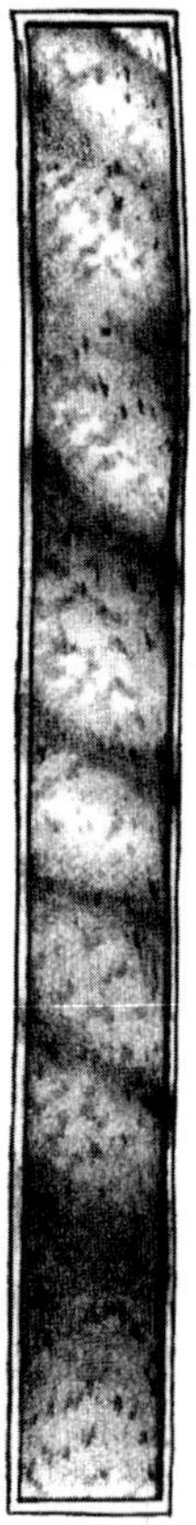

There is a new way to eat fruit—by the centimeter! Dried, compressed fruit is sold in many stores in the form of fruit tape, which is rolled up on a wax paper backing so that it won't stick to itself.

2 equal pieces	4 equal pieces	8 equal pieces	3 equal pieces	6 equal pieces	5 equal pieces

5. On **Student Activity Sheet 2,** you will find drawings of six pieces of fruit tape. Cut them out.

Divide and cut each fruit tape into the number of pieces indicated on **Student Activity Sheet 3.** Be sure that your pieces are equal. Glue the pieces onto the bars on **Student Activity Sheet 3.** Label each piece with a fraction. Be prepared to explain how you decided where to cut.

예시 그림 2

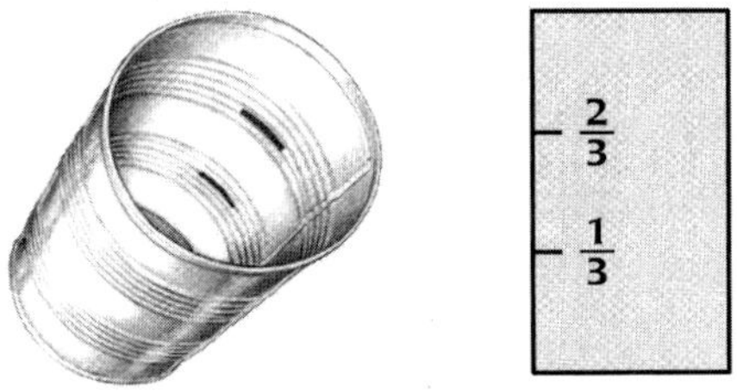

Sometimes you find that you want less than a whole can of coconut milk, so you scratch lines inside the cans as pictured on the left.

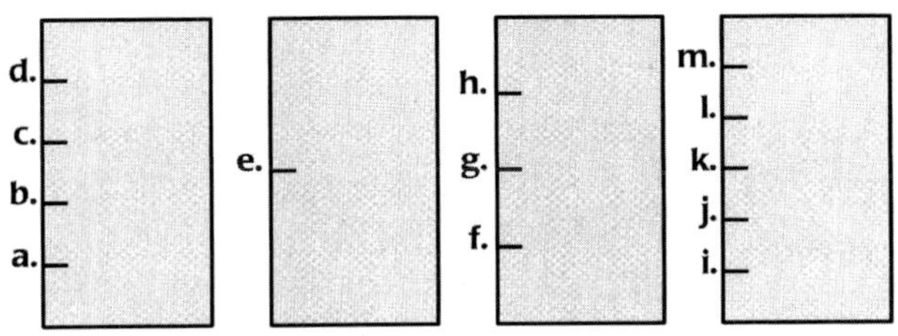

1. In your notebook, write the fractions that you would put beside the measuring points labeled *a* through *m*.

In a fraction, the number written above the line segment is called the ***numerator***.

The number written below the line segment is called the ***denominator***.

$\frac{2}{3}$ $\Leftarrow$ ***numerator*** (2)
$\Leftarrow$ ***denominator*** (3)

2. Explain what the numerator and denominator in a fraction mean.

예시 그림 3

In the last set of problems, the weights of the pieces of meat and cheese were rounded to the nearest 100 or 50 grams. If you weigh a piece of meat on an electronic balance, the weight could be rounded to the nearest gram.

Abe is shopping at a market where they sell food that is not yet packaged. Abe goes to a stand and asks, “May I have 200 grams of bologna?” The butcher takes the piece of bologna from the case and weighs it. The scale indicates that the piece weighs 623 grams. The butcher thinks, “I need about one-third of it.”

Before cutting, the butcher shows Abe the piece that is going to be cut off and asks, “Do you want a piece about this size?” Abe agrees that the piece is about the right size, so it is cut, and Abe buys the bologna.

4. On the left you see some pieces of sausage and cheese. The dotted lines indicate where the butcher will cut. Estimate how much the cutoff piece (the part with the vertical lines) will weigh.

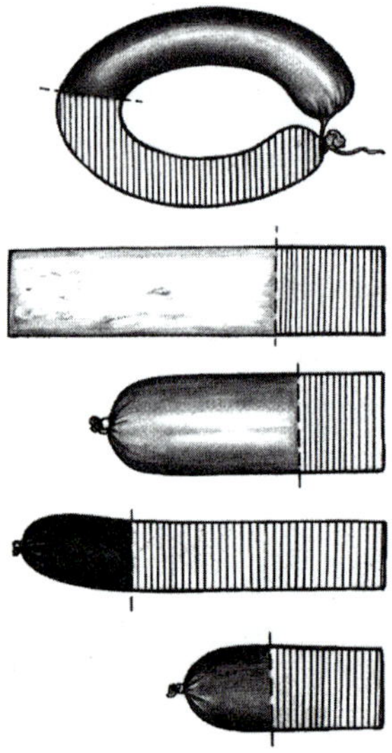

a. The whole piece weighs 1,054 grams.

b. The whole piece weighs 872 grams.

c. The whole piece weighs 781 grams.

d. The whole piece weighs 809 grams.

e. The whole piece weighs 618 grams.

예시 그림 4

8.5.3 현실주의 수학교육의 평가틀

학생들의 수학적 능력을 평가하기 위해 고려해야 할 요인은 다양하다. 이를 고려하여 프로이덴탈 연구소의 랑에(Jan de Lange)는 ① 수학 내용, ② 이해 수준, ③ 난이도의 세 차원으로 이루어진 피라미드 모델을 평가틀로 제시하였다.

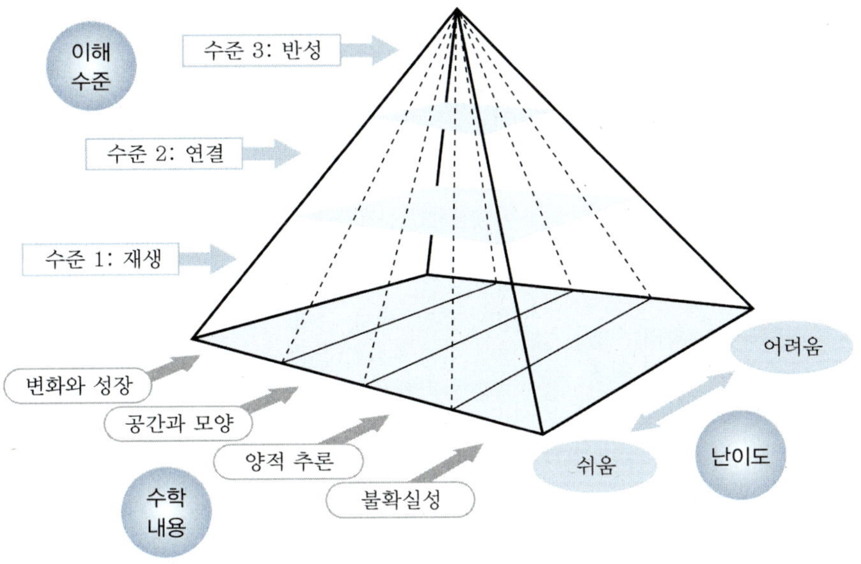

그림 8-4 Jan de Lang의 피라미드

이 피라미드 모델의 수직축인 이해 수준은

제1수준 : 재생
제2수준 : 연결
제3수준 : 반성

으로 구분되며, 가로축인 수학 내용은

변화와 성장
공간과 모양
양적 추론
불확실성

의 네 가지로 구분된다. 한편 세로축인 난이도는 쉬움에서 어려움까지 연속선상에서 나타낼 수 있는 성질의 것이다.

이해의 세 수준은 다음 표의 내용과 같이 설명된다.

표 8-1 Jan de Lange의 이해 수준

	수준 1:재생 재생, 절차, 개념 및 정의	수준 2: 연결 문제해결을 위한 연결과 통합	수준 3: 반성 수학화, 수학적 사고와 추론 및 일반화와 통찰력
수학적 능력	사실에 대한 지식 수학의 대상과 특성의 표현 정형적인 절차의 수행 표준 알고리즘의 적용 공식과 식에 대한 조작	비정형적인 문제해결 정보를 다양한 수학적 언어로 표현 정의, 주장, 예시, 증명 등 명제 이해 수학적 논증 상황에 적합한 모델 개발 및 비판적인 모델의 사용	여러 가지 맥락에서의 수학화 자신의 모델과 전략 개발, 분석, 해석 일반화와 증명을 포함한 수학적 논증 의사소통 학문으로서의 수학과 수학적 모델링을 통해 수학의 응용에 대한 통찰력
평가 유형	선택형, 완성형, 연결형, 진위형, 폐쇄형 단답형	개방형 단답형, 개방형 서술형	개방형 서술형, (복수)슈퍼 문항형 두 단계 과제, 수필 과제, 저널쓰기

우리나라의 2009 개정 교육과정에 따른 수학 교과서는 단원 평가 부분에서 이러한 피라미드 모델을 다음과 같이 응용하였다. 수직축인 이해 수준은 그대로 반영하고, 가로축인 수학 내용으로는 교육과정의 영역 구분인 ① 수와 연산, ② 도형, ③ 측정, ④ 규칙성, ⑤ 확률과 통계를 따르고, 세로축인 난이도 대신 교육과정에서 제시한 수학적 과정인 ① 문제 해결, ② 추론, ③ 의사소통을 배치하였다.

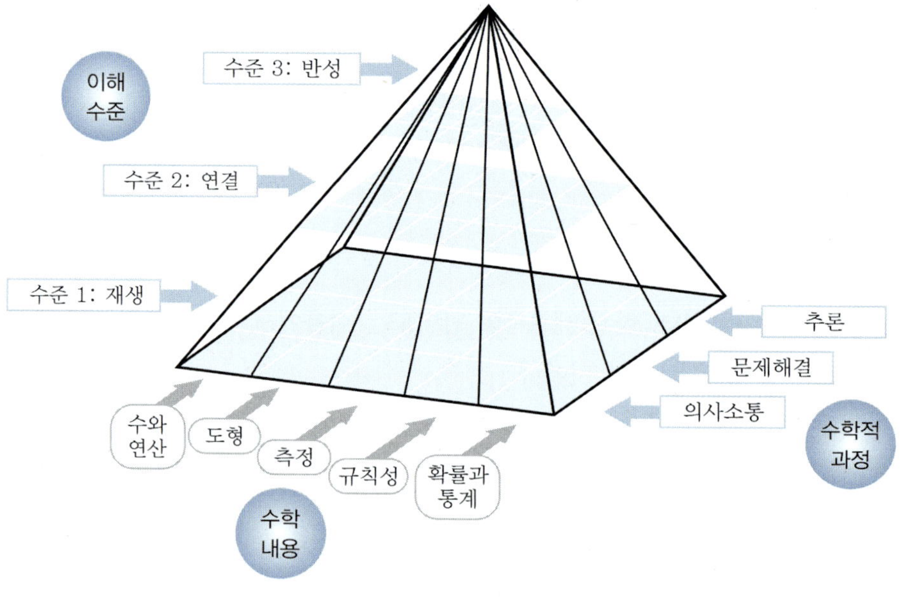

토의문제

1. 스켐프의 수학 학습 심리학 이론을 초등학교 수학 수업 현장에 적용한다면 어떤 부분에서 어떻게 적용할 수 있는가?
2. 디에네스의 수학 학습 심리학 이론을 초등학교 수학 수업 현장에 적용한다면 어떤 부분에서 어떠한 방법으로 적용시킬 수 있는가?
3. 반 힐의 기하학적 사고 발달 이론을 초등학교 수학 수업 현장에 적용한다면 어떤 부분에서 어떤 방법으로 적용시킬 수 있는가?
4. 수학적 지식을 배워 현실에 응용하는 것과 수학화를 통하여 수학을 학습하는 일 사이의 차이점에 대하여 토의하여 보아라.
5. MiC 교과서와 우리나라의 초등학교 수학 교과서를 비교해 보고, 장단점을 논의하여 보아라.

읽을거리

- 김수미 (2008). Zoltan Dienes의 수학학습 6단계 이론의 재음미. **대한수학교육학회지 〈학교수학〉** 10(3), 339-355.
- 김응태, 박한식, 우정호 (1986). **수학교육학개론**. 서울: 서울대학교출판부.
- 정영옥 (1999). 현실적 수학교육에 대한 고찰 - 초등학교의 알고리듬 학습을 중심으로 **대한수학교육학회지 수학교육학연구** 9(1). 81-109.
- 정영옥 (2000). 수학교육 연구 동향 - 네덜란드의 현실적 수학교육. **대한수학교육학회지 학교수학** 2(1). 283-310.
- Dienes, Z. P. (1967). *Building up Mathematics (4th Edition)*. London: Hutchinson Educational Ltd.
- Dienes, Z. P. (1970). *The Six Stages in the Process of Learning Mathematics*. (P. L. Seaborne (Trans.)). New York: Humanities Press.
- Dienes, Z. P. & E. W. Golding (1971a). *Approach to Modern Mathematics*. New York: Herder and Herder, Inc.
- Dienes, Z. P. (1971b). An example of the passage from the concrete to the manipulation of formal systems. *Educational Studies in Mathematics 3*.

Dordrecht, Holland: D. Riedel Publishing Co.

- Gagné, Robert M. (1970). *The Conditions of Learning (2nd Edition)*. New York: Holt, Rinehart and Winston, Inc.
- Gattegno, C. (1963). *For the Teaching of Mathematics (Vol. 2)*, Educational Explorers Limited.
- de Lange, J. (1995). Assessment: No chance without problems. In T. A. Romberg (Ed.), *Reform in School Mathematics and Authentic Assessment* (pp. 87-172). Albany: State University of New York Press.
- Gravemeijer, K. (1987). The implementation of realistic mathematics curricula. *Proceedings of the 11th International Conference for the Psychology of Mathematics Education, 3*, 255-261.
- Freudenthal, H. (1991). *Revisiting Mathematics Education: China Lectures.* Dordrecht: Kluwer Academic Publishers.
- Streefland L. (1991). *Realistic Mathematics Education in Primary School: On the Occasion of Opening of the Freudenthal Institute.* Utrecht: CD-β Press.
- Schoenfeld, A. H. (1985). *Mathematical Problem Solving.* New York: Academic Press.
- Skemp, R. R. (1971). *The Psychology of Learning Mathematics.* Penguin, Harmondsworth.
- Skemp, R. R. (1979). *Intelligence, Learning, and Action : A Foundation for Theory and Practice in Education.* New York : John Wiley & Sons.
- University of Wisconsin-Madison (1998). *Mathematics in Context.* Chicago, IL: Encyclopaedia Britannica Educational Corporation.
- van Hiele, P. M. (1959). A Child's Thought and Geometry. In D. Geddes (1984) *English Traslation of Selected Writings of Dina van Hiele-Geldof and Pierre M. van Hiele.* Washington, D.C.: NSF.
- van Hiele, P. M. & van Hiele-Geldorf, D.(1959). A method of initiation into geometry at secondary schools. In H. Freudenthal (ed.), *Report on Methods of the Initiation into Geometry,* Groningen.

제 9 장

수학적 지식의 특성과 수학적 사고

인간의 지적 활동과 관련하여 수학을 보는 관점을 두 가지로 나누어 볼 수 있다. 하나는 수학을 인간의 지적 활동의 결과로서 보는 것이고, 다른 하나는 인간의 지적 활동 그 자체로 보는 것이다. 지적 활동의 결과로서의 수학은 '지식'이라는 형태로 나타나게 된다. 이 장에서는 지식의 관점에서 수학의 특성을 분석하여 보고, 이어서 '활동'의 관점에서 수학적 사고의 특성을 분석하여 보기로 하자.

9.1 수학적 지식의 특성

학문의 한 영역으로 성장하기까지 지식은 초기적 형태로 형성된 이후, 적용되고 발전하는 과정을 거친 후, 안정된 형태로 보존, 정리되는 과정을 거치게 된다. 이러한 관점에서 수학적 지식의 특성을 지식의 형성 과정, 적용 발전 과정, 보존 정리 과정의 3단계로 나누어 살펴보자.

9.1.1 지식의 형성 과정에서 나타나는 특성

(1) 추상화

수학적 지식의 형성 과정에 있어서 추상화란 어떤 구체물의 집합에서 이질적 요소를 제거하고 동질적 요소만을 추출하여 개념을 표상화하는 과정을 말한다. 예를 들어, 집합수 3의 개념은 나비 3마리의 집합, 꽃 3송이의 집합, 공 3개의 집합 등, 원소의 수가 3인 집합들 각각에 대해서, 이들이 가지고 있는 이질적 요소를 제거하고, 동질적 요소, 즉 원소의 수가 3이라는 성질만을 표상화한 것이라고 말할 수 있다.

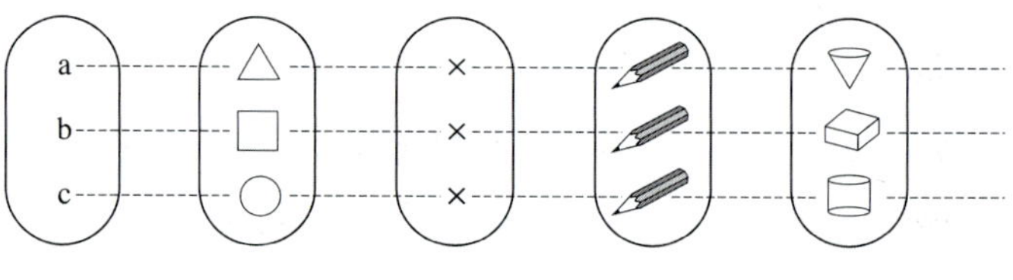

또 다른 예로는 삼각형, 사각형, 원 등의 기본 도형을 들 수가 있는데, 예를 들어 사각형의 경우, 주변에서 볼 수 있는 종이, 책, 칠판, 창문 등의 성질에서 이질적 요소를 제거하고 동질적 요소, 즉 한 평면 위에 있는 네 선분으로 둘러싸여 있다는

성질을 표상화한 것이다.

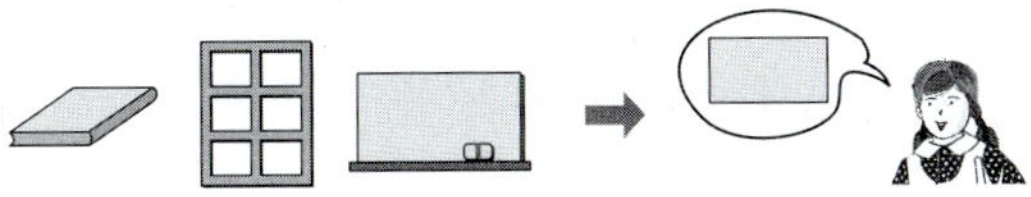

(2) 형식화

수학적 지식의 형성 과정에 있어서 형식화란 추상화된 수학적 개념들을 대상으로 공통적인 규칙성이나 필요한 규칙, 원리 등을 만들어 가는 과정을 말한다.

예를 들어, 추상화된 자연수 개념은 아무렇게나 비형식적으로 나열되는 것이 아니라 기수법이라는 적절한 형식에 따라 나열된다. 고대 이집트인이나 로마인들은 주로 가법적 기수법을 사용하였으므로, 큰 수를 나타내기 위해서는 매번 새로운 기호가 필요하게 되었다. 그러나 '위치적 기수법'을 적용한 아라비아 숫자 기수법은 매 수마다 새로운 기호를 부여하지 않고 10이 되면 위치를 바꾸어 새로운 의미를 주는 보다 간편한 방법을 사용하였다.

인도·아라비아	1	2	3	4	5	6	7	8	9	10	50	100	500	1000
고대 이집트	I	II	III	IIII	IIIII	IIIII I	IIIII II	IIIII III	IIIII IIII	∩	∩∩∩ ∩∩	𓍢	𓍢𓍢𓍢 𓍢𓍢	𓆼
고대 로마	I	II	III	IV	V	VI	VII	VIII	IX	X	L	C	D	M
마야	•	••	•••	••••	—	• —	•• —	••• —	•••• —	═	•• ═	— 𝋠	• — 𝋠	•• ═ 𝋠
한자	一	二	三	四	五	六	七	八	九	十	五十	百	五百	千

여러 가지 기수법의 발달

수의 연산과 관련된 내용은 매우 형식화된 수학적 지식에 해당된다. 자연수의 덧셈, 뺄셈, 곱셈, 나눗셈 등 사칙 연산은 소수의 사칙 연산, 분수의 사칙 연산 등으로 발전하고, 이어서 정수, 유리수, 실수 등의 사칙 연산으로 발전하게 된다. 예를 들어, 자연수의 곱셈에서 발전된 음수끼리의 곱셈, (음수)×(음수)=(양수)는 형식화된 수학적 지식의 전형적 예에 해당된다. 이외에도 다각형의 이름에 각의 수를 기준으로 삼각형, 사각형 등으로 불러나간다든지, 실수의 사칙 연산을 바탕으로 복소수의 사칙 연산을 정의한다든지 하는 일도 수학적 형식화의 예가 된다. 지수가 자연수인 경우의 지수의 법칙을 지수가 유리수 또는 실수인 경우까지 확장하는 것도 수학의 형식화가 가능하기 때문이다.

(3) 이상화

수학적 지식의 형성 과정에 있어서 이상화란 어떤 사물 자체에 속한 현실적 제약을 무시하고 사고하고자 하는 기존 개념에 맞추어 사물의 속성을 규정하는 과정을 말한다.

예를 들어, 평균 속도의 개념은 물체가 운동한 거리를 시간으로 나눈 것으로서, 현실적으로 물체가 운동하는 전 구간을 이 평균 속도로 움직이는 경우는 거의 없음에도 불구하고 운동의 한 속성으로서 수학적으로 이상화시켜 받아들이고 있는 것이다.

수학적 지식의 특성 중 '이상화'를 풍자한 만화(소년조선일보 연재만화 중에서)

또한, 덧셈이나 뺄셈을 지도할 때에 사용하는 수모형과 같은 교수학적 도구도 수의 개념을 이상화시킨 것이고, 여러 가지 기본 도형 사이의 기본적인 관계를 나타내는 "교차한다", "평행하다", "겹치다" 등의 용어도 이상화의 예가 된다. 피보나치(Fibonacci)가 지은 《*Liber Abaci*》에 나오는 토끼 문제[1]도 이상화의 한 예이다.

9.1.2 지식의 적용, 발전 과정에서 나타나는 특성

(1) 일반화

수학적 지식이 적용, 발전되는 과정에서 나타나는 특성으로서의 일반화란 추상화된 수학적 개념을 보다 넓은 범위에 적용시키는 과정을 말한다. 예를 들어, 두 자리의 수에서 성립하는 여러 가지 연산 법칙, 계산 규칙 등은 세 자리 수, 네 자리 수, 나아가 다섯 자리 이상의 큰 수에도 적용되도록 확장될 수 있다. 또한, 삼각형의 내각의 합을 구하는 방법은 사각형, 오각형은 물론 일반적인 다각형의 내각의 합을 구하는 방법으로 일반화될 수 있는 것이다. 예를 들어 짝수의 개념은 자연수

1) 성숙한 암수 한 쌍의 토끼가 교배를 하면 한 달 후에 암수 한 쌍의 새끼를 낳고 이들 암수 한 쌍의 새끼는 다시 한 달 뒤에 성숙한 토끼가 되어 교배를 할 수 있다고 할 때, 성숙한 암수 한 쌍의 토끼가 매달 교배를 하기로 하면 성숙한 암수 한 쌍의 토끼는 일 년 후에 모두 몇 쌍의 토끼로 불어나게 되는가?

에서 발달한 것이지만, 나중에는 0을 포함한 음의 정수에까지 적용되어 일반화된다. $a^m \cdot a^n = a^{m+n}$과 같은 지수 법칙도 지수가 자연수인 경우에 발견된 것이지만 지수가 음의 정수일 때는 물론 지수가 유리수 또는 실수가 되는 경우에도 적용할 수 있도록 일반화시켜 사용하는 것이 수학의 특징이다.

(2) 특수화

수학적 지식이 적용, 발전되는 과정에서의 특수화는 일반화된 수학적 개념을 특정한 구체적 경우에 적용하는 과정을 말한다. 그 예로는 일반적인 연산 규칙이나 계산의 방법을 특수한 상황에 적용하는 경우를 생각해 볼 수 있고, 이차방정식에 관한 응용문제를 풀 때에 이차방정식에 관한 여러 가지 공식을 변형하여 적용하는 경우도 생각해 볼 수 있다. 또한, 여러 가지 다각형으로 이루어진 도형의 넓이를 구하기 위하여, 기본 도형의 넓이 공식을 적절히 적용하는 경우도 특수화의 예가 된다.

일반화와 특수화는 상대되는 개념이지만, 번갈아 가며 작용하여 수학적 지식이 적용, 발전되는 데 도움을 주기도 한다.

9.1.3 지식의 보존, 정리 과정에서 나타나는 특성

(1) 계통성

수학적 지식은 보존, 정리되는 과정에서 계통성을 지니게 된다. 계통성은 수학 내용의 위계적이고 누적적인 구성의 특징을 말한다. 예를 들어, 수의 개념은 자연수의 개념을 기본으로 하여, 자연수를 포함하는 정수의 개념, 정수를 포함하는 유리수의 개념, 유리수를 포함하는 실수의 개념, 실수를 포함하는 복소수의 개념 등으로 계통적으로 정리해 볼 수 있다. 또한, 덧셈, 뺄셈, 곱셈, 나눗셈의 사칙 연산은 다음 그림과 같이 덧셈과 뺄셈, 곱셈과 나눗셈은 서로 역연산 관계를 가지며, 덧셈은 동수누가의 과정을 거쳐 곱셈으로, 뺄셈은 동수누감의 과정을 거쳐 나눗셈으로 발전되는 계통성을 지닌다.

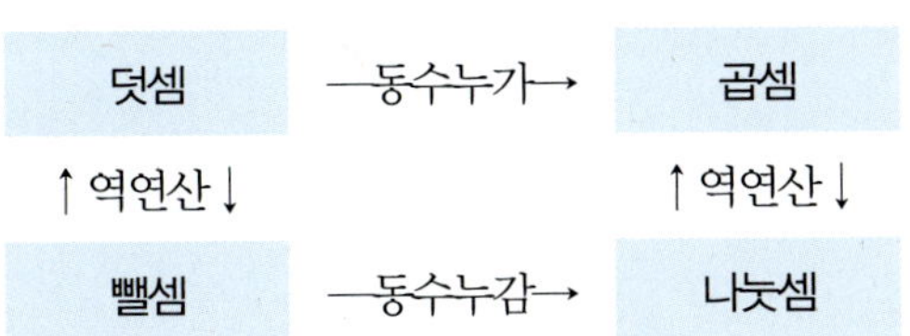

계통성은 수학적 지식이 지닌 구조적 장점인 동시에 교수 학습 과정에서는 지식의 국소화 현상을 불러 일으켜서 학습에 저항을 불러일으키기도 한다. 예를 들어, 수 0은 일반적으로 짝수, 즉 2의 배수의 개념으로 볼 수 있지만, 초등학교에서는 이러한 개념을 지도하기 어렵다. 따라서 이에 대한 취급을 중등학교 수학을 배울 때까지 유보해 두고 있지만, 이로 인해 아동이 성장한 후에도 0이 짝수라는 생각을 쉽게 떠올리지 못하는 경우도 생기게 된다.

(2) 논리성

수학적 지식은 보존, 정리되는 과정에서 계통적으로 누적되는데, 이때 누적되는 순서는 연역적 논리에 따른다. 즉, 논리성은 계통성을 지원하는 규칙이다. 대표적인 예는 유클리드의 《원론(*Elements*)》이다. 기원전 3세기경에 쓰인 기하학 원본은 당시까지 발전하였던 그리스의 수학을 연역적, 논리적으로 정리한 결과로서, 그후 2000여 년간 기하학을 지도하는 대표적인 교과서가 되어왔다. 그런가 하면, 근대에 들어 대두된 공리주의 수학이나 수학기초론도 수학적 지식의 특성인 논리성을 잘 보여주는 예가 된다.

9.2 수학적 사고

활동 결과로서의 수학은 수학적 지식의 특성으로 드러나지만, 활동 과정으로서의 수학은 수학적 사고의 특성으로 드러난다. 수학적 사고는 보다 구체적으로 '수학적 문제 상황을 해결하기 위한 사고'라고 할 수 있다. 수학적 사고를 수학의 각 내용 영역과 관련시켜 집합적 사고, 함수적 사고, 도형적 사고, 통계적 사고 등으로 말할 수도 있으나, 수학적 특정 내용과 관계없이 기능적 측면에서 구별할 때에는 직관과 논리, 수학적 개념-원리-법칙, 가역적 사고, 귀납적 사고, 연역적 사고, 유비추리적 사고 등으로 특징지어 논의하기도 한다.

9.2.1 직관과 논리

수학적 사고는 직관과 논리의 상호작용의 결과이다. 직관은 수학적 발상이며 논리는 그러한 발상을 다듬는 일이다. 많은 사람들이 수학은 논리적인 것이라고 말하고 있으나, 수학적 사고의 출발은 결코 논리적이라고 볼 수만은 없다. 때로는 엉뚱한 아이디어나 상상력이 대단히 유용한 수학적 결과를 초래하기도 한다. 위치적 기수법의 기초가 되는 기호 '0'의 발견은 결코 논리적인 노력의 소산이 아니다. 분수, 음수, 복소수의 발견 등도 처음부터 논리적인 과정을 거쳤던 것은 아니다.

직관적인 수학적 아이디어는 철저한 논리적 검증 과정을 거치고 나서야 유용한 수학적 지식으로 거듭난다. 수열의 극한이나 무한과 같은 추상적 아이디어는 엄밀한 수학적 검증을 거치기까지 많은 시간을 필요로 했다.

비록 수학적 지식으로 태어나 마무리되는 과정은 논리적 검증을 거치지만, 그 발생은 작은 수학적 의심, 간단한 수학적 아이디어 등 직관적 발상으로부터 시작된다. 따라서 교육에 있어서 수학적 직관의 발달은 매우 중요한 문제이다. 비유클리드 기하학의 시작은 평행선 공리라고 불리는 유클리드 제5공준에 대한 미심쩍은 생각에서부터 시작된 것이다. 거의 2000년에 걸친 끈질긴 직관적 노력은 끝내 비유클리드 기하학을 탄생시킨 것이다. 실제로 이스라엘의 수학교육학자 피시바인(Fischbein)은 유클리드 기하학을 배우기 전의 고등학생들을 상대로 조사해본 결과 절반 정도의 학생들만이 평행선 공리를 자연스러운 것으로 받아들이고 있고, 나머지 학생들은 그것도 증명을 해야 하거나, 다른 경우도 가능할 것이라는 생각을 지니고 있음을 밝힌 바 있다(Fischbein, E., Tirosh, D., & Melamed, U., 1981). 푸앵카레(Poincaré)는 "증명은 논리에 의한 것이지만, 발견은 직관에 의한 것이다. 비판하는 능력은 중요하다. 그러나 창조할 줄 아는 것은 더욱 중요하다."고 말한 바 있다.

9.2.2 수학적 개념, 원리, 법칙

수학적 개념이나 원리, 법칙은 여러 가지 개별적 예나 수학적 경험 등을 일반적 형태로 표현한 것이다. 따라서 수학적 내용을 잘 이해시키려면 정례나 반례 등, 관련된 구체적 예와 다양한 수학적 경험을 많이 제공하여야 한다.

수학적 개념이란 인간이 외부와 교류하는 과정에서 지각하고 경험하는 개개의 속성으로부터 구체성이나 특수성을 배제하고 남은 공통적이고 일반적인 속성에 기초하여 특정 이름이나 기호로 표현하는 총체적 생각을 말한다고 볼 수 있다. 수학적 개념은 그 속성에 따라

개별 개념 (예; 삼각형, 원, 3, 자연수, 짝수 등)
관계 개념 (예; 평행, 수직, 비례, 크다, 포함, 약수 등)
조작 개념 (예; 덧셈, 나눗셈, 평행 이동, 대칭 이동 등)

등으로 분류할 수 있다.

수학적 원리는 수학의 일반적 성질을 증명 가능한 형태의 명제로 나타낸 것이다. 예를 들어, '모든 삼각형의 내각의 크기의 합은 180°이다', '소수는 무한히 많다' 등은 증명 가능한 일반적 성질을 나타내는 명제들이다.

수학적 법칙은 예를 들어 덧셈의 교환 법칙이나 지수 법칙 등과 같이 일반적으로 받아들이는 수학적 약속이나 공리로서 수학의 기본적 성질을 나타낸다.

9.2.3 가역적 사고

가역적 사고란 사고의 흐름을 앞뒤로 자유롭고 유연하게 전환시키는 즉, 사고 과정을 재구성하는 사고를 의미한다. 수학적 사고가 성숙한 형태로 이루어지려면 가역적 사고 능력이 필요하다. 가역적 사고 능력은 그 형성 과정이 비교적 어렵고 복잡하다. 일반적으로, 가역적 사고는 자기중심적 사고에서 외부로 향하는 일방적 사고에서 발전하여, 외부에서 자신으로도 향하는 양면성을 고려할 수 있는 성숙된 사고 능력이다. 예를 들어, 등식에서 좌변 또는 우변에 있는 항의 위치를 바꿀 때 관련된 연산 기능이 함께 바뀌는 규칙, 거꾸로 풀기와 같은 문제 해결 전략 등을 자유로이 구사하는 데에는 가역적 사고 기능이 필요하다. 가역적 사고를 통한 수학 학습은 수학적 활동을 보다 효과적으로 심화시키는 효과를 낼 수 있다.

9.2.4 귀납, 연역, 유추

(1) 귀납

귀납적 사고의 전형은 자연 과학을 연구할 때 사용되는 일반적 사고 유형에서 찾을 수 있다. 수학에서도 다양한 수학적인 경험에서 출발하여 귀납적 사고의 과정을 거치는 동안, 수학적 아이디어에 포함된 오류가 바로 잡히거나, 새로운 개념이나 아이디어로 발전하는 경우가 많다. 수학의 귀납적 사고는 수학적 대상에 대한 경험을 통하여 어떤 추측이나 예측을 구성하고, 이를 일반적 법칙이나 명제로 발전시키고자 할 때 사용된다. 예를 들어, $a^m \cdot a^n = a^{m+n}$과 같은 지수법칙은 지수가 자연수일 때의 여러 가지 경험을 통해 발견해 낸 수학적 법칙이라고 할 수 있다.

수학적 문제 해결에서 귀납적 사고의 중요성을 강조한 폴리아(Polya)의 다음 언급은 귀납적 사고가 갖는 역할에 대하여 시사하는 바가 크다.

> 경험은 인간의 신념을 수정해 준다. 경험을 최대한 활용하는 것은 인간에게 주어진 위대한 책무의 하나이며, 이 책무를 수행하는 것이 과학자의 사명이다.

주의하여야 할 것은, 수학적 귀납법은 귀납적 사고의 예가 아니라는 점이다. 수학적 귀납법은 연역적 논리 전개를 위한 공리의 하나로 일종의 수학적 정의에 해당된다.

(2) 연역

수학의 귀납적 사고는 어떤 아이디어나 기초적 개념의 형성 과정에 필요하며, 이러한 아이디어나 개념을 검증, 정련하거나 적용하는 과정에는 연역적 사고가 주된 역할을 담당한다. 즉, 새로운 아이디어나 내용을 발견하는 것은 직관 또는 귀납, 유추의 과정이지만, 이 아이디어나 내용의 참, 거짓을 밝히는 것은 연역적 사고의 과정이다. 예를 들어, 모든 실수 a, b에 대하여 $\sqrt{a}\cdot\sqrt{b}=\sqrt{ab}$가 성립하는 것으로 보아 $\frac{\sqrt{b}}{\sqrt{a}}$에 대하여도 $\frac{\sqrt{b}}{\sqrt{a}}=\sqrt{\frac{b}{a}}$가 성립될 것으로 유추되지만, 그렇지 않고 이 경우에는 a, b가 모두 양수일 경우에만 성립된다는 수학적 사실은 연역적 사고의 과정을 거친 결과이다.

연역적 추론의 전형은 유클리드의 《원론(*Elements*)》에서 찾아 볼 수 있다. 즉, 수학에서의 연역적 진행은 먼저 공리계를 설정하고, 그 공리 체계 안에 존재하는 수학적 성질이나 사실을 구성, 검증한 다음, 그것을 특정 문제나 상황에 추론의 근거로 적용하는 과정으로 이루어진다. 초등학교에서는 수학의 지도 내용 대부분이 기본적인 계산 과정이므로, 공리보다는 미리 이해된 원리나 법칙을 여러 가지 상황에 적용하는 활동을 통하여 기초적 형태의 연역적 사고 훈련을 할 수 있다.

(3) 유비 추리

유비 추리 또는 유추는 이미 확보된 주어진 성질이나 명제에 기초하여 다른 성질이나 명제를 주어진 것과 유사한 방법으로 추론해내는 과정에 필요한 사고 유형을 말한다. 유추는 엄밀한 논리적 근거를 필요로 하지 않으며, 일종의 직관적이고 비약적인 사고라고 할 수 있다. 유추는 비논리적 전개 과정이 개입될 위험성이 많지만, 잘 훈련된 직관이나 통찰력 또는 논리적 추론 등으로 보완된다면 수학적 활동에 발전적 원동력을 제공할 수 있다는 점에서 그 중요성을 찾아 볼 수 있다.

예를 들어, 가로, 세로, 높이가 각각 a, b, c인 직육면체의 대각선의 길이 $d=\sqrt{a^2+b^2+c^2}$는 가로, 세로의 길이가 각각 a, b인 직사각형의 대각선의 길이 $d=\sqrt{a^2+b^2}$에서 유추된 것이다. 이러한 유추는 발전하여 일반적으로 n차원 공간에서의 두 점 사이의 거리 공식 $|d|=\sqrt{x_1^2+x_2^2+\cdots+x_n^2}$으로 일반화될 수도 있다.

수학 학습 지도에서도 단계적 추론 과정에서 벗어나거나 도약하는 유비 추론의 과정은 중요한 역할을 한다. 예를 들어, 삼각형의 넓이 구하는 공식을 이해한 학생에게 삼각뿔의 부피 구하는 공식을 이해시키려 할 때, 거쳐야 할 논리적 단계는 복잡하고 긴 과정이어서 이를 차례로 통과하여 이해에 도달하기는 쉽지 않으나, 두 수학적 상황의 유사점을 연결하여, 엄밀한 논리적 전개를 거치지 않은 채 유추에 의해서, "삼각뿔의 부피는 밑면의 넓이에 높이를 곱하고 이를 3으로 나눈다."는 예상이나 잠정적 결론을 끌어낼 수도 있다.

유추를 통하여 예상이나 잠정적 결론에 일단 도달한 후, 이해시키고자 하는 내용과 관련된 구체적 문제나 경험을 통하여 최종 이해 단계에 도달시키는 방법은 경제적이고 효율적인 수학 학습 방법이 될 수 있다.

(4) 추론

직관이나 유추는 논리의 엄격한 틀이나 순서에 구속되지 않은 형태의 사고이다. 반면, 논리적 추론은 명백한 이유나 근거를 토대로 모순 없는 설명을 조리 있게 수행하며, 그 전개 과정에 인간의 감정적 요소가 작용할 가능성을 배제하여, 분석적이고 단계적으로 정당한 결론을 유도하는 사고이다. 스스로의 판단이나 생각이 불완전하거나 의문스러울 때에는 이와 같은 논리적 추론을 적용함으로써 사고의 확실성을 보장받을 수 있게 된다. 예를 들어, 자연수 1에서 n까지의 합 $\frac{1}{2}n(n+1)$을 유도하는 과정은 엄밀한 추론의 과정이다.

수학적 활동은 일반적으로 직관이나 유추 등을 통한 발견이나 발명의 과정으로 시작되어, 이후 이어지는 논리적 또는 연역적 사고를 통해, 앞서 얻은 아이디어나 성질을 검증함으로써 완성된다. 수학 학습 지도에서도 이와 같은 직관과 논리의 상호 보완적 능력을 배양하는 것이 중요하다.

9.3 수학: 규칙성의 추구

수학은 우리가 주변 세계를 이해하는 데 도움을 주는 규칙성(pattern)을 찾는 것이다. 산수나 기하뿐만 아니라, 오늘날의 수학은 과학적 데이터, 측도, 관찰 등을 다루고 추론, 연역, 증명을 다루며, 자연 현상, 인간 행동, 사회 제도의 수학적 모델 등 다양한 내용을 다루는 다양한 학문이다.

추론을 위한 정보로부터 응용에 이르는 순환은, 긴 자동차 여행을 계획하는 일상적 가정의 일로부터, 항공 교통 계획이나 투자 목록 관리와 같은 주요 경영 문제에 이르기까지, 수학이 쓰이는 곳이면 어디서든 반복된다. 수학을 "하는" 과정은 단지 계산 또는 연역적 추론 이상의 것이다; 그것은 규칙성의 관찰, 추측의 검증, 결과에 대한 평가 등을 포함한다.

실제적으로, 수학은 규칙성과 순서의 과학이다. 수학이 다루는 영역은 분자나 세포 구조가 아니라 수, 확률, 형태, 알고리듬, 변화 등일 뿐이다. 추상적 대상에 대한 과학으로서의 수학은 그 진리 기준을 관찰이 아니라 논리에 의존하지만, 진리를 발견하는 수단으로서는 관찰, 시뮬레이션, 심지어 실험까지도 포함한다.

교육에서의 수학의 특별한 역할은 수학의 보편적 응용 가능성의 결과이다. 수학의 결과 – 정리와 이론들 – 는 중요할 뿐만 아니라 유용하다; 최상의 결과는 또한 우아하고 심오하다. 그 정리를 통하여, 수학은 과학에 진리의 근거와 확실성의 기준을 제공한다.

정리와 이론 외에도, 수학은 특유의 사고 양식을 제공하는데, 여기에는 모델링, 추상화, 최적화, 논리적 분석, 자료로부터의 추론, 기호의 사용 등이 포함된다. 이들 수학적 사고 양식은 다음과 같이 설명될 수 있다:

모델링 : 외부 세계의 중요하고 유용한 사항에 대한 정신적 구성으로서, 시각적 또는 기호적으로 표현하는 일

최적화 : "만일 ~이라면"이라고 묻고 모든 가능성을 점검하여 (비용이 가장 덜

들거나 가장 효율적인) 최상의 해답을 구하는 일

기호화: 일상적 언어를 대화와 계산이 동시에 가능한 경제적 형태의 추상적 개념의 기호적 표현으로 확장하는 일

추 론: 자료로부터, 가정으로부터, 그래프로부터, 불완전하고 일치되지 않은 근거로부터 출발하는 사유 과정

논리적 분석: 가정이 어떻게 적용되는지를 알아보고 관찰된 현상을 설명하기 위한 최초의 원리를 찾는 일

추상화: 여러 가지 다양한 현상들로부터 어떤 공통성을 추출해 내는 독특한 연구

수학적 사고 양식을 통한 경험은 수학적 힘을 형성한다. 이것은 과학 기술 시대에 그 가치가 더욱 증대되는 정신 능력으로서 비판적으로 읽고, 오류를 지적하고, 오차를 찾아내고, 위험을 산정하는 능력이다. 수학은 정보로 가득 찬 이 세상을 보다 잘 이해할 수 있도록 우리의 힘을 키워 준다.

수학이 규칙성의 과학이자 언어라면 수학을 안다는 것은 규칙성들 사이의 관계를 조사하고 표현하는 활동이다. 즉 복잡하고 애매한 상황에서 규칙성을 찾아내고, 규칙성 사이의 관계를 이해하고 변형하며, 규칙성을 분류, 정리, 기술하고, 규칙성의 언어로 읽고 쓰고, 그리고 다양한 실용적 목적에 규칙성의 지식을 적용할 수 있게 하는 것이다. 규칙성의 다양성을 파악하기 위해서, 즉 규칙성의 규칙을 발견하기 위해서, 수학 교육과정은 다양한 많은 유형의 수학적 규칙성을 소개하고 계발할 필요가 있다. 수학에서 연구되는 규칙성이 산술 규칙에만 국한되지 않듯이, 학교 수학에서 가르칠 규칙성은 이 인위적 제약을 벗어날 수 있어야 한다.

수학을 하는 사람은 규칙성에 대한 사실과 아이디어를 모으고, 발견하고, 창조하고, 표현한다. 수학은 개념과 절차의 수동적 숙달과는 매우 다른 창조적이고 능동적인 과정이다. 수학적 사실, 공식, 정보는 효과적인 수학적 활동을 지원할 때에만 가치가 있다. 어느 정도는 기본 개념과 공식을 모든 학생이 알아야 하는 것이라고 하더라도, 수업에서는 지속적으로 수학을 아는 것이 단순한 계산이 아니라 이해하고 의사소통하는 탐구라는 것을 강조해야만 한다. 규칙성의 기본적 원리를 밝힘으로써, 수학은 우리의 정신을 세상을 다루는 효율적 도구로 만든다. 이러한 관점으로부터 다음 세대를 위한 효과적이고 역동적인 학교 교육과정을 끌어낼 수 있다.

9.4 수학적 지식의 교수학적 변환

9.4.1. 인식론적 모델로서의 지식의 교수학적 변환론

교수학적 변환론(didactic transposition theory)은 지식의 대부분이 가르치기 위해서가 아니라 사용하기 위해서 고안된 것이라는 주장에 근거한다. 지식의 교수학적 변환이란 쓰일 도구로서의 지식으로부터 가르치고 배울 지식으로의 변환을 말한다(Chevallard, 1988, p. 7).

사용할 지식 ——교수학적 변환——> 가르칠 지식

따라서 교육적 의도를 가진 지식의 변형은 어느 것이나 교수학적 변환이라고 할 수 있다. 사용할 지식과 가르칠 지식의 차이는, 사용할 지식에 있어서는 어떤 일을 위해 지식을 사용하는 한 그 행위에 사회적 의미를 부여하기 위해 지식을 정당화하거나 주장할 필요조차 없는 반면, 가르칠 지식에 있어서 가르치는 행위는 가르칠 지식의 사회적 승인과 정당화가 먼저 요구된다는 점에 있다.

어떤 지식을 가르칠 수 있는 것으로 만드는 첫 단계는 그것을 어느 정도 통합된 전체로 조직하는 데 있다. 이를 위한 한 방법으로 흔히 가르칠 지식(taught body of knowledge)을 그에 대응하는 학문적 지식(scholarly body of knowledge)으로부터 끌어내곤 한다. 학문적 지식이란 새로운 지식을 산출하고 그 산출된 지식을 응집된 이론적 조립체로 조직하기 위한 "사용할 지식"일 뿐이다.

한편, 교수학적 변환의 메커니즘은 교육 체계 내에 잠재적이며 쉽게 노출되지 않는다. 이 메커니즘을 밝힘으로써 우리 사회의 가장 도움이 될 교수학적 변환의 방법을 산출해 낼 수 있도록 하는 것이 바로 교수학적 변환론의 과제이다.

9.4.2 지식의 변형 과정

지식의 전달 또는 나눔의 과정은 다음과 같이 정리될 수 있다. 최초의 사고자는 그 자신의 개인적 배경 속에서 수학적인 무엇인가를 알게 된다. 즉, 특정한 배경(context) 속에서 개인적인(personal) 방법으로 그것을 이해하게 된다. 따라서 이 단계의 그의 수학적 지식은 개인화(personalized)되고 배경화(contextualized)된 것이라고 말할 수 있다.

지식의 개인화와 배경화는 지식의 활성화(activation)로 요약될 수 있다. 장비에도 유사한 관점으로 지식의 배경화에 대하여 논한 바 있다(Janvier, 1990). 한편 개인화는 배경화에 포함되는 것이라고 말할 수도 있다. 또는, 배경화와 개인화는 동시적이라고 하여도 좋을 것이다. 개인화의 개념은 인식론적 모델을 용이하게 활용하기 위해서 배경화의 개념으로부터 구분되었을 뿐이다. 즉, 개인화는 지식을 인지하고 조직하는 개인적 방법에 관련된다. 그러나 지식은 표현, 전달되기 위해서 조직되고 형태가 주어져야 한다. 대부분의 경우, 최초의 사고자는 그의 성공에 기여한 개인적 조건이나 실수와 같은 것을 숨겨야만 할지도 모른다. 지식의 탈개인화(depersonalization)와 탈배경화(decontextualization)의 과정이 시작되는 것이다.

지식의 전형적인 변형은 학문적 목적에 의한 것이다. 이 때, 직관적이고 단순한 지식은 보다 논리적이고 형식적인 근거에 병합되고 다소 조건문(가정-결론)적인 형태로 재조직된다. 이러한 변형들이 축적되어 지식의 여러 학문적 덩어리가 형성되는 것이다. 한편, 지식은 어떤 일의 효율성을 높이기 위하여 변형되고 응용될 수 있다. 이 경우, 지식의 논리적 연결 고리보다는 효율적 공식이 더 선호된다. 항해술, 측량술 등은 수학적 지식의 실용적 변형의 예라고 할 수 있다. 그 외에도 다른 여러 목적에 의해 지식이 변형되어짐은 물론이다. 수학교육에 관계된 사람들은 교육적 목적에 의한 변형, 즉 수학적 지식의 교수학적 변환에 가장 관심을 갖게 된다. 이 경우, 교수학적 변환은 주로 학문적 목적에 의해 이미 변형된 지식의 덩어리를 본 따게 된다.

9.4.3 교수학적 변환의 환경 재조성

교수학적 변환은 지식의 다른 변형으로부터 구별되는 하나의 속성을 가지고 있다. 대체로 사용할 지식은 특정한 환경에서 발생하는데, 그 안에서는 여러 상황이 임의로 결합될 수 있다. 주어진 상황에 따라 적절한 지식이 쓰인다. 사용할 지식은 환경에 의존한다. 그러나 교수학적 변환에서는 가르칠 지식의 출현이 교수학적 의도에 의존한다. 따라서 가르칠 지식을 둘러싼 교수학적 환경은 처음부터 바꾸어지거나 재조성되어야 한다. 쉐발라드는 이러한 교수학적 환경의 재조성을 가르칠 지식의 생태학(ecology of taught knowledge)이라 불렀으며 이를 지배하는 어떤 법칙

이 있으리라고 가정하였다:

> 가르칠 지식의 생태학은 특수한 법칙에 의해 지배되는데, 이는 그것이 교수학적 관계에 고유한 조건과 속박에 의해 다듬어지기 때문이며, 이를 밝혀 내는 것이 교수학 이론의 과제이다(Chevallard, 1988, p. 10).

지식은 인식론적 투자와 거부의 순환을 통해 전달되고 구성되므로, 배워야 할 지식에 대한 학습자의 인식론적 투자와 거부를 용이하게 해주는 것은 교수학적 변환에 있어서 환경 재조성의 기본 원칙이다. 따라서 교사의 주된 일은 가르칠 지식을 둘러싼 환경이 학생의 상황에 들어맞도록 지식을 재배경화하고 재개인화하는 것이다. 그러나 이러한 재배경화와 재개인화는 일시적이고 가설적인 것이다. 특히 교과서에서는 가상적인 학생, 교사, 교실 등을 가정하고 있다. 이러한 의미에서 교과서 안의 교수학적 변환은 지식의 가배경화(pseudo-contextualization)와 가개인화(pseudo-personalization)의 과정 또는 그 결과이다.

(1) 가배경화

지식의 배경과 의미는 그 변형 경로에 따라 바뀐다. 특히, 교수학적 변환에 있어서 지식의 배경은 교수학적 의도에 의해 바뀐다. 예를 들어, 분배 법칙은 수학자들에게 특정한 수 체계를 지탱하는 공리를 뜻할 수도 있지만, 학생들에게는 흔히 특수한 전개 공식이나 인수분해 공식을 유도해 내는 법칙의 하나로 가르쳐지기도 한다. 이때의 교수학적 의도는 분배 법칙이 학생들에게 공리보다는 법칙으로서 더 잘 이해될 수 있다는 판단을 반영한다. 그러나 모든 경우에서 교수학적 의도가 명백히 드러나는 것은 아니다. 특히 학생들에게는 더욱 그러하다. 교사들조차 가르칠 지식의 배경을 변화시킨 교수학적 의도를 인지하지 못할 수 있다. 이는 우리가 지식의 가르쳐질 수 있음(teachability)을 의례 당연한 것으로 여기려 하는 문화적 타성 때문일 뿐이다.

교수학적 의도는 변환 이전의 지식의 배경을 검토할 때 잘 드러난다. 수학적 지식에서 변환 이전의 배경이란 주로 수학자의 수학을 가리킨다. 그것은 어떤 수학적 지식이 어떤 수학적 공동체에서 갖는 의미의 배경일 수도 있고, 한 수학자가 그 지식을 구체화하기까지의 과정일 수도 있다. 가르칠 지식과 그에 대한 학문적 지식을 대응시킬 수 있을 때에는 흔히 그 역사적 배경이 변환 이전의 지식의 배경을 조사하는 원천이 된다. 예를 들어, 직사각형의 넓이를 이용한 두 양수의 곱으로 표현하는 방식의 기원은 고대 그리스인들의 기하학적 대수(geometric algebra)로까지 거슬러 올라간다. 따라서 곱의 넓이 모델(area model)이라는 지식의 배경은 기하학적 대수를 통해 조사될 수도 있다.

그러나 가르칠 지식에 대응하는 적절한 기존의 학문적 지식을 찾아보기 어려울 때도 있다. 이 경우에는 교수학적 의도가 종종 그 가르치려는 지식이 유래된다고 말해질 수 있는 학문적 또는 아마도 의사 학문적(pseudo-scholarly) 지식체를 만들어 내려는 시도로 나타난다. 쉐발라드는 이러한 현상을 역변환(counter-transposition)이라 불렀다 (Chevallard, 1988, p. 9). 최근 학교 수학의 한 교과로 제안되고 있는 이산 수학(discrete mathematics)은 컴퓨터 과학과 관련된 수학적 지식으로부터의 역변환이며, 아직도 계속 학문적 분야로 자리 잡기 위해 성장하고 있다. 이 역변환에서는 컴퓨터 과학에 관련된 많은 지식이 모여지고 조직되어서 이산 수학이라고 이름 붙여진 지식의 학문적 덩어리를 이루며 이로부터 가르칠 지식들이 유도되어 나오는 것이다.

(2) 가개인화

교과서의 저자들은 학생을 교과서의 주된 독자로 간주한다. 그러나 그들은 또한 교사로 하여금 학생이 책 읽는 것을 지도하게 한다. 현재 거의 모든 수학 교과서는 교사용 지도서와 함께 나오고 있다. 저자들은 교사와 학생 사이의 대화에 직접 개입하지 못하므로 흔히 교사의 입장에서 교과서를 기술한다. 일반적으로 교사의 행동은 교과서의 내용을 설명하고 학생으로 하여금 그것을 연습하게 하는 것으로 특징지어질 수 있다. 따라서 가개인화는 교과서에 나타난 내용 설명과 학생 활동을 통해 조사될 수 있다.

교과서의 설명은 대개 언어로 이루어진다. 스켐프(Skemp)는 '시각적 기호'와 '언어-대수적 기호' 두 종류의 대조적이면서 매우 상보적인 성질을 종합하여, 시각적 기호는 전달되기 힘들지만 개인적 사고도 표현할 수 있는 반면, 언어-대수적 기호는 전달에 용이하고 사회화된 사고를 보다 잘 전달할 수 있다는 점을 지적하였다 (Skemp, 1971, p. 111). 따라서 시각적 기호는 개인화에, 언어-대수적 기호는 탈개인화의 과정에 적합하다고 할 수도 있다. 인쇄 기술의 발달로 인해, 교과서에 시각적 기호를 활용하기가 훨씬 수월해지고 있지만 가개인화의 과정에서는 학습자가 배울 지식의 개인화와 탈개인화가 균형 있게 고려되어야 할 것이다.

문제 해결이 수학교육에서 광범위하게 논의되어 왔음에도 불구하고, 수학적 발견술이 가르쳐질 수 있는 것일지의 여부는 아직 논란의 대상이다. 특히 교과서에서 주목해야 할 것은 어떤 유형의 문제 해결에 효과적이라고 일단 밝혀진 풀이 방법은 그 후로부터는 공식화되고 기계적으로 적용된다는 점이다. 그러나 어떤 문제를 푸는 방법이 공식화되고 나면 발견술을 사용하기가 어렵다. 그것은 모든 문제가 똑같은 해결 방법을 요구할 때 일일이 발견술을 선택하는 과정을 반복하는 것이 어리석어 보이기 때문이다. 따라서 교과서에는 정형화된 문제들이 필수적이지만 비정형적 문제들도 수학적 발견술의 학습을 조장하기 위해 필요하다.

히버트(Hiebert)는 정형적(routine) 절차의 시행과 관련하여 두 종류의 인지 과정이 있음을 지적하였다:

> 하나는 자동화(automatization)라 불리는 과정이다. 절차들이 의식 없이 기계적으로 시행될 수 있을 때까지 거듭 연습된다. 다른 과정은 반영(reflection)이라 불릴 수 있다. 절차가 시행되는 동안 개인은 의식적으로 무엇이 일어나고 있으며 왜 그러한 식으로 되는지를 생각하게 된다(Hiebert, 1990, p. 34).

따라서 정형화된 학습자의 활동을 예상한 가개인화는 이들 두 측면에 따라 검토되어야 할 것이다.

한편 수학 교과서는 수학적 지식의 전달 또는 나눔을 위해 교실에서 사용될 표준적인 언어를 제공하기도 한다. 따라서 수학적 기호와 표식들은 수학적 유용성 못지않게 교수학적 효과도 만족시킬 수 있도록 고안되어야 한다. 이러한 배려는 교과서의 가개인화에 영향을 준다. 따라서 가개인화는 교과서에 나타난 수학적 기호와 표식들이 수학적 개념을 파지(把持)하는 데 어떻게 도움이 되도록 고안되었는지에 따라 조사될 수 있다.

오테(Otte)에 따르면, 학교 수학의 핵심적 성격은 대수적이다(Otte, 1983, 1986). 수학적 문장에서 많은 기호를 사용하는 것은 어쩔 수 없다. 특히 수학 교과서에서 기호는 두 가지 기능을 갖는다. 반 도르몰렌(van Dormolen)은 하나 또는 결합된 여러 개념을 기억해 내도록 하는 기호를 상징(symbol), 어떤 행동을 취하도록 하는 기호를 신호(signal)라고 정의하였다(van Dormolen, 1986, p. 157). 이러한 기호의 두 효과는 문맥에 따라 또는 독자의 마음 상태에 따라 해석된다. 예를 들어,

∅나 ≡와 같은 기호는 주로 상징으로 작용하지만, Σ나 ∩는 상징과 신호 두 기능이 모두 빈번하다. 이러한 두 기능의 구별은 수학적 문장에까지 적용될 수 있다. 피타고라스 정리나 다른 수학적 공식들은 어떤 개념을 상징하기도 하고, 어떤 수학적 행위를 하도록 신호하기도 한다.

9.4.4 교수학적 변환의 도식

인간은 인식론적 투자와 거부의 순환 과정을 통해 지식을 형성해 간다. 각각의 순환에서 수학자는 그의 주위 세계를 개인화, 배경화하고 난 후, 그 자신의 고유의 지식을 학문적 지식으로 탈개인화, 탈배경화한다. 교수학적 변환은 이미 형성된 지식의 사회적 배경과 가상적 학생의 개인적 배경 사이의 간격을 이어주려 지식을 변형시키는 노력이다. 대체로 수학의 학문적 지식이 교실에서 가르칠 지식으로 변환된다. 교과서 또는 교사에 의해 표현된 지식은 다시 학생 자신에 의해 변형되어야 한다. 즉, 학생에게서도 인식론적 투자와 거부의 순환 과정이 일어나는 것이다. 먼저, 이해하여 받아들인다는 의미에서, 학생은 교육자 특히 교사에 의해 변형되어진 지식을 개인화하고 배경화할 필요가 있다. 다음으로, 그가 이해한 것을 교사 앞에서 표현해야 한다는 의미에서, 그는 그의 지식을 탈개인화, 탈배경화시켜야 한다. 따라서 지식이 이러한 여러 변환을 따라 흐른다고 가정하면, 교수학적 변환을 둘러싼 수학적 지식의 흐름은 다음 그림과 같이 도식화될 수 있다.

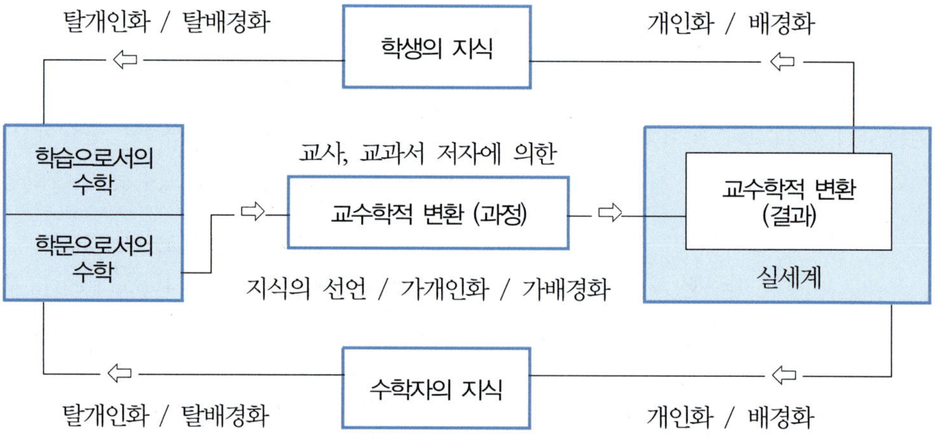

9.4.5 교수학적 현상

쉽게 예상할 수 있는 바와 같이 교수학적 변환의 실제적인 문제는 어떻게 교실에서 지식을 효율적으로 학습하도록 변형하는가 하는 것이다. 그러한 노력에 있어서의 어려움은 학생의 인식론적 두 과정, 즉 개인화/배경화와 탈개인화/탈배경화의 과정을 어떻게 균형 있게 조화시켜 지식의 파손성을 조절해 나가는가에 있다. 이에 따라, 교수학적 변환을 고안하거나 관찰할 때에 언제나 신중히 고려하여야 할 현상을 네 가지로 분류할 수 있다.

먼저, 개인화/배경화의 과정과 관련하여 두 가지의 극단적 현상을 고려할 수 있는데 메타-인지적 이동(meta-cognitive shift)과 형식적 고착(formal abidance)이 그것이다. 메타-인지적 이동은 가상적 학생의 개인화/배경화의 과정을 지나치게 강조한 결과이고, 형식적 고착은 그 중요성을 과소평가한 결과이다. 학생의 탈개인화/탈배경화와 관련하여 고려하여야 할 두 가지 극단적 현상은 토파즈 효과(Topaze effect)와 조르단 효과(Jourdain effect)이다. 토파즈 효과는 학생의 탈개인화/탈배경화의 과정을 간과한 방편적 조치의 결과이고, 조르단 효과는 그 과정을 과대평가한 결과이다.

(1) 메타-인지적 이동

메타-인지적 이동이란 교사의 교수학적 노력의 초점이 수학적 지식 그 자체로부터 그가 만든 교수학적 고안으로 이동한 것을 말한다. 브루소가 보여 준 예는 이 현상의 전형적인 것으로서, 1960년대에 구조를 가르치기 위해 집합을 타원으로 나타내는 것과 같은 그래프의 사용인데, 이 방법은 파피(G. Papy)의 방법과 관련이 있다(Brousseau, 1984, p. 117). 미국의 종합 학교 수학 프로그램(Comprehensive School Mathematics Program, CSMP)에 나오는 코끼리 엘리(Eli)의 이야기에서는, 교사의 교수학적 관심이 수학적 지식 — 음의 정수의 개념 — 으로부터 교수학적 고안 — "마술 콩"을 나타내는 기호 "^", 음의 정수를 나타내기 위함 — 으로 이동되었다. 즉, 음의 정수의 개념을 도입하기 위하여, 가상적 상황 — "마술 콩이 보통 콩을 만나면 둘 다 사라진다." — 이 소개되고, "$5+\hat{5}=0$" 또는 "$7+\hat{4}=3$"과 같은 표기 방법에 대해 연습하게 된다. 전문적 용어인 '음의 정수'는 전혀 사용되지 않는다. 메타-인지적 이동은 학생의 개인화/배경화의 과정을 용이하게 하는 데 유리한 반면, 학생의 수학을 수학자의 수학과는 사뭇 다른 형태로 이끌 수도 있다(Howson,

Keitel, & Kilpatrick, 1981, pp. 154-159 참조).

(2) 형식적 고착

형식적 고착은 공식화된 지식의 논리적 표현으로서, 메타-인지적 전략을 무시하고 지식의 은유적 사용을 억제하려는 시도이다. 이것은 브루소에 의해 메타-수학적 이동(meta-mathematical slide)이라고도 불린 바 있는데, “수학적 문제 해결을 논리적 논의로 대체하고 문제 해결 실패의 모든 원인을 그것에 돌리는 것”을 말한다(Brousseau, 1986, p. 32). 전형적 예는 유클리드 《원론(*Elements*)》이나 그와 유사한 것에서 볼 수 있는 수학적 지식의 연역적 표현이다. 19세기 미국에서 발행된 올네이(Olney)의 교과서에서는 일반적 법칙이 먼저 소개되고 난 후 예제가 주어진다. 예를 들어, $(a+b)^m$에 대한 이항 공식이 주어지고 난 후 $(x+y)^5$이나 $(x+y)^{-4}$과 같은 특수한 경우의 전개 방법이 설명된다(Rash, 1975, pp. 434-442).[2] 즉, 이항 공식을 이해한다는 것은 일반적 법칙을 특수한 경우에 논리적으로 적용한다는 것을 의미한다. 이러한 교과서에서 저자의 노력이란 곧 수학적 법칙이 적용되는 논리적 과정을 상세히 하는 것이다.

현대의 예는 미국 일리노이 대학교 학교 수학 위원회(University of Illinois Committee on School Mathematics, UICSM)에서 낸 교과서에서 볼 수 있는데, 이 위원회의 목표는 여러 대학의 편익을 위하여 학교 수학과 대학 수학 사이의 간격을 좁히는 데 도움이 되고, 보다 우수한 수학자 세대를 확보하고자 대학 진학 준비 학생들의 수학교육을 개선하는 데 있었다(Howson, Keitel, & Kilpatrick, 1981, pp. 132-138). UICSM 교재의 한 곳에는 실수의 여러 원리가 축약된 이름과 각 원리의 패턴과 함께 나열된다. 몇 가지 예를 들면,

The Associative Principle for Addition [APA]

(_____+_ _ _)+······=_____+(_ _ _+······)

The Twist Principle for Addition [TPA]

(_____+_ _ _)+(······+~~~~~)=(_____+······)+(_ _ _+~~~~~)

The Left Distributive Principle for Multiplication over Addition [LDPMA]

······ · (_____+_ _ _)=(······ · _____)+(······ · _ _ _)

---

2) 제2장 제2절 (29~30쪽) 참조.

The Principle for Multiplying by +1 [PM+1]

_ _ _ · +1=_ _ _

즉, 각 원리들의 의미가 매우 형식적인 방법으로 압축되어 있음을 알 수 있다. 형식적 고착은 학생들로 하여금 수학적 활동이 가진 귀납적 성격을 이해하는 데 도움이 되지 않을 수 있으나, 탈개인화/탈배경화의 과정에서의 어려움을 줄여 줄 수는 있다.

(3) 토파즈 효과

토파즈 효과는 소위 교수학적 계약(didactical contract; Brousseau, 1984)에 의한 압박에서 일어나는 전형적인 현상으로서, 교사가 학생의 행동의 의미를 다룸에 있어서 인지적 내용에 관한 학습 환경을 일소하게 되는 것을 말한다. 토파즈 효과란 이름은 브루소에 의해 마르셀 파뇰(Marcel Pagnol)의 희곡 《토파즈(*Topaze*)》에서 본떠 붙여졌다. 이 희곡의 첫 장에서 교사 토파즈는 프랑스어(佛語) 받아쓰기를 하는 그의 12살 난 학생에게, "des moutons étaient en sûreté dans un parc"(양들은 공원에서 안전하였다)라는 구절에서 복수를 나타내는 묵음(黙音) "s"를 정확히 받아쓰도록 지도한다. 학생의 어깨 너머로 잠시 들여다 본 후, 그는 계속해서 "des moutons," "des moutonss"이라고 불러 주다가 마침내 "des moutonsse"라고 불러 버리고 만다. 그는 결국, 몇 차례의 실패 끝에 약간의 양해를 구하면서 그것이 복수라는 명백한 힌트를 주고 만 것이다(Brousseau, 1984, p. 110). 비우어스펠트(Bauersfeld)가 보여준 "상호 작용의 깔때기 패턴"(funnel pattern of interaction)도 이러한 현상의 한 예이다(Bauersfeld, 1988, pp. 33-36). 깔때기 패턴에서는 교사가 일련의 유도 질문을 통해 원하는 결과를 끌어낸다. 또 다른 예는 교과서에서 문제에 대한 답을 함께 제시하는 것인데, 대부분의 수학 참고서나 중등학교 수학 교과서에서 찾아볼 수 있다.

(4) 조르단 효과

조르단 효과는 토파즈 효과의 심각한 퇴행이다. 특정한 지식에 대해 학생과 토론하기도 어렵고 그렇다고 가르칠 수 없음을 인정하기도 어렵게 되자 그러한 곤란을 피하기 위하여, 교사는 마치 학생들의 행동이나 반응에서 특정한 과학적 지식이 형성되었음을 확인한 듯이 행동하게 되는데, 그 학생들의 반응이란 사실은 사소하거나 진부한 동기에서 비롯된 것일 뿐이다. 조르단 효과란 이름은 몰리에르(Moliére)의 희곡《자칭 신사(*The Would-be Gentleman*)》에 나오는 극중 인물 조르단의 이름에서 따온 것으로, 철학자에게 철자법을 가르쳐 달라고 부탁한 조르단은 철학자로부터 산문과 운문의 차이에 대해 설명을 듣고 나서 마침내 "이런! 사십 년간이나 산문으로 말해 왔으면서 그것도 모르고 있었다니, 아무튼 가르쳐 주셔서 대단해 고맙소"라고 외치게 된다(Brousseau, 1984, pp. 115-116). 교실에서의 예로는, 여러 개의 작은 요구르트 병이나 색칠한 그림 등으로 약간 기이한 조작을 해낸 아동에게, "너는 방금 클라인 군(Kleinian group)을 발견했어!"라고 말해 주는 경우이다. 다시 말해 조르단 효과란 교사가 학생의 매우 사소하고 진부하기까지 한 반응을 특정한 과학적 지식의 표현으로 받아들이려고 하는 것을 말한다.

혹자는 이들 네 가지 현상이 어쩔 수 없는 극단적인 것들이라고 주장할 수도 있다. 사실은 극단적일 뿐만 아니라 각 현상의 정상적인 경우와 병적인 경우를 분명히 구별하기도 어렵다. 지식의 두 상태(주관성과 객관성)라는 관점에 비추어 보면, 이들 현상은 교사나 교과서 저자가 지식의 의미와 그 표현 형식 양쪽을 고루 고려하고자 할 때 생기는 어려움을 나타낸다. 강(Kang)의 관찰에 따르면, 극단적 교수학적 현상이 잠재해 있음에도 불구하고 학교 수학의 교과서 저자들은 지식의 교수학적 변환을 병적으로 사용한다고 보이지 않았다(Kang, 1990). 그들은 교수학적 현상을 고려하여 중립적 입장을 견지했다. 한편, 그러한 태도는 교실에서 교과서를 사용하는 일이 제한적임을 나타내기도 한다. 예를 들어, 비록 지식을 극단적인 병적 형태로 변환시킬 수도 있겠지만, 교사는 교과서 저자보다 자유롭게 때로는 보다 효과적으로 직사각형의 그림 등을 사용해서 다항식의 전개 공식을 설명할 수도 있다. 이러한 교과서 사용의 한계는 교과서에 이어 교실에서의 수학적 지식의 교수학적 변환에 대한 연구가 필요함을 말해 준다. 그리고 이러한 연구에서의 관심은 효과적인 교수 방법의 제시에 있는 것이 아니고, 교실 수업의 현상에 대한 정확한 기술(記述)에 있다.

교수학적 변환론은 지식의 본질에 관한 현상학이나 본체론적 관점의 어느 극단에도 치우치지 않는 인식론적 모델을 제공한다. 이 이론은 또한 지식의 두 상태에 관한 철학적 관점에 의해 보강되며, 학교 수학의 교수 학습에 관한 여러 현상을 의미 있게 해석하는 데 뒷받침된다. 지식은 본질적으로 거듭되는 전달 공유의 과정에서 깨지기 쉬운(fragile) 것이다. 이 지식의 파손성을 다룸에 있어서 책에 지식을 기록하는 일은 지식의 의미를 변함없이 유지하기 위한 근본적 해결책이 아니다.

비록 학교 수학이라는 지식의 덩어리가 사전에 선언되어야 한다는 정적(靜的)인 면을 가지고 있지만, 교과서에 나타난 지식의 표현 형태는 불안정하다. 교과서의 교수학적 변환의 과정은 가배경화 및 가개인화의 과정이라 불릴 수 있다. 네 가지 교수학적 현상은 교실에서 수학을 가르치거나 수학 교과서를 쓸 때 지식을 변환하는 효과적인 방법과 밀접히 관련된다. 교실의 교사는 극단적인 교수학적 현상을 보이면서 수학적 지식을 변환할 수도 있는 반면, 교과서 저자들은 이들 현상에 관해 중립적 태도를 보인다. 따라서 교실에서의 효과적인 교과서 사용은 수학 교사 자신의 인식론적 경각심(epistemological vigilance)에 달려 있다.

토의문제

1. 수학적 지식의 특성은 다른 학문, 예를 들어 문학, 물리학, 철학 등의 지식 특성과 비교하여 어떤 차이를 보이는가?
2. 초등학교 수학 시간에 교사들이 보이는 극단적인 교수학적 변환의 예를 찾아보아라.

읽을거리

- 구광조, 오병승, 류희찬 (공역) (1992). **수학 교육과정과 평가의 새로운 방향**. 서울: 경문사.
- 미국국립연구평의회(저), 구광조, 강완(역) (1996). **모두가 중요하다: 수학의 장래에 대한 미국 국가 보고서**. 서울: 한국수학교육학회.
- Bauersfeld, H. (1988). Interaction, construction, and knowledge: Alternative perspectives for mathematics education. In D. A. Grouws, T. J. Cooney, & D. Jones (Eds.), *Research Agenda in Mathematics Education: Perspectives on Research on Effective Mathematics Teaching* (pp. 27-46). Reston, VA: National Council of Teachers of Mathematics, & Hillsdale, NJ: Erlbaum.

- Brousseau, G. (1984). The crucial role of the didactical contract in the analysis and construction of situations in teaching and learning mathematics. In H.-G. Steiner (Ed.), *Theory of Mathematics Education (TME)* (ICME 5--Topic Area and Miniconference: Adelaide, Australia, pp. 110-119). Bielefeld, F. R. Germany: Institut für Didaktik der Mathematik der Universität Bielefeld.
- Brousseau, G. (1986, November). *Basic Theory and Methods in the Didactics of Mathematics.* Paper presented at the conference Systematic Cooperation between Theory and Practice in Mathematics Education, Lochem, The Netherlands.
- Chevallard, Y. (1988, August). *On Didactic Transposition Theory: Some Introductory Notes.* Paper presented at the International Symposium on Research and Development in Mathematics Education, Bratislava, Czechoslovakia.
- Fischbein, E., Tirosh, D., & Melamed, U. (1981). Is it possible to measure the intuitive acceptance of a mathematical statement? *Educational Studies in Mathematics 12*(4), 491-512.
- Hiebert, J. (1990). The role of routine procedures in the development of mathematical competence. In T. J. Cooney & C. R. Hirsch (Eds.), *Teaching and Learning in the 1990s (1990 Yearbook)* (pp. 31-40). Reston, VA: National Council of Teachers of Mathematics.
- Howson, G., Keitel, C., & Kilpatrick, J. (1981). *Curriculum Development in Mathematics.* Cambridge: Cambridge University Press.
- Janiver, C. (1990). Contextualization and mathematics for all. In T. J. Cooney & C, R, Hirsh (Eds.), *Teaching and Learning in the 1990s (1990 Yearbook)* (pp. 183-193). Reston, VA: National Council of Teachers of Mathematics.
- Kang, W. (1990). *Didactic Transposition of Mathematical Knowledge in Textbooks* (Doctoral dissertation, University of Georgia).
- Kang, W., & Kilpatrick, J. (1992). Didactic transposition in mathematics textbooks. *For the Learning of Mathematics 12*, 2-7.
- Otte, M. (1983). Textual strategies. *For the Learning of Mathematics 3*(3), 15-28.
- Otte, M. (1986). What is a text? In B. Christiansen, A. G. Howson, & M. Otte (Eds.), *Perspectives on Mathematics Education* (pp. 173-203). Dordrecht: D. Reidel.

- Rash, A. M. (1975). Some topics in the mathematics curriculum since colonial days. *School Science and Mathematics 75*, 423-444.
- Skemp, R. R. (1971). *The psychology of Learning Mathematics.* New York: Penguin Books.
- Skemp, R. R. (1979). *Intelligance, Learning, and Action : A Foundation for Theory and Practice in Education.* New York : John Wiley & Sons.
- Van Dormolen, J. (1986). Textual analysis. In B. Christiansen, A. G. Howson, & M. Otte (Eds.), *Perspectives on Mathematics Educaton* (pp. 141-171). Dordrecht: D. Reidel.

제 10 장

수학 학습부진아의 지도

수학은 내용들 간의 계통성이 강한 교과로서 한번 학습 부진이 발생하면 쉽게 벗어나기 어렵다는 특성이 있다. 일반적으로 전체 학생 가운데서 6% 정도는 어떤 형태로든 수학 학습에 심각한 어려움을 겪는 학습부진아인 것으로 알려져 있다. 특히, 저학년 때 수학 학습부진을 겪게 되면 학습부진의 누적으로 인해서 조기에 수학을 포기하게 되는 결정적 원인이 되고 다른 교과 학습 및 일상생활에도 영향을 미치게 된다. 따라서 수학 학습부진아 문제를 최소화하기 위해서는 가급적 조기에 발견하여 지도할 수 있도록 하는 것이 최선이다.

한편 미국의 경우 모든 학생들의 학력을 일정 수준까지는 국가가 책임져야 한다는 국가적 책무성이 〈No Child Left Behind [NCLB]〉 법안을 통해서 잘 드러나 있다(U.S. Department of Education, 2002). 또한 이 법안에서는 학습부진아 문제를 해결하기 위해서 다양한 프로그램을 지원하고 과학적으로 검증된 방법으로 지도할 것을 강조하고 있다. 학습부진아 문제의 심각성을 인식하고 능동적으로 대처하는 이러한 예는 우리에게도 시사하는 바가 크다.

10.1 수학 학습부진아의 개념

수학 학습부진아(mathematics underachiever)에 대한 정의는 학습에 어려움이 있는 학생을 판별해 내고 또한 이들을 위한 프로그램을 개발하기에 앞서 해결되어야 할 문제이다. 그러나 학자들마다 학습부진을 보는 준거가 다르기 때문에 모두가 공감할 만한 학습부진아에 대한 명확한 정의를 찾기란 쉽지 않다.

학습부진아에 대한 정의는 크게 두 가지 관점에서 논의되어 왔다. 먼저 전통적으로 지능(intelligence)과 수학 성취도(mathematics achievement) 간의 차이가 큰 아동을 학습부진아라고 정의하여 왔다(Mazzocco & Myers, 2003). 이러한 견해는 지능과 성취도 사이에 밀접한 상관관계가 있다는 것을 전제로 하기 때문에 지능에 비해서 수학 성취도가 현격히 떨어진다면 학습부진아라고 할 수 있다.

그러나 지능에 근거한 학습부진아에 대한 정의는 부적절하고 비효율적인 측면이 있다(Siegel, 1999). 즉, 전통적인 지능 검사는 언어적 및 수리적 능력에 한정되기 때문에 지능의 다양한 측면을 반영하지 못한다. 또한 지능이 높은 학생이 기대 수준의 학습 효과를 내지 못하면 학습부진아로 분류될 수 있다. 따라서 학습부진아에 대한 이러한 관점은 교육현장에서 학습부진아를 판별하고 지도하는 데 효율성이 떨어진다.

이와 같이 지능의 관점에서 정의할 수 있는 학습부진아의 개념은 이와 유사한 의미로 사용되는 학습 장애아(learning disability)와 구별할 필요가 있다. 낮은 학업 성취수준을 나타낸다는 점에서 학습부진아는 학습 장애아와 공통적인 특징이 있지만, 지능의 측면에서는 학습 장애아보다 높게 나타난다. 또한, 학습부진은 대개 환경적, 교육적 요인과 같은 후천적 원인에 의해서 발생하지만 학습 장애는 의학적 장애와 같은 선천적 요인에 기인한 측면이 크다.

또 다른 관점에서는 학교 교육과정에서 설정하고 있는 성취기준에 도달하지 못한 학생을 학습부진아로 정의한다. 즉, 이러한 관점에서 학습부진이란 지능이 낮은 학생을 의미하는 것이 아니라 잠재적인 학습능력이 있으면서도 여러 가지 후천적 요인으로 인해서 교육과정에서 설정하고 있는 최저 학업 성취기준에 도달하지 못한 경우를 의미한다. 대개 이런 경우에 학습부진아를 판별하기 위해서 판별 기준을 미리 설정하게 된다. 예를 들어, 학업 성취도가 현저히 떨어지는 하위 몇 퍼센트 이내의 학생을 학습부진아로 규정하기도 한다. 이러한 관점에서 수학 학습부진아는 대체로 두 가지 유형으로 분류된다. 즉, 기초적인 기능 습득이 부진한 학생을 의미하는 '기초 학습 부진아'와 교과에서 설정하고 있는 기본적인 학습 내용을 이해하지 못하는 '기본 학습 부진아'가 그것이다. 기초 학습 기능은 이후 수학을 학습해 나가는 데 기초가 되고 사회생활에 필요한 기초적인 수학적 능력으로서 수와 연산 영역의 셈하기에 초점을 맞추게 된다. 따라서 기초 학습 부진아는 초등학교 저학년에서 주로 나타난다. 한편, 기본 학습 부진아는 대개 3학년 이후에 수학 학습에서 낮은 성취도를 보인 학생에게서 나타나며 부진이 지속될 경우 누적적 실패의 원인이 될 수 있다.

학습부진아에 대한 이와 같은 견해와 더불어 학교 현장성을 고려할 때, 수학 학습부진아는 학교 교육과정에서 설정하고 있는 수학을 정상적으로 학습해 나갈 수 있는 잠재적인 능력은 있으나, 선수 학습 결핍, 수학에 대한 부정적 태도, 교사의 학습 지도와 같은 후천적 요인에 의해 수학 학업 성취도가 평균적인 아동에 비해 현저히 떨어지는 아동을 말한다.

10.2 수학 학습부진의 요인 및 특성

10.2.1 수학 학습부진의 원인

수학 학습부진의 원인은 매우 다양하며, 어느 한 가지 요인에 의해서 학습부진이 발생하기 보다는 여러 요인들이 복합적으로 관련되어서 부진을 초래하는 경우가 많다. 수학 학습부진을 초래하는 원인은 크게 학습자 개인적인 요인과 학습자 외적 요인으로 나누어서 고려해 볼 수 있다.

(1) 학습자 개인적 요인

수학 학습부진은 인지적 요인, 언어적 능력, 선수학습 결핍, 그리고 정의적 요인 등과 같은 학습자 개인적 요인에 의해서 부진이 초래될 수 있다. 그 중에서도 전통적으로 지능, 기억력, 사고력과 같은 인지적 요인은 수학 학습부진과 매우 밀접한 관련이 있는 것으로 인식되어 왔다. 그러나 지능이 낮은 아동은 그렇지 않은 아동에 비해 수학 학습 능력이 떨어지는 경우가 많지만 수학 학업 성취도가 떨어진다고 해서 반드시 지능 지수가 낮다고 볼 수 없기 때문에, 최근에는 지능과 수학 학업 성취도 간의 상관성에 대한 의문이 점차 늘고 있다.

또한, 읽기 능력과 같은 학습자의 언어적 능력은 초등학교 저학년 어린이들이 수학을 배우는 데 밀접한 관련이 있다. 언어가 수학적 사고 능력의 발달에 영향을 미친다는 것은 이미 잘 알려진 사실이며, 이는 수학 학습에 어려움을 겪는 아동의 경우도 마찬가지이다. 예를 들어, 수학 학습에만 어려움을 겪은 아동은 수학과 읽기 모두에서 어려움을 겪는 아동보다 연산 능력이 우수한 것으로 드러났는데, 이는 언어 능력이 수학 학습에 영향을 미친다는 것을 의미한다(Bull, Johnston, & Roy, 1999; Hanich, Jordan, Kaplan, & Dick, 2001).

수학은 교과의 위계적 특성상 학년이 올라감에 따라서 양적으로나 질적으로 학습에 있어서 많은 변화를 요구한다. 이 가운데서도 가장 중요한 변화는 문제 해결에 요구되는 선수 학습의 양이다. 따라서 선수 학습 결핍의 누적 역시 수학 학습부진의 중요한 원인이 된다.

한편, 상당수의 수학 학습부진은 학습자 개인의 정의적 요인에서 오는 경우가 많다. 대표적인 정의적 요인으로는 학습 동기 부족, 불안, 주의 집중력 부족, 잘못된 학습 습관, 수학에 대한 부정적 태도 등이 있다. 수학 학습에 어려움을 겪는 대다수의 아동들은 평균적인 아동들에 비해서 수학 학습에 대한 흥미가 낮고 수학 교과에 대해 부정적 태도를 갖고 있다. 수학에 대한 부정적 인식이 강할수록 수학 학습 능력은 더욱 떨어지게 되고, 이러한 현상이 지속되면 결국 다른 요인들과 함께 복합적으로 작용하여 수학 학습부진으로 이어지게 된다.

표 10-1 수학 학습 부진의 원인

학습자 개인적 요인	인지적 요인	지능, 기억력, 사고력
	언어적 요인	언어적 능력, 어휘력
	선수학습 결핍	선수 학습 결핍의 누적
	정의적 요인	학습 동기, 습관, 집중력, 태도
학습자 외적 요인	교육적 요인	교사의 수학 학습 지도 방법 과밀 학급 학습 자료 학습 환경
	사회적 요인	수학 학습 능력에 대한 부정적 가치관, 과도한 스트레스, 수학적 경험의 부족

(2) 학습자 외적 요인

수학 학습부진을 일으키는 학습자 외적 요인으로는 크게 교육적 요인과 사회적 요인으로 나누어 생각해 볼 수 있다. 교육적 요인으로는 학생들의 수학 학습에 직접적 영향을 미치는 교사 요인과 더불어 열악한 수학 학습 환경을 들 수 있다. 교사가 학생들 개개인의 수학 학습 수준을 고려하지 않고 수학을 지도하거나, 학습자의 수준보다 너무 어려운 과제를 부여하게 되면 학습자는 수학에 대한 관심을 더욱 더 멀리할 우려가 있다. 또한, 학습자의 수학에 대한 이해 수준이나 학습 속도 등을 고려하지 않거나 무의미하게 반복 연습만을 강조할 경우에도 수학 학습부진이 발생할 가능성이 더욱 높아지게 된다. 그리고 초등 수학과 학생들의 수학적 사고에 대한 교사의 이해가 부족할 경우에도 수학 학습부진을 초래할 수 있다. 초등 수학에 대한 이해 부족과 학생들이 수학을 어떻게 이해하는지에 대한 지식이 없으면 교사가 학생들의 능력을 무시하고 자신의 방식으로만 가르치게 됨으로써 수학을 점차 멀리하는 학생들이 늘어나게 된다. 이 밖에 과밀학급으로 인한 수준별 지도의 어려움, 수학 학습 자료의 부족, 그리고 교실 내에서 수학을 좋아하지 않는 분위기 형성과 같은 부정적 학습 환경은 수학 학습부진의 원인이 된다.

한편 수학 학습부진을 일으키는 사회적 요인으로는 수학 교육에 대한 부모의 가치관을 들 수 있다. 자녀의 수학 학습 능력에 대한 부모의 부정적 가치관은 자녀의 수학 학습에 부정적 역할을 하기 때문에 수학 학습부진의 원인이 될 수 있다. 가정에서 수학에 대한 성취압력이 지나치게 높을 때에도 과도한 스트레스로 인해서 오히려 수학 학습에 부정적으로 작용할 수 있다. 또한, 경제적 및 문화적으로 어려운 환경에 있는 학생들은 실세계의 수학적 상황을 경험할 수 있는 기회가 충분히 주어지지 않기 때문에 수학을 배우는 데 어려움을 겪게 된다.

10.2.2 수학 학습부진아의 특성

학습에 어려움을 겪는 아동들은 행동에 있어서 평균적인 아동들과 다른 특징을 나타낸다. 다음은 수학 학습에 부진을 나타내는 학생들의 공통적인 특징을 요약한 것이다(Chard & Kameenui, 1995).

첫째, 일반적으로 기억 전략이 부족하다. 기억으로부터 필요한 정보를 검색하는 능력은 수학적 개념이나 원리를 이해하고 계산 기능을 익히는 데 필요하다. 그러나 수학 학습부진아는 정보를 기억해내는 능력이 낮으며, 이는 기억 능력이 부족해서라기보다는 기억하는 방법에 대한 전략이 부족하기 때문이다.

둘째, 문제 해결 전략을 적용하는 능력이 부족하다. 문제를 해결하는 데 전략을 효과적으로 사용할 수 있다면 수학 학습에 대한 성공 가능성을 더욱 높일 수 있을 것이다. 그러나 수학 학습부진아는 이미 배운 전략을 효과적으로 사용하지 못하며, 문제 해결에 유용하다고 여긴 전략에 지나치게 의존한 나머지 관련성이 많지 않은 문제 상황에 조차도 동일한 전략을 적용하려는 경향이 있다.

셋째, 주의력 결핍을 나타낸다. 수학 학습부진아는 중요한 정보와 중요하지 않은 정보를 구별해 내는 데 어려움이 있으며, 새로운 과제를 만났을 때 주의력이 매우 떨어지는 특징이 있다. 특히, 과제가 이들의 학습 수준에 비추어서 지나치게 어려울 때 주의력이 떨어질 수 있다.

넷째, 선수학습 결핍이 누적되어 있다. 수학은 고도의 사고 능력을 요구하는 교과이기 때문에 새로운 수학적 지식을 배우기 위해서는 이와 관련된 기본적인 개념이나 원리에 대한 이해가 필수적이다. 그러나 수학 학습부진아는 누적된 선수학습의 결핍으로 인해서 수학에 대한 기본적인 이해 수준이 매우 낮다.

다섯째, 언어적 능력이 부족하다. 언어적 사고 능력이 수학 학습에도 영향을 미치기 때문에 수학 학습부진아는 평균적인 아동들에 비해서 언어 관련 기능이 떨어진다. 따라서 수학 학습부진아는 언어적 이해 능력이 요구되는 문장제 형식의 수학 문제를 해결하는 데 어려움을 겪게 된다. 이에 수학 학습부진아에게 새로운 수학적 개념이나 원리를 가르칠 때에는 보다 명료하고 정확한 언어로 지도하는 것이 효과적이다.

여섯째, 수학 학습에 대한 동기가 부족하다. 수학 학습부진아에 대한 연구에서 지속적으로 관찰되고 있는 사실은 이들의 낮은 수학 학습 성취도가 수학에 대한 부정적인 태도, 수학 학습에 대한 실패 경험 등과 매우 밀접한 상관관계가 있다는 점이다. 따라서 이들의 수학 학업 성취도는 수학에 대한 태도 개선과 함께 향상될 수 있을 것이다.

일곱째, 수에 대한 이해 능력이 부족하다. 수학 학습부진아는 수에 대한 기초적인 계산 능력이 부족하고, 수 개념에 대한 이해와 수에 대한 조작 능력이 떨어진다. 기초적인 계산 능력은 이후 수학 및 타 교과를 학습하는 데 밑바탕이 되기 때문에, 수에 대한 이해 부족은 수학 학습부진의 원인이 될 수 있다.

10.3 수학 학습부진아의 진단 및 지도 절차

교사는 학기 초에 학습부진을 보이는 학생이 누구인지, 어떤 영역에서 학습부진을 보이는지, 그리고 학습부진의 원인이 무엇인지를 미리 파악함으로써 학습부진아 교육의 목표를 보다 효과적으로 달성할 수 있다. 수학 학습부진은 다양한 요인들이 복합적으로 관련되어 있는 경우가 많기 때문에 여러 요소들을 체계적으로 고려하여 프로그램을 개발해야 한다. 이를 위해서 수학 학습부진아를 선별하는 것에서부터 평가까지의 일련의 절차를 ① 프로그램 계획, ② 진단, ③ 지도, ④ 평가 단계로 구분하여 접근할 수 있다(천경록 외, 2005).

먼저 계획(planning) 단계에서는 학습부진아 교육 담당자 위원회 구성, 부진아 실태 파악, 그리고 교사와 학부모들의 요구를 분석함으로써 수학 학습부진아 진단 및 지도 프로그램의 계획을 객관적이고 구체적으로 수립해야 한다. 학습부진아 교육 담당자 위원회에서는 연간 학습부진아 지도 계획을 수립 및 추진해 나가고, 진단, 지도, 평가 활동과 관련된 중요 사항들을 심의하고 결정하게 된다. 위원회에서는 학습부진아를 선정하고 판별하는 역할도 수행한다. 또한 이 단계에서는 학습부진아 교육 전반에 관한 실태를 파악하고 교사와 학부모의 요구 사항들을 분석하여 프로그램에 반영할 필요가 있다.

이와 같은 사항들을 바탕으로 학습부진아 교육 계획 수립단계에서 마지막으로 해야 할 사항으로서 예비 학습부진아를 선정해야 한다. 예비 학습부진아는 전년도 학업 성취도, 기초학력 평가, 담임교사의 판단 등을 종합적으로 고려하여 선정한다. 그러나 예비 학습부진아로 선정된 학생이 진정한 학습부진아인지를 판단하기 위해서는 보다 정밀한 검사 도구를 활용해서 어떤 영역에서 학습부진을 보이고 그 원인이 무엇인지를 진단할 필요가 있다.

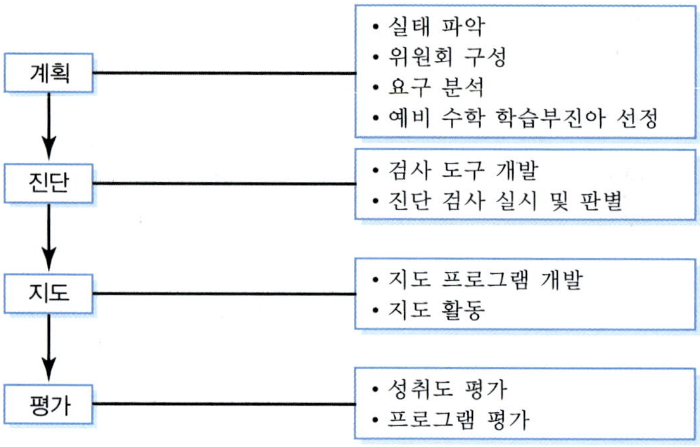

그림 10-1 수학 학습부진아 진단 및 지도 절차

다음으로 학습부진아 교육 계획에 따라 진단(diagnosis) 활동을 실시한다. 진단 단계에서는 예비 학습부진아로 선정된 아동들을 대상으로 정확한 학습부진 영역 및 부진 요인을 진단하기 위해서 정밀한 진단 검사 도구를 적용하고 판별 기준을 설정해야 한다. 진단 검사를 위해서는 기존 진단 검사를 활용하거나 또는 새로운 진단 검사를 개발하여 활용할 수 있다. 학습부진아 진단을 위해서 기존에 개발된 표준화된 검사 도구를 활용하게 되면 보다 객관적이고 일관성 있게 진단할 수 있다. 또한 현실적으로, 새로 검사 도구를 개발하는 것이 쉽지 않으며, 시간과 비용도 많이 들기 때문에 기존에 개발된 검사 도구의 적합성을 분석한 뒤 재구성하여 활용하는 것이 유용도가 높다. 한편, 적합한 검사 도구를 찾기 어려울 경우에 자체적으로 개발해야 하는데, 이 경우 학습부진아 교육의 목적에 부합하도록 진단 검사의 성격과 개발 방향을 명확하게 설정하고, 검사 도구 제작의 원리에 맞게 개발하도록 해야 한다. 그러나 직접 개발한 진단 검사 도구의 경우 학습부진아에 대한 기준이 서로 다르기 때문에 객관적인 진단이 쉽지 않다.

또한 학습부진아 진단 실시 단계에서는 진단 검사를 통해서 어느 영역에서 학습 능력이 부진한지, 부진 요인이 무엇인지에 대한 정보를 찾아내게 된다. 실제 학습부진아 판별을 위해서는 진단 검사 실시 결과와 함께 예비 선정된 학습부진아의 특성 및 학습에 대한 정보, 학교 여건 등을 종합적으로 고려하여 학습부진아 판별 위원회에서 판별하는 것이 타당하다. 더 나아가 진단 결과를 바탕으로 학습부진 영역이 기초 학습부진인지 또는 기본 학습부진인지, 그리고 보다 정밀하게 수학의 어느 영역에서 부진한지에 대한 분석이 이루어져야 한다. 진단 검사를 통해서 부진의 원인이 개인적인 요인인지 환경적인 요인인지 등에 대한 분석뿐만 아니라 부진의 수준이 어느 정도인지까지도 알 수 있다면 보다 효과적으로 지도할 수 있을 것이다.

진단 검사를 통해서 수학 학습부진아로 판별된 학생들에게는 이들에게 알맞은 지도 프로그램을 작성하여 지도(instruction)하도록 해야 한다. 수학 학습부진아 지도 활동은 수학 학습에 어려움을 갖고 있는 학생을 구제하는 데 목적이 있기 때문에 치료적 접근 방법이라 할 수 있다. 수학 학습부진아 지도 프로그램은 지역 및 학교의 실태와 학생 및 학부모의 여건 등을 고려하여 기존에 개발된 프로그램을 활용할 수도 있고, 또는 직접 프로그램을 개발할 수도 있다. 현실적으로 수학 학습부진 영역을 모두 고려하여 프로그램을 개발하는 것이 쉽지 않기 때문에 전문적인 기관에서 개발한 학습부진아 지도 프로그램을 검토한 뒤 재구성하여 지도하는 것이 효율적이다. 그러나 학습부진아 지도 프로그램을 직접 개발하고자 할 경우에는 개발 방향, 내용 체계표, 프로그램 구성 체계, 프로그램 개발, 프로그램의 검토 및 수정과 보완의 절차에 따른다.

마지막으로 수학 학습부진아 지도가 이루어지고 난 후에는 학습부진의 해소 여부를 판단하기 위한 성취도 평가와 함께 전체적인 프로그램에 대한 평가(assessments)가 수반되어야 한다. 학습부진아 지도 후에 성취도 평가를 위해서는 평가 문항을 작성하여야 하며, 기존에 전문가에 의해서 개발된 검사 도구를 사용하는 것이 보다 현실적이며, 자체적으로 개발하고자 할 경우에는 성취 기준에 의거하여 관찰과 포트폴리오 등의 다양한 평가 자료를 바탕으로 학습부진 지속 여부를 판단해야 할 것이다. 또한 학습부진아 지도 프로그램에 대한 평가는 지도 프로그램의 계획, 진단, 지도, 평가에 대한 각 단계의 활동이 적절하게 이루어졌는가를 평가함으로써 추후 수학 학습부진아 지도 프로그램을 계획하는 데 유용한 정보를 제공하게 된다.

10.4 수학 학습부진아 지도 원리

미국수학교사회(NCTM, 2000)에서는 모든 학생들은 수학을 배울 수 있는 능력이 있으며, 이는 수학 학습에 어려움을 겪는 학생들에게도 마찬가지로 적용될 수 있다고 지적한다. 수학 학습부진아는 수학 학습이 불가능한 학생을 의미하는 것이 아니라 정상적으로 학습해 나갈 수 있는 잠재적 능력이 있는 경우를 의미하기 때문에, 이들에게 다양한 학습의 기회를 제공하고 적합한 방식으로 지도한다면 수학 학습부진은 충분히 극복할 수 있는 문제이다. 다음은 수학 학습부진아를 지도하기 위해서 교사가 알아야 할 기본적인 원리를 제시한 것이다.

첫째, 수학 학습에 어려움을 겪는 학생들은 무의미한 반복 연습(drill & practice)보다는 기본적인 수학 개념과 원리에 대한 이해를 통해서 수학 학습의 어려움을 보다 효과적으로 극복할 수 있다. 지금까지 수학 학습부진아 지도는 주로 수와 연산 영역의 기본셈 기능을 반복적인 연습을 통해서 숙달하는 데 초점을 맞추어왔다. 그러나 수학에 대한 흥미가 낮은 수학 학습부진아에게 행동주의적 학습 원리에 기반을 둔 반복 연습에 의한 학습은 오히려 수학에 대해 지루하고 재미없는 교과라는 부정적인 인식을 강화시켜 줄 수 있다. 그리고 이러한 방법으로 일시적인 학습 효과는 나타날 수 있으나 수학 교과의 특성상 근본적인 처치 방법은 될 수 없다. 또한 지도 영역에 있어서도 수학 학습부진이 수학의 다양한 영역에서 발생한다는 점을 고려해서 구성할 필요가 있다.

둘째, 수학 교과의 계열성 특성으로 인해 선수 학습 결손이 수학 학습부진의 주요 원인이라는 점을 고려하여 단계적인 학습이 될 수 있도록 구성해야 한다. 단계적으로 학습 내용을 구성함으로써 어느 단계에서 학습 결손이 시작되었는지, 어떤 오류를 나타내고 있는지를 효과적으로 알아낼 수 있다.

셋째, 조작 활동 중심의 학습은 수학 학습부진아 지도의 가장 큰 특징이다. 구체물을 통한 조작 활동은 연습 문제 풀이에 도움이 되도록 하는 데 그 목적이 있는 것이 아니라, 여러 가지 문제 상황을 통해서 조작 활동을 함으로써 개념이나 원리를 보다 쉽게 이해할 수 있도록 도움을 주는 데 목적이 있다. 즉, 기능 숙달을 위한 연습 문제 풀이는 기본적인 개념이나 원리 이해를 위한 조작 활동이 이루어진 다음에 지도해야 한다. 다시 말해서, 수학 학습에서 조작 활동은 수학적 개념이나 원리를 이해하기 위한 도구적 역할을 해야 하며, 이러한 원리는 수학 학습부진아 지도에서도 그대로 적용될 수 있으며 오히려 더욱 강조할 필요가 있다. 그러나 수학에 대한 흥미를 유발하기 위해서 게임이나 퍼즐 놀이와 같은 활동을 첨가하는 것은 수학 학습의 본질적 목적에 부합하지 않기 때문에 수학 학습부진아 지도에서 선택적으로 활용해야 한다(김수동 외, 1998).

넷째, 수학적 의사소통(mathematical communication)이 충분히 이루어질 수 있는 학습 환경을 조성함으로써 수학 학습부진아가 수학에 대한 어려움을 극복하고 자신감을 회복하는 데 도움을 줄 수 있다. 수학적 의사소통은 문제 해결에 대한 학생 자신의 생각을 교사 및 다른 학생들과 공유함으로써 자신의 문제점을 해결하는 데 도움을 주게 된다. 수학 학습에 어려움을 겪고 있는 대다수의 학습부진아들이 정규 수학 시간에 발표나 토론을 통해서 자신의 의견을 나타낼 수 있는 기회가 많지 않다는 점을 고려하면, 수학 학습에서 보다 적극적으로 의사소통이 이루어질 수 있는 지도가 되도록 해야 한다. 수학적으로 의사소통할 수 있는 방법은 대화 형식이 될 수도 있고, 간단한 글이나 그림을 통해서도 할 수 있으며, 또는 구체적 조작물을 이용해서 자신의 문제 해결 방법을 효과적으로 표현할 수 있다.

마지막으로 수학 학습부진아 지도는 프로그램을 어떻게 운영하느냐의 측면에서 정규 학급, 특별학급, 방과 후 학급에서 지도할 수 있다. 정규 학급에서 지도할 경우에는 다른 학생들과의 수준 차이로 인해서 담임교사가 지도하는 데 현실적인 어려움이 있다. 그러나 특별 학급에서 지도할 경우에는 수학 학습에 동일한 어려움을 갖고 있는 학생들을 모아서 지도한다는 점에서 이러한 문제점은 극복할 수 있으나 정규 수업의 결손을 초래한다는 단점이 있다. 한편, 방과 후에 지도할 경우 학생들 간의 수준 차와 정규 수업 결손이라는 두 가지 단점을 모두 극복할 수 있기 때문에 점차 확산되는 추세이다.

수학 학습부진아 지도는 수학 교과의 특성을 고려할 때 조기에 진단해서 곧바로 부진을 해소할 수 있는 예방적 접근 방법이 가장 이상적이다. 그러나 현실적으로 대다수의 수학 학습부진아가 학습부진이 어느 정도 형성되고 난 후에 부진아 판별이 이루어진다는 점에서 진단적 목적보다는 오히려 치료적 관점에서 학습부진아 지도 프로그램이 이루어지고 있다. 따라서 수학 학습부진의 가능성이 있는 학생을 조기에 진단할 수 있는 검사 도구의 개발과 제도적 보완이 이루어져야 한다. 또한 수학 학습부진 문제를 보다 효과적으로 해소하기 위해서는 수학 학습부진의 원인과 특성에 대한 교사들의 이해와 더불어 검증된 지도 방법에 의해서 지도해야 한다. 즉, 무엇보다도 중요한 것은 수학 학습부진아 지도 프로그램을 어떻게 운영하느냐가 아니라 수학 학습부진아 지도에 대한 지도 교사의 전문성이다.

토의문제

1. 수학 학습부진아 문제를 국가적 관점에서 중요한 과제로 다루어야 하는 이유는 무엇인가?
2. 현재 초등학교 현장에서 실시하고 있는 수학 학습부진아 지도의 문제점은 무엇인가?
3. 성공적인 수학 학습부진아 지도를 위해서 교사에게 요구되는 것은 무엇인가?

읽을거리

- 김수동, 이화진, 유준희, 임재훈 (1998). 학습부진아 지도 프로그램 개발 연구. 연구보고 RRC 98-4. 한국교육과정평가원.
- 천경록, 고재천, 이재승, 오영열, 박은영 (2005). 기초·기본 교육을 위한 학습부진아 진단과 보정 자료의 개발. 광주교육대학교 누리사업단.
- Bull, R., Johnston, R. S., & Roy, J. A. (1999). Exploring the roles of the visual-spatial sketch pad and central executive in children's arithmetic skills: Views from cognition and developmental neuropsychology. *Developmental Neuropsychology*, *15*, 421-142.
- Chard, D. J., & Kameenui, E. J. (1995). Mathematics instruction for students with diverse learning needs: Heeding the message of the Cheshire Cat. *Focus on Learning Problems in Mathematics*, *17*(2), 24-38.

- Hanich, L. B., Jordan, N. C., Kaplan, D., & Dick, J. (2001). Performance across different areas of mathematical cognition in children with learning disabilities. *Journal of Educational Psychology*, *93*, 615-626.
- Mazzocco, M. M. M., & Myers, G. F. (2003). Complexities in identifying and defining mathematics learning disability in the primary school age years. *Annals of Dyslexia*, *53*, 218-253.
- National Council of Teachers of Mathematics (2000). *Principles and Standards for School Mathematics*. Reston, VA: NCTM.
- Siegel, L. S. (1999). Issues in the definition and diagnosis of learning disabilities: A perspective on Guckenberger v. Boston University. *Journal of Learning Disabilities*, *32*(4), 304-319.
- U.S. Department of Education (2002). *No Child Left Behind*. Http://www.ed.gov/nclb/landing.jhtml.

제 11 장

수학 영재 교육

11.1 수학 영재의 정의
11.2 수학 영재의 특성
11.3 수학 영재의 판별
11.4 수학 영재 프로그램 개발 및 지도 원리
11.5 수학적 능력의 구조

영재는 우리나라와 같이 인적자원이 국가 발전에 매우 중요한 역할을 하는 나라에서는 가장 중요한 국가적 자산이다. 특히 21세기로 접어들면서 과학 기술의 급격한 발달과 함께 정보화 속도가 더욱 빠르게 진행되고 있으며, 수학과 과학은 이러한 과학 기술 발달의 원동력이 된다. 따라서 수학에 특별한 재능이 있는 영재를 조기에 발굴하여 육성할 필요가 있다. 이미 선진 국가에서는 오래 전부터 우수한 영재를 선발하여 체계적으로 양성해 오고 있다.

최근 우리나라에서도 영재교육 진흥법의 시행과 함께 국가적으로나 사회적으로 영재 교육에 대한 관심이 고조되고 있다. 이에 따라서 현재 전국적으로 대학 부설 영재교육원을 비롯해서 다양한 방식으로 수학에 재능이 있는 학생들을 선발하여 교육하는 기관들을 운영하고 있다. 이처럼 영재교육에 대한 중요성과 국민적 관심이 날로 증대되고 있는 상황에서 영재 지도를 위한 유능한 교사 양성, 과학적인 판별 시스템, 영재의 특성 등을 고려하여 영재 교육 프로그램을 개발할 필요가 있다.

11.1 수학 영재의 정의

영재(the gifted)란 누구인가? 이 질문은 지금까지 영재 교육에 대한 연구에서 가장 자주 논의되어 온 이슈 가운데 하나이며, 또한 이는 영재에 대해 명확히 정의를 내리는 것이 쉽지 않다는 것을 의미한다. 그러나 영재를 선발하는 것도 그리고 영재를 위한 프로그램을 개발하는 것도 영재에 대한 명확한 정의 없이는 쉽지 않기 때문에 영재 교육의 출발점은 영재를 어떻게 볼 것인가에 대한 정의를 내리는 것에서 시작해야 한다.

역사적으로 영재에 대한 정의는 시대와 사회적 환경 그리고 학문적 발달 정도에 따라서 변화해 왔다. 1950년대 이전까지 교육학자들은 주로 지능 검사와 학업 성취도의 관점에서 영재를 정의하였다. 따라서 이 시기에는 지능 검사 또는 이와 유사한 검사를 통해서 상위 1% 이내에 들어가는 학생을 영재로 보았다. 그러나 많은 연구자들은 이후 지능을 어떻게 볼 것인가의 문제에 관심을 기울이기 시작하면서 영재적 특성을 구성하는 요소로서 지능의 특성과 지능 이외의 또 다른 측면에 대해 연구하게 되었다.

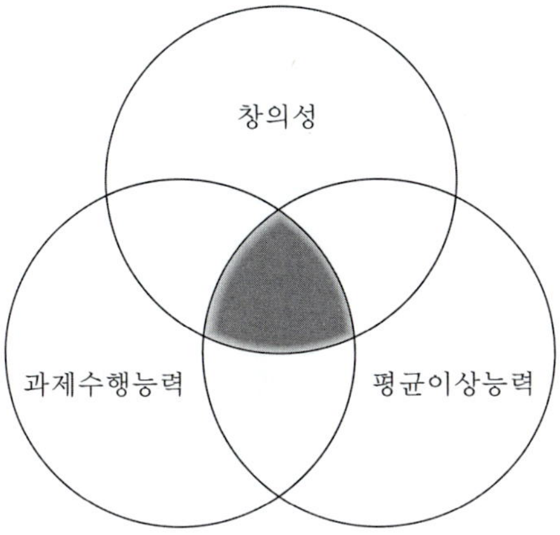

그림 11-1 렌줄리의 영재성 모델

미국 교육부 보고서(Marland, 1972)에 따르면 영재란 고도의 전문적인 수행 능력이 있는 사람들에 의해서 정규 학교 교육 프로그램과는 다른 차별화된 교육 프로그램이 요구되는 학생들로 판별된 학생들을 의미한다. 따라서 영재로 판별되기 위해서는 고도의 수행 능력이나 또는 지능 검사, 수학 적성 검사, 창의성 검사 등을 통해서 잠재적 능력을 입증할 수 있어야 한다.

이후 오늘날까지도 광범위하게 적용되고 가장 잘 알려진 영재에 대한 정의는 렌줄리(Renzulli, 1978)에 의해서 내려졌다. 렌줄리는 영재성을 정의하기 위해서 평균 이상의 능력, 과제 수행 능력, 창의성의 상호작용을 토대로 한 '세 고리 모델'(three-ring model)을 제시하였다. 이 모델에 의하면 어느 한 영역의 뛰어난 재능만으로는 영재가 될 수 없으며, 세 영역에서 골고루 뛰어난 재능을 보일 때 영재성이 있다고 할 수 있다. 따라서 렌줄리의 정의에 따르면 영재란 "종합적인 영재적 특성을 가지고 있으면서 자신의 능력을 잠재적으로 가치 있다고 여기는 영역에 적용할 수 있는 사람"을 의미한다(p. 261).

영재 프로그램을 개발해야 하는 교사들에게 영재에 대한 명료한 정의는 영재를 판별하고 선발하기 위한 토대가 된다는 점과 영재 프로그램 개발의 방향을 제시한다는 측면에서 중요하게 고려되어야 한다. 비록 누구를 영재로 볼 것인가에 대한 답은 교육적으로 수용 가능한 것인가와 사회적 가치 등에 의해서 영향을 받지만, 영재에 대한 정의는 영재를 선발하고 영재 프로그램을 개발하기 위해서 반드시 선행되어야 할 요건이다.

한편, 현실적으로 영재에 대한 정의는 영재를 협의(狹義)의 관점에서 보느냐 또는 광의(廣義)의 관점에서 보느냐에 따라 달라질 수 있다(House, 1987). 협의의 관점에서 영재를 정의할 때는 주로 영재 교육에 대한 재정적 지원 여건에 따라서 영재 교육의 대상자가 달라지기 때문에 대상 모집단의 상위 몇 퍼센트 이내의 학생과 같은 방식으로 영재를 규정하게 된다. 따라서 매우 제한된 학생들만이 영재 교육을 받을 수 있기 때문에 영재 판별 절차가 까다로워지게 되고, 이 때문에 영재에 대한 잠재적 능력이 있는 학생들이 선발에서 배제될 가능성이 있다. 반면에, 광의의 관점에서 영재를 정의할 때에는 영재에 대한 개념이 더욱 넓어지게 되기 때문에 수행 능력에 대한 판별 절차가 덜 엄격해진다. 따라서 더 많은 학생들이 영재 교육을 받을 수 있게 된다.

영재에 대한 정의는 영재 프로그램에 참여할 학생들을 판별하기 위한 기준과 판별 과정에 직접적인 준거가 되기 때문에 영재를 판별하는 데 얼마나 유용한지, 신뢰할만한지, 그리고 얼마나 효과적인지 등의 관점에서 접근할 필요가 있다. 따라서 만약 어떤 학생이 영재로 판별되었다면, 이는 분명히 영재를 판별하기 위해 적용한 절차에 의해서가 아니라 프로그램에서 적용하고 있는 영재성에 대한 정의에 근거해야 한다. 이러한 원리는 영재로 판별 받지 못한 학생에 대해서도 마찬가지로 적용되어야 한다.

11.2 수학 영재의 특성

수학적으로 재능이 있는 영재들의 특성과 요구에 대한 이해 없이 교사들이 수학에 재능이 있는 영재들이 자신의 잠재적 능력을 충분히 발휘할 수 있도록 가르치는 것은 쉽지 않을 것이다. 일반적으로 수학 영재들의 경우 타고난 수학적 재능을 갖고 있으며, 이들의 영재적 특성은 7~8세에 나타나기 시작한다. 영재적 특성은 주변 환경을 수학화하려는 노력과 더불어 주변 현상에 대해 지속적으로 주의를 기울임으로써 수학적인 안목으로 세계를 보려는 노력을 통해서 표현된다.

수학 영재들의 경우 일반적인 학생들에 비해서 논리적으로 사고할 수 있는 능력이 뛰어나고, 또한 이미 알고 있는 지식을 이용하여 친숙하지 않은 문제를 해결하는 데에도 더욱 능숙하게 적용할 수 있다. 뿐만 아니라, 수학 영재들은 수학적 아이디어를 일반화 하는 능력에 있어서도 그렇지 않은 학생들과 차별화된 모습을 보이는데, 이들은 문제의 구조 파악에서도 하찮은 특성들보다는 문제 속의 근본적인 관계와 일반화된 구조에 더 많은 관심을 기울이는 경향이 있다. 따라서 수학 영재들이 가장 일반적이고 보편화된 수준에서 문제를 해결하는 것은 전혀 이상한 것이 아니다.

일반적으로 수학 학습에 영재성을 보이는 학생들은 다음과 같은 특성을 보인다(House, 1987; Krutetskii, 1976).

① 사물의 양적인 측면에 대해 일찍부터 호기심과 이해도가 높다.
② 양적인 관계 또는 공간적 관계에 대해 논리적으로 생각할 수 있는 능력이 뛰어나다.
③ 수학적 규칙성, 구조, 관계, 연산에 대해 인식하고 일반화할 수 있는 능력이 뛰어나다.
④ 귀납적, 연역적, 유추적으로 추론할 수 있는 능력이 뛰어나다.
⑤ 수학적 활동에서 사고 과정의 유연성을 보인다.
⑥ 수학적 기호, 관계, 증명, 해결 방법 등을 기억할 수 있는 일반화된 능력이 있다.
⑦ 주변 세계를 수학적으로 인식하려는 경향이 있다.
⑧ 수학 문제 해결에 대한 힘과 인내심이 뛰어나다.
⑨ 명료성, 단순성, 경제성, 합리성의 관점에서 문제 해결 방법을 찾기 위해 노력한다.
⑩ 수학적 추론의 단순화와 가역성뿐만 아니라 정신적 사고 과정에서도 빠르고 자유로운 재구조화가 가능하다.
⑪ 학습을 새로운 상황에 적용할 수 있는 능력이 뛰어나다.
⑫ 수학적으로 생각하는 능력이 뛰어나다.

물론 이와 같은 특성들은 수학 영재들에게서 관찰할 수 있는 일반적인 특성들이기 때문에, 수학 영재라고 해서 위에 제시된 모든 특성을 갖는 것은 아니다. 수학 영재들은 평균적인 학생들보다도 오히려 개인차가 크다는 점을 고려할 때 이와 같은 특성들을 갖고 있는 학생들에게 주의 깊은 관심을 가질 필요가 있다.

11.3 수학 영재의 판별

영재 판별(identification)은 영재에 대한 정의와 더불어 영재교육에 대한 연구에서 가장 관심이 많은 영역 가운데 하나이다. 영재 판별에서 가장 전통적인 방법은 주로 지능 검사와 학업 성취도에 의존한 방식이었다. 1960년대 이후 영재성에 대한 정의가 확장되면서 영재 판별에 있어서도 변화를 위한 시도가 있었지만, 오늘날에도 여전히 영재 프로그램에 참여할 학생을 선발할 때 전통적인 표준화 검사, 학업 성취도, 교사의 추천서 등에 의존하는 경우가 많다.

영재에 대한 정의를 어떻게 내리든지 간에 어느 한두 가지 점수에 의존해서 영재를 선발하기 보다는 다양한 측면을 복합적으로 고려함으로써 잠재적으로 영재성이 있는 학생을 정확하게 선발할 수 있는 가능성을 높일 수 있도록 해야 한다. 영재 판별을 위해 적용할 수 있는 기본적인 절차를 제시하면 다음과 같다(Feldhusen, Asher, & Hoover, 1984).

첫째, 프로그램의 목표와 대상 영재를 정의한다. 이 단계에서는 영재 프로그램 목표와 선발하고자 하는 학생들의 유형에 대해서 정의를 내리게 된다. 프로그램의 목표는 가능하면 영재들의 요구를 분석한 후에 결정하는 것이 적절하다.

둘째, 영재 프로그램 지원에 적합한 자격을 갖춘 예비 학생들을 선발한다. 이 단계에서는 잠재적으로 영재성이 있는 학생들이 제외되지 않도록 하기 위해서 모든 이용 가능한 자료들을 선발 절차에 고려해야 한다. 예를 들어, 수학 학업 성취도 검사 기록, 수행 평가 기록, 발달 과정에 대한 학교의 기록, 창의적 활동, 교사 및 학부모의 추천, 행동 평가 체크리스트 및 척도 등은 영재를 선발하는 데 좋은 자료가 될 수 있다. 물론 어떤 자료든 각각 장단점을 포함하고 있으나, 이러한 정보들이 학생들의 학문적 발달 가능성을 평가하는 데 가치 있는 정보를 제공한다는 것은 의심의 여지가 없다. 이때, 행동 평가 척도가 영재 선발에 유용한 자료가 되기 위해서는 그 결과를 시험 성적에서 유추해서는 안 되며 영재의 특성과 교사의 직접적인 관찰 결과를 토대로 기록해야 한다. 영재 교육에 대한 많은 연구에서는 영재적 특성이 있는 아동들이 종종 교사들이 모범적인 학생이라고 생각하는 기대에 어긋난 행동을 하기 때문에 영재로 선발되지 못하는 경우가 발생함을 지적한다.

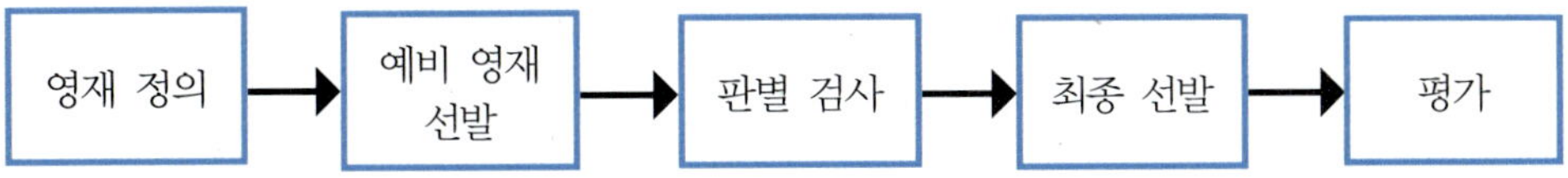

그림 11-2 수학 영재 판별 절차(Feldhusen, Asher, & Hoover, 1984)

셋째, 프로그램에 지원한 예비 학생들의 수학 영재성을 검증하기 위한 판별 검사를 실시한다. 영재성이 있는 학생을 정확하게 선발하기 위해서는 가능한 한 다양한 검사 도구를 활용해야 한다. 활용 가능한 더 많은 정보를 가지면 가질수록 프로그램의 목적에 알맞은 영재를 더 효과적으로 선발할 수 있는 가능성은 그만큼 높아지게 된다. 이 단계에서 시행하게 될 평가는 프로그램의 목적에 적합한 학생을 선발할 수 있도록 의사결정을 위한 정보 제공의 수단으로 간주되어야 하며, 문화적 및 환경적 요인 때문에 검사 도구에 의해서 불이익을 받지 않도록 주의해야 한다.

영재를 판별하기 위해서 지능 검사, 성취도 검사, 적성 검사, 창의성 검사와 같은 다양한 표준화 검사 및 평가 척도 등이 활용될 수 있다. 이러한 검사 가운데서 객관적이고 쉽게 측정할 수 있다는 것 때문에 지능 검사와 성취도 검사가 가장 보편적으로 활용되고 있다. 그러나 수학적 영재 판별에서 성취도 검사의 활용은 고도의 수학적 사고를 요구하는 문제 해결 보다는 이미 알고 있는 수학적 사실들에 대한 기억에 의존해서 문제를 풀도록 한다는 비판이 많았다. 또한, 많은 학생들을 대상으로 검사를 실시하는 경우에는 객관식 문항으로 검사가 시행되기 때문에 수학 영재의 특성이라고 할 수 있는 다양성과 통찰력을 요구하는 사고 능력을 허용하지 않는다는 한계가 있다. 한편, 영재 판별을 위해 적용할 수 있는 창의성 검사의 경우 창의성을 어떻게 정의할 것인지가 쉽지 않기 때문에 측정하는 데 어려움이 있다. 뿐만 아니라, 검사에 대한 타당성과 신뢰성을 확보하기도 쉽지 않은 측면이 있다. 그러므로 창의성 검사 결과는 단독으로 영재성 판별 자료로 활용하기 보다는 지능 검사나 성취도 검사 결과와 함께 활용하는 것이 바람직하다.

넷째, 모든 판별 자료와 학생에 대한 자료 조사를 바탕으로 영재를 선발한다. 이 단계에서는 지금까지 모은 자료들을 정리하여 각각 학생들 자료로 분리한다. 따라서 여기에서는 시험 성적뿐만 아니라 학생들에 대한 정보를 더 잘 이해하기 위해서 학생, 교사, 학부모와의 면담 결과도 포함할 수 있다. 그러나 얻어진 모든 자료들을 합하여 종합 점수를 내는 방식은 각각 자료가 갖는 잠재적 가치 비중을 무시할 수 있기 때문에 주의할 필요가 있다.

다섯째, 판별절차에 대한 평가를 실시한다. 영재 판별을 위한 마지막 단계는 판별 절차가 원래 의도했던 프로그램의 목표를 잘 반영하고 있는지 그리고 목표를 달성하는 데 효과적인지 확인할 수 있는 증거 수집을 포함한다. 영재 선발 과정에서 적용했던 판별 검사 도구와 영재 프로그램에서의 성공 요인 간의 상관관계 분석은 추후 영재 프로그램에서 적절한 판별 검사 도구를 선택하는 데 중요한 자료를 제공할 것이다. 또한, 이 과정에서 영재로 선발된 학생과 그렇지 못한 학생을 비교 분석하는 것도 영재 판별력을 더욱 발전시키는 데 좋은 자료가 될 수 있다.

최근 우리나라에서 시행하고 있는 영재 교육 프로그램에서는 3단계 판별 절차에 따라서 선발하게 되는데, 1차에서는 학교생활 기록부, 수학 경시 대회, 학업 성취도, 지능 검사 등과 같이 주로 학교에서 이용 가능한 자료에 근거해서 수학적 태도와 학문적 능력이 우수한 잠재적 영재 집단을 선정하게 된다. 2차 단계에서는 보다 정확한 수학적 잠재 능력을 평가하기 위해서 고차원의 문제 해결 능력 검사를 통해서 수학적인 영재성을 확인하게 되며, 마지막으로 3단계에서는 다양하고 창의적인 수학적 사고 능력을 요구하는 개방형 문항 검사결과와 함께 면담을 통해서 수학적 잠재 능력에 대한 엄밀한 판단을 하게 된다.

이와 같이 영재 프로그램에 적합한 학생의 선발은 판별 절차의 흐름에 따르게 된다. 영재 선발 절차를 통해서 프로그램에 선발된 모든 학생들이 수학에 대한 영재적 잠재 능력을 가지고 있다면 이상적이라고 할 수 있다. 그러나 이용 가능한 정보는 유한하고 선발되고 싶어 하는 학생들은 많기 때문에 항상 선택에 어려움이 따르게 된다.

11.4 수학 영재 프로그램 개발 및 지도 원리

11.4.1 수학 영재 프로그램의 구성 요소

수학에 대한 뛰어난 잠재적 능력을 갖고 있는 영재들의 학습 능력을 극대화하기 위해서는 이들에게 적합한 학습 프로그램을 제공해야 한다. 이를 만족할 수 있는 수학 영재 프로그램을 개발할 때 고려해야 할 핵심적인 구성 요소는 다음과 같다 (House, 1987).

① 좋은 수학 내용 선정

수학에 재능이 있는 영재들의 수학에 대한 호기심과 잠재성을 개발하는 데 도움을 줄 수 있기 위해서는 단순히 흥미를 높일 수 있는 게임이나 퍼즐이 아니라 질적으로 높은 수준의 수학적 내용을 선정해야 한다.

② 적절한 교수 방법

수학 영재의 특성을 고려하여 그들의 잠재성을 개발하는 데 도움이 될 수 있는 교수 방법을 적용해야 한다. 개별 학생들이 갖고 있는 장점들을 극대화하고, 학습 특성과 속도를 고려하며, 능동적 상호작용을 통해서 학생들의 학습 동기를 자극하고 안내해야 한다.

③ 높은 수준의 사고력

수학 영재들을 위한 교육 프로그램에서는 단순한 문제 풀이 보다는 고도의 사고 능력을 기르는 데 교육의 초점을 맞추어야 한다. 학생들은 보통 개방형 문항에 대한 해결과 함께 그 결과를 다른 상황에 적용해 가는 과정을 통해서 고도의 사고 능력을 기를 수 있다.

④ 문제 해결 능력

문제 해결은 수학을 배우는 데 가장 효과적인 방법 가운데 하나이다. 따라서 문제 해결은 영재들의 수학 학습에서 그 핵심이 되어야 하며, 문제 해결을 통해서 수학적 개념이나 원리를 실생활에 적용함으로써 수학을 보다 깊이 있게 이해할 수 있는 기회를 갖게 된다.

⑤ 의사소통 능력

효과적으로 자신의 수학적 아디이어를 의사소통 할 수 있는 능력은 수학 학습에서 본질적인 요소이다. 학생들은 자신의 생각을 다른 사람에게 효과적으로 전달하고 다른 사람의 아이디어를 주의 깊게 들을 수 있어야 하며, 또한 보다 정확하게 자신의 생각을 수학적으로 표현하도록 노력해야 한다.

⑥ 다양한 수준차 고려

비록 수학에 매우 재능이 있는 학생들로 구성된 영재들이라 할지라도 이들 사이에 다양한 수준차가 존재한다는 것을 인식해야 한다. 따라서 이들의 학습 능력, 수학적 호기심, 나이, 동료 집단 등을 고려하여 자신에게 맞는 다양한 활동을 제공해야 한다.

⑦ 창의성에 대한 추구

실험, 탐구, 추측과 같은 다양한 활동을 통해서 수학의 핵심적인 아이디어를 창의적인 방식으로 탐색해 볼 수 있는 기회를 제공해야 한다.

⑧ 학습 자료의 활용

구체적 조작 자료, 탐구형 소프트웨어, 시청각 자료 등 다양한 학습 자료를 활용함으로써 수학적 개념과 원리를 보다 깊이 있게 이해할 수 있는 기회를 제공한다.

이와 같은 구성 요소들은 수학 영재 프로그램을 개발할 때 일반적으로 적용할 수 있는 사항들이다. 수학 영재 프로그램 성공의 열쇠는 영재들이 수학을 배우는데 도움이 되도록 얼마나 풍부하고 다양한 학습의 기회를 제공할 수 있느냐에 있다. 이를 위해서 수학 영재들의 수준에 알맞은 수학 내용을 선정하고, 이들의 사고 능력 향상에 적합한 교수 방법을 적용해야 한다. 또한, 프로그램 개발의 방향이 원래 계획했던 프로그램의 목적에 부합하도록 해야 한다는 점도 유의할 필요가 있다.

11.4.2 수학적 과제의 개발

수학 영재들은 수학에 대한 자신의 잠재적 능력을 발휘할 수 있도록 하기 위해서 평균적인 학생들과는 질적으로 다른 수업을 원한다. 수학적 과제(mathematical tasks)는 교수·학습을 통해서 수학 영재들의 능력을 개발하는 데 매우 중요한 역할을 한다. 그렇다면 수학적으로 재능이 있는 학생들에게 좋은 과제란 무엇인가?

일반적으로 좋은 수학적 과제란 세 가지 특성을 포함하고 있어야 한다(Hiebert, et al., 1996). 첫째, 어느 정도 문제성을 내포하고 있어야 한다. 즉, 좋은 과제란 너무 쉽고 명료하게 답을 구할 수 있는 문제가 아니며, 또한 지나치게 어려워 좌절감을 느끼게 하는 문제도 아니다. 다시 말하면, 좋은 수학적 과제란 수학에 대한 학생들의 흥미를 자극하고, 어느 정도 인지적 고민을 경험하게 함으로써 문제 해결을 통해서 의미 있는 특별한 것을 발견하는 데 도움이 되어야 한다. 둘째, 좋은 과제란 학생들이 경험하는 실세계와 연계성이 있어야 한다. 수학이 실제 경험하는 세계와 밀접하게 관련이 있다는 것을 인식함으로써 수학의 가치에 대해서 보다 깊이 있게 이해하는 데 도움을 줄 수 있게 된다. 셋째, 학생들이 중요한 수학적 아이디어에 몰입하는 데 도움을 줄 수 있어야 한다. 물론 좋은 수학적 과제가 갖추어야 할 이와 같은 조건들은 평균적인 학생들뿐만 아니라 수학 영재들에게도 공통적으로 적용될 수 있다.

수학적 과제는 수학 학습을 위한 매개체이다. 학생들은 과제 해결을 통해서 창의적인 문제해결 방법을 익힐 수 있으며 고도의 인지적 사고 능력을 기를 수도 있다. 또한 문제를 해결해 가는 과정을 통해서 자신의 아이디어를 정확하고 명료하게 다른 사람에게 표현하는 방법을 배울 수 있게 된다. 그러나 이미 배운 내용을 그대로 반복하거나 지루한 문제 풀이 등은 오히려 수학 영재들에게 수학에 대한 흥미를 떨어뜨릴 염려가 있기 때문에 적합하지 않다.

역사적으로 수학적 과제를 수학 영재에게 어떻게 적용해야 하는가는 학습의 풍부성(enrichment)을 강조한 심화 학습과 학습의 가속성(acceleration)에 초점을 맞춘 속진 학습의 관점에서 논의되어 왔다. 심화 학습은 수학에 대한 기본적인 개념과 원리를 더욱 깊이 있게 이해할 수 있는 다양한 기회를 제공함으로써 현재 학년 수준에서 보다 고차원적인 사고 능력을 기르는 데 초점을 두고 있다. 따라서 풍부성의 관점에서 수학적 과제를 수학 영재들에게 적용할 때에는 학교 교육과정에서 다루는 평범한 주제를 더 깊이 있게 다루거나 또는 학교 교육과정에서 다루지 못한 내용을 다루는 방법이 있다. 반면에, 속진 학습에서는 수학 영재들의 경우 이미 동일 학년의 학생들에 비해서 월등한 수학적 능력이 있기 때문에 더 높은 수준의 내용을 일찍 배우도록 허용할 필요가 있다는 점을 강조한다.

수학 영재들 간에도 수준차가 존재한다는 것을 고려할 때 일반적으로 두 가지 방식을 병행하게 되지만, 초등 수학 영재들의 경우에 기본적으로는 풍부성에 더 큰 비중을 두는 것이 타당할 것이다. 비록 수학적 능력이 매우 우수한 영재들이라고 할지라도 초등학생들의 경우에 수학적 개념과 원리에 대한 깊이 있는 이해를 위해서는 다양한 조작 도구의 활용이 필수적이다. 따라서 학습의 질을 보다 풍부하게 함으로써 수학 영재들은 일반적인 학생들이 이해하기 어려운 미묘한 개념이나 원리들을 더욱 깊이 있게 이해할 수 있는 기회를 갖게 된다.

11.4.3 수학 영재의 지도

수학적으로 재능이 있는 학생들을 지도할 때에는 학생들 간의 수준 차이를 인식해야 한다. 비록 영재들로 이루어진 학급이 수학적으로 매우 뛰어난 학생들로 구성되어 있지만, 일반 학급보다도 더 큰 개인차가 존재한다. 이들은 지적 능력과 학습 능력 면에서 매우 뛰어나다고 할 수 있으나, 진정한 수학 영재들이 갖고 있는 수학적 재능과 특성을 갖추지 못한 경우도 있다. 이러한 학생들은 영재들로 구성된 학습 환경에서 오히려 큰 스트레스를 받을 수 있다. 따라서 영재를 지도하는 교사는 선발된 영재 학생들이 성공적으로 자신의 재능을 기를 수 있도록 학생 개개인과 학습 환경에 세심하게 주의해서 지도해야 한다. 수학 영재를 지도할 때 핵심적인 교수 전략을 간추리면 다음과 같은 네 가지로 요약할 수 있다.

첫째, 수학 영재들의 수준에 알맞은 과제를 제시해야 한다. 수학 영재들은 일반적인 학생들보다 수학에 대한 학습 능력이 월등히 뛰어나기 때문에 이들과 같은 수준의 문제를 제시해서는 안 되며, 수학 영재들의 학습 능력에 알맞은 과제를 제시해야 한다. 특히 초등 수학 영재의 경우에 보다 높은 수준의 수학을 일찍 배우기보다는 초등학교 수준의 수학적 개념이나 원리 등을 더 깊이 있게 그리고 더 수학적인 방식으로 배우도록 해야 한다.

둘째, 교사는 선발된 영재들이 수업 활동에 적극적으로 참여할 수 있도록 격려해야 한다. 이 과정에서 교사는 학생들이 자신의 아이디어를 적극적으로 제시함으로써 학급에 공헌할 수 있다는 것을 격려하고, 교사와 학생 및 학생과 학생 간에 적극적으로 상호작용할 수 있도록 돕는 학습 환경을 조성해야 한다. 또한 문제 해결에 대한 답보다는 문제 해결 과정과 창의적인 아이디어를 존중하는 학습 환경을 만듦으로써 이들의 수학적 능력을 개발하고 수학에 대한 올바른 태도를 갖도록 하는 데 도움을 줄 수 있다.

셋째, 수학적으로 재능이 있는 학생들을 가르치기 위해서 교사들은 예상하지 못한 질문에 대해 준비되어 있어야 한다. 수학 영재들은 종종 교사들이 전혀 예상할 수 없는 매우 창의적인 방식으로 문제를 해결한다. 교사는 학생들이 자신의 생각과 다른 반응을 보일 때 자신의 생각만을 주장하기보다는 학생들로부터 나오는 새로운 아이디어를 적극적으로 들을 수 있어야 하며, 이를 바탕으로 원래의 수업 계획을 수정할 수 있어야 한다.

넷째, 수학적으로 재능이 있는 학생들을 가르칠 때 교사들은 이들의 수학적 사고를 자극하기 위해서 어떻게 질문할 것인가에 대해 주의를 기울여야 한다. 적절한 질문은 문제에 대한 학생들의 생각을 확장하는 데 도움을 줄 뿐만 아니라 다양한 대안적 방법에 대해서도 생각해 볼 수 있는 중요한 기회를 제공하게 된다. 특히, “얼마나 다양한 방법으로 풀 수 있습니까?”, “만약 조건을 바꾼다면?” 등과 같은 개방형 질문은 학생들의 사고 능력을 기르는 데 매우 효과적이다.

학생들은 발표나 토론과 같은 적극적인 의사소통을 통해서 서로의 수학적 아이디어를 공유하게 되며, 이 과정에서 자신의 주관적 아이디어를 더욱 객관화된 수학적 지식으로 발전시킬 수 있게 된다. 따라서 수학 영재에 대한 지도는 학생들이 적극적인 상호작용을 통해서 수학을 더 깊이 있게 배울 수 있는 학습 환경을 조성하는 데 주의를 기울여야 한다.

11.4.4 성공적인 수학 영재 교사의 특성

학생들의 수학 학습에 영향을 미치는 다양한 요인 가운데서 교사만큼 크게 영향을 미치는 요인은 많지 않으며, 이는 수학적으로 재능이 있는 학생들에 대한 교육에서도 마찬가지이다. 이러한 관점에서 볼 때 수학 영재를 가르치는 데 적합한 교사의 특성에 대해 파악할 필요가 있다.

먼저 수학적으로 재능이 있는 학생들을 가르칠 교사는 수학에 대한 깊이 있는 지식과 함께 전문적인 수학 활동에 참여하고, 새로운 지식과 아이디어를 추구하며, 수학을 가르치는 데뿐만 아니라 수학 자체에도 열정이 있어야 한다. 수학 영재들은 수학을 매우 좋아하고 평균적인 학생들에 비해서 수학에 대해 매우 뛰어난 능력을 보이는 학생들이다. 수학에 대한 열정과 깊이 있는 이해가 없는 교사들은 수학 영재들의 잠재적 능력을 개발하는 데 도움을 주기 어렵다. 따라서 전문적인 수학 활동에 적극적으로 참여하고 지속적으로 수학적 지식을 개선하기 위해 노력하는 교사들이 수학 영재를 가르치는 데 적합하다. 그리고 새로운 지식과 아이디어를 추구하는 데도 열정이 있어야 한다.

또한 수학적으로 재능이 있는 학생들을 가르치기 위해서는 학생들 개개인에 관심이 있고 그들의 능력에 대한 믿음을 갖고 있는 학생 중심적 태도를 가져야 한다. 영재들은 수학에 대한 다양하고 창의적인 사고를 할 수 있기 때문에 교사들은 이들의 아이디어를 존중하고 또한 그들의 활동에서 배우고자 하는 개방적 태도가 요구된다.

결론적으로 수학에 대한 뛰어난 재능이 있는 영재들을 가르칠 교사는 수학과 영재에 대한 깊이 있는 지식과 관심이 필요하며, 이는 영재 교육의 본질적 목적에 맞게 영재들의 잠재적 능력을 돕기 위해서 교사가 갖추어야 할 최소한의 것이기도 하다.

11.5 수학적 능력의 구조

수학 영재를 효과적으로 지도하기 위해서는 수학적 재능을 지닌 아동들의 사고 능력에 대한 이해가 선행되어야 한다. 수학적 사고 능력의 특성에 관한 연구는 많은 사람에 의해 여러 가지 방법으로 이루어져 왔다. 그중 옛 소련의 심리학자 크루테츠키(V. A. Krutetskii)의 수학적 능력의 특성에 대한 방대한 연구는 특히 수학의 여러 가지 내용을 종합적으로 다루고 있어 우리에게 시사해 주는 바가 많다. 수학적 능력에 관한 초기의 연구들은 일반적인 지적 능력의 연구에서와 같이 주로 변인분석법에 의존해 왔다. 크루테츠키는 변인분석법에 의한 연구 결과를 분석 종합하여 수학적 능력과 특별히 관련이 있는 지능 변인을 ① 일반 변인, ② 수적(數的) 변인, ③ 공간 변인, ④ 언어적 변인, ⑤ 추론 변인으로 정리하였다.

능력의 본질을 분석하기 위해서는 능력의 개념과 기능 또는 습관의 개념을 구별할 필요가 있다. 크루테츠키는 능력과 기능의 차이를 구분하고, 수학 학습 능력을 다음과 같이 정의하였다.

> 수학을 배우는 능력(ability to learn mathematics)이란, 다른 모든 조건이 동일한 경우에 학교에서 요구하는 수학적 활동을 수행하고, 학교 교과목으로서의 수학을 숙달하는 데, 특히 수학적인 지식, 기능, 습관 등을 비교적 신속하고, 용이하고, 철저하게 숙달하는 데 영향을 주는 개인의 심리적 성향, 주로 정신 활동의 성향을 의미한다. (Krutetskii 1976, pp. 74-75)

크루테츠키는 이와 같은 정의에 덧붙여서, 능력의 성분 가운데에는 정의적인 측면이나 태도의 측면을 드러내는 것도 있는데, 그는 이러한 것을 "사고의 수학적 경향(mathematical cast of mind)"이라고 하였다.

크루테츠키는 1955년부터 1966년까지 12년간에 걸쳐, 수학적 능력에 관한 광범위한 연구를 실시하였다. 크루테츠키의 주된 연구는 6세에서 17세에 이르는 많은 일반적인 학생들에 대한 실험, 관찰, 분석으로 이루어졌다. 그는 산수, 대수, 기하 등에 관한 문제를 난이도에 따라 선정, 배열한 테스트를 만들고, 이 테스트에서 나타난 학생들의 문제 해결의 결과에 대한 변인분석을 시행하였다. 그는 실험의 대상이 될 학생들을 ① 수학적으로 재능이 우수한 학생, ② 평균적인 학생, ③ 상대적으로 재능이 없는 학생의 3개 집단으로 나누었다. 그는 특히 피험자들로 하여금 문제를 풀 때, 말로 소리 내면서 생각하게(think aloud) 하고, 이것을 적거나 녹음하여 분석하는 질적인 방법의 연구도 병행하였다.

크루테츠키는 수학적인 문제해결의 활동을 수학적인 정보를 다루어 나가는 활동으로 보고, 학생들의 문제해결 활동을 다음 3단계로 나누어 관찰하였다.

① **정보의 수집 단계**: 문제에 관한 정보의 획득 과정
② **정보의 처리 단계**: 획득된 정보를 문제를 풀 목적으로 처리(변형)하고 원하는 결과를 얻어내는 과정
③ **정보의 파지 단계**: 해결된 문제에 관한 정보를 파지하는 과정

크루테츠키가 제작한 테스트는 이러한 정보 수집, 정보 처리, 정보 파지에 관한 것과 수학적 재능의 유형적 분석을 위한 것이었는데, 변인분석법에 의한 통계적 처리 결과는 모두 크루테츠키가 설정한 가설을 만족하는 것으로 나타났다. 이제, 그가 설정한 수학적 능력의 구조적 특성을 그가 관찰한 여러 가지 사례를 통하여 살펴보기로 하자.

11.5.1 수학적 정보 수집 능력

대체적으로 수학적인 재능을 가진 학생들은 문제를 분석적이면서도 종합적으로 받아들였으며, 문제를 곧바로 "복합된 전체(composite whole)"로 받아들였다. 이에 반하여 평균적인 학생들은 문제를 분석하고 종합하는 과정에 가서야 비로소 관련성을 찾으려고 했으며, 둔한 학생들은 연관성과 상관관계를 구성하는 데 어려움이 있었다.

우수한 학생들은 문제의 구조를 파악하는 과정에서 신속하고 단축된 사고를 보여주었다. 우수아들의 사고 과정을 분석-종합적 통찰(analytic-synthetic vision)이라고 한다면, 평균적인 학생들의 그것은 분석-종합적 절차(process)라고 부를 만 했다.

우수아들의 분석-종합적 사고는 "도구적" 성격을 띠고 있었다. 예를 들어, $(a-b)^2$과 a^2-b^2이라는 두 가지 형태의 수학적 대상을 보고, 이들을 인식하는 과정은 두 가지 방식으로 나누어 생각해 볼 수 있다. 하나는 $(a-b)^2$을 보고, 그 "표

현 형태"를 인식하려고 하거나, 또는 a^2-b^2과의 표현 형태를 구분하려고 하는 방식이다. 다른 하나는 $(a-b)^2$의 "해결"에 필요한 알고리즘(algorithm)을 결정하려고 드는 방식이다. 전자는 "어떻게 다른가?"가 관심이지만, 후자는 "어떻게 조작할까?"가 관심이다. 둔한 학생들은 "구별"은 가능하지만, "조작 방법"에 대해서는 착안하지 못하였다.

결국, 학생들은 동일한 조건 아래에서 수학적 사실을 받아들일 때, 능력의 수준이 다르면 서로 다른 내용의 정보를 얻는다고 볼 수 있다. 이는 문제에 사용된 용어로부터 문제를 푸는 데 유용한 정보를 능률적으로 추출해내는 어떤 능력이 있음을 말해 준다.

11.5.2 수학적 정보 처리 능력

(1) 수학적 대상에 대한 일반화 능력

크루테츠키의 연구는 수학적 활동에서의 일반화 능력에 다음 4가지 수준이 있음을 말하고 있다: ① 실험자의 도움과 많은 구체적인 예의 제시에도 불구하고 일반화가 불가능한 수준, ② 구체적인 도움과 암시가 주어질 때 일반화가 가능한 수준, ③ 몇 개의 구체적 예만을 보고 독자적으로 일반화할 수 있거나, 실험자의 유도 질문에 의해 완전한 일반화가 가능한 수준, ④ 아무런 도움이나 암시가 없이도 일반화가 즉시 완전하게 이루어지는 수준

(2) 추론을 단축시키는 능력

익숙해진 문제를 풀 때의 사고 과정은 점진적으로 단축된다. 따라서 사고 과정의 '단축'이라는 현상은 연습을 통한 점진적 발달의 결과라고 볼 수 있다. 그러나 크루테츠키의 관찰에 의하면 능력이 우수한 학생들에게 있어서는 그러한 연습이 꼭 필요한 것이라고 할 수 없음을 알게 된다. 그들은 자신들에게 전혀 새로운 문제임에도 불구하고 즉석에서 그러한 '단축'이 가능하다는 것이다. 예를 들어, 실험자가 "연속된 세 정수의 합은 3으로 나누어떨어짐을 증명하라"는 문제를 제시했을 때, S. E.라는 우수한 아동이 밟은 추론의 단계는 다음과 같다.

① "연속된 수라, … 그게 뭐더라? 6, 7, 8, 9, … 처럼 1씩 커지는 수였지!"
② "이러한 세 수에 관한 것이구나. 가운데의 것을 x라고 하면, 왼쪽의 것은 1

작고, 오른쪽의 것은 1 크니까 $x-1$, x, $x+1$이 되겠군."

③ "이들을 더해 보면, $x-1+x+x+1=3x$."

④ "x가 어떤 수라도, $3x$가 3으로 나누어떨어지는 것은 분명하다. 따라서 이러한 연속된 세 수의 합은 3으로 나누어진다."

이 아동은 나아가 "어떤 수를 생각하고 그것보다 6 큰 수를 곱하여라. 그리고 거기에 9를 더하여라. 이때, 그 결과는 어떤 수의 제곱임을 증명하라."는 문제를 받자마자, "이것은 증명할 것도 없어요. $(x+3)^2$이 확실한데요."라고 즉시 해결하였다.

이 밖에 여러 예를 보아도, 우수한 학생에게서는 사고 과정의 단축이 그가 발견한 풀이를 일반화하는 즉시 시작된다는 것을 알 수 있다.

크루테츠키는 학생들이 문제를 풀 때의 추론의 단계를 조사하였는데, 어떤 문제의 경우, 우수아들은 2단계의 추론을 거치는데 반해, 둔한 학생들은 몇 차례의 시행착오를 거치고 암시를 받고서도 무려 20단계의 추론을 거쳐서 간신히 해결하였다. 심지어 우수아들에게서는 단축이 너무 심해서 추론도 하지 않고 직접 문제를 푸는 것처럼 보일 때도 있었다.

우수아들에게서 주목해야 할 또 하나의 현상은 아예 "단축된 구조(curtailed structure)"로 사고하는 듯 하다는 점이다. 이것은 추론 과정의 단축하기 위한 단순한 생략이 아니고, 논리적으로 단축된 사고 구조를 가지고 있음을 뜻한다. 이것은 그들이 ① 문제를 받자마자 즉시 풀이를 완성한다(속도), ② 빠져 나간 추론의 단계에서 멈춤의 순간이 없었다, ③ 실험자가 추론의 각 단계의 자세한 과정을 요구하면 피험자는 곤란을 겪을 때가 있다는 점 등으로부터 내린 결론이다.

(3) 사고 과정의 유연성

사고 과정의 유연성이란 "사고 활동의 신속한 재구성 능력" 또는 "방금 구성된 풀이를 버리고 그것을 새로운 것으로 대치하는 능력"이라고 할 수 있다. 이러한 능력은 피험자로 하여금 가능한 한 많은 수의 풀이 방법을 찾아보게 하는 실험이나, 제시된 문제를 푼 다음 그것과 유사하지만 구조가 변형된 문제를 제시하여 피험자의 반응을 관찰하는 실험을 통해 검증할 수 있다.

예상대로, 우수한 학생들은 신속한 사고의 전환이 이루어짐을 확인할 수 있었다. 예를 들어, 소냐 L. Sonya와 볼로디아 L. Volodya는 10살 된 천부적인 수학적 재능을 가진 학생들이었는데, "어떤 기선의 속력은 강물을 따라 내려가면 시속 20 km, 역행하면 시속 15 km이다. A에서 B까지 강물을 따라 내려가면 역행하는 경우보다 5시간이 빨랐다. A와 B 사이의 거리는 얼마인가?"라는 문제를 받고 대체로 다음과 같은 세 가지의 서로 다른 풀이 방법을 내 놓았다.

[풀이 1] 강물을 따라 내려가면 3분에 1 km, 역행하면 4분에 1 km이다. 1 km에 1분씩 빠르다. 모두 5시간이니까 300분이 빠르다. 따라서 거리는 300 km이다.

[풀이 2] 매 시간 5 km씩 앞당겨서, 모두 75 km를 앞당겼다. (왜냐하면, 역행하는 기선은 시속 15 km로 5시간을 더 가야 하니까.) 따라서 시속 20 km로는 15시간이 걸렸고 (75÷5), 따라서 300 km이다.

[풀이 3] 5시간 동안 75 km [를 더 가야 한다]. 그리고 이것은 전체 거리의 $\frac{1}{4}$이다. (왜냐하면, 역행하는 속도는 순행하는 속도의 $\frac{3}{4}$이므로.)

소냐는 풀이 2, 3, 1의 순서로 각각 25초, 30초, 1분이 걸렸다. 볼로디아는 풀이 1, 3, 2의 순서로 각각 30초, 40초, 20초가 걸렸다.

평균적인 학생들에게서는 그러한 사고의 기동성(機動性)을 찾아보기 어려웠다. 둔한 학생들은 처음 나온 풀이는 변형된 풀이로의 전환을 방해하는 듯한 인상을 주기까지 했다. 오히려 처음 풀이를 잊어버렸을 때, 변형된 풀이 방법을 이해할 수 있었다.

(4) 우아한 풀이를 얻으려는 노력

이것은 사고 과정의 유연성과도 관련이 있다. 우수한 학생들은 분명하고 간략한, 따라서 가장 '우아한' 경로, 즉 가장 합리적인 풀이를 찾으려고 애쓴다. 이것은 '사고의 절약'이라는 뚜렷한 현상이며, 문제를 푸는 가장 경제적인 방법을 찾는 데에서도 나타난다. 이것은 "아무 풀이나 찾는 것이 아니고, 가장 우아하고 가장 간단한 풀이를 찾는 것이 언제나 수학의 목적"이라는 사실과도 부합되며, 푸앵카레가 말한 '과학적 심미안' 즉 '사고의 절약'과도 일치하는 현상이다.

천부적인 재능을 가진 아동들에게서는 이러한 경향이 매우 이른 시기에서부터 나타난다. 소냐가 9살 때 푼 방법과 평균적인 6, 7학년 학생들의 풀이 방법을 비교하면 다음과 같다.

[문제] 아버지와 아들이 같은 일터로 가는데, 아버지는 40분, 아들은 30분이 걸린다. 아들이 아버지보다 5분 늦게 출발하면, 몇 분 뒤에 아버지를 앞지르게 되는가?

[평균적인 학생들의 풀이] 아버지는 1분에 전체 거리의 $\frac{1}{40}$만큼, 아들은 $\frac{1}{30}$만큼 간다. 속력의 차는 $\frac{1}{120}$이다. 아버지는 5분에 전체 거리의 $\frac{1}{8}$을 간다. 따라서 아들은

$$\frac{1}{8} \div \frac{1}{120} = 15\ (\text{분})$$

만에 아버지를 앞지르기 시작한다.

[소냐의 풀이] 아버지는 아들보다 5분 먼저 출발했으므로, 도착할 때에는 아들보다 5분이 늦어진다. 따라서 아들은 전체 거리의 꼭 절반이 되는 곳에서부터 아버지를 앞지르기 시작한다. 즉, 15분 후이다.

우수한 학생들은 대개가 그들이 처음 발견한 풀이 방법에 만족하지 않는 경우가 많았다. 그 때에는 그 풀이 방법에 머무르지 않고 보다 간단한 풀이가 없는지 알아봄으로써 풀이를 개선하려고 노력하였다. 그들은 자신의 풀이가 경제적이고, 합리적이고, '우아'한 것일 때에야 비로소 만족을 느끼는 것이 확연하였다. 더 나은 풀이를 찾지 못하였을 경우에 짜증을 내기도 하였다. 평균적인 학생들은 실험자가 특별한 지시를 하지 않는 한, 그들의 풀이의 질에 관하여 별다른 주의를 기울이지 않았다.

(5) 사고 과정의 가역성

사고 과정의 가역성(可逆性)이란 사고의 흐름의 방향을 전후로 자유롭고 신속하게 전환시키는 사고의 '재구성'을 뜻한다. 크루테츠키는 한 문제를 풀고 난 다음 그 문제를 해결할 때 나타났던 사고 흐름의 방향을 반대로 전환시키고, 사고 과정의 방향을 신속히 재구성할 것을 요구하는 문제를 그 문제의 수학적 성격과 관계없이 "가역적 문제(reverse problem)"라고 불렀다.

우수한 학생들은 이 '가역적 문제'를 별 어려움 없이 잘 처리했고, 특별한 지도를 할 필요가 없었다. 그들에게 있어서, 한 쪽 방향으로 형성된 사고 과정의 체계는 동시에 가역적 체계를 뜻하는 것이었고, 한 쪽 연상이 형성됨과 거의 동시에 가역

적 연상이 형성되었다. 예를 들어, K. R. 은 우수한 학생이었는데, "두 수의 합과 차의 곱은 각각의 제곱의 차와 같다"는 공식을 이용한 문제에 쉽게 숙달되었다.

[실험자] "$(x-y)^2-25y^8$을 인수분해하여라."
[K. R.] "이 문제는 거꾸로입니다. 이것은 '제곱의 차'이지요. 벌써 풀렸습니다."
[실험자] "무엇하고 같지?"
[K. R.] "$(x-y+5y^4)(x-y-5y^4)$. 각 제곱이 무엇의 제곱인가를 알아 본 다음, 그들의 합에 그들의 차를 곱하면 되지요. 분명한 것이에요."

그러나, 대다수의 평균적인 학생들의 경우는 '가역적 문제'를 특별한 연습 없이는 극복하기 어려웠다. 그들에게는 가역적 결합의 형성을 위해서 충분한 시간과 적절한 연습이 필요하였다. 둔한 학생들에게서는 가끔 단순히 가정과 결론만을 바꾸는 잘못된 가역적 결합을 볼 수 있었다. 예를 들면, "맞꼭지각의 크기는 같다"를 말해 주면 "크기가 같은 각은 맞꼭지각이다"라는 식으로 생각해내곤 하였다.

11.5.3 수학적 정보 파지 능력

크루테츠키는 학생들의 수학적 정보 파지 능력을 알아보기 위하여, 26명의 우수한 학생들을 대상으로 8개의 문제를 사용하여 정보 파지율을 조사하였는데, 그 결과는 다음 그래프와 같이 나타났다.

이 그래프는 우수한 학생들에게 있어서는 문제의 유형, 풀이의 일반적 방법, 추론 도식, 증명의 기본 줄기, 논리적 형식 등이 즉시 기억되고 또한 상당히 오랫동안 기억이 지속되는 것을 보여준다. 동시에 문제에 사용된 구체적 자료, 수치적 자료 등은 문제를 풀 동안은 잘 기억했으나, 그 후에는 빨리 잊어버리는 현상도 보여준다.

결국 수학적 기억력이란 사고 유형과 연습 유형에 대한 기억력에 해당되며, 특수한 자료에 관한 기억력은 수학적 능력과는 중립적인 것이다. 또한 수학적 정보를 일반화되고 간략한 형태로 기억하는 것, 브루너의 표현을 빌자면, 압축된 표현(condensation)은 뇌에 부담을 주지 않고, 오랫동안 유용하게 기억하는 수단이 된다고 할 수 있다.

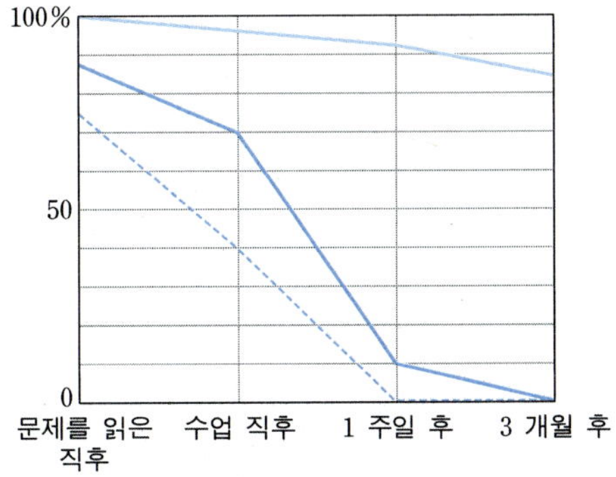

우수아들의 파지율 곡선

(기억해야 할 요소는 모두 26×8=208개이고, 기억된 요소의 수를 208로 나누어 그 백분율을 구한 것이다.)

───── : 일반적이고 핵심적인 관계

───── : 구체적 자료

- - - - - : 불필요한 자료

11.5.4 수학적 능력의 구성 요소

크루테츠키는 자신의 연구로부터 수학적 능력의 구성 요소를 다음과 같이 요약하고 있다.

(1) 정보의 수집

① 수학적 사실을 형식화하여 인식하고, 문제의 형식과 구조를 파악하는 능력 (문제에 대한 구조적 파악)

(2) 정보의 처리

① 양적, 공간적 관계와 수, 문자, 기호 등의 영역에서 논리적으로 사고하는 능력 및 수학적 기호를 사용하여 사고하는 능력 (논리, 기호 등의 사용)

② 수학적 대상, 관계, 연산을 신속하고 광범하게 일반화하는 능력 (일반화)

③ 수학적 추론의 과정과 그에 따른 연산 체계를 단축시키는 능력 및 압축된 구조로 사고하는 능력 (축약)

④ 수학적 사고에서의 사고 과정의 유연성 (유연성)

⑤ 명백하고 간단하며 경제적이고 합리적인 해결 방법을 찾는 노력 (경제성)

⑥ 사고 과정의 방향을 신속하고 자유롭게 전환, 재구성하는 능력 (가역성)

(3) 정보의 파지

① 수학적 기억력, 즉 수학적 관계, 유형적 특성, 논증의 골격, 문제 풀이의 방법, 문제에 대한 접근 방법 등에 대한 일반화된 기억 (구조적 기억)

이러한 각 구성 요소들은 서로 밀접한 관련을 가지고 있으며, 서로 영향을 미치고, 총체로서 단일한 종합적 체계인 수학적 능력을 형성한다. 그러나 ① 일시적인 사고 과정의 신속성, ② 암산, 계산 능력, ③ 기호, 수, 공식 등에 대한 기억력, ④ 공간 개념, ⑤ 추상적인 수학적 관계와 관련성을 시각화하는 능력 등은 비록 유용하긴 하지만, 수학적 능력의 구성 성분으로서 필수적인 것이라고 하기는 어렵다. 또한, 수학적 능력에 필수적인 것은 아니지만 영향을 주는 다른 종류의 변인으로는 수학에 대한 학생의 긍정적 또는 부정적 태도, 정서 상태 등이 있고, 학생에 따라 수학 문제에 대한 언어-논리적 접근 방식과 시각-도형적 접근 방식에 대한 차이 등도 볼 수 있었다.

크루테츠키의 실험 결과가 암시하는 바는, 무엇보다도 수학의 논리적 전개 과정이 수학을 학습하는 아동의 심리적 과정과 반드시 일치하지는 않는다는 점을 명백히 보여주고 있다는 것이다. 수학적 능력이 우수한 학생들이 정보 수집 과정에서 보여주는 일반화된 정보 파악 능력, 정보 처리 과정에서 보여주는 신속한 일반화, 가역적 사고, 유연성, 간략화, 추론의 단축, 정보 파지 과정에서 보여주는 일반적 법칙의 중시 등의 능력을 구비하고 있다는 사실은 상대적으로 나머지 대부분의 학생들의 경우, 적어도 그러한 능력의 발달이 뒤늦게 이루어진다는 것을 의미한다. 물론, 그러한 수학적 능력의 차이를 고려하여야 한다는 것이 가르치려는 수학 내용의 논리적 측면을 경시해도 좋다는 것을 뜻하지는 않는다.

수학을 '배우는 것'과 수학을 '하는 것'과의 구분은 아직 분명하지 않으나, 수학의 학습은 재발명·재발견의 과정이어야 한다는 프로이덴탈(1973, p. 118)의 주장에 따른다면 수학교육에 있어서 중요한 것은 그러한 수학적 능력이 수학을 배우는 데에, 따라서 가르치는 데에 핵심적으로 고려되어야 할 것이라는 점이다.

토의문제

1. 수학 영재 교육을 국가적 관점에서 중요하게 다루어야 하는 이유는 무엇인가?
2. 초등 수학 영재 지도에 대한 풍부성과 가속성 관점의 장단점은 무엇인가?

읽을거리

- Feldhusen, J. F., Asher, J. W., & Hoover, S. M. (1984). Problems in the identification of giftedness, talent or ability. *Gifted Child Quarterly, 28(Fall)*, 149-51.
- Freudenthal, H. (1973). *Mathematics as an Educational Task*. Dordrecht: D. Reidel.
- Hiebert, J., Carpenter, T. P., Fennema, E., Fuson, K., Human, P., Murray, H., Olivier, A., & Wearne, D. (1996). Problem solving as a basis for reform in curriculum and instruction: The case of mathematics. *Educational Researcher*, *25*(4), 12-21.
- House, P. A. (Ed.) (1987). *Providing Opportunities for the Mathematically Gifted, K-12*. Reston, VA: National Council of Teachers of Mathematics.
- Krutetskii, V. A. (1976). *The Psychology of Mathematical Abilities in School Children*. Trans. J. Teller. Eds. J. Kilpatrick & I. Wirszup. Chicago: University of Chicago Press.
- Marland, S. P. (1972). *Education of the Gifted and Talented: Report to the Congress of the United States by the U.S. Commissioner of Education. Vol. 1*. Washington, D.C.: U.S. Government Printing Office.
- Renzulli, J. S. (1978). What makes giftedness? Reexamining a definition. *Phi Delta Kappan*, *60*(November), 180-84.

제 12 장

교수 학습 매체의 활용

12.1 수학과 교수 학습 매체의 기능과 분류

미래의 교실 환경은 현재의 그것에 비하여 크게 변화될 것으로 보인다. 특히 수학 교과 수업과 관련하여, 칠판과 백묵을 이용한 설명 위주(chalk and talk) 강의 방식과 환경이 크게 변화되고 개선될 것이다. 이러한 변화를 가능하게 하는 것은 물론 컴퓨터 네트워크와 인터넷, 영상 프로젝터, 실물 화상기, 유선 TV, VTR, CD-ROM, VOD 등 각종 첨단 교육 매체 장비의 대량 보급과 설치이다. 한국의 경제적 성장이 현재와 같은 추세로 지속적으로 발전하게 되면 일반적인 교육 여건은 시설과 투자 면에서 크게 개선될 수 있을 것이며, 또 마땅히 그렇게 되어야 한다.

특히, 계산기와 컴퓨터의 영향은 수학 학습 지도에 다음과 같은 변화를 요구한다.

- 학교 수학 교육과정에서 전통적으로 가르쳐 오던 많은 계산 기능의 가치를 감소시킨다.
- 현재 거의 가르치지 않고 있는 많은 영역의 수학의 중요성을 증가시킨다.
- 문제 해결에 못지않게 문제 만들기(problem posing)에 관심을 집중시킨다.
- 현재 많은 수학교육자들의 꿈인 정교한 교수-학습 장치의 개발을 가능하게 한다.

미래의 학교 모습을 살펴본다면, 모든 학생들은 자신의 학년 수준에 맞는 계산 기능이 장착된 계산기를 휴대하게 될 것이다. 중·고등학생이 지니는 계산기의 경우에는 고등학교 수준의 수학에 충분한 기호 계산과 그래픽 기능이 추가될 것이다. 각 수학 교실에는 모든 학생들이 편리하게 화면을 볼 수 있는 최신형의 컴퓨터가 설치된다. 신설되는 학교는 아예 컴퓨터가 달린 학생용 책상을 교실에 배열하게 될 것이다. 학생들은 교실 밖에서도 실험실 등에서 컴퓨터에 접할 수 있는 충분한 시설이 마련된다. 특히, 학생들이 도서관에서 책을 대출하듯, 휴대용 컴퓨터를 며칠씩 빌려주는 제도도 보급될 것이다. 이러한 변화에 대응하여 수학 학습 지도를 위한 다양한 교수 학습 매체를 충분히 검토하는 일은 필수적이다.

수학과 교수 학습 매체란 수학 학습의 내용을 풍부히 하고 그 효과를 극대화시키기 위하여 사용하는 모든 대상, 장치, 모형, 도구, 고안, 출판물, 그림, 표, 시설 등을 말한다. 즉, 학습자를 둘러싸고 있는 환경에 속한 것은 어느 것이나 교수 학습 매체로 활용될 수 있다. 교사는 학생과 더불어 교수 학습의 주체이기는 하지만, 어떤 의미에서는 교사 자신도 학습 내용을 제공하거나 수업 환경을 조절하는 중심으로서 교수 학습 매체의 일부로 간주될 수 있다. 다양한 교수 학습 매체의 기능을 분류 검토하면 다음과 같다.

12.1.1 교과서 및 기타 인쇄물

교과서는 칠판, 백묵 등과 함께 가장 널리, 자주 쓰이는 교수 학습 매체의 하나이다. 또한 가장 오래 전부터 사용되어 온 교수 학습 매체의 한 형태이기도 하다. 초기 형태의 옛날 학교 교육 체제에서 사용되던 수학 교과서는 마치 교리문답서와 같은 식으로 수학적 내용을 진술하곤 했었다. 예를 들면,

문: 덧셈의 종류는 몇 가지인가?
답: 두 가지 – 단순 덧셈과 복합 덧셈.

이러한 교과서는 주로 수학적 내용의 암송을 위한 대본으로 사용되었을 것이다. 그 후 학생의 기능 훈련을 위한 연습 문제, 개념 이해를 위한 설명과 삽화 등이 추가되기 시작하였고, 교사를 위한 간략한 지침 등이 수록되기도 하였다. 이것은 교과서의 제작 과정에 교사나 학생이라는 인간적 속성이 중요한 요소로 고려되기 시작한 것을 의미하며, 교과서에 저자의 이름을 밝히기 시작한 것도 이러한 맥락에서 이해할 수 있다. 오늘날에는 인쇄 기술이 많이 발달하였는데, 이러한 인쇄 기술의 발달은 중심적인 교수 학습 매체로서의 교과서로 하여금 다양한 기능을 갖추게 해주었다. 색도 인쇄, 사진 인쇄 등은 교과서 내용의 설명을 한층 용이하게 해주었으며, 학생용 교과서를 축소하여 싣는 기법은 교사용 지도서의 활용성을 높이는 데 도움을 줄 수도 있다.

수학 학습은 학습자 스스로에 의한 지적 구성의 과정을 통해 이루어지는 것이 바람직하다고 하나, 현실적으로 수학 학습 내용에 대한 교사의 설명 과정을 무시하기 어렵다. 현재로서는 학습 내용을 설명하는 데 있어 교과서 방식을 완전히 대체할 만한 교수 학습 매체는 없는 것으로 보인다. 그러나 교과서의 설명은 수학적 내용에만 머물 것이 아니라, 학생과 교사의 지적 과정을 고려한 활동 중심의 내용으로 차츰 개선 보완되어지고 있는 것이 오늘날의 추세이다. 특히 교사용 지도서에

있어서도 교사가 갖추어야 할 지식의 제공뿐만 아니라 교사가 교실에서 수행할 여러 가지 역할에 대한 안내 및 기타의 교수 학습 매체에 대한 활용 안내까지도 포함하는 것이 바람직하다.

교과서 외의 기타 인쇄물은 교과서에서 다루기 어려운 수학 학습과 관련된 다양한 분야의 내용을 제공해주는 빈번히 사용되는 교수 학습 매체이다. 기타 인쇄물로서는 수업 시간에 나누어주는 각종 유인물, 시험지, 교실에 장시간 게시하여 효과를 거둘 수 있는 수학과 관련된 각종 포스터, 궤도 등이 있고, 각종 참고 서적, 만화 등도 유익한 교수 학습 매체가 될 수 있다.

12.1.2 계산기

계산은 중요한 수학적 활동의 일부이다. 대부분의 계산은 주어진 알고리즘에 따른 반복에 의존하기 때문에 복잡한 절차로 이루어진 기능의 숙달을 요한다. 그러나 숙달된 기능을 가지고 있다고 하더라도 지루함이나 순간적 실수에 의한 계산의 오류는 다양하고 폭 넓은 수학적 사고에 도움을 주지 못하는 경우가 많다. 이러한 이유로 해서 수학적 계산을 위한 보조 도구는 예로부터 많이 사용되어 왔다. 컴퓨터의 등장이 현대 수학에 미친 영향을 고려한다면, 계산기는 수학 그 자체와 역사를 같이 하고 있다고 할 수 있다.

여러 가지 계산 보조 도구 중 수학교육과 오랫동안 밀접한 관련을 가진 것은 수판이다. 고대 서양에서도 다양한 수판이 사용되었으나 중국에서 발달한 동양의 주판은 오늘날까지도 사용되고 있다. 특히 자연수의 덧셈 뺄셈의 경우 주판은 그 계산 원리와 과정을 시각적으로 보여 줄 수 있어서 교육적 효과를 기대할 수도 있다. 그러나 많은 양의 계산에서 주산이 효과를 가지려면 고도로 훈련된 기능이 필요하기 때문에 오늘날에는 간편한 전자식 계산기가 주판을 대신하고 있다.

전자 계산기에 의해서 수학교육에서 자리를 찾아보기 어렵게 사라진 것은 계산자이다. 주산이 주로 자연수의 사칙연산에 효과적인 반면, 계산자는 그보다 복잡한 대수적 비례 계산이나 지수, 로그의 계산에 효과적이었으므로 계산자의 원리와 사용법에 대한 학습이 공학 계열의 수학 학습에 필수적으로 요구되던 때도 있었다.

컴퓨터와 구별하여 캘큘레이터라고 불리기도 하고 또는 간단히 계산기라고 불리기도 하는 휴대용 전자계산기는 그 등장과 함께 교육적으로도 유익할 것인가 하는 논쟁을 크게 불러일으키기도 했다. 계산기의 사용법과 그 응용을 통한 수학적 활동이 미국의 수학 교과서에 적극적으로 실리는 오늘날의 관점에서 보면 당시의 논쟁의 열기가 이제는 어느 정도 가라앉고 대세는 교실에서의 계산기 사용에 대한 찬성 쪽으로 기운 듯하다. 앞에서도 언급했듯이 계산은 반복적 기능에 의존하므로, 복잡한 계산을 계산기에 의존하려는 것은 자연스러운 인간적 성향이다. 이러한 성향이 현대의 컴퓨터를 발명해낸 원동력이기도 한 것이다. 따라서 수학교육에서의 계산기의 사용은 자연스럽게 권장되어야 한다.

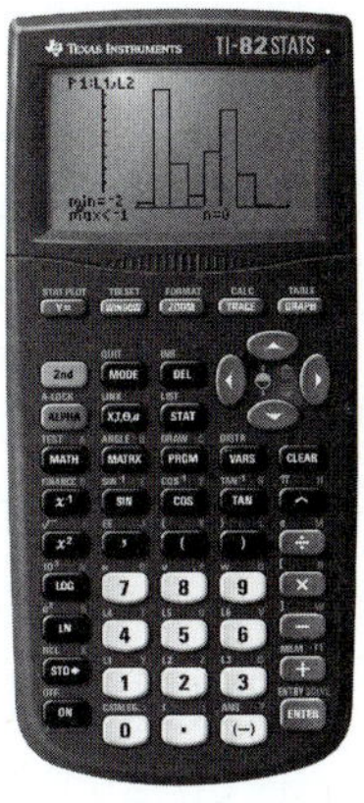

그림 12-1
그래픽 계산기(TI-82)

흔히 계산기의 사용이 학생의 연산 개념의 발달 초기에 지장을 줄 것이라는 우려를 한다. 그러나 계산기의 사용도 상당한 지적 작업이라는 점에서 이것은 기우에 불과하다고 볼 수 있다. 계산의 원리나 개념을 이해하기 어려운 학생에게는 계산기의 사용도 또한 어려운 것이다. 오히려 연산 개념을 이해하려는 학생의 곤란이 계산의 반복에 의한 지루함에서 오는 경우에는 계산기의 사용이 그 어려움을 덜어 줄 수도 있다. 계산기의 사용으로 인해 연산의 지도가 비교육적인 효과를 갖는 경우는 교사 자신이 연산의 원리에 대한 지도와 계산기의 지도를 혼돈하여 계산기의 사용법을 지나치게 강조할 경우이다. 이러한 현상은 토파즈 효과(Topaze effect)[1]의 하나라고 볼 수도 있다.

현대의 발달된 과학 기술은 수치적 계산만 하는 것이 아니라 대수적, 함수적 계산과 더불어 함수의 그래프도 그려 보이는 그래픽 계산기를 등장시켰다. 이러한 그래픽 계산기는 초등학생들이 다루기에는 적합하지 않지만, 분수의 개념이나 계산, 도형의 변화, 대응 관계, 통계 그래프, 확률 개념 등의 지도에 효과적으로 사용될 수 있는 초등학교용 그래픽 계산기의 등장도 먼 훗날의 꿈만은 아니다. 실제로 손바닥만한 크기의 초소형 컴퓨터가 이미 등장했으므로 단순히 계산만 하는 계산기 자체가 초소형 컴퓨터에게 그 자리를 물려 줄 날도 멀지 않았다고 볼 수 있다. 그러나 교육에 있어서의 변화란 사회적, 제도적, 인습적으로 복잡한 요인들을 함께 고려하여 시도되는 것이 바람직하다. 따라서 계산기나 컴퓨터를 이용한 수학교육에 대한 긍정적인 인식의 변화를 위해 다양한 연구와 노력이 시급하다.

1) 제9장 제4절 (253쪽) 참조

12.1.3 컴퓨터

컴퓨터를 어떻게 활용하여야 교육에 도움이 될 것인가를 묻지 말고 교육을 위해 어떤 컴퓨터를 만들 것인가를 물어야 한다는 말이 있다. 이것은 컴퓨터의 잠재력이 무한함을 말해주는 것이다. 동시에 기존의 컴퓨터 기능에 의해 그 활용의 가능성을 제한적으로 생각하려는 타성적 사고에 대한 경고이기도 하다. 페이퍼트(Papert, 1980)는 새로운 개념과 기술의 발전이 낡은 기술에 따라 굳혀진 타성에 의해 제약을 받는 것을 QWERTY 현상이라고 불렀다. 몇 가지 대표적 예는 컴퓨터 교육이라면 BASIC이나 LOGO 프로그래밍, 또는 DOS를 기초적으로 배워야 한다는 인식이다.

컴퓨터의 기능은 해가 다르게 발전하고 있다. 이렇게 빠른 기술 발전의 속도에 부응하려면 그보다 더 빠른 속도로 프로그래밍이나 DOS, 또는 각종 소프트웨어의 사용법 등을 익히도록 하거나 사용자가 그다지 전문적인 지식을 갖추지 않아도 자유롭게 다룰 수 있는 컴퓨터가 개발되어 나오기를 기다리고 있는 수밖에 없다. 그러나 이것은 일반적인 사용자의 입장이다. 교사는 단순히 일반적인 사용자나 자신이 가르치려는 학생과 같은 입장에 머물러 있을 수만은 없다. 최소한 교육과 관련한 컴퓨터의 활용성에 대한 조망적 지식을 갖추어야 할 것이다.

컴퓨터를 활용한 수업을 컴퓨터 지원 수업(CAI: Computer Assisted Instruction)과 컴퓨터 관리 수업(CMI: Computer Managed Instruction)의 두 가지로 나누기도 한다. 한편 컴퓨터 지원 수업의 개념이 세분화되면서 이와는 다른 관점에서 수학과의 교수 학습과 관련한 컴퓨터의 활용 영역을 분류하기도 한다. 해트필드(Hatfield, 1984)는 교수 학습의 목적과 기능에 효과적인 컴퓨터의 활용을 교수학적 컴퓨터 활용(instructional computing)이라 부르고 수학과의 교수 학습과 관련하여 이것의 영역을 학생 프로그래밍(student programming), 컴퓨터 활용 수업(computer-based instruction), 교사용 소프트웨어(teacher utilities)의 세 가지로 구분하였다.

컴퓨터 활용 수업에 사용되는 소프트웨어는 다시 훈련연습용, 개인교수용, 모의실험용, 게임용, 시범실연용, 평가검사용, 정보용, 의사교환용 등으로 세분될 수 있다. 교사용 소프트웨어는 평가 문제 은행, 학습 자료 은행, 채점 분석용, 성적 산출용, 수업 관리용, 통신 교류용 등으로 분류될 수 있다.

학생 프로그래밍은 수학 학습과 관련된 내용에 대한 프로그래밍 활동이 수학적 문제, 개념, 과정 등의 이해를 돕고 신장시킬 수 있다는 기대에 따라 권장되어 오고 있다. 학생 프로그래밍을 위한 프로그래밍 언어로서는 BASIC이 가장 일반적인 것으로 사용되고 있으며, LOGO는 기하학적 개념의 파악이 용이하다는 점에서 저학년을 중심으로, PASCAL은 구조화된 프로그래밍이 용이하다는 점에서 고학년을 중심으로 지도되어 왔다.

그러나 앞서도 언급했듯이 빠른 속도의 기술 발전으로 인해 지금은 이러한 각 프로그래밍 언어들의 장단점들이 서로 도입 보완되고 있으므로 어떤 특정 언어를 강조한다는 것이 큰 의미를 갖지 못한다. 예를 들어, 위의 세 가지 언어를 동시에 포함하면서, 수학적 개념의 학습 과정을 적극 고려하고, 한글로도 프로그래밍이 가능하도록 고안된 "말 (MAL: Mathematical Algorithmic Language)" (조한혁, 1991 참조)이라는 학생 프로그래밍용 언어가 개발되어 나온 바 있다. 앞으로 초등학교 교사들이 중심이 되어 초등학교 수업에 적합한 프로그래밍 언어나 종합적 소프트웨어를 개발하여 내어놓을 수도 있으리라는 기대를 결코 버릴 수 없다.

12.1.4 조작 기구 및 모형

조작 기구나 모형은 수학과의 실제 수업에서 비교적 수월하게 활용할 수 있는 교수 학습 매체의 한 종류이며, 경우에 따라 교사 자신이 손수 제작 사용할 수 있는 교수 학습 매체이다. 수학 학습에서의 조작 활동에 필요한 도구나 모형의 종류는 그 소재와 아이디어가 무궁무진하다고 할 수 있다. 또, 한 가지 종류의 조작 기구에 대해서도 다양한 변화를 주어 폭 넓은 용도를 갖게 할 수도 있다. 상업적 제도가 잘 발달된 미국이나 유럽에서는 각종 아이디어가 등록되어 저작권의 보호를 받고 있기도 하다.

① 큐브 : 정육면체 조각들로서 여러 가지 색을 이용하여 만들면 분류, 세기 등의

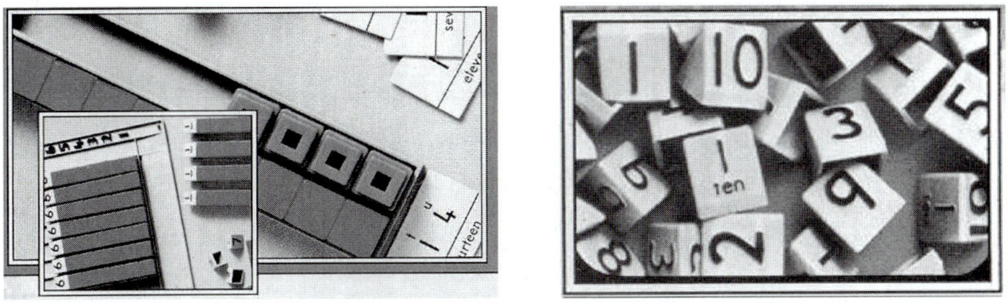

그림 12-2 UNIFIX

그림 12-3 BASE 10 BLOCKS(수 모형)

학습에 사용될 수 있다. 정육면체의 한 면을 일부 깎아 산을 만들고 다른 한 면에 홈을 파서 서로 연결될 수 있게 해 놓으면 입체도형의 학습에 도움이 되는 모양 만들기 활동에 사용될 수 있다. 쌓기 나무는 이러한 종류의 하나이고 상품화된 것으로는 유니픽스(UNIFIX)와 같은 것이 있다.

작은 큐브 10개를 일열로 연결하여 고정시킨 막대기 형, 막대기 형 10개를 옆으로 붙여 정사각형의 판 형, 판 형 10개를 쌓아 올려 고정시킨 큰 정육면체 형 등을 사용하면 십진법의 지도에 도움이 된다(십진수 큐브 또는 BASE 10 BLOCKS). 이 경우 10개씩 묶지 않고 7개, 또는 12개씩 묶는다면 각각 7진법, 12진법의 지도에 사용될 수도 있다. 이 모형은 디에네스(Dienes) 블록이라고도 불리는데, 우리

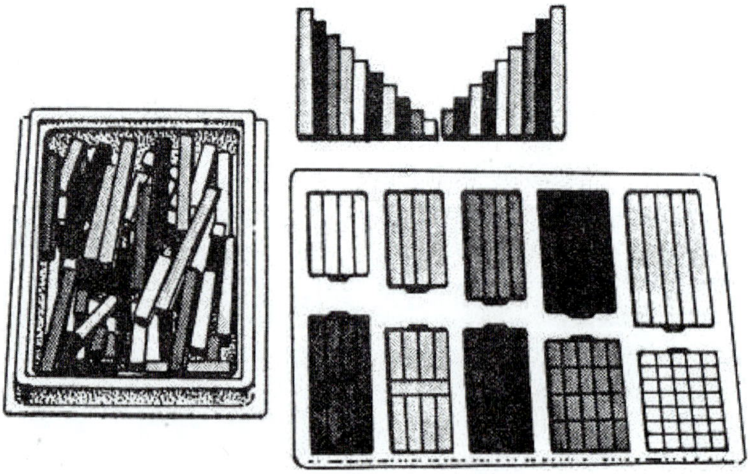

그림 12-4 퀴즈네르 막대

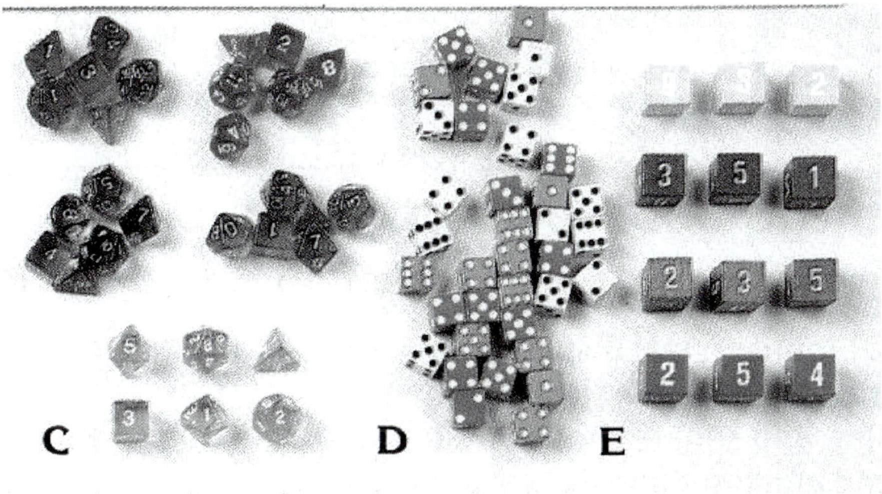

그림 12-5 다양한 교수·학습용 주사위

나라의 초등학교 교과서에서는 이를 수 모형으로 부르고 각 크기에 따라, 낱개 모형, 십 모형, 백 모형, 천 모형 등으로 부르고 있다.

또한 판 형, 막대기 형, 작은 큐브 등을 적절히 활용하면 $(x+3)^2$과 같은 이차 다항식의 지도에 도움이 된다(대수 타일, algebra tile).

퀴즈네르 막대(Cuisenaire Rod)도 이러한 큐브의 아이디어를 상품화한 것으로서 도형, 측도, 연산 등에 다양하게 활용된다.

② 주사위: 정육면체의 각 면에 1에서 6개의 점을 각각 새겨놓으면 전통적인 주사위가 된다. 점 대신 숫자를 새겨 넣어 사용할 수도 있다. 이러한 주사위는 주로 확률 개념 지도에 사용되지만 각 면에 도형을 그려 넣거나 각종 연산 기호, 큰 수 등을 새겨 넣으면 보다 다양한 수학 학습에 도움이 될 수 있다. 또한 주사위의 개념을 확장하여 정육면체를 사용하지 않고, 정사면체, 정십이면체, 정이십면체 등의 다면체 주사위를 만들어 사용할 수도 있다.

③ 타일: 일정하게 규칙적인 무늬와 색을 가진 조각들로서 여러 가지 아름답고 흥미로운 도형을 구성하는 데 사용된다. 탱그램(Tangram)은 이러한 타일의 일종이다. 타일 중에는 모양조각 또는 패턴블록이라는 것이 있다.

모양조각 또는 패턴 블록(Pattern Block)은 삼각형, 정사각형, 평행사변형, 마름모, 사다리꼴, 정육각형의 6가지 모양을 한 조각들을 말한다. 각 모양에는 한 가지 색이 지정되어 있다. 즉, 삼각형은 초록색, 정사각형은 주황색, 평행사변형은 파랑색, 마름모는 흰색(연한 살구색), 사다리꼴은 빨강색, 정육각형은 노랑색이다. 이들을 색과 모양을 같이 묶어서 초록색 삼각형, 주황색 정사각형, 파랑색 평행사변형, 흰색 마름모, 빨강색 사다리꼴, 노랑색 정육각형이라고 부를 수도 있다. 또한, 도형의 이름을 배우지 않은 저학년 학생들을 위해서, 색깔만을 지칭하여 초록색 조각(△), 주황색 조각(▱), 파란색 조각(□), 흰색 조각(⏢), 빨간색 조각(◊), 노란색 조각(⬡) 등으로 부를 수도 있다.

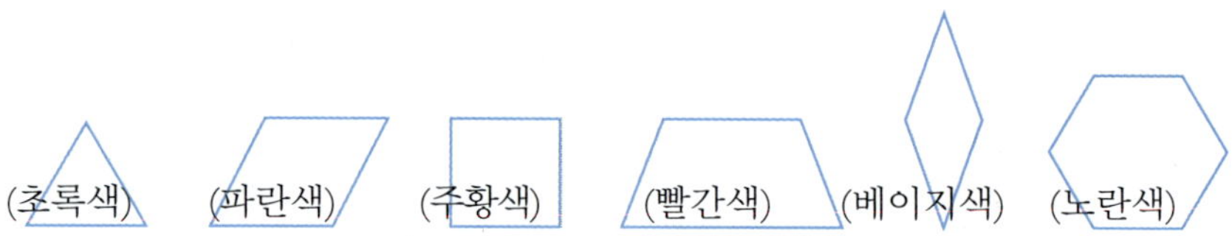

각 조각은 한 변의 길이가 1인치(약 2.54센티미터)로 일정해서 어긋나지 않게 서로 이어 붙일 수 있다. 단, 사다리꼴의 아랫변만은 다른 변의 2배이다. 또, 각 조각의 두께는 1센티미터이다. 모양조각의 이러한 특징을 활용하면 도형 사이의 관계를 알아보는 탐구 활동은 물론, 합동, 닮음, 대칭, 넓이, 둘레의 길이, 규칙성 찾기, 함수 개념, 분수 개념, 표와 그래프의 학습 등에 도움을 줄 수 있다. 모양조각을 이용한 활동은 초등학교 모든 학년의 학생들에게 유용하며, 4～6명씩 모둠을 만들어 활동하면 효과적이다. 모양조각을 이용한 활동은 각 모양의 조각 약 40개씩 모두 250개 정도를 사용하는 것이 일반적이다.

타일을 적당한 크기의 부채꼴이나 사각형으로 만들면 분수 개념의 지도에 사용하는 분수 타일이 될 수 있고, 색과 모양을 규칙적으로 조합시키면 논리 개념의 지도에 사용될 수도 있다. 또한 적당한 두께로 도미노를 만들면 게임이나 연산의 지도에 활용할 수도 있다.

④ 모형: 여러 가지 입체도형에 대한 모형은 오래 전부터 사용되어 온 교수 학습 매체이다. 오늘날에는 투명한 플라스틱 등 좋은 소재가 많이 개발되어 공간 개념의 지도에 효과적으로 사용되기도 한다. 또한 다면체나 입체도형 등을 스스로 만들어 그 성질을 탐구하는 데 도움이 될 수 있는 모형 만들기 부품도 사용되는데, 상품화된 것으로는 폴리드론(Polydron), 디스틱스(D-STIX) 등이 있다.

모형은 도형의 지도에만 사용되는 것이 아니다. 모형 시계, 모형 화폐 등은 시간 개념의 지도나 연산 응용의 지도에 활용될 수 있다.

그림 12-6 폴리드론

⑤ 산가지(Counter): 분류, 수 세기 등 초기 수 개념 발달을 위한 교수 학습 매체로서 작은 막대기, 얼음과자 손잡이, 나무젓가락, 타일, 큐브, 구슬, 클립, 쐐기, 단추, 조개껍질, 또는 각종 동물, 과일 등의 작은 플라스틱 모형 등을 사용할 수 있다. 이 중 클립은 서로 길게 연결할 수 있어서 색깔까지 이용하면, 분류, 측도, 집합의 지도에 유용하다. 또 플라스틱으로 만든 쐐기는 이것들을 꽂는 쐐기판과 함께 사용하면 여러 가지 수학적 개념의 지도에 사용될 수 있다.

⑥ 각종 계기: 길이를 재는 여러 가지 종류의 자가 대표적인 것이다. 둥근 물체의 지름의 길이를 재는 캘리퍼스, 구부러지거나 긴 거리를 재는 데 쓰이는 굴렁쇠 자 등도 있다. 들이를 재는 데에는 눈금이 새겨진 비커, 투명한 유리 또는 플라스틱 그릇, 계량 숟가락 등을 사용한다. 온도를 재는 온도계, 각도를 재는 각도기, 무게를 재는 용수철 저울, 눈금 저울이나 양팔 저울 등도 교수 학습 매체로 활용될 수 있다. 특히 양팔 저울은 여러 가지 형태로 개량하면 무게의 개념뿐만 아니라 방정식, 비례식 등의 지도에도 활용될 수 있다.

⑦ 작도 기구: 공리적인 작도 기구란 눈금 없는 자와 컴퍼스만을 의미한다. 초등학교 수학에서는 여러 가지 기하학적 개념의 지도를 위하여 다양한 작도 기구를 사용할 수 있다. 가장 대표적인 것은 기하판 또는 지오보드(geoboard)와 고무줄이다. 지오보드의 못들이 꼭 정사각형의 격자 모양으로 배열될 필요는 없다. 원형으로 못을 배열해 박은 것이 사용될 수도 있다. 그래프 등을 그리는 데는 모눈종이가 활용될 수 있다.

간단하지만 반복해서 사용되는 도형을 그리는 데는 형판(template)이나 고무 도장(stamp) 등이 사용된다. 고무 도장에는 좀더 복잡한 도형으로 바늘 없는 시

그림 12-7 미라

계, 각 자리를 나타내는 십진수 큐브, 규칙적 무늬, 모의 화폐나 동전, 학생의 적극적 활동을 자극하기 위한 칭찬을 나타내는 그림 등을 새겨 넣으면 효과적일 것이다.

대칭이나 합동 개념의 지도는 작도 활동이 번거로워서 작도를 통한 지도가 어려운 경우가 많다. 이 경우 반사와 투명의 성질을 동시에 갖는 매끈한 플라스틱의 표면을 이용한 미라(mira)를 사용하면 매우 효과적이다.

⑧ 기타 : 이 밖에도 자연수, 분수, 소수 등과 연산 기호를 그려 넣은 카드 또는 여러 가지 모양의 수판 등이 연산 기능 지도에 활용될 수 있다. 또 확률 지도를 위하여 확률 실험을 할 수 있는 회전판, 주사위 등이 있고, 상품화된 것으로는 확률 분포의 개념을 시각적으로 보여주는 헥스태트(Haxstat)가 있다. 여러 가지 재미있고 예쁜 그림이 들어있는 스티커는 산 가지의 대용품으로 쓰일 수도 있고, 교사의 칭찬을 나타내는 상으로 쓰일 수도 있다.

12.1.5 특별 활동 및 게임

교수 학습 매체란 반드시 어떤 물건을 의미하여야만 하는 것이 아니다. 여러 가지 전시회, 발표회, 견학, 소집단 조사 활동, 수학 경시 대회 등도 교수 학습 매체의 개념에 포함된다. 물론 이러한 특별 활동에는 학생의 적극적인 참여가 우선적으로 고려되어야 하며, 다른 교과목과의 관련성이 강조되면 더욱 좋은 효과를 얻을 수도 있다.

수학과 교수 학습 매체에는 여러 가지 재미있는 게임도 포함될 수 있다. 미국이나 유럽에서는 수학 학습에 도움이 되는 각종 게임이 많이 상품화되어서 소개되고 있다. 게임 외에도 퍼즐, 퀴즈 등에서도 같은 효과를 기대할 수 있다. 그런가 하면, 리드미컬한 율동이나 체조 등도 아동의 수학적 개념 발달에 도움이 된다.

이 밖에 여러 가지 교수 학습 활동에 쓰이는 시청각 기기 등도 중요한 교수 학습 매체이다.

12.2 수학과 교수 학습 매체 사용 시의 유의점

교수 학습 매체를 사용하여 수학 수업을 할 때에는 인식론적 관점에서 보아 교사가 유의하여야 할 점이 몇 가지 있는데 그것은 교수학적 현상(강완, 1991)에 관한 것이다. 교수학적 현상이란 지식을 가르치고 배우는 과정에서 교사와 학생 사이의 상호작용에 의해 지식의 표현 형태나 의미가 변형되거나 왜곡되는 상황을 말한다. 가장 대표적인 것 몇 가지는 다음과 같다.

12.2.1 실세계 모델에 의한 교수학적 전도 현상

교수 학습 매체로 사용되는 여러 가지 조작 도구나 모형들은 거의 모두가 수학적 개념에 대한 실세계 모델들이다. 이들은 추상적인 수학적 내용에 대한 이해를 쉽게 하고 그 응용 가능성을 제시해주는 긍정적 효과를 갖는다.

한편, 수학적 개념 그 자체는 바로 실세계의 여러 가지 대상으로부터 추출된 것이다. 따라서 수학화 과정의 방향은 일단 실세계에서 시작하여 수학적 개념 쪽으로 진행되는 것으로 보아야 한다. 그러나 대부분의 수학 학습은 이와는 반대 방향으로 사고가 진행되기 마련이다. 이러한 현상은 교수학적 전도 현상이라고 불리기도 한다.

예를 들어 수 모형을 사용하여 347을 나타낼 경우, 수학적으로

$$347 = 3 \times 100 + 4 \times 10 + 7$$

이 되므로, 100을 나타내는 백 모형 3개, 10을 나타내는 십 모형 4개, 1을 나타내는 낱개 모형 7개가 필요하게 된다. 이 경우 학생들의 사고의 방향은 이미 완성된 수학적 개념에서 시작하여 실세계 모델의 조작으로 향한다.

그러나 수학화의 방향은 이와 반대이다. 즉, 큐브의 수 347을 표현하기 위하여 이들을 10씩 묶고 남은 것의 수가 일의 자리의 수, 10씩 묶은 것을 다시 10씩 묶고 남은 것의 수가 십의 자리의 수, 그리고 나머지 묶음의 수가 백의 자리의 수가 되므로 그러한 큐브들의 모양과 수가 필요한 것이다.

수 모형은 이러한 방향의 수학화의 과정을 지도하기 위한 것이 아니다. 비록 수학적 개념으로부터 시작하여 실세계의 장면으로 사고의 방향이 움직이더라도 수 모형의 사용은 수학적 개념의 형성에 긍정적으로 작용하므로 유익한 교수 학습 매체임에는 틀림없다. 다만, 어떠한 교수 학습 매체의 사용에 있어서도 이러한 교수학적 전도 현상에 대한 충분한 고려가 선행되어야 가르치고자 하는 지식의 의미가 왜곡되는 일을 막을 수 있다.

12.2.2 메타 인지적 이동

메타 인지적 이동[2]이란 교사의 교수학적 노력의 초점이 수학적 지식 그 자체로부터 그가 만든 교수학적 고안으로 이동한 것을 말한다. 예를 들어, LOGO 프로그래밍을 사용하여 원이나 간단한 도형의 성질을 지도하려고 할 때, 교사는 도형에 관한 내용에 앞서 LOGO 언어의 사용법부터 가르쳐야 한다. 그러나 때로는 LOGO 언어의 사용법이 가르치고자 하는 원의 성질보다 학습하기 어려울 수도 있다. 이러한 경우 메타 인지적 이동은 긍정적인 효과를 기대하기 어렵다. 상당수의 교수 학습 매체는 이 점을 고려하여 제작되지만 교수 학습 매체의 사용에 익숙해지기까지 많은 노력이 필요한 경우도 있다. 이 때, 필연적인 과도한 메타 인지적 이동에 대하여 교사는 미리 적절한 대비를 해 두어야 할 것이다.

12.2.3 국소화(localization)

학교 수학은 학문적 수학과 밀접한 관련이 있다. 그러나 학문적 수학의 대상은 일반적인데 비해 학교 수학의 대상은 학생들의 지적 수준의 발달에 맞추어 여러 가

2) 제9장 제4절 (251쪽) 참조.

지 제한이 가해진다. 이러한 현상을 학교 수학에 있어서 수학적 대상의 국소화라고 한다. 예를 들어, 초등학교에서는 유리수를 지도할 때 크게 분수와 소수로 나누어 지도한다. 즉, 유리수의 개념이 분수나 소수의 개념으로 국소화되는 것이다. 분수의 개념은 보다 국소적인 양의 분수, 수의 분수, 비율의 분수, 분할 조작의 분수 등으로 세분화되기도 한다. 그런가 하면, 학교 수학에서 다루는 소위 응용문제의 경우 실세계에서 관측될 수 있는 자연스러운 수치보다는 계산이 간단하게 요구되거나 지나치게 크거나 복잡하지 않은 수치를 사용하게 된다. 이러한 것도 일종의 국소화 현상이라고 볼 수 있다.

교수 학습 매체를 활용할 경우, 이러한 국소화 현상은 보다 심화될 수도 있는가 하면, 오히려 교수 학습 매체의 사용으로 해소될 수도 있다. 예를 들어, 패턴 블록을 사용하여 분수의 개념을 지도할 때, 양으로서의 분수 그것도 등분할 분수의 개념만 강조되어 국소화 현상이 두드러지게 된다. 또한 전자 계산기나 컴퓨터를 사용할 경우 특수한 프로그램을 사용하지 않으면 전자 계산기의 정보 처리 방식에 따른 제약으로 인해 분수를 직접 다룰 수가 없으므로, 유리수란 곧 소수 그것도 유한소수를 주로 의미하는 듯한 인상을 심어줄 수도 있다. 그러나 위에서 언급한 응용문제의 경우 복잡한 계산이나 수치를 다루는 부담을 기계에 맡길 수 있으므로 작고 간단한 수치에 의해 제한되는 응용문제의 국소화 문제가 다소 해결되는 도움을 얻을 수도 있다. 국소화 현상은 수학 학습 지도에 있어서 불가피한 과정이지만, 교사는 수학적 개념의 국소화가 폭 넓은 수학적 사고를 제약하는 일이 없도록 유의하여야 할 것이다.

12.3 게임을 통한 수학 학습

게임은 수학 학습을 효과적으로 이끄는 방법의 하나가 될 수 있다. 게임은 그 자체로 아동의 흥미를 유발시킬 수 있으며, 수학 교과에 대한 긍정적인 태도를 발전시킨다. 아동은 게임을 통해서 학습에 능동적으로 참여하게 되며, 이것은 수학의 내용을 이해하는 데 도움이 된다. 적절하게 구성된 게임은 수학적 사실, 수학적 기능, 수학적 개념, 수학적 원리 등을 학습하는 데 유용한 보조 매체가 될 수 있다. 게임 속에 구체화되어 있는 간접적인 학습 목표들은 문제 해결 기능의 향상, 새로운 상황에 대한 학습 전이력 증진, 일반적 지능의 발달, 학습하는 방법 자체에 대한 능력 신장 등과 밀접한 관련을 갖는다. 또한, 게임을 하는 과정에서 아동은 다른 아동들과 상호 작용하는 기회를 갖게 되어, 지적 성장은 물론 사회성 발달을 도모할 수 있게 된다.

게임을 통한 수학 학습은 여러 가지 이점을 가지고 있다. 우선 아동으로 하여금 단조로운 계산 연습에 대해서도 동기를 유발시키는 경쟁적 상황을 제공하게 된다. 그런가 하면, 게임의 상황은 아동에게 일반적인 학습 상황에서는 맛볼 수 없는 새로운 종류의 성공감을 느끼게 하고, 동료들과 함께 그것을 공유할 수 있게 된다. 게임은 아동들에게 새로운 문제 해결 기법이나 새로운 수학에 대한 탐구의 필요성을 요구하는 상황을 제공하기도 한다. 게임은 아동으로 하여금 교사에게 의존하는 상황에서 탈피하는 데 도움을 준다. 즉, 아동으로 하여금 학습에 수동적이 아닌 능동적 참여자가 되도록 한다. 또한, 자연스럽게 동료들과 함께 학습에 협동하는 상황을 제공해 준다.

그러나 게임을 통한 학습에는 주의하여야 할 부정적 요소도 있으므로 이를 고려하여야 한다. 게임의 종류에 따라서는 승자와 패자가 가려지게 되므로, 실패를 거듭하는 학생의 경우 수학을 싫어하게 될 가능성도 있다. 그런가 하면, 게임에 이겨야 한다는 단순한 심리적 요구는 수학 학습 목표의 인지적 영역과 정의적 영역에 부정적인 영향을 미칠 수도 있다. 어떤 종류의 게임의 경우에는 규칙이나 전략이 너무 어려워서 이해하기 힘든 경우도 있고, 너무 쉬워서 흥미를 감소시키는 경우도 있다.

교사는 게임을 통한 수학 학습을 지도하기 전에, 사용될 게임의 규칙에 익숙해질 필요가 있다. 그렇게 함으로써 학생들에게 의미 있는 활동을 유도하고, 적절한 시기에 게임의 적절한 규칙을 적용할 수 있도록 지도할 수가 있다. 게임이 진행되는 도중에는 허용적인 분위기를 조성시켜야 하며, 아동들이 게임을 하는 동안에 게임의 규칙을 바꾸려는 필요성을 느끼는 경우에라도 되도록 간섭을 하기보다는 아동이 원하는 방식으로 게임이 진행되도록 허용한 다음, 어떠한 게임 규칙이 보다 합리적인지를 판단하게 하는 것이 바람직하다. 게임에는 소수의 아동이 주도적으로 활동하게 하는 것보다는 모든 학생이 고루 참여하도록 격려하여야 한다. 교사는 수시로 다음과 같은 질문을 통하여 게임을 통한 학습이 제대로 이루어지는지를 평가하여야 한다.

① 모든 학생들이 게임에 대한 규칙을 명확히 이해하였는가?

② 게임의 규칙을 학습하는 데 너무 많은 시간을 필요로 하지 않는가?

③ 게임의 규칙이 너무 복잡해서 게임이 더디게 진행되지는 않는가?

④ 게임이 너무 쉽거나, 아니면 너무 복잡하지는 않은가?

⑤ 모든 학생들이 게임에 참가하고 즐기고 있는가?

⑥ 게임 진행에 장애를 주는 요인은 없는가?

⑦ 게임을 통하여 학습할 목표가 명확한가?

⑧ 게임이 진행되는 동안 관찰되는 특별한 문제가 있는가?

⑨ 게임을 통한 학습 이후에 아동들은 진전을 보였는가?

수학 학습에 유용한 게임의 진행 과정은 수학적 문제 해결 과정과 밀접한 관련을 갖는다. 이러한 게임을 주로 '전략 게임'이라고 한다. 전략 게임은 ① 일련의 규칙을 가지고 있어야 하며, ② 적어도 2명 이상의 경기자가 그 게임의 규칙을 지키면서 서로 상대를 이기기 위해 그들 자신의 전략과 행위를 선택해야 하고, ③ 게임의 승패가 운이 아닌 인지적 행위나 전략의 선택에 의해 결정되어야 한다. 다음은 수학 학습에 유용한 몇 가지 전략 게임의 예이다.

[전략 게임의 예 1] 선 틱택토

* 게임자의 수: 2명
* 게임 자료: 선 틱택토 판, 볼펜(2가지 색)
* 게임의 방법:
  (1) 게임의 시작은 가위바위보(또는 적당한 방법)로 선을 결정한다.
  (2) 직선으로 15개의 점이 찍힌 놀이판에서 이루어진다.
  (3) 두 경기자가 어느 한 점씩 ×표를 한다.
  (4) ×를 3개 연속으로 가장 먼저 만든 사람이 이긴다.
  (5) 둘째 게임부터는 진 사람이 먼저 ×표하기 시작한다.

* 게임판

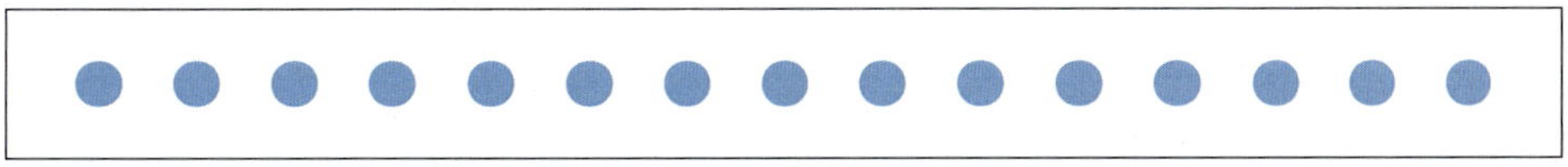

그림 12-8

[전략 게임의 예 2] 13개의 방을 가진 틱택토

* 게임자의 수: 2 명

* 게임 자료: 틱택토 판, 바둑돌(흰색, 검정 각각 7개씩)

* 게임의 방법:

(1) 게임의 시작은 가위바위보(또는 적당한 방법)로 선을 결정한다.

(2) 자기 색의 바둑돌을 교대로 하나씩 판 위에 놓는다.

(3) 일직선(수직, 수평, 대각선)에 자기의 표시 3개를 먼저 놓는 사람이 이긴다.

(4) 처음에는 가운데의 ○에는 놓을 수 없다.

(5) 둘째 게임부터는 진 사람이 먼저 놓기 시작한다.

* 게임판

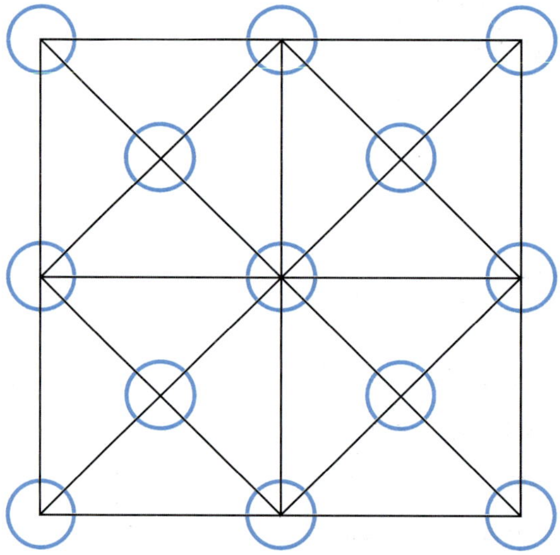

그림 12-9

[전략 게임의 예 3] 오랫동안 움직이기

* 게임자의 수: 2명

* 게임 자료: 일직선으로 16개의 정사각형이 이어진 놀이판, 표시 1개씩 2조

* 게임의 방법:

(1) 판의 양쪽 끝에 자기의 표시를 하나씩 놓는다.

(2) 각 경기자는 번갈아 자기의 표시를 이웃하면서 빈곳으로 움직인다.

(3) 판에서 가장 늦게까지 움직인 사람이 이긴다.

(4) 둘째 게임부터는 진 사람이 먼저 놓기 시작한다.

* 게임판

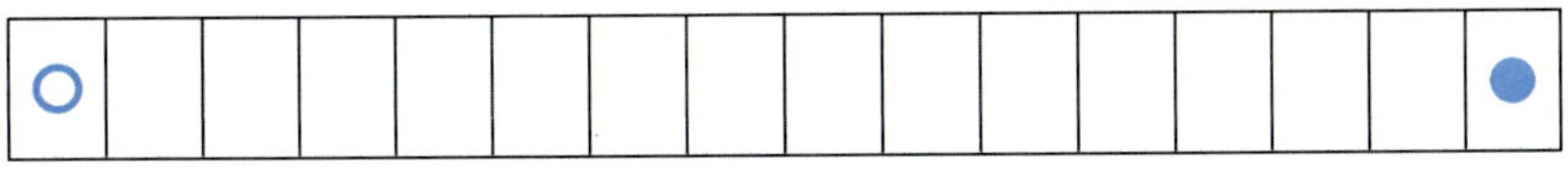

그림 12-10

[전략 게임의 예 4] 새싹

* 게임자의 수 : 2명
* 게임 자료 : 삼각형 모양으로 세 점이 찍힌 종이 한 장, 연필
* 게임의 방법 :

(1) 종이 위에 세 점을 정삼각형 형태로 놓는다.

(2) 경기자는 교대로 어떤 두 점을 선으로 잇거나, 또는 한 점에서 출발하여 다시 그 점으로 연결한다.

(3) 선을 그은 후에 그 선 위에 임의로 점을 하나 찍는다.

(4) 선들은 교차할 수 없고, 한 점에서 세 개까지 선을 연결할 수 있다.

(5) 성공적으로 선을 연결할 수 있는 마지막 사람이 이긴다.

〈예〉 갑이 이기는 경우

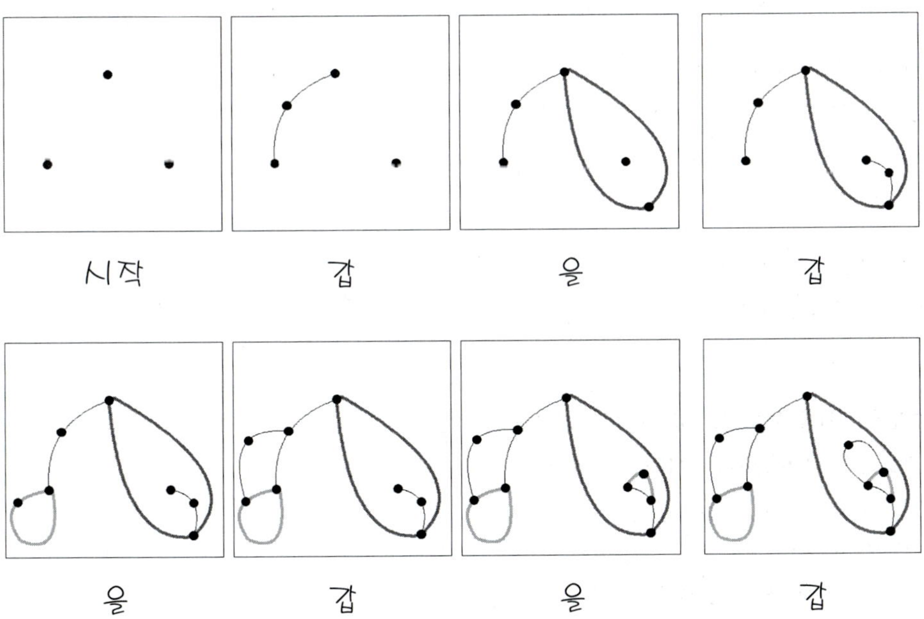

그림 12-11

* 게임판

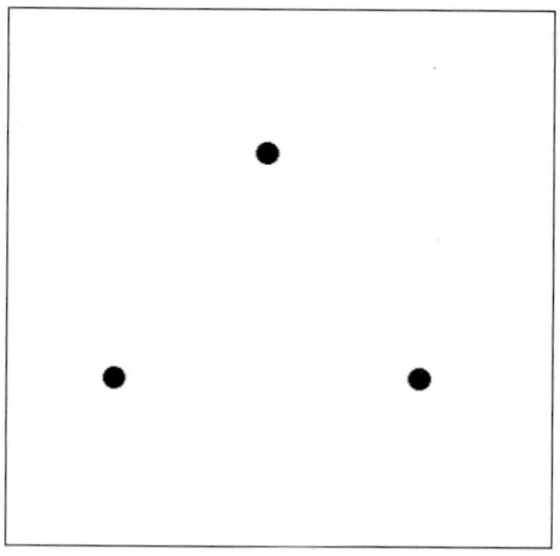

그림 12-12

[전략 게임의 예 5] 한 구멍에 한 알씩 놓기

* 게임자의 수: 2명
* 게임 자료: 뚜껑이 제거된 달걀판(5개씩 2줄) 1개, 종이컵 2개, 콩(바둑돌) 30개
* 게임의 방법

(1) 뚜껑이 제거된 달걀판을 두 사람 사이에 가로로 놓는다.

(2) 자기의 종이컵 1개씩을 달걀판의 오른쪽에 놓는다.

(3) 구멍 10개에 콩(바둑돌)을 각각 3개씩 담는다.

(4) 자기의 차례가 되면 자기 쪽의 한 구멍에 있는 콩을 모두 꺼내 시계의 반대 방향으로 바로 옆의 구멍부터 차례로 하나씩 담는다.

(5) 위와 같이 담을 때, 자기의 종이컵을 지날 때에는 하나씩 담고, 상대편의 종이컵을 지날 때에는 담지 않고 건너뛴다.

(6) 자기가 집은 콩을 하나씩 담을 때 마지막에 자기의 종이컵에 넣으면, 또 한다.

(7) 자기가 집은 콩을 하나씩 담을 때 마지막에 자기 쪽의 빈 구멍에 넣으면, 마지막에 넣은 구멍의 맞은편에 있는 상대편의 구멍에 있는 콩을 모두 꺼내어 자기의 종이컵에 담는다. 만일 맞은편에 있는 상대편의 구멍에 콩이 없으면 (6)과 같이 한번 더 한다.

(8) 어느 한 쪽에 콩이 남아 있지 않으면 경기는 끝난다.

(9) 종이컵에 많은 콩이 담아 있는 쪽이 이긴다.

* 어려우면 구멍이 8개인 판부터 시작하여 12개인 판으로 발전시킨다.

* 게임판

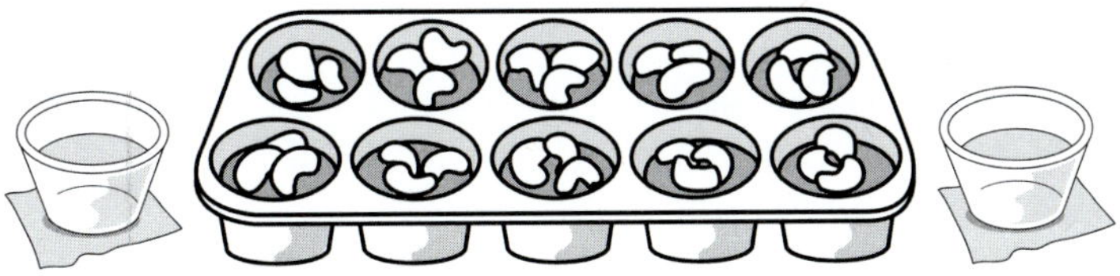

● 토의문제

1. 게임을 통한 수학 학습 방법의 장단점은 무엇인가?
2. 우리의 주변에서 볼 수 있는 게임 중 수학 학습에 활용할 수 있는 것은?
3. CD ROM, multimedia 등 외에 미래에 개발될 교수 학습 매체에는 어떠한 것이 있을 수 있는가? (미래의 교실 환경을 구체적으로 상상해 보라.)

읽을거리

- 김효정 (1995). **구체적 조작물을 이용한 활동지향적 수학 수업에 관한 연구**. 이화여자대학교 석사 학위 논문.
- 홍연석 (1993). **국민학생용 전략 게임이 수학적 문제 해결력과 수학적 태도에 미치는 효과에 관한 연구**. 한국교원대학교 석사 학위 논문.
- 강완 (1991). **수학적 지식의 교수학적 변환**. 제8회 수학교육학 세미나(인천교육대학교) 발표 논문.
- 백영균, 류희찬(공역) (1990). **로고 : 아동과 컴퓨터**. 서울 : 양서원. [S. Papert (1980). *Mindstorm*.]
- 조한혁 (1991). **말 언어를 통한 컴퓨터와 수학 학습**. 서울대학교 사범대학 수학교육과.
- Hatfield, L. L. (1984). Toward comprehensive instructional computing in mathematics. In V. P. Hansen, & M. J. Zweng (Eds). *Computers in Mathematics Education* (1984 *Yearbook*) (pp. 1-9). Reston, VA : NCTM.

제 13 장

수학적 문제 해결력의 신장

13.1 문제 해결력 강조의 배경

문제 해결에 있어서 문제란 해결하려고 하나 구체적이고 확실한 해결의 방법을 쉽게 구할 수 없는 상황을 말한다. 따라서 문제 해결의 절차가 이미 알려져 있어서 단순히 계산 연습의 대상이 되는 문제들은 문제 해결에서의 문제라고 간주할 수가 없다. 문제가 발생하여 이를 해결하려는 노력을 필요로 하게 될 때, 인간은 문제 해결력을 갖추고 있어야 한다. 이러한 문제를 해결하는 능력은 주로 인간의 지적 활동을 요하는 것으로서, 교육을 받은 인간은 이러한 문제 해결 능력을 갖추고 있어야 함에 틀림없다.

문제 해결력 신장은 오래 전부터 교육의 중요한 목표가 되어 왔다. 미국에서는 수학적 문제 해결력에 관한 연구가 1930년대부터 논의되기 시작하였으며, 1960년대의 소위 새 수학 운동과 1970년대의 기본으로 돌아가자(Back to Basics)는 반동의 격동기를 거치고, 1980년대를 맞이하면서 기초 기능으로서의 문제 해결력에 대한 관심이 높아지기 시작하였다. 1980년 4월 미국수학교사회(NCTM: National Council of Teachers of Mathematics)는 《1980년대의 학교 수학을 위한 제언》에서 '문제 해결(problem solving)'이 수학교육의 초점이 되어야 한다고 결의하고, 수학과 교육과정은 문제 해결을 중심으로 구성, 조직되어야 하며 수학적 문제 해결을 지도하기 위한 적절한 학습 활동 자료가 각 학년별로 개발되어야 한다고 주장하였다. NCTM이 1989년 제안한 《학교 수학을 위한 교육과정과 평가의 규준》(*Curriculum and Evaluation Standards for School Mathematics*)에서도 문제 해결을 K-4, 5-8, 9-12의 각 수준에서 첫째 규준으로 제시하였다.

13.2 우리나라에서의 문제 해결 교육

우리나라에서도 제3차 수학과 교육과정에서 급격하게 도입되었던 '수학교육 현대화'의 내용이 제4차 교육과정 개정시 경감되고 정선되면서, 지나치게 어려운 내용보다는 수학의 기초적 기능을 배양하고, 문제 해결력을 신장시키는 일에 관심을 갖게 되었으며, 이에 따라 초등학교 수학 교과서에는 문제 해결력 신장을 위한 '여러 가지 문제' 단원이 새로 설정되었다. 제5차 수학과 교육과정에서도 수학 내용을 정선하면서 문제 해결력의 신장을 강조하였으며, 제6차 수학과 교육과정에서는 문제 해결력의 신장을 위한 지도 내용, 지도 전략, 방법 등을 구체적으로 제시하여 문제 해결력의 지도에 보다 적극적인 성격을 지니게 되었다. 제7차 교육과정에서는 문제 해결을 여전히 강조하며 더욱 발전적으로 제시하였으며, 문제 해결 방식에서 학습자의 능동적인 학습 활동을 중시하였다.

2007 개정 교육과정에서는 제7차 교육과정의 '문자와 식', '규칙성과 함수'의 영역을 통합하여 '규칙성과 문제 해결' 영역으로 재구성하였으며, 영역 명에서 '문제 해결'이라는 용어가 직접적으로 사용됨으로써 그 중요성을 더욱 강조하고 있다. 문제 해결력을 신장시키기 위하여 문제 해결은 '규칙성과 문제 해결' 영역뿐만 아니라 모든 영역에서 지속적으로 지도할 것을 명시하고 있다. 학생들 스스로 문제 상황을 탐색하고 수학적 지식과 사고 방법을 토대로 문제 해결 방법을 적절히 활용하여 문제를 해결하게 하며, 학생들의 경험과 욕구를 바탕으로 문제를 창의적으로 해결할 수 있게 하고, 문제 해결의 결과뿐만 아니라 문제 해결 방법과 과정, 문제를 만들어 보는 활동도 중시하였다. 또한, 생활 주변 현상, 사회 현상, 자연 현상 등의 여러 가지 현상에서 파악된 문제를 해결하면서 수학적 개념, 원리, 법칙을 탐구하고, 그 해를 일반화하게 하였다.

2009 개정 교육과정에서는 〈나. 학년군(학교급)별 성취 기준〉에서 각 학년군별로 문제 해결 영역의 성취 기준을 다음과 같이 제시하고 있다.

(1) 초등학교 1~2학년군

실제로 해 보기, 그림 그리기, 식 만들기, 규칙 찾기, 거꾸로 풀기 등의 문제 해결 전략으로 문제를 해결할 수 있다.

(2) 초등학교 3~4학년군

표 만들기, 예상과 확인, 단순화하기, 논리적 추론 등의 문제 해결 전략으로 문제를 해결하고, 문제 해결 과정을 설명할 수 있다.

(3) 초등학교 5~6학년군

여러 가지 문제 해결 전략을 비교하여 문제를 해결하고, 주어진 문제에서 필요 없는 정보나 부족한 정보를 찾을 수 있으며, 조건을 바꾸어 새로운 문제를 만들 수 있으며, 문제 해결 과정의 타당성을 검토할 수 있다.

13.3 문제 해결 과정의 4단계

수학자 폴리아(1887~1985)는 자신의 수학적 사고 활동을 바탕으로 수학적 사고의 교육에 유용한 연구 결과를 많이 발표하였다. 그는 증명하기를 가르치는 것도 중요하지만, 그러나 추측하는 것도 가르쳐야 한다고 하고, 효과적인 수학 학습의 3원리로 활동적 학습의 원리, 최선의 동기 유발 원리, 비약 없는 단계의 원리를 주장하였다. 그는 특히, 그의 저서 《어떻게 풀 것인가?》(*How to Solve It?*)에서 수학적 문제 해결의 사고 과정을 ① 문제의 이해, ② 풀이 계획의 수립, ③ 풀이 계획의 실행, ④ 풀이에 대한 반성의 4단계로 나누고, 각 단계에서의 효과적인 사고를 위한 발문(questions)과 권고(suggestions)를 다음과 같이 제시하였다.

[문제의 이해] 문제를 이해하여야 한다.

* 미지수인 것은 무엇인가? 자료는 무엇인가? 조건은 무엇인가?
* 조건은 만족될 수 있는가? 조건은 미지인 것을 결정하기에 충분한가? 또는 불충분한가? 또는 과다한가? 또는 모순되는가?
* 그림을 그려보아라. 적절한 기호를 붙여라.
* 조건을 여러 부분으로 분해하여라.

[계획의 수립] 자료와 미지인 것 사이의 관계를 찾아보아라. 즉각적으로 그러한 관계를 발견할 수 없다면 보조 문제를 고려하여라. 궁극적으로 풀이에 대한 계획을 작성하여라.

* 전에 그러한 문제를 본 일이 있는가? 약간 다른 형태의 문제라도 본 일이 있는가?
* 관련된 문제를 알고 있는가? 유용하게 쓰일 수 있는 정리를 알고 있는가?
* 미지의 것을 살펴보아라. 친숙한 문제 중 미지인 것이 같거나 유사한 문제를 생각해 보아라.
* 전에 풀어본 문제 중 관련된 문제가 있구나. 그것을 활용할 수 있을까?
  그 결과를 활용할 수 있을까? 그 방법을 활용할 수 있을까? 어떤 보조 요소를 도입하면 그것을 활용할 수 있을까?

* 문제를 달리 진술할 수 있을까? 좀 더 다르게 진술할 수 있을까? 정의로 되돌아 가 보자.
* 만일 제기된 문제를 풀 수 없다면, 먼저 어느 정도 그와 관련된 문제를 풀어보아라. 보다 접근하기 쉬우면서 관련된 문제를 생각해 낼 수 있는가?
  보다 일반적인 문제는? 문제를 부분적으로 풀 수 있는가? 조건 가운데 일부분만 남기고 다른 것은 버려보아라. 그랬을 때 미지인 것은 어느 정도 정해지는가? 자료로부터 무언가 유용한 것을 이끌어 낼 수 있을까?
  미지인 것을 결정하는 데 적절한 다른 자료를 생각해 볼 수 있을까?
  새로운 미지인 것과 새로운 자료가 서로 보다 더 가깝게 되도록 하기 위해서 미지의 것이나 자료 또는 필요하다면 두 가지 다 변형할 수 있을까?
* 자료는 모두 다 사용했는가? 조건은 모두 다 사용했는가?
  문제에 포함된 핵심적인 개념은 모두 고려했는가?

[계획의 실행] 계획을 실행하여라.
* 계획을 실행하고 매 단계를 점검하여라. 각 단계가 올바른지 명확히 알 수 있는가? 그것이 옳다는 것을 증명할 수 있는가?

[반성] 얻어진 풀이를 점검하여라.
* 결과를 점검할 수 있는가? 논증 과정을 점검할 수 있는가?
* 결과를 다른 방법으로 이끌어 낼 수 있는가? 그것을 한 눈에 알 수 있는가?
* 결과나 방법을 어떤 다른 문제에 활용할 수 있는가?

이러한 발문과 권고들을 효과적으로 지도하기 위해서는 교사 자신이 수학적 문제 해결 활동 과정에서 그러한 발문과 권고가 자연스럽고 적절하게 떠오를 수 있을 정도로 사고가 습관화되어 있어야 할 것이다.

13.4 문제 해결을 위한 사고 전략

폴리아의 연구를 바탕으로 수학적 문제 해결에 유용한 사고 전략에 대한 연구들이 많이 진행되었다. 문제 해결 사고 전략이란 문제 해결에 도움이 되는 일반적인 절차나 해법의 단서가 되는 생각, 발견의 실마리를 얻도록 하는 방책 등을 뜻한다.

문제 해결에 필요한 지식과 개념을 알고 있다고 하더라도, 그것을 받아들여 문제의 조건과 연결 짓고 문제 해결의 단서를 찾아내도록 하는 것은 사고 전략인 것이다. 전략은 인간이 자신의 학습이나 사고 과정을 통제하는 능력으로서 문제를 성공적으로 해결하는 데 있어서 가장 중요하게 작용하는 요소이다.

문제 해결에 유용한 사고 전략은 여러 가지로 제시된다. 그중 렌치너(Lenchner, 1983)에 의한 문제 해결 전략을 예제와 함께 소개하면 다음과 같다.

13.4.1 그림이나 도표로 그리기

문제를 풀 때 그 문제를 읽고 난 후 자기 나름대로의 그림이나 도표로 문제의 내용을 나타내어 보는 방법이다. 예를 들어, 다음과 같은 문제의 해결에 도움이 된다.

[문제] 어떤 벌레 한 마리가 10m 높이의 나무 꼭대기에 기어 올라가려고 한다. 이 벌레는 낮에는 5m 기어 올라가고 밤에는 4m 미끄러져 내려온다고 한다. 이 벌레가 나무 꼭대기에 도달하는 데에는 며칠이 걸리겠는가?

[문제] 그림과 같이 의자를 놓을 수 있는 식탁이 있다. 식탁 4개를 한 줄로 붙여 놓으면, 식탁에는 의자를 모두 몇 개 놓을 수 있는가?

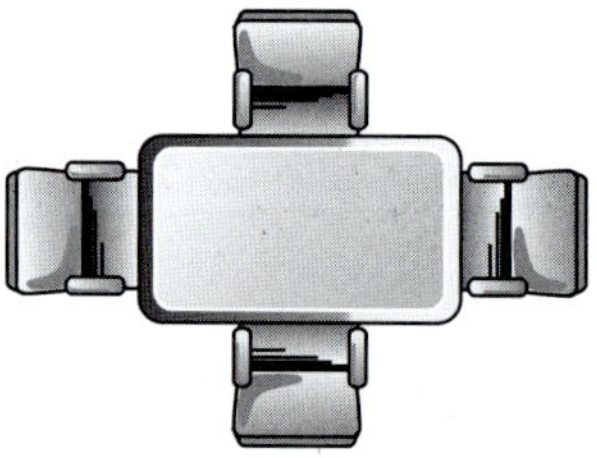

[풀이] 식탁 4개가 한 줄로 붙어 있는 그림을 그린 후 놓일 수 있는 의자를 그리며 세어본다.

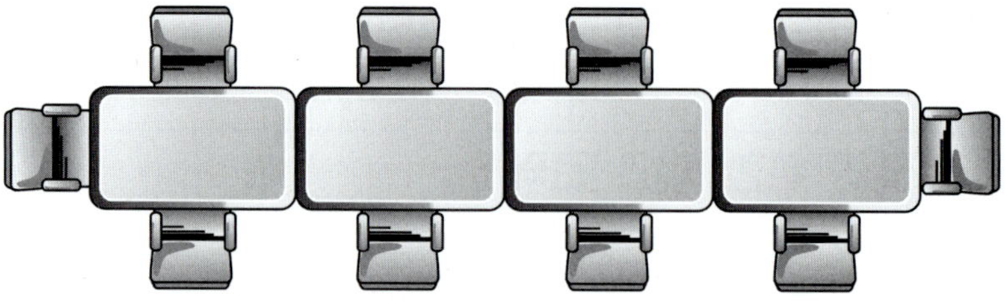

모두 10개의 의자를 놓을 수 있다.

13.4.2 규칙성 찾기

문제에 주어진 조건을 분석하여 어떤 규칙성을 찾아내고 이 규칙성을 이용하여 계산을 함으로써 문제를 해결하는 전략이다. 예를 들어, 다음과 같은 문제의 해결에 도움이 된다.

[문제] 3△2=8, 5△3=13, 3△5=11, 9△7=25이다. 7△4는 얼마인가?

[문제] 그림과 같은 방법으로 바둑돌을 놓으면, 20번째에는 바둑돌을 몇 개 놓아야 하는가?

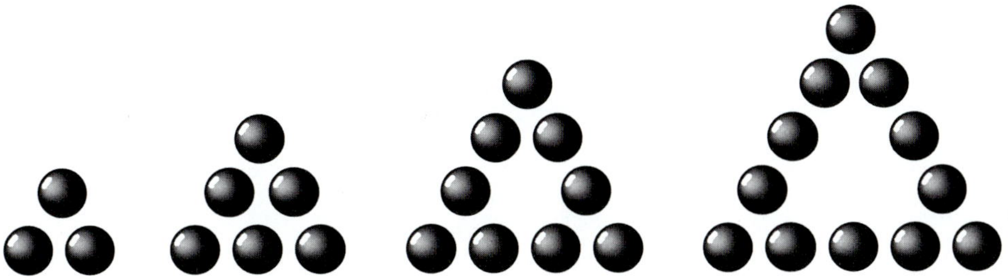

[풀이] 1번째 : 1×3

2번째 : 2×3

3번째 : 3×3

4번째 : 4×3

⋮

20번째 : 20×3이므로 60개

13.4.3 체계적인 목록 만들기

문제에 주어진 정보들을 체계적인 목록으로 조직하는 것을 의미한다. 똑같은 사고 활동의 반복을 피하게 해 주며, 문제의 구조를 한 눈에 쉽게 알아볼 수 있게 해 준다. 예를 들어, 다음과 같은 문제의 해결에 도움이 된다.

[문제] P, Q, R 세 글자를 각각 한 번만 사용하여 세 글자로 된 단어를 만들려고 한다. 서로 다른 단어를 몇 개나 만들 수 있겠는가?

[문제] 다음 숫자 카드를 한 번씩 사용하여 네 자리 수를 만들려고 한다. 만들 수 있는 네 자리

수는 모두 몇 개인가?

[풀이] 천의 자리에 올 수 있는 수부터 체계적인 목록을 만들어 본다.
천의 자리의 수가 1일 경우

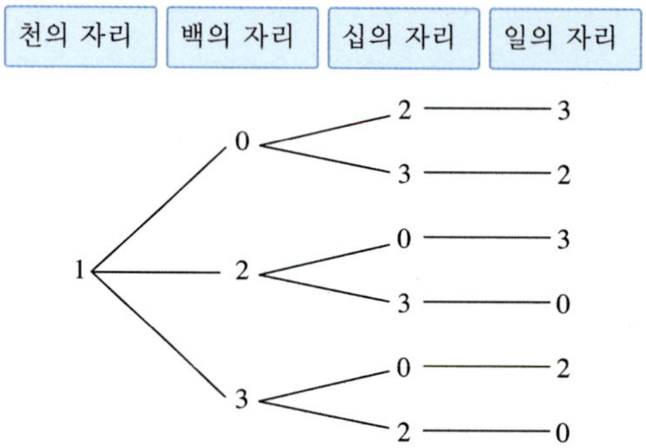

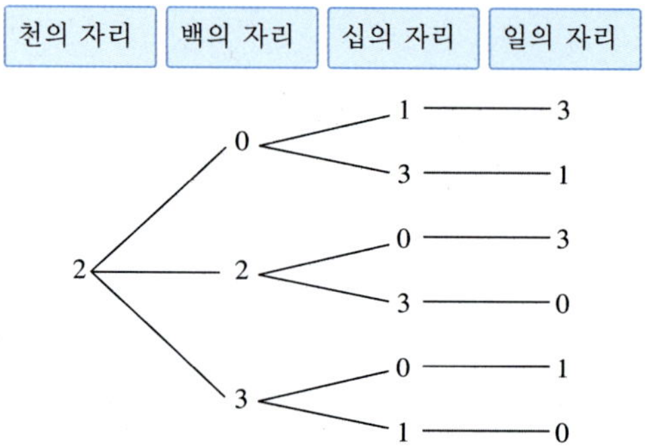

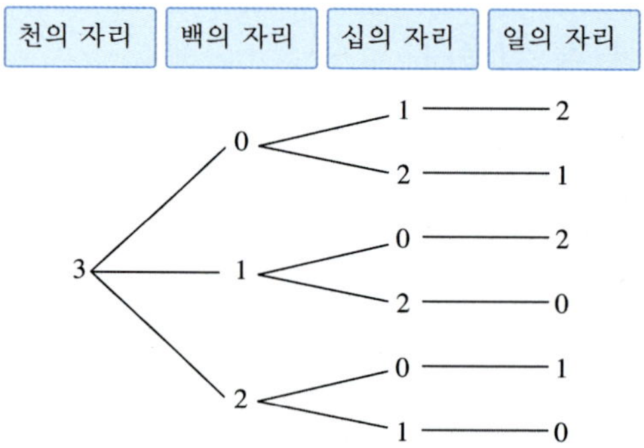

그러므로 모두 18개의 네 자리 수를 만들 수 있다.

13.4.4 표 만들기

문제에 주어진 정보를 표로 나타내어 봄으로써 문제의 구조를 일목요연하게 볼 수 있을 뿐만 아니라, 답을 직접 구할 수도 있게 하는 중요한 사고 전략의 하나이다. 예를 들어, 다음과 같은 문제의 해결에 도움이 된다.

[문제] 용환, 천권, 영선, 은주 네 사람은 각각 그림책, 잡지, 만화책, 사전 중에서 한 권씩을 가지고 있다. 영선과 은주는 그림책을 가지고 있지 않다. 용환은 만화책을 가지고 있다. 영선은 잡지를 가지고 있지 않다. 은주는 무슨 책을 가지고 있는가?

[문제] 다음 문장을 읽고 성적이 셋째로 높은 과목을 말하여라.

- 국어는 체육보다 높다.
- 과학은 체육보다 낮다.
- 수학은 국어보다 낮다.
- 수학은 사회보다 높다.
- 사회는 체육보다 높다.

[문제] 주머니 안에 50원, 100원, 500원짜리 동전이 있다. 동전은 모두 5개이고, 합해보니 800원이었다. 동전은 각각 몇 개인가?

[풀이] 조건에 맞게 표를 만들어 해결하여 본다.

50원짜리 동전의 수	1	1	1	2	2	3
100원짜리 동전의 수	1	2	3	1	2	1
500원짜리 동전의 수	3	2	1	2	1	1
총 금액(원)	1650	21250	850	1200	800	750

그러므로 50원짜리 동전은 2개, 100원짜리 동전 2개, 500원짜리 동전 1개가 있다.

13.4.5 문제를 단순화하기

주어진 문제를 보다 단순한 구조를 가진 문제로 만들어 해결하고, 이 해결 과정을 본 문제에 적용하는 방법을 말한다. 또는 주어진 문제를 몇 개의 부분적인 문제로 분해한 다음 이들을 해결하고, 이를 바탕으로 원래의 문제를 해결하는 전략이다. 예를 들어, 다음과 같은 문제의 해결에 도움이 된다.

[문제] 한 변이 20m인 정사각형 모양의 땅의 둘레에 2m 간격으로 나무를 심으려고 한다. 나무는 모두 몇 그루 심을 수 있는가?

[문제] 은아네 반에서 9명의 친구가 팔씨름 시합을 열었다. 친구들끼리 한번 씩 팔씨름을 한다면 은아네 반에서 실시하는 팔씨름 시합은 모두 몇 번인가?

[풀이] 문제의 내용과 같으면서 간단한 경우의 문제를 만들어 본다.
친구가 2명이라면 시합은 모두 몇 번 있겠는가? 1번
친구가 3명이라면 시합은 모두 몇 번 있겠는가? 2번
친구가 4명이라면 시합은 모두 몇 번 있겠는가? 6번
간단한 경우의 문제를 통해 사람 수와 팔씨름 시합 수와의 규칙을 정리해보면

사람 수	2	3	4	5	6	7	8	9
팔씨름 시합 수	1	3	6	10				

사람이 2, 3, 4명으로 많아질 때마다 팔씨름 시합 수는 2씩, 3씩, 4씩 늘어나고 있다. 따라서 사람 수가 6명, 7명, 8명, 9명이 될 때, 팔씨름 시합 수는 6씩, 7씩, 8씩, 9씩 커질 것이다.

사람 수	2	3	4	5	6	7	8	9
팔씨름 시합 수	1	3	6	10	15	21	28	36

그러므로 9명의 사람이 36명의 팔씨름 시합을 한다.

13.4.6 추측하고 점검하기

합리적인 추측을 해 보고 그 결과를 검토해 봄으로써 문제를 해결하는 데 도움이 되는 단서를 구하는 사고 전략이다. 추측이 잘못되어 결과가 바르게 나오지 않았을 때에도 도움이 되는 단서를 얻을 수 있는 장점이 있다. 예를 들어, 다음과 같은 문제의 해결에 도움이 된다.

[문제] 1에서 6까지의 수를 각각 한 번만 사용하여 오른쪽 그림의 삼각형의 각 변에 있는 ○ 안의 수의 합이 10이 되도록 하려고 한다. ○ 안에 알맞은 숫자를 써넣어라.

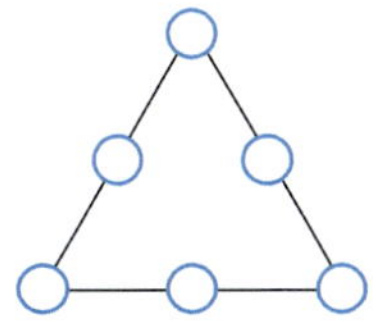

[풀이] 1) 만약 한 꼭짓점에 2가 놓인다면, 나머지 다섯 개의 수 1, 3, 4, 5, 6 중에서 합이 8이 되는 쌍을 발견하여 세 수의 합이 10이 되도록 하여야 한다. 그러나, 나머지 수 중에서 두 수의 합이 8인 경우는 3+5=8뿐이다. 그러므로 2는 꼭짓점에 놓을 수 없다. 만약 한 꼭짓점에 1이 놓인다면 나머지 다섯 개의 수 2, 3, 4, 5, 6 중에서 두 수의 합이 9가 되는 쌍을 발견할 수 있어야 한다. 나머지 중에서 두 수의 합이 9인 경우는 3+6=9, 4+5=0이다. 그러므로 세 꼭짓점에는 1, 3, 5를 배치하고 1+6+3=10, 1+4+5=10, 3+2+5=10을 통하여 ○ 안에 수를 넣을 수 있다.

2) 세 꼭짓점에 1, 2, 3을 배치한다면, 1과 2 사이에는 나머지 수 중에서 가장 큰 수를 놓는다 하더라도 합이 10이 될 수 없다(1+2+6=9). 세 꼭짓점에 1, 2, 4 또는 1, 2, 5 또는 1, 2, 6 등으로 수를 증가시키면서 추측과 점검을 할 수 있다.

13.4.7 실험해 보기

기하학적인 형태나 공간적 관계를 포함한 문제를 해결할 때에는 구체적인 사물을 이용하여 조작하는 실험을 해 봄으로써 문제를 해결하는 데 도움을 얻을 수 있다. 예를 들어, 다음과 같은 문제의 해결에 도움이 된다.

[문제] 아래의 왼쪽 그림과 같이 10원짜리 동전이 10개 놓여 있다. 이 중 3개의 동전을 움직여서 오른쪽 그림과 같이 만들어 보아라.

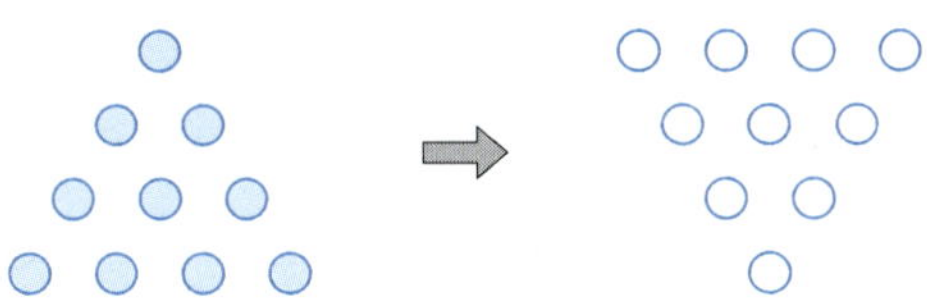

[문제] 아래의 그림에서 성냥개비 3개를 빼내어 다른 성냥개비 옆으로 옮겨서, 12개의 성냥개비를 모두 사용하여 크기가 같은 3개의 정사각형으로 만드시오.

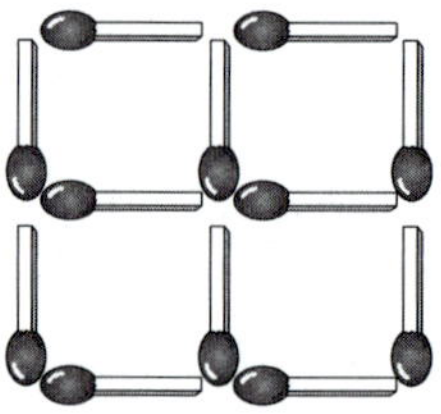

[풀이]

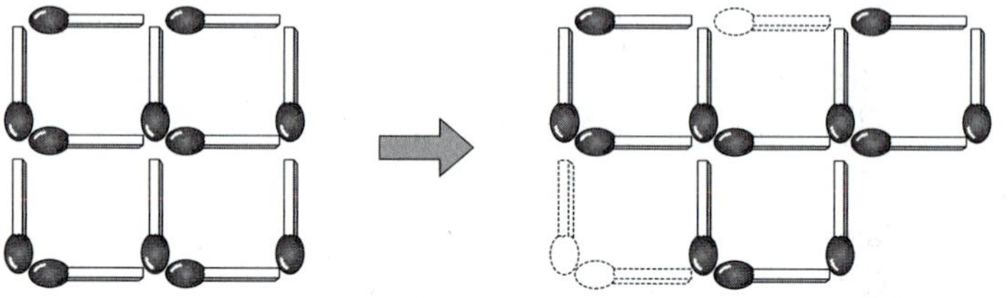

13.4.8 실제로 해 보기

문제 해결에 필요한 절차나 문제 장면을 시각화하기 어려운 경우 문제 장면을 실제로 실행해 보는 것은 문제 해결에 유용하다. 문제 장면의 대상들을 직접 사용하거나 대상들을 다른 것으로 바꾸어 실행해 봄으로써 직접 답을 얻거나 다른 전략의 발견을 유도할 수 있다. 이러한 방법은 예를 들어, 구체적인 수치를 대입함으로써 일반적인 경우를 유추할 수 있기 때문에 추상적인 문제를 구체화시켜 풀어야 하는 초등학생들에게 효과적이다. 예를 들어, 다음과 같은 문제의 해결에 도움이 된다.

[문제] 32명의 학생들이 한 줄로 서서 1번부터 차례로 번호를 붙이면서 짝수 번호는 앉힌다. 서 있는 학생들에게 다시 1번부터 번호를 붙여 짝수 번호인 학생을 앉혔을 때, 아직도 서 있는 학생들은 몇 명인가?

[문제] 큰 정육면체의 가로를 2등분, 세로를 3등분, 높이를 4등분하여 24개의 작은 직육면체를 만들었다. 작은 직육면체 24개의 겉넓이의 합은 큰 정육면체의 겉넓이의 몇 배가 되는가?

[풀이] 큰 정육면체 한 변의 길이를 12라고 하면, 작은 직육면체의 가로는 6, 세로는 4, 높이는 3이 된다. 따라서 작은 직육면체 하나의 겉넓이는 108이 되고, 이러한 직육면체 24개의 겉넓이의 합 2592는 큰 정육면체의 겉넓이 $6 \times 12^2 = 864$의 3배이다.

[문제] [하노이의 탑] 3개의 막대가 세워져 있고, 한 막대에는 크기가 서로 다른 3개의 원반이 큰 순서대로 꽂혀 있다. 이 3개의 원반을 한 원반씩만 옮겨 다른 막대로 옮겨서, 3개의 원반이 큰 순서대로 다른 막대에 꽂히도록 하려고 한다. 이때, 큰 원반이 작은 원반 위에 놓여서는 안 된다. 원반을 옮기는 데 필요한 최소한의 이동 수는 모두 몇 번인가?

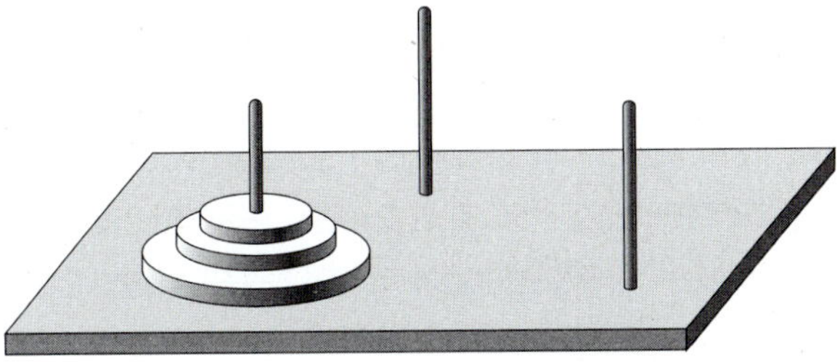

[풀이] 세 개의 기둥을 각각 1, 2, 3이라고 하고, 원반을 작은 것부터 가, 나, 다라고 이름을 붙이고, 기둥 1의 원반 가, 나, 다를 다른 곳에 옮기는 것이라고 볼 수 있다.

1. 원반 가를 기둥 1로 옮긴다.
2. 원반 나를 기둥 3으로 옮긴다.
3. 원반 가를 기둥 3의 원반 나 위로 옮긴다.
4. 원반 나를 기둥 2로 옮긴다.
5. 원반 가를 기둥 1로 옮긴다.
6. 원반 나를 기둥 2의 원반 다 위로 옮긴다.
7. 원반 가를 기둥 2의 원반 가 위로 옮긴다.

13.4.9 거꾸로 풀기

어떤 수학적 절차의 결과나 답을 이미 알고 있는 상태에서, 주어진 문제의 최초 조건을 구해야 하는 경우의 문제 해결 과정에 유용하게 사용된다. 예를 들어, 다음과 같은 문제의 해결에 도움이 된다.

[문제] 다음에서 처음 수를 구하여라.

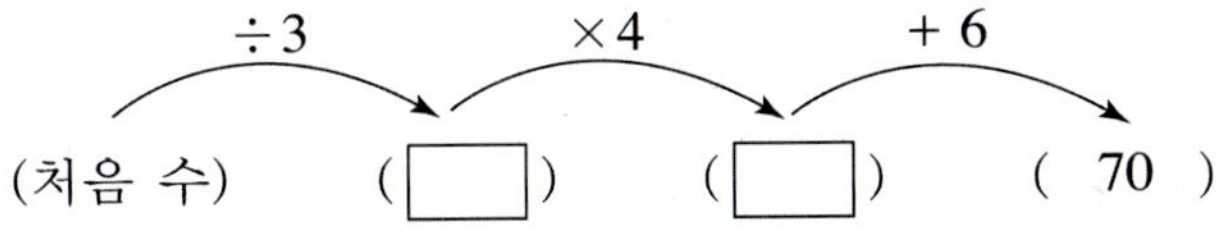

[문제] 진규와 하림이가 가지고 있는 돈을 더하면 3000원이다. 하림이가 자기 돈의 $\frac{1}{4}$을 진규에게 주고, 진규가 처음에 가지고 있던 돈과 받은 돈을 합한 것의 $\frac{1}{6}$을 하림이에게 주면 두 사람 모두 1500원씩 갖게 된다. 진규가 처음에 가지고 있던 돈은 얼마인가?

[문제] 한 도둑이 부자의 저택에서 금화가 가득 들어 있는 부대를 훔쳤는데, 저택에는 2개의 문이 있어서 각각 문지기가 서 있었다. 당황한 도둑이 첫째 문에 왔을 때 문지기가 물었다. "무엇을 가지고 가느냐? 나에게 반을 주면 용서해 주겠다." 떨고 있던 도둑은 금화의 절반을 주었다. 그러자 문지기는 도둑을 동정해서 100플로린을 주었다. 둘째 문에서도 문지기가 금화의 절반을 요구했으며, 동정심으로 50플로린을 도둑에게 주었다. 도둑이 저택에서 빠져나왔을 때 부대에는 200플로린이 남아 있었다. 도둑이 처음에 훔친 금화는 얼마인가?

[문제] 의환이는 자신의 구슬 중 10개를 성환이에게 주고, 누나에게 8개를 얻었다. 그런 다음, 가지고 있는 구슬의 $\frac{1}{3}$을 동생에게 주었더니 20개가 남았다. 의환이가 처음에 가지고 있던 구슬의 개수는 몇 개인지 알아보시오.

[풀이] 동생에게 $\frac{1}{3}$을 주고 남은 것이 20개이므로 20은 $\frac{2}{3}$에 해당하는 수이다. 따라서 동생에게 나누어 주기 전에 구슬 30개를 가지고 있다. 그리고 누나에게 8개를 받고 나서 30개가 된 것이므로 누나에게 구슬을 받기 전에 22개이다. 또, 성환이에게 10개를 주고 나서 22개가 된 것이므로 성환이에게 구슬을 주기 전에 32개를 가지고 있었다. 따라서 처음에 가지고 있던 구슬은 32개이다.

13.4.10 식 세우기

어떤 문제들은 방정식이나 부등식을 만들어 풀어 봄으로써 문제를 보다 쉽게 해결할 수 있다. 예를 들어, 다음과 같은 문제의 해결에 도움이 된다.

[문제] 어떤 수를 3배한 것이 어떤 수보다 16 큰 수와 같을 때 어떤 수는 얼마인가?

[문제] 주스가 들어 있는 병의 무게를 달아 보니 550g이었다. 병 안의 주스를 반을 마신 후 무게를 달아보니 310g이었다. 병의 무게를 구하시오.

[풀이] 주스가 들어 있는 병의 무게는 주스와 병의 무게를 더한 것이다. 식을 만들어 보면

(주스의 무게)+(병의 무게)=(주스가 들어 있는 병의 무게),

즉 $(550-310)\times2+\square=550$이다. 주스의 반은 550g에서 310g을 빼면 240g이므로 주스의 무게는 480g이다. 주스가 들어 있는 병의 무게 550g에서 480g을 빼면 병의 무게 70g이 나온다. 따라서 병의 무게는 70g이다.

13.4.11 논리적으로 추론하기

논리적인 추론의 과정을 통하여 결론에 도달하는 사고 전략으로서, 가능성이 있는 모든 해법에 대해 점검해 보고 불가능한 해법을 제거해 가면서 가능한 하나의 해법에 이를 때까지 한 단계씩 차례로 고찰해 가는 것도 하나의 방법이다. 예를 들어, 다음과 같은 문제의 해결에 도움이 된다.

[문제] 사과 3개와 배 2개의 값은 합해서 3500원이고, 사과 2개와 배 3개의 값은 합해서 4500원이라고 한다. 사과 1개와 배 1개의 값은 합해서 얼마인가?

[문제] 6개의 점이 정삼각형 모양으로 그려져 있습니다. 6개의 점을 2개씩 지나는 직선의 수를 구하시오.

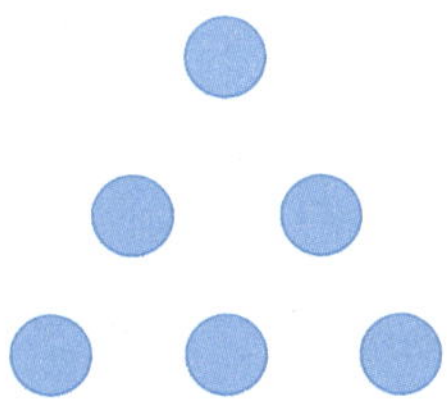

[풀이] 그림과 같이 각각의 점에 번호를 붙이고 각각의 점을 지나는 직선을 모두 그린다.

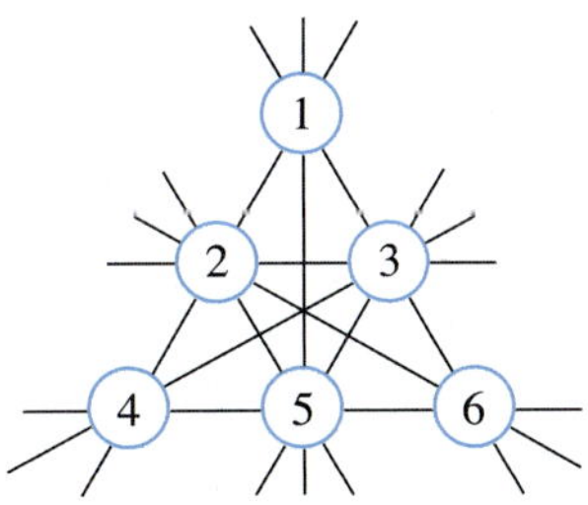

하나의 직선을 만들기 위해서는 2개의 점이 필요하므로, 2개의 점이 되는 경우를 쓰고, 겹쳐지는 경우는 /로 지운다.

(①, ②) (①, ③) ~~(①, ④)~~ (①, ⑤) ~~(①, ⑥)~~
~~(②, ①)~~ (②, ③) ~~(②, ④)~~ (②, ⑤) (②, ⑥)
~~(③, ①)~~ ~~(③, ②)~~ (③, ④) (③, ⑤) (③, ⑥)
~~(④, ①)~~ ~~(④, ②)~~ ~~(④, ③)~~ (④, ⑤) ~~(④, ⑥)~~
~~(⑤, ①)~~ ~~(⑤, ②)~~ ~~(⑤, ③)~~ ~~(⑤, ④)~~ ~~(⑤, ⑥)~~
~~(⑥, ①)~~ ~~(⑥, ②)~~ ~~(⑥, ③)~~ ~~(⑥, ④)~~ ~~(⑥, ⑤)~~

위와 같이 직선이 겹쳐지는 경우를 빼면 6개의 점을 2개씩 지나는 직선은 9

개이다.

[문제] TV 스튜디오에 유명인 네 사람이 들어왔다. 이들은 테니스 선수, 수영 선수, 골프 선수, 바둑 선수이다. 누가 어떤 경기를 하는지 다음 조건에 따라 알아보아라.

· 김 씨는 바둑을 두지 못한다.
· 이 씨와 박 씨는 구기 종목이다.
· 최 씨는 수영을 전혀 하지 못한다.
· 박 씨와 최 씨는 테니스를 하지 않는다.

[풀이] 다음과 같이 표를 만들어 해당 되지 않는 것부터 점검해 본다.

	테니스	골프	바둑	수영
박 씨	×		×	×
이 씨			×	×
최 씨	×			×
김 씨			×	

따라서 바둑을 두는 사람은 최 씨이고, 최 씨는 골프를 하지 않는다. 또 수영 선수는 김 씨이고, 김 씨는 테니스나 골프 선수가 아니다.

	테니스	골프	바둑	수영
박 씨	×		×	×
이 씨			×	×
최 씨	×	×	○	×
김 씨	×	×	×	○

따라서 테니스 선수는 이 씨이고, 박 씨는 골프 선수이다.

	테니스	골프	바둑	수영
박 씨	×	○	×	×
이 씨	○	×	×	×
최 씨	×	×	○	×
김 씨	×	×	×	○

13.4.12 관점을 바꾸어 보기

때에 따라서는 특수한 문제 해결을 위한 시도가 방해를 받든가 실패하는 경우가 있다. 이것은 해에 접근하기 위한 유일한 방법만을 생각하거나 주어진 정보에 대해 부정확한 가정에 집착하는 '사고의 고착화(mental set)'때문에 발생하는 것인데 이 경우는 문제를 다시 읽은 후 기존의 관점을 바꾸어 해결하는 것이 필요하다. 예를 들어 다음과 같은 문제의 해결에 도움이 된다.

[문제] 똑같은 길이의 막대 6개가 있다. 이 막대를 이용하여 4개의 정삼각형을 만들어 보아라. 단, 막대를 자르거나, 구부리거나, 겹쳐서는 안 된다.

[문제] 다음과 같이 9개의 점이 있습니다. 한붓그리기가 되면서 9개의 점을 모두 지나는 4개의 선분을 그려 보시오.

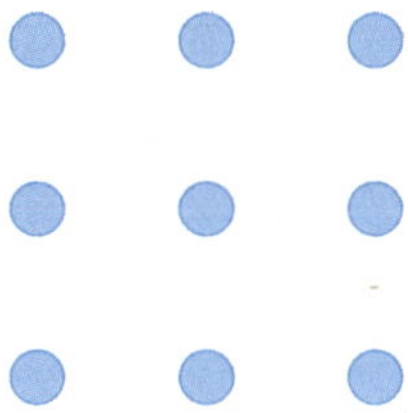

[풀이] 이 문제는 단순해 보이면서도 문제의 조건에 따라 해결하려 하면 쉽게 해결되지 않는 문제이다.

문제에서 구하려고 하는 것은 한붓그리기가 되면서 9개의 점을 모두 지나는 4개의 선분을 그리는 것이다.

일반적인 관점에서는 그림과 같이 위치한 9개의 점을 지나는 4개의 선분을 그리기는 불가능하다. 그러나 9개의 점을 지나는 선분을 그린다는 점에 초점을 맞추고, 점이 선분 위에 있는 것이라는 것에 초점을 맞추면 문제 해결의 실마리를 찾을 수 있다.

이렇게 생각하면 선분의 길이는 다를 수 있고, 점을 벗어나서 연장된 선분을 생각해 볼 수 있다. 선분의 길이에 대한 관점을 바꾸면 다음과 같이 9개의 점을 지나면서 한붓그리기가 가능한 4개의 선분을 그릴 수 있다.

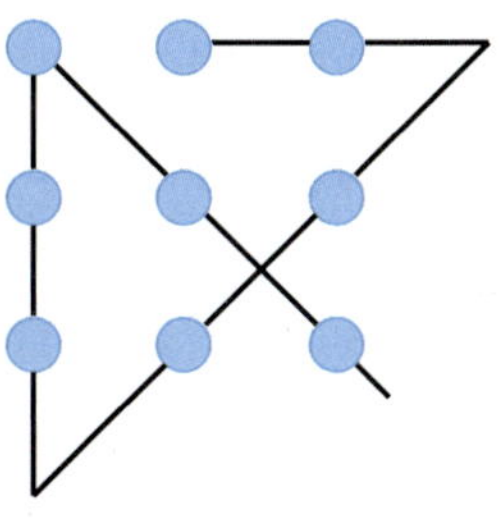

(다른 방법도 가능하다)

렌치너(1983)가 제안한 이러한 문제 해결 전략 외에도, 찰스, 레스터 및 오대퍼 등은 ① 추측, 점검 수정하기, ② 표 만들기, ③ 그림 그리기, ④ 규칙 찾기, ⑤ 문제대로 해 보기, ⑥ 목록 만들기, ⑦ 구체물 이용하기, ⑧ 방정식 세우기, ⑨ 연산 선택하기, ⑩ 추론하기, ⑪ 더 간단한 문제 풀기, ⑫ 거꾸로 풀기 등을 초등학교 학생들의 수학적 문제 해결에 유용한 사고 전략으로 제안하고 있다.

그런가 하면 크룰릭과 루드닉(Krulik & Rudnick, 1989)은 문제 해결에 유용한 사고 과정과 그에 따른 사고 전략, 그리고 유용한 발문과 권고 등을 다음과 같은 순서도를 통하여 제시하고 있다.

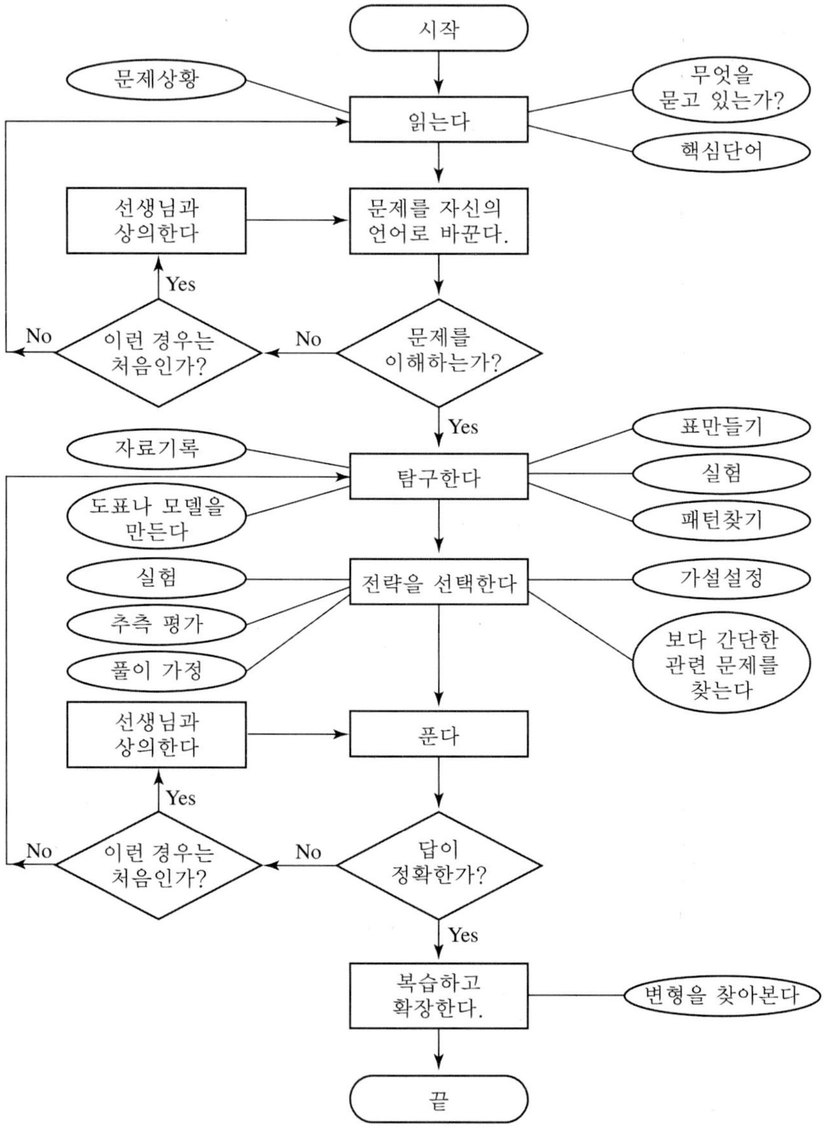

13.5 문제의 유형

문제의 유형을 분류해 보는 것은 적절한 문제 해결 전략을 선택하는 데 도움을 줄 수 있다. 문제의 유형을 분류하는 가장 간단한 기준은 문제의 정보 구조에 따른 분류이다. 이 분류에 따르면 문제는 구조가 분명한 문제와 구조가 분명하지 않은 문제의 두 유형으로 구분된다. 이들 문제 유형의 대표적인 예는 다음과 같다.

[구조가 분명한 문제의 예]

다음 그림과 같이 세 개의 막대가 세워져 있고, 한 막대에는 크기가 서로 다른 4개의 원반이 큰 순서대로 꽂혀 있다. 이 4개의 원반을 한 원반씩 다른 막대에 꽂아 옮겨서 4개의 원반이 큰 순서대로 다른 막대에 꽂히도록 하여라. 단, 옮기는 과정에서 큰 원반이 작은 원반 위에 놓이면 안 된다.

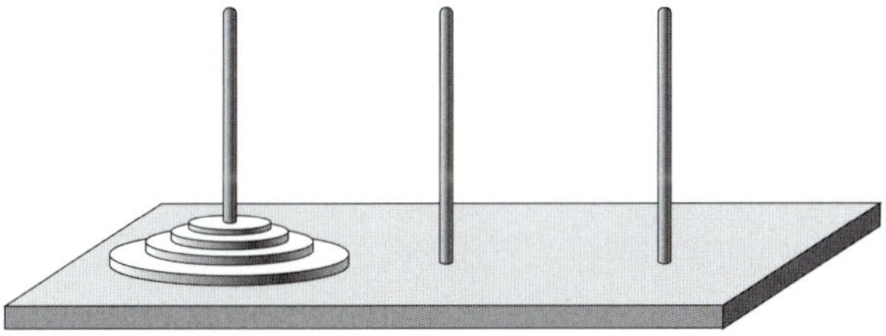

하노이의 탑 Hanoi Tower

[구조가 분명하지 않은 문제의 예]

방의 천정 두 곳에 각각 줄이 매달려 있다. 이들 줄의 길이는 서로 이어 매기에는 충분하지만, 한 줄을 손에 잡고 다른 줄을 잡으러 가기에는 각 줄의 길이가 짧다. 방에 있는 도구는 가위뿐이다. 이 두 줄을 이어 매는 방법은 무엇인가?

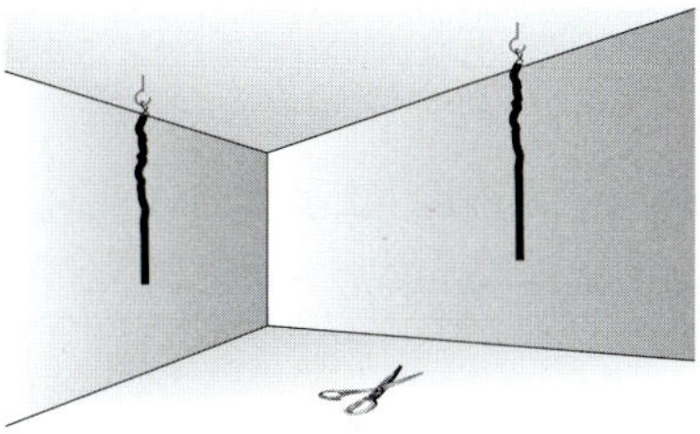

(마이어(Meier)의 두 줄 문제)

그리노(Greeno)는 문제의 유형을 ① 구조 유도 문제, ② 변환 문제, ③ 배열 문제 등으로 분류하였다.

구조 유도(귀납적) 문제란 몇 개의 단서를 제공하고 그 안에 포함된 법칙이나 유형을 발견하는 문제로서, 예를 들어 언어 유추 문제, 관계 탐색 문제, 수열 완성 문제 등이 있다.

변환 문제는 목표에 맞게 상황을 주어진 조건에 따라 변형하는 조작 단계를 찾아내는 문제로서, 예를 들면 하노이 탑 문제와 같은 것이 있다.

배열 문제는 주어진 기준에 맞게 구성 요인들을 다시 배치하는 문제로서, 예를 들면 그림 조각 맞추기, 낱말 순서 맞추기, 문자 산수(crypt-arithmetic) 등의 문제가 있다. 문자 산수란 다음과 같은 것이다.

[문자 산수 문제의 예]

DONALD + GERALD=ROBERT에서 각 문자는 0에서 9까지의 어느 한 숫자를 나타내고, 서로 다른 문자는 서로 다른 숫자를 의미한다. 각 문자가 나타내는 숫자를 알아내어라.

찰스와 레스터(Charles & Lester)는 초등학교 수준의 수학 문제들을

① 드릴 문제,
② 단순 적용 문제,
③ 복합 적용 문제,
④ 과정 문제,
⑤ 응용 문제,
⑥ 퍼즐 문제

등으로 분류하였다. 한국교육개발원의 연구 보고서에서는 초등학교 수학 문제를

① 정형 문제,
② 비정형 문제,
③ 실생활 문제

등으로 분류한 바 있다. 찰스, 레스터 및 오대퍼(Charles, Lester & O'Daffer)는 문제 해결 전략을 사용하는 정도에 따라,

① 일단계 문제,
② 다단계 문제,
③ 과정 문제,

④ 응용 문제

등으로 분류하였는데, 이러한 분류에 따른 문제의 예는 다음과 같다.

[일단계 문제]

일단계 문제는 이야기 상황을 사칙 연산에 관한 수식으로 바꾸는 경험을 제공한다. 이것은 잘 알려진 '이야기 문제'이고, 언제나 학교 수학 프로그램의 일부분이다. 일단계 문제를 푸는 주 전략은 연산 선택하기이다.

예(2학년용) : 2학년 학생들의 판매량은 75 상자입니다. 1학년 학생들의 판매량은 56 상자입니다. 2학년 학생들은 1학년 학생들보다 몇 상자 더 많이 팔았을까요?

풀이 : 해결 전략의 예 : 바른 연산 택하기

$$75-56=19$$

1학년 학생은 2학년 학생 보다 19 상자 더 적게 팔았습니다.

[다단계 문제]

일단계와 다단계 문제의 차이는 답을 구하는 데 필요한 연산의 수이다. 다단계 문제를 푸는 주 전략도 연산 선택하기이다.

예(4학년용) : 캐리는 매주 35 시간씩 텔레비전을 보아도 좋다는 허락을 받았다. 그녀가 주말에 텔레비전을 20 시간 본다면 평일에는 하루 평균 몇 시간 텔레비전을 볼 수 있는가?

풀이 : 해결 전략의 예 : 바른 연산 선택하기

$$35-20=15 \qquad 15\div5=3$$

캐리는 평일에는 하루 평균 3시간 텔레비전을 볼 수 있다.

[과정 문제]

과정 문제를 풀 때는, 추측－점검－수정, 그림 그리기, 표 만들기, 규칙 찾기, 거꾸로 풀기, 단순화하여 풀기, 목록 만들기와 같은 전략을 사용하여야 한다. 계산도 약간 포함되지만 단순히 연산을 선택하는 것만으로는 풀 수 없다.

예(6학년용) : 테니스 리그에 6 명이 참가했다. 각 선수는 다른 선수와 각각 한 번씩 경기를 한다. 모두 몇 경기가 치러질까?

풀이 : 해결 전략의 예 : 목록 만들기, 규칙 찾기

A	B	C	D	E	F
B	C	D	E	F	
C	D	E	F		
D	E	F			
E	F				
F					
5 +	4 +	3 +	2 +	1 +	0 = 15

모두 15 경기가 치러진다.

[응용 문제]

응용 문제를 (때로 상황 문제라고도 한다) 해결하려면 문제 해결자는 문제에 진술되지 않은 정보도 모아야 한다. 많은 응용문제들은 학생들로 하여금 문제와 하위 문제를 명확한 문장으로 나타낼 것을 요구하고, 답을 구하는 데 필요한 정보가 무엇인지, 가정이 필요한지 확인하게 한다.

예(3학년용) : 친구 한 명과 함께 냉차 행상을 운영하기로 했다. 냉차 한 잔의 값을 얼마로 해야 할지를 결정해야 한다.

토의문제

1. 알고리즘(algorithm)적 사고는 문제 해결의 전략적 사고에 어떻게 도움이 되는가?
2. 개념 지도, 기능 훈련과 문제 해결 학습은 어떻게 조화를 이룰 수 있는가?

읽을거리

- 교육부 (1994). 국민학교 교육과정 해설 (I) : - 총론, 국어, 수학 -. 서울:대한교과서 주식회사.
- 구광조, 오병승, 류희찬 (공역) (1992). 수학 교육과정과 평가의 새로운 방향. 서울: 경문사.
- 한국교육개발원 (1985). 수학과 문제 해결력 신장을 위한 수업 방법 개선 연구. 한국교육개발원 연구 보고 RR85-9.
- G. 폴리아 (저), 우정호 (역) (1986). 어떻게 문제를 풀 것인가? - 수학적 사고 방법. 서울: 천재교육.
- 랜달 찰스 외 2인(저), 강완 외 2인(역) (1997). 문제 해결 과정의 평가 기법. 서울: 동명사.
- Lenchner, G. (1983). *Creative Problem Solving in School Mathematics*. Boston: Houghton Mifflin.
- Krulik, S., & Rudnick, J. A. (1989). *Problem Solving*. New York: Allyn and Bacon.

제 14 장

수학과 평가

수학과 평가는 수학 교수 학습 과정의 일부로서, 학생이 무엇을 학습했는가를 평가하고 동시에 무엇을 학습해야 하는가를 나타낸다. 평가는 학생의 입장에서 수학 학습에 대한 이해와 반성의 계기를 주며, 교사의 입장에서 자신의 수업과 학생의 성장을 이해하고 교수를 결정하는 데 있어서 주요한 자원이 된다. 또한 평가의 결과들은 수학 수업은 물론 수학교육과 관련된 내적인 또는 외적인 의사결정에서 중요한 자료로 활용된다. 본 장에서는 수학과 평가를 보는 관점과 그 변화를 살펴보고, 수학과 평가의 핵심적인 부분인 학생의 학습 평가를 중심으로 평가 내용, 평가 방법, 평가 도구에 대하여 알아보기로 한다.

14.1 수학과 평가의 의의

14.1.1 수학과 평가를 보는 관점

평가의 주요한 관심사는 학생의 학습 결과 또는 능력을 측정하고 그에 따라 학생 간의 위치를 표시하는 것에 있었다. 평가 결과가 학생의 성취를 상대적으로 배치하는 데에 주로 활용되어 왔기 때문에, 평가는 주로 시험(testing)을 뜻하는 것으로서 시험이나 검사와 거의 동의어로 사용되어 왔다. 그러나 최근에 논의되는 수학과 평가는 시험 이상의 것이다. 제한적인 평가 정보에 의한 성적이나 등수는 학생의 수학 학습 과정의 특정 부분을 말할 뿐이며, 수학과의 주요한 정보들을 놓치거나 밝혀주지 못하였다.

이와 같은 관점에서 최근 수학과 평가를 말할 때 'testing'이 아니라 'evaluation'이나 'assessment' 라는 용어를 사용한다.[1] 시험이라는 것은 주로 정확하고 엄밀한 측정을 강조하며 양적 수치화에 관심을 가져왔다면, 최근 평가의 관점에서 보면 평가는 단지 어떤 능력을 측정하여 자료를 수집하는 절차가 아니라, 평가 목표나 평가 내용에 따르는 타당한 증거를 수집해야 하고 수집한 증거를 기초로 가치를 정하는 과정이다. '평가(evaluation)는 주의 깊은 관찰과 판단을 기초로 어떤 것의

1) 평가라는 용어로 통칭하여 사용하고 있지만, 평가관의 변화에서 evaluation과 assessment라는 두 용어를 구별하여 사용하기도 한다. NCTM(1995)은 evaluation은 어떤 것에 가치를 결정하는 과정으로서 폭넓은 평가 정보(assessment information)에서 하나를 사용하는 것이라고 말하고, 용어 사용 예로서 student assesment나 program evaluation을 들고 있다. 특히 학생의 학습 평가에서는 총체적인 정보를 수집하여 평가하고 활용하여야 한다는 점에서 assesment라고 사용한다.

가치를 정하거나 그 중요성을 정하는 과정(NCTM, 1995, p. 88)'이며, 평가 목적과 평가 내용에 따르는 타당성을 강조하고 가치 비교 과정이라는 점에 주목한다.

또한 '평가(assesment)는 학생들의 수학적 지식, 활용 능력, 성향 등에 대한 정보를 수집하고, 다양한 목적에 따라 그 정보에 의하여 추론하는 과정(NCTM, 1995, p. 87)'이며, 평가에 있어서 종합적인 정보의 수집과 그에 따른 판단이 필요하다는 점을 강조한다. 특히 학생의 평가는 여러 증거를 총체적으로 수집하여 의사결정을 내리는 과정으로서 평가 과정 전체에서 총체적인 정보의 수집과 가치 판단의 중요성을 강조한다.

최근 수학과 평가의 경향은 평가를 수업 과정의 일부로서 보아야 한다는 관점에서, 석차나 등급 정하기라는 제한적인 평가를 탈피하여 평가 내용을 다원화하고 다양한 평가 방법을 추구한다. 단지 지필시험을 통한 성취 결과에 집중하였던 것에서 벗어나서 학생의 총체적인 정보를 근거로 수학과 교육과정이나 수업과 관련된 역동적인 과정으로 파악한다. 교사와 학생에게 폭넓은 학습 과정 정보를 제공하여 수업이나 학습을 계속적으로 반성할 수 있는 기회를 제공하며, 수학과 교육과정 및 운영과 관리에서 실태를 파악하고 개선하는 데 자원을 제공한다.

수학과 교육과정에 대한 새로운 관점들은 교육 내용이나 교육 방법의 변화를 요구하며, 평가를 실행하면서 준거로 삼아야 할 것에 대해서도 변화를 요구하고 있다. 수학과 평가가 지향해야 할 것으로서 또는 평가를 질적으로 관리하기 위한 것으로서 NCTM(1995)의 《*Assessment Standards for School Mathematics*》는 다음과 같은 여섯 가지의 평가 규준(assesment standards)을 제시하고 있다.

첫째로, 수학 규준(mathematics standard)으로서, 평가는 모든 학생이 알아야 하고 또한 할 수 있는 수학을 반영해야 한다는 것이다. 평가에서 어떤 수학을 반영하고 있는가? 평가는 수학이 의미 있는 것이라고 확신하도록 어떤 노력을 하는가? 가치 있는 수학 활동에 참여하도록 어떻게 평가할 것인가? 알아야 하고 또한 할 수 있는 중요한 수학을 사용하도록 어떻게 평가를 이끌어 가는가? 평가되는 수학 틀 내에서 어떻게 적합하게 평가하는가? 학생의 수학적 지식, 이해, 사고 과정, 성향 등에 대하여 어떤 추론에 의하여 평가할 수 있는가? (NCTM, 1995, p. 12) 등의 수학 규준에 관하여 질문할 수 있다.

둘째로, 학습 규준(learning standard)으로서, 평가는 수학 학습을 향상시켜야 한다는 것이다. 어떤 활동이나 학습 결과가 가치 있는 것인가를 학생과 가장 분명하게 의사소통하는 것은 바로 평가를 통해서이다. 평가가 학생에게 주는 바는 단지 학생의 학습 결과를 말해주는 것이 아니라 학습이 추구하는 바를 드러내며 학습 자체를 지원해야 한다는 점이다. 평가는 모든 학생이 수학 학습하는 데 어떻게 도움이 되는가? 평가는 수업과 어떻게 관련을 맺고 있는가? 학생이 새로운 상황에서 알 수 있고 할 수 있는 것을 보여주도록 어떻게 평가하는가? 학생이 가치 있는 수학 활동 속에서 적절하고 목적적으로 학습하도록 어떻게 평가하는가? 평가는 학생의 이해, 흥미, 경험을 어떻게 기초로 하고 있는가? 평가는 활동의 선정, 수행 준거의 적용, 자료의 활용 등의 과정에 학생들을 어떻게 참여시킬 것인가? 평가는 학생이 스스로 그들의 학습을 평가하고 반성하고 개선할 수 있는 즉, 능동적인 학생이 될 수 있는 기회를 어떻게 제공할 것인가?(NCTM, 1995, p. 14) 등의 학습 규준에 관하여 질문할 수 있다.

셋째로, 평등성 규준(equity standard)으로서, 평가는 평등성을 증진시켜야 한다는 것이다. 평등성을 증진시킨다는 것은 모든 학생이 중요한 수학을 성취하도록 기대하는 것이며 각 학생들의 특성과 경험을 존중한다는 것이다. 평가되는 수학을 모든 학생이 배울 수 있는 기회를 갖는가? 평가는 평가되는 수학에 참여하도록 도와주는 대안적 활동이나 반응 방식을 모든 학생에게 어떻게 제공하는가? 알고 있는 것 또한 할 수 있는 것을 모든 학생이 드러낼 수 있도록 평가를 어떻게 설계하는가? 어떤 평가 관리 조건으로 모든 학생이 알고 있는 것 또한 할 수 있는 것을 드러내도록 하는가? 학생이 최선의 학습을 보여주도록 평가는 어떻게 도와주는가? 평가 결과를 판단하는 데 있어서 학생의 배경이나 경험은 어떻게 고려되는가? 점수 안내가 합리적인 추론과 어떻게 조정되는가? 평가 과정에서 편견을 줄이려고 어떻게 노력해 왔는가? 어떤 평가 정보가 수행에서 차이를 가져오게 하는가?(NCTM, 1995, p. 16) 등의 평등성 규준에 관하여 질문할 수 있다.

넷째로, 개방성 규준(openness standard)으로서, 평가는 열린 과정이어야 한다는 것이다. 평가 정보를 수집하는 과정이나 평가 결과를 활용하는 방식 등을 관련자들이 공유하면서 평가 과정을 계속적으로 보완하고 공동의 이해를 갖게 된다. 교사에게 개방되어야 한다는 것은 평가의 전 과정에서 교사가 능동적인 참여자가 될 것을 요구한다. 학생에게 개방되어야 한다는 것은 평가 문항을 모두 알려준다는 점에서가 아니라 평가 문항의 성격을 밝히고 학생이 자신의 성취를 정확하게 파악하도록 도와주어야 한다는 것이다. 학생은 평가 과정이나 평가 목적, 수행 기준, 평가 결과 등에 어떻게 친숙하게 하는가? 과제 선택, 기준 설정, 결과 해석에 교사와 학생이 어떻게 참여하는가? 평가 과정에 사회는 어떻게 참여하는가? 채점되거나 논의되었던 과제, 득점, 수행 준거, 학생의 활동 사례 등 평가에 영향을 주는 것들에 어떻게 접근할 수 있는가? 수업 평가나 변화를 위하여 평가 과정 자체를 어떻게 개방하고 있는가?(NCTM, 1995, p. 18) 등의 개방성 규준에 관하여 질문할 수 있다.

다섯째로, 추론 규준(inferences standard)으로서, 평가는 수학 학습에 대하여 타당한 추론을 증진시켜야 한다는 것이다. 평가는 폭넓은 정보를 수집하는 과정이며 동시에 평가 목적에 따르는 적절한 정보에 의하여 타당한 결론을 내리는 과정이다. 평가는 학습에 관하여 어떤 정보를 제공하는가? 학습에 관하여 추론하는 데 전문적인 판단이 어떻게 사용되는가? 평가자는 평가가 요구하는 것이나 예기치 못한 반응에 대하여 얼마나 민감한가? 학습에 관하여 추론하는 과정에서 어떻게 편견을 최소화하는가? 점수화 과정에서 학생, 채점자, 활동 간에 일관성을 유지하도록 어떻게 노력하는가? 추론하는 데 다양한 어떤 증거들이 어떤 방법으로 사용되는가? 사용되는 증거가 갖는 가치는 무엇인가? (NCTM, 1995, p. 20) 등의 추론 규준에 관하여 질문할 수 있다.

여섯째로, 일관성 규준(coherence standard)으로서, 평가는 일관된 과정이어야 한다는 것이다. 평가 과정의 단계들이 일관되고, 평가 목적과 합치되어야 하며, 수업이나 교육과정과 일관되어야 한다는 것이다. 평가 과정의 다양한 부분들이 일관된 전체를 형성하는 데 전문적인 판단이 어떻게 사용되는가? 학생은 수업과 평가의 연관성을 어떻게 보는가? 평가 목적과 평가 방법을 어떻게 일관되게 하는가? 평가를 수업이나 교육과정과 어떻게 일관되게 하는가? 교사에게 교육과정이나 교수 실제를 결정하는 데 평가한 실제가 어떻게 정보를 주는가? (NCTM, 1995, p. 22) 등의 일관성에 관하여 질문할 수 있다.

14.1.2 수학과 평가의 변화

수학과 교육과정이나 학생의 수학 학습에 대한 관점의 변화는 수학과 평가에서 강조하는 바의 변화에도 나타난다. NCTM(1989)의 《*Curriculum and Evaluation Standards for School Mathematics*》는 수학과 평가에서 강조되어야 할 측면과 약화되어야 할 측면을 다음과 같이 비교하여 제시하고 있다.

표 14-1 수학과 평가에서 강조점의 변화(NCTM, 1989, p. 191)

강조되는 측면	약화되는 측면
• 학생이 수학에 대하여 알고 있는 것이나 생각하는 방법에 대하여 평가한다.	• 학생이 수학에 대하여 알지 못하는 것에 대하여 평가한다.
• 평가는 수업의 일부로 통합한다.	• 평가는 단지 점수를 주기 위하여 정답의 개수를 세는 것에 불과하다.
• 수학의 폭넓은 영역에 초점을 두고, 수학에 대한 총체적인 관점에서 평가한다.	• 내용과 행동의 이원분류 방식에 의하여 조직된 다수의 특정 기능에 초점을 둔다.
• 수학적 아이디어를 적용해야 하는 문제 상황을 개발한다.	• 한두 가지의 기능을 요구하는 문장제나 연습문제를 사용한다.
• 지필 시험, 구두 시험, 시연 등의 다양한 평가 방법을 사용한다.	• 지필 시험만을 사용한다.
• 평가에 계산기, 컴퓨터, 조작 자료를 사용한다.	• 평가 과정에서 계산기, 컴퓨터, 조작 자료의 사용을 금지한다.
• 수업(program)의 평가는 수업의 결과, 교육과정, 교수에 관한 정보들을 체계적으로 수집하여 평가한다.	• 수업의 평가는 학생의 시험 결과만으로 평가한다.
• 표준화된 성취도 검사는 수업 결과를 나타내는 여러 지표 중의 하나로 사용한다.	• 표준화된 성취도 검사는 수업 결과를 나타내는 유일한 지표로 사용한다.

14.2 수학과 평가의 유형

수학과 평가의 유형은 평가의 시기, 평가의 방법, 평가의 기준 등에 따라서 구분된다. 이러한 여러 유형의 평가들은 평가의 관점이나 목적에 따라 복합적으로 선정되거나 활용된다. 본 절에서는 여러 가지 준거에 따른 유형들을 개관하고, 구체적인 수학과 평가 내용과 평가 방법은 다음 절에서 다루기로 한다.

14.2.1 평가 시기에 따른 유형

수업 과정에서 어느 시기에 평가할 것인가에 따라

① 진단 평가 (diagnostic evaluation)
② 형성 평가 (formative evaluation)
③ 총괄 평가 (summative evaluation)

등으로 나눌 수 있다.

진단 평가는 앞으로 전개될 수업에 대비해서 학생의 학습 수준을 파악함으로써 학생이 현재 가지고 있는 학습상의 문제점을 파악하고 이후 학습 지도 계획을 수립하거나 학습의 전개에 참고하기 위한 자료 수집에 목적이 있다. 진단 평가는 학년 초, 학기 초, 단원 시작 전, 수업 시작 전 등의 시기에 실시하며 차후 학습과 직결되고 필요로 하는 내용을 확인하는 것으로 구성한다.

형성 평가는 일련의 단위 학습 지도 활동에서 학생의 학습 진척 정도를 파악하기 위한 것으로 평가의 결과는 현재 계속되는 수업에 참고 자료로 활용된다. 형성 평가는 학습 지도 계획 속에 이미 포함되어 편성되며, 예기치 못한 결과가 나올 수 있으므로 다양하고 순발력 있게 그 때의 상황에 따라 변환이 가능하여야 한다. 형성 평가는 학생에게 학습 진행 도중에 자신의 학습 상태에 대한 점검 및 반성의 기회를 주며, 교사에게 자신의 교수 활동에 대한 점검 및 계획 수정의 기회를 준다. 형성 평가는 수업 과정 속에서 학생과 교사 모두에게 발전적인 수업을 위한 피드백 기능을 한다.

총괄 평가는 계획하였던 한 단위의 수업이 종료되는 시점에서 학생이 어느 정도의 성취 결과를 내었는지를 최종적으로 판단하는 데 목적이 있다. 학기 말이나 학년 말에 학습 과제를 이수하고 학생의 성취 능력을 종합적으로 평가하여 새롭게 학습하게 될 과제를 공부할 수 있는가를 판정하고 후속 학습을 위한 진단 역할을 한다. 교사에게 총괄 평가 결과는 학습 지도 활동을 점검하는 중요한 수단이 되며, 앞으로의 발전적인 수업 개선을 위한 자료로 활용될 수 있다.

14.2.2 평가 방법에 따른 유형

수학 학습의 평가 방법으로는 지필 형태 방법을 비롯하여 언어적 발표나 토론을 분석하여 평가하거나, 구두 질문에 언어적 답을 하는 면접 평가, 숙제와 같이 부여된 과제의 수행 결과의 평가, 수학 수업에서 보여주는 학습 활동의 관찰을 통한 평가, 미리 준비된 체크리스트에 의한 평가와 같이 다양한 방법이 있을 수 있다.

지필 형태의 방법도 채점 방식에 따라 객관적 평가와 주관적 평가가 있다. 수치화하는 과정에서 채점자의 주관적인 판단에 의한 주관적 평가가 있고, 채점자의 주관이 개입될 가능성이 거의 없는 경우를 객관적 평가가 있다. 학생이 답하는 방식을 어떻게 설정하는가에 따라서 선택형과 서술형으로 분류할 수 있는데, 선택형은 진위형, 배합형, 선다형 등이 있고 서답형으로는 완성형, 단답형, 논문형 등이 있다.

14.2.3 평가 기준에 따른 유형

평가를 위하여 설정한 기준이 갖는 성격에 따라 절대-기준 평가(criterion-referenced test), 상대-기준 평가(norm-referenced test), 개별-기준 평가(domain-referenced test) 등으로 구분된다.

절대-기준 평가는 미리 준비된 기준에 따라 개인적인 성취도 평가가 이루어지는 경우이다. 즉, 예를 들어 20문항의 수학 문제에서 교사가 학생 수준 별로 정해 놓은 문항 수 이상을 맞춘 경우 그 학생은 개인적으로 기준을 통과한 것으로 평가하고 다음 학습 단계로 넘어 갈 수 있음을 의미하며, 정해 놓은 기준에 통과하지 못한 학생의 경우는 통과가 될 때까지 같은 내용의 학습을 반복하게 된다. 절대-기준 평가는 학생에게 개인적인 점수로 평가하기보다는 다음 후속되는 학습으로 들어갈 수 있는지의 여부를 판단하기 위함이다. 따라서 개인별로 차별화된 학습지도의 경우에 절대-기준 평가 방식을 사용한다.

상대-기준 평가는 수학과 평가에 주로 사용되어 온 방식으로 한 집단 내에서 개인별 학생이 상대적으로 성취도가 어느 정도인가를 파악하고 개인별 점수 부과의 목적으로 주로 사용한다. 수학 교과 외에 다른 교과 교육에서도 주로 사용하는 표준화된(standardized) 평가의 경우는 대부분 이 방식에 해당한다. 성취 결과가 정상 분포를 이루어야 한다고 가정하여 집단 내에서 타인과 비교된 위치를 평가한다.

개별-기준 평가는 근래에 와서 관심을 기울이는 평가 방식으로 학생 개인의 주어진 영역에서 독자적인 능력을 평가하는 것으로서 각 학생마다 각 부분에서 보여

주는 수학적 능력의 강점과 약점을 규명하는 평가 방식이다. 외부적으로 설정된 어떤 기준에 의한 평가를 받는 것도 아니고, 또 집단내의 상대적인 기준에 의한 평가도 아닌 자신만의 특정 영역에서의 강점과 약점을 명확히 하여 개별적인 학습에 참고하기 위함이다.

14.3 수학과 평가의 내용

수학과 평가에 대한 변화하는 관점은 개념의 이해 정도를 파악하는 것에 그치지 않는다. 초등학교 수학과 목표로 수학적 지식과 기능, 수학적 추론, 의사소통, 문제해결 능력, 수학에 대한 관심과 흥미, 가치 등의 긍정적 태도 등을 강조하고 있다(교육인적자원부, 2007). 수학과에서 계속적으로 강조되어왔던 목표 또는 새로운 관심사로 떠오르는 목표는 평가에도 반영되어야 하며 또 한편으로 새로운 평가의 내용은 수학과의 새로운 관점을 밝혀주기도 한다. 본 절에서는 수학 학습의 과정에서 추구하는 목표들을 평가하고자 할 때, 세부적으로 무엇에 초점을 두어야 할 것인지 알아보고 그에 따른 예들을 소개하기로 한다. 본 절에서 제시하는 예들은 세부 사항을 살펴보고자 기존의 지필 평가 문항에서 발췌한 것이며, 구체적인 평가 상황에서는 그 맥락이나 방법을 달리하여 다른 내용이나 관점에서 평가할 수 있는 문항들이다.

14.3.1 수학 문제해결의 평가

문제해결의 평가에서는 여러 가지 상황에서 문제를 해결하는 학생의 능력, 태도, 자신감 등에 대하여 발전 정도를 체계적이고 지속적으로 평가한다. 학생의 문제해결을 평가하려면 문제해결 과정 전반에 대한 정보를 필요로 한다. 문제 해결의 평가에서는 다음 사항을 평가하여야 한다.

① 문제 구성하기
② 문제해결에 필요한 자료 선택하기
③ 문제 해결 전략 선택하기

[예 1.1] 문제 구성하기

> 글을 읽은 다음, 문제를 만들고 풀어 보시오.
>
> 분필은 한 통에 10개씩 들어 있습니다. 선생님이 가지고 있는 분필의 수를 조사하였습니다. 노란색 분필은 2통과 4개, 빨간색 분필은 한 통과 8개, 흰색 분필은 4통과 7개였습니다.
>
> (수학책 2-가, 2000, p.70)

(수학 2-가, 2000, p. 70)

문제해결의 평가는 주어진 문제를 풀고 정확한 답을 구하는 능력만이 아니라 문제 자체를 구성하는 능력을 포함한다. 문제 구성을 통하여 사용하는 정보의 양이나 수학적 복잡성의 정도를 평가할 수 있다. [예 1.1]은 주어진 정보를 이용하여 문제를 만드는 문항이다. '분필은 몇 통이 있습니까?'라는 문제는 '노란색, 빨간색, 흰색 분필의 수를 비교하시오.'라는 문제보다 사용하는 정보의 양이 적다. 하지만 문제의 질은 정보의 양이 많다는 것에 달려있지는 않으므로 정보의 질도 평가하여야 한다. 문제를 구성하는 능력은 문제를 접근하는 방식을 보여주며 문제 해결을 평가하는 주요한 단서가 된다.

[예 1.2] 문제 해결에 필요한 자료 선택하기

> 다음은 민규의 일기입니다.
>
> ○월 ○일 날씨 맑음
>
> 학교에서 줄넘기를 했습니다. 나는 62번을 넘었고 내 짝 혜영이는 56번을 넘었습니다. 그리고 내 친구 아림이는 93번을 넘었습니다. 나는 아림이가 매우 부러웠습니다.
>
> 나도 열심히 연습해서 다음에는 아림이보다 줄넘기를 많이 넘어야겠다고 생각했습니다.
>
> '어! 그런데 아림이만큼 줄넘기를 하려면 오늘 내가 넘은 것보다 몇 번을 더 넘어야 할까?'
>
> ● 민규는 줄넘기를 오늘 넘은 것보다 몇 번 더 넘어야 아림이만큼 넘을 수 있습니까?

(수학익힘책 2-가, 2000, p. 93)

[예 1.3] 문제 해결 전략 선택하기

> 6명의 친구가 탁구 경기를 하려고 합니다. 모든 친구와 한 번씩 경기를 해야 한다면, 몇 번의 경기를 해야 합니까?
>
> 7 그림을 그려서 해결하여 보시오.
>
> 8 나뭇가지 그림을 그려서 해결하여 보시오.
>
> 9 식을 만들어서 해결하여 보시오.
>
> 10 규칙을 이용하여 해결하여 보시오.

(수학익힘책 6-나, 2002, p. 144)

문제 해결은 필요한 정보를 확인하고 불필요한 정보는 배제하는 과정으로서 정보의 선택 과정을 평가하여야 한다. [예 1.2]는 문제와 조건을 이해하고 필요한 자료를 선택할 수 있는가를 평가하는 문항이다. 문제 해결에 직접적으로 관련되지 않는 정보를 더하거나 필요한 정보를 제공하지 않음으로써 흔하게 접하던 문제와는 다른 형태의 문제를 제공할 수 있다.

[예 1.3]은 하나의 문항을 여러 가지 문제 해결 전략으로 해결하는 것이다. 하나의 문제를 하나의 특정 전략으로 고정시키지 않으면서 다양한 전략으로 해결할 수 있는가를 평가한다. 6명이 탁구 경기하는 방법은 공식으로 간단히 구할 수도 있지만, 문제해결의 관점에서는 다양한 해결 전략으로 문제에 접근하고 또한 여러 전략들 간의 장점을 활용할 수 있어야 한다. 익숙한 해결 전략으로 문제를 빠르고 정확하게 해결하는 것만이 문제해결의 목적은 아니다. 문제 해결 과정은 적절한 전략을 선택하는 과정이며 주어진 문제의 성격이나 해결자의 강점에 따라 선택할 수 있다. 수학적 해결이 다양함을 알고 새로운 전략으로 접근하는 기회를 제공한다.

14.3.2 의사소통의 평가

수학적 상황을 탐구, 토의, 묘사, 설명함으로써 학생은 자신의 수학적 지식을 발전시키는 데 능동적으로 참여하여야 한다. 이러한 사회적 과정을 함축한 것이 바로 의사소통 활동이다. 의사소통 과정은 자신의 사고를 명확히 하고, 수학적 활동에 참여하게 한다. 따라서 수학을 학습하고 이해하는 데 필수적이다.

수학적으로 의사소통 할 수 있는 능력의 평가는 수학적 개념과 과정에 대한 의미와 수학적으로 표현된 아이디어에 대하여 설명, 이해, 음미하는 데 있어서 능숙한가에 초점을 맞추어야 한다. 이에 대한 평가는 사람 사이의 언어를 통한 의사소통뿐 아니라 다양한 형태의 기술 공학을 사용한 의사소통도 강조되어야 한다. 다른 언어에서와 마찬가지로 수학에서의 의사소통은 아이디어와 관계성을 이해하고 수학적 어휘와 기호 체계 그리고 구조를 표현할 수 있음을 의미한다. 이러한 점에서 수학적 의사소통 활동은 수학을 알고 행하는 활동의 일부가 된다. 수학적 의사소통 능력의 평가는 다음을 포함해야 된다.

① 수학적 아이디어를 말하고, 쓰고, 설명하고, 시각적으로 표현하기
② 지필, 구두, 시각적 표현으로 제시된 수학적 아이디어를 이해하고 해석하기
③ 수학적 어휘, 기호 체계, 구조를 사용하여 아이디어를 표현하고, 그들 사이의 관계성을 기술하고 상황을 모델링하기

[예 2.1] 수학적 아이디어를 말하고, 쓰고, 설명하고, 시각적으로 표현하기

• 수의 배열을 다시 바둑돌로 나타내어 보시오.

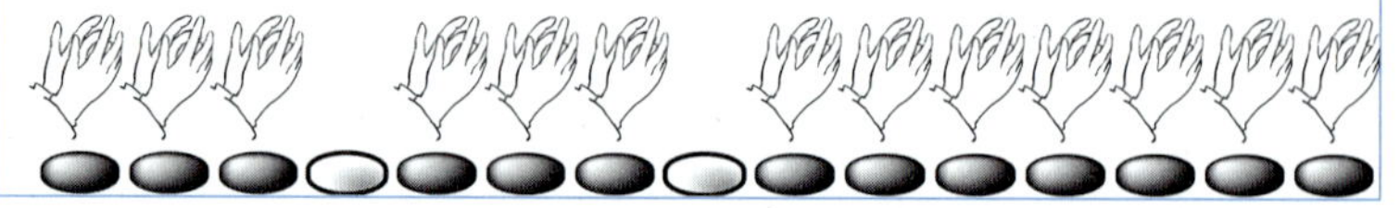

(수학 4-가, 2001, p. 120)

[예 2.2] 지필, 구두, 시각적 표현으로 제시된 수학적 아이디어를 이해하고 해석하기

아래 그래프는 A그룹과 B그룹 학생들을 대상으로 과학 시험을 실시한 후 그 결과를 나타낸 것이다.
A그룹의 평균 점수는 62.0이고, B그룹의 평균 점수는 64.5점이다. 그리고 점수가 50점 이상일 때 학생들은 이 시험을 통과하게 된다.

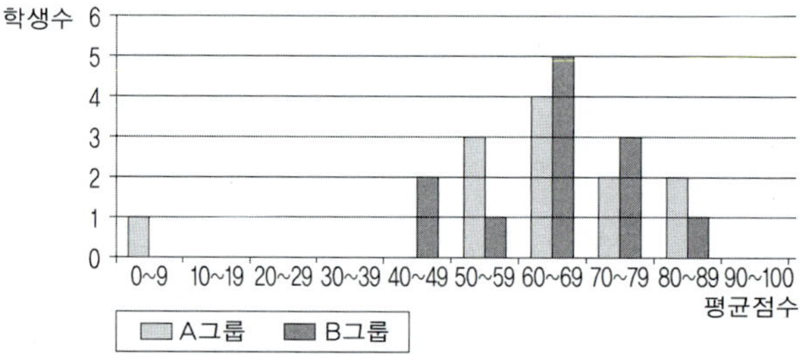

위 그래프를 토대로 선생님은 B그룹이 A그룹보다 더 잘 했고 말씀하신다.
그러나 A그룹 학생들은 선생님의 의견에 동의하지 않는다. 그들은 B그룹 학생들이 반드시 더 잘 한 것은 아니라고 선생님을 설득시키려고 한다.
위 그래프를 이용해서 A그룹 학생들이 제시할 수 있는 수학적 주장을 하나만 쓰시오.

(이미경 외, 2007, p. 151)

수학적 사고를 여러 형태로 표현하고 융통성 있게 사용하는 것은 의사소통에서 중요한 측면이다. [예 2.1]은 수의 배열에 나타난 수의 규칙을 구체물로 표현하는 것으로, 표현의 명확성이나 적합성 등을 평가한다. 수학적 아이디어를 말, 글, 시각적 표현 등으로 나타내는 것은 수학적 아이디어를 남에게 전달하려는 노력이며 동시에 자신의 개념을 풍부하게 하는 과정이다. 수학적 의사소통의 평가에서는 표현의 정확성을 평가하는 것 못지않게 말, 글, 수학적 기호, 시각적 표현 등의 다양한 표현을 사용할 수 있는가를 평가한다.

[예 2.2]는 제시된 여러 가지 자료를 보고 이것을 수학적으로 재설명하는 과정으로 평균이 갖는 한계를 밝히고 그래프에 제시된 다른 정보들을 활용하여 수학적

근거로 주장하는 문제이다. 여러 가지 형태로 제시된 수학적 아이디어를 이해하고 해석할 수 있는가를 평가하는 것으로, 그래프에 나타난 점수 분포 자료를 충실하게 활용하여 평균보다 매우 낮은 값이 주는 영향을 지적할 수 있는가를 평가한다. 제시된 여러 자료들이 갖는 장단점을 얼마나 잘 해석하여 수학적 주장의 근거로 사용하는가를 평가할 수 있다.

14.3.3 수학적 추론 능력의 평가

추론 활동은 수학 활동에 필수적이지만 구두, 지필 등의 방법으로 이루어진 답에서는 관찰되기가 쉽지 않다. 학생은 자신이 알거나 다루어 본 예들을 근거로 가설을 세우고, 참인 것으로 알고 있는 것을 근거로 하여 논증을 전개해 나간다. 특히 초등학생들에게는 직관적이고 비형식적인 추론의 기회가 주어져야 하고, 학생들의 추론 능력에 대한 평가도 이러한 과정에서 이루어져야 한다. 추론 능력의 평가는 다음과 같은 다양한 유형의 평가가 이루어져야 한다.

① 규칙성을 인식하고, 그에 따른 가설 설정 과정에 귀납적 추론 사용하기
② 수학적 명제에 대한 개연적 논증 전개를 위한 추론 사용하기
③ 다양한 추론을 사용하여 문제를 해결하기
④ 결론을 내리고, 타당한 논증을 구성하는 데 연역 추론 사용하기
⑤ 주어진 상황을 분석하여 공통 성질과 구조를 결정하기
⑥ 수학의 공리적 성질 이해하기

[예 3.1] 다양한 추론을 사용하여 문제 해결하기

직육면체의 꼭지점을 이어 아래와 같이 선분을 그렸습니다. 이 직육면체의 전개도에 이들 선분을 알맞게 그려 넣으시오.

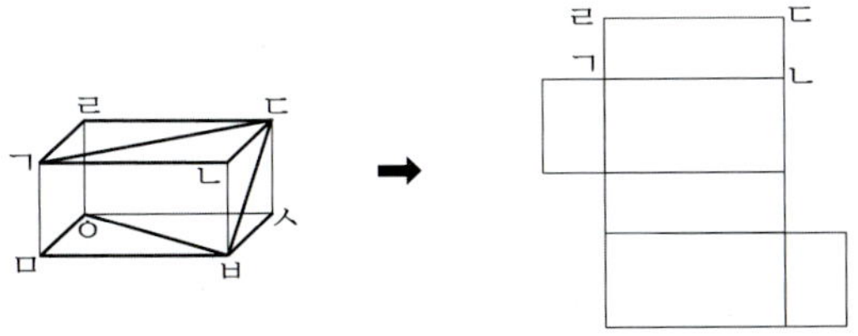

(수학 5-가, 2002, p. 72)

수학적 추론 평가에서는 연역적 추론 능력만이 아니라, 귀납적 추론, 비례 추론, 공간 추론, 유추 등의 다양한 추론 능력에 대한 평가가 이루어져야 한다. [예 3.1]은 직육면체와 그 전개도의 관계를 이해하고 입체 도형의 선분을 평면 전개도 상의 선분으로 표시하는 문항이다. 공간 추론을 필요로 하는 과제로서 입체 도형을 평면에 표현할 것을 요구한다. 공간 추론은 입체도형의 꼭짓점, 변, 면 등의 구성 요소를 파악하는 것에 그치지 않고 요소간의 관계를 공간에서 추론할 수 있는가를 평가한다.

[예 3.2] 주어진 상황을 분석하여 공통 성질을 결정하기

학생들은 환경에 관한 숙제를 하기 위해 사람들이 버리는 여러 종류의 폐기물이 분해되는 데 걸리는 시간에 대한 정보를 수집하였다.

폐기물 유형	분해 시간
바나나 껍질	1~3년
오렌지 껍질	1~3년
종이 상자	0.5년
껌	20~30년
신문	몇 일
일회용 플라스틱컵	100년 이상

어떤 학생이 위 결과를 막대 그래프로 나타내려고 한다.
막대 그래프가 이러한 자료를 나타내는 데 적합하지 않은 이유를 한 가지 제시하시오.

(이미경 외, 2007, p. 145)

[예 3.2]는 주어진 자료에서 막대그래프로 나타내는 데에 적합한 공통적 성질을 추론하는 것이다. 그래프는 자료를 정리하는 하나의 방식으로서, 특정 그래프를 그린다는 것은 단지 특정한 방식으로 정확하고 보기 좋게 그리는 것이 목적이 아니라 주어진 자료를 목적에 따라 정리하는 것이며 정리 목적에 적합한 그래프인지를 결정하여야 한다. 막대그래프로 정리하려면 주어진 자료의 양이나 분산이 적절해야 한다. 문항에 제시된 분해 시간이 막대그래프로 나타내기에 적절한지 자료의 양이나 분산은 적절한지 주어진 상황을 분석하여 추론하여야 한다. 추론의 평가는 추론의 과정에서 상황을 수학적으로 분석하여 공통 성질이나 구조를 타당한 근거로 제시할 수 있는가를 평가한다.

14.3.4 수학적 개념 이해의 평가

개념은 수학적 지식의 본질이 되므로 해당 개념이나 그 개념의 의미나 해석을 이해할 때 수학을 의미 있게 구성할 수 있다. 학생의 수학적 지식의 평가는 수학적 개념을 파악하고 있는지를 평가하는 것으로 이루어져야 된다. 수학적 지식의 이해는 단순히 정의를 떠올리거나 평범한 예제를 인식하는 것 이상의 것으로 다양한 능력을 포함한다. 개념의 이해에 대한 평가에서도 개념의 이러한 측면들이 강조되어야 한다. 평가를 위한 과제는 예와 반례를 선택하는 데 있어서 적절한 개념 또는 부적절한 개념의 속성을 구별할 줄 아는 능력과, 개념을 다양하게 표현하는 능력, 그들의 다양한 의미를 인식하는 능력에 초점이 맞추어져야 한다. 주어진 개념을 새로운 상황에 적용하도록 하는 과제는 개념의 이해에 관한 유력한 증거를 제공하고, 학생의 오개념을 알아내기 위한 과제는 해당 수업을 계획하고 수정하는 데 유용한 정보를 제공해 준다. 학생의 수학적 개념에 대한 이해의 평가는 다음 사항을 포함해야 한다.

① 개념을 정리하고, 말로써 표현하고, 분류하기
② 적당한 예와 반례를 확인하고 만들기
③ 개념의 표현을 위해 기호, 도식, 모델 이용하기
④ 한 가지 표현 방식을 다른 표현 방식으로 번안하기
⑤ 개념의 다양한 의미나 해석을 인식하기
⑥ 주어진 개념의 성질을 밝히고, 특정 개념을 결정짓는 조건을 인식하기
⑦ 여러 개념을 비교, 대비시키기

[예 4.1] 적당한 예와 반례를 확인하기

22. 경희와 미영이가 어떤 도형에 관하여 나눈 대화입니다.

> 경희 : 어떤 도형이 네 변을 가지고 있다면 그건 직사각형이야.
> 미영 : 반드시 그런 것은 아니야. 이 도형을 보면 알 수 있어.

미영이가 보여준 도형은 다음 중 어느 것입니까?

① 원　② 삼각형　③ 정사각형
④ 직사각형　⑤ 사다리꼴

(고정화 외, 2007, p. 51)

[예 4.1]은 대화에 나타난 명제가 참이 아니라는 반례를 제시할 수 있는가를 묻는 문항으로, 네 변을 가지고 있지만 직사각형이 아닌 것을 찾는 것이다. 사각형의 포함관계를 이해하고 정사각형, 직사각형, 사다리꼴의 관계에서 직사각형이 아닌 사각형을 찾아야 한다. 수학적 개념에 적절한 예와 반례를 만들 수 있는가는 낱낱의 개념에 대한 것만이 아니라 개념 간의 관계에 대한 이해를 요구한다.

[예 4.2] 개념을 표현하기 위해 기호, 도식, 모델 이용하기

$\frac{2}{5}$와 $\frac{4}{10}$가 같음을 보여주는 그림은?

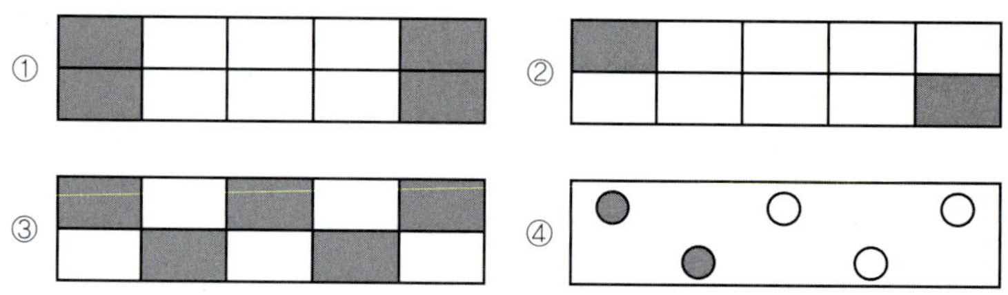

(박정 외, 2001, p. 16)

다음 중 점 P에 대응하는 수에 가장 가까운 수는?

① 1.1
② 1.2
③ 1.4
④ 1.5

(박정 외, 2001, p. 19)

수학적 개념의 평가에는 하나의 개념을 여러 가지 방법으로 표현하거나, 하나의 표현을 다른 표현으로 번안할 수 있는가를 포함한다. [예 4.2]는 동치분수를 여러 가지 그림으로 표현한 것으로 동치분수를 동시에 나타낼 수 있는 그림을 찾는 것이다. 또 하나는 수직선상에 표시된 1과 2 사이의 점의 위치를 소수로 나타낼 수 있는가를 묻는 것으로, 수직선 모델과 소수를 관련짓는 문항이다. 동치분수나 소수를 여러 가지 모델로 표현할 수 있는가를 통하여 개념의 정도를 평가한다.

[예 4.3] 주어진 개념의 성질을 밝히고, 특정 개념을 결정짓는 조건을 인식하기

어떤 목수가 32m의 목재를 이용하여 화단 둘레를 에워싸려고 한다. 목수는 다음 4가지의 화단 모양을 생각하고 있다.

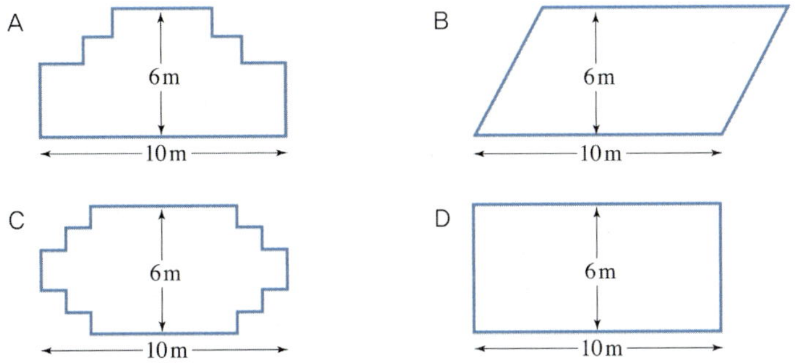

32m의 목재로 위의 화단 모양을 만들 수 있는지 없는지를 판단하여 "있다" 또는 "없다"에 ○표 하시오.

화단 모양	32m의 목재로 화단의 모양을 만들 수 있는가?
모양 A	있다 / 없다
모양 B	있다 / 없다
모양 C	있다 / 없다
모양 D	있다 / 없다

(이미경 외, 2007, p. 125)

[예 4.3]은 화단을 둘러싸는 도형의 둘레를 결정짓는 조건을 인식할 수 있는가를 평가하는 문항이다. 32m 둘레를 결정짓는 조건은 도형의 넓이가 아니라는 것을 판단하고 둘레가 32m가 되는 것을 찾는 것이다. 복잡하게 주어진 여러 조건에서 특정 개념을 결정짓는 조건을 택할 수 있는가 또는 관련되지 않은 조건을 배제할 수 있는가를 통하여 개념 형성의 정도를 평가한다.

14.3.5 절차적 지식의 평가

학교수학에서 절차는 일반적으로 계산 과정을 의미하나 모든 절차가 계산적인 것은 아니다. 절차적 지식이란 필요한 절차의 단순한 실행 이상을 포함하는 것으로 필요한 절차를 언제 적용하고, 그 절차가 작동하는 이유와 그 절차가 옳은 답을 가져다준다는 것을 입증하며, 절차의 기초가 되는 개념과 그 절차를 정당화하는 논리를 이해하는 것을 의미한다. 절차적 지식은 작동되는 절차와 작동되지 않는

절차를 구별하고, 절차를 수정하고 새로운 절차를 만드는 능력을 포함한다. 절차는 특별한 필요성을 효율적으로 충족시키는 도구이며, 따라서 새로운 상황에 적합하게 확장, 수정될 수 있다는 것도 알아야 한다. 수학의 절차적 지식에 대한 평가는 절차를 수행하는 능력의 평가뿐 아니라 다음과 같은 절차적 지식의 모든 측면을 강조해야 한다.

① 언제 어떤 절차가 적절한지를 인식하기
② 필요한 절차의 각 단계에서 그 이유를 설명하기
③ 절차를 확실하고 효율적으로 실행하기
④ 절차의 결과를 경험적으로 분석적으로 입증하기
⑤ 옳고 그른 절차를 구분하기
⑥ 새로운 절차를 만들고 기존 절차를 확장 또는 수정하기
⑦ 수학에서의 절차의 성질과 역할을 음미하기

[예 5.1] 옳고 그른 절차를 구분하기

24. 다음 문제의 〈풀이〉중 틀린 것은 어느 것입니까?

〈문제〉

지혜는 구슬을 가지고 있습니다. 그 중에서 영훈이와 지호에게 각각 3개씩을 주고 민지에게 4개를 주었습니다. 그리고 남은 것의 $\frac{1}{2}$을 동생에게 주었더니 8개가 남았습니다. 지혜가 처음에 가지고 있던 구슬은 몇 개입니까?

〈풀이〉

① 구하려는 것은 지혜거 처음에 가지고 있던 구슬의 수입니다.
② 영훈, 지호, 민지에게 준 구슬의 수는 3+3+4입니다.
③ 그림으로 나타내면 다음과 같습니다.

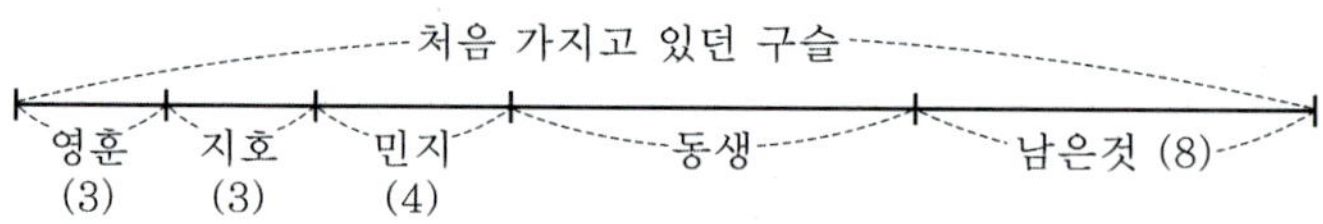

④ 동생에게 준 구슬은 영훈, 지호, 민지에게 주고 남은 구슬의 $\frac{1}{2}$입니다.
⑤ 구하려는 것은 3+3+4+8+18(개)입니다.

(고정화 외, 2007, p. 64)

수학적 절차의 평가는 효율적인 절차를 선택하고 그 절차를 옳게 실행할 수 있는가를 포함한다. [예 5.1]은 문제 해결 과정의 각 단계에서 옳은 절차와 그른 절

차를 구분하는 것으로, 각 단계의 설명을 따라 각 절차를 옳게 실행하고 있는지를 판단하는 문항이다. 절차의 선택은 연산 과정의 결정만을 말하는 것이 아니라 문제 해결의 복합적인 과정에서 타당한 절차를 선택할 수 있는가를 평가한다.

[예 5.2] 기존 절차를 확장 또는 수정하기

$$1\frac{2}{3} \div 5 \times 8 = \frac{5}{3} \times \frac{1}{5} \times 8 = \frac{\overset{1}{\cancel{5}} \times 1 \times 8}{3 \times \underset{1}{\cancel{5}}} = \frac{8}{3} = 2\frac{2}{3}$$

$$1\frac{2}{3} \div 5 \times 8 = \frac{\overset{1}{\cancel{5}}}{3} \times \frac{1}{\underset{1}{\cancel{5}}} \times 8 = \frac{8}{3} = 2\frac{2}{3}$$

● 위의 두 방법을 비교하여 보시오.

(수학 5-나, 2002, p. 31)

[예 5.3]은 분수의 나눗셈에서 약분을 적용하는 시점에 대한 것으로 기존의 절차를 비교하는 문항이다. 수학적 절차의 강력함은 빠르고 정확하게 주어진 절차를 효율적으로 실행하는 것만을 의미하지 않는다. 절차를 실행하면서 효율성을 인식할 수 있어야 하고, 절차의 분석과 확장 또는 새로운 절차를 만드는 것을 포함한다. 수학적 절차의 평가에서도 기존 절차들을 비교하고 기존 절차를 확장하거나 수정할 수 있는지를 포함한다.

14.3.6 수학적 성향의 평가

수학적 성향이란 단순히 수학을 좋아하는 태도를 의미하는 것이 아니라 긍정적으로 사고하고 행동하는 경향을 말한다. 학생의 수학적 성향은 과제에 접근하는 방식이나 자신감, 다른 대안을 찾아보려는 자발성과 인내심, 흥미도, 자신의 생각을 반성하려는 경향으로 나타난다. 이러한 경향은 단순히 '수학을 좋아하는가 또는 싫어하는가'를 묻는 설문지보다는 학생이 문제를 풀어 가는 과정에서, 과제를 수행하는 과정에서, 또는 수학적 활동을 하는 과정에서 더 잘 평가할 수 있을 것이다. 학생의 수학적 성향에 대한 평가는 다양한 상황에서 학생의 사고와 행동에 관한 정보를 필요로 하는데, 성향의 평가는 성향에 대한 모든 측면과 그것이 나타나는 정도를 고려하여야 된다. 학생들의 수학적 성향 평가에서는 다음 측면이 고려되어야 한다.

① 수학을 이용하여 문제를 해결하고, 아이디어를 교환하고, 추론하는 데 대한 자신감
② 문제해결에서 수학적 아이디어를 탐구하고 다른 해결 방법을 찾으려는 유연성
③ 수학적 과제를 지속적으로 수행하려는 인내심
④ 수학을 행하는 데 있어서의 흥미도, 호기심, 창의성
⑤ 자신의 생각과 수행 결과를 모니터하고, 반성하는 경향
⑥ 타교과나 일상적 상황에 수학을 적용하는 것이 갖는 가치를 알기
⑦ 문화에 있어서 수학의 역할과 도구와 언어로서의 수학의 가치에 대하여 이해하기

14.3.7 수학적 힘의 평가

수학적 힘은 주어진 수학적 상황에서 추론하고 창조적으로 사고하며 문제를 제기하고 해결하며 비판적으로 사고하기 위하여 필요한 정보를 사용할 수 있는 종합적인 능력을 의미한다. 다른 분야에서처럼 수학적 지식도 방법적 지식을 포함한 다양한 정보로 이루어진다. 학생의 수학적 힘에 대한 평가는 얼마나 많은 정보를 갖고 있는가 뿐만 아니라, 그 정보를 사용하고, 적용하며 의사소통하는 능력과 의지의 정도에 대하여 이루어져야 한다. 또한 수학에 대한 성향, 특히 수학을 행하는 것에 대한 자신감, 수학의 가치를 이해하는 정도도 포함해야 한다. 수학적 힘에 대한 평가는 그 범위가 넓어야 하며, 분리되거나 고립된 능력의 평가가 아니라, 수학적 지식의 모든 측면과 그 측면들의 통합과 관련된다는 점을 인식해야 한다. 수학적 힘의 평가는 수학적 지식의 모든 측면이 평가되어야 한다는 것을 강조한다. 학생의 수학적 힘에 대한 평가는 다음의 사항을 고려해야 된다.

① 수학 문제나 타교과의 문제를 해결하기 위한 적용의 능력
② 아이디어를 교환하기 위하여 수학적 언어를 사용하는 능력
③ 추론하고 분석하는 능력
④ 개념과 과정에 대한 지식과 이해
⑤ 수학에 대한 성향

⑥ 수학의 본질에 대한 이해

⑦ 수학적 지식의 이러한 측면들의 통합 능력

14.4 수학과 평가의 방법

수학과 평가라고 하면 흔히 객관식 선다형의 문항으로 구성된 시험을 떠올릴 것이다. 정확한 점수가 명시적으로 드러나고 학생간의 상대적인 위치를 비교하는 데 편리하다는 점에서 지금도 여전히 활용되고 있는 평가 방법이다. 그러나 이 방법은 수치화나 상대적인 비교에 있어서 효율적이지만, 수학적 사고 과정, 문제 해결 과정, 정의적인 측면 등을 보여주는 데에는 미흡하다. 수학과 평가의 방향은 학생의 등급 정하기나 상대적인 배치에 머물지 않고 다양한 평가 방법을 동원하여 폭넓은 평가를 추구하고 있다. 이러한 관점의 변화와 더불어 지필 시험 자체도 우수한 문항을 개발하려는 노력으로 변화하고 있으며 여러 가지 다양한 평가 방법들이 도입되고 있다. 본 절에서는 다양화하고 있는 수학과 평가의 여러 가지 평가 방법을 소개하기로 한다.

14.4.1 관찰

자연스러운 문제 해결 상황이나 수업 과정에서 나타나는 사고 과정이나 수행을 관찰하여 평가하는 방법이다. 학습 과정에서 나타나는 인지적인 면뿐만 아니라 수학에 대한 자신감이나 흥미와 같은 정서적인 면에 대한 유용한 정보를 얻을 수 있다. 그러나 교사가 관찰하고 있다는 부담으로 학생의 학습을 심리적으로 위축시키지 않아야 하며, 교사는 관찰 계획이나 관찰 기록에 지나치게 얽매어 수업의 중요성을 놓쳐서는 안 된다. '좋은 평가 방법'이 곧 '좋은 수업 방법'을 말하는 것은 아니다.

준비 없는 관찰은 종종 교사의 치우친 관점에서 사고 과정, 태도, 성향을 보게 할 수 있으므로, 언제 무엇을 관찰할 것인가 또는 어떤 학생이나 어떤 집단을 관찰할 것인가를 미리 계획하는 것이 도움이 된다. 관찰 기록은 간단히 일화적인 기록으로 남길 수 있고, 미리 목록을 설정하여 메모할 수 있다. 또는 체크리스트 형식으로([사례 1], [사례 2] 참조) 목록을 작성하여 활용하면, 교사가 주의 깊게 관찰하지 않았던 부분에 주의를 집중시키거나 교사의 바쁜 일상에서 관찰 기록을 간편하게 할 수 있다.

[사례 1] 관찰 목록

문제 해결 관찰 점검 목록

학생 ________________ 날짜 ________________

___ 1. 문제 풀기를 좋아한다.
___ 2. 다른 사람과 협력한다.
___ 3. 집단 해결 시에 아이디어를 제공한다.
___ 4. 한 문제를 끝까지 풀어 보려고 한다.
___ 5. 문제가 무엇에 대한 것인지 이해하고 노력한다.
___ 6. 문제를 풀 때 정보를 다룰 줄 안다.
___ 7. 어떤 전략이 유용한지 생각한다.
___ 8. 융통성이 있다 - 필요하다면 다른 전략을 이용하려고 한다.
___ 9. 답이 옳은지 검산한다.
___10. 풀이를 설명하고 분석할 수 있다.

(Charles, R. et al., 1987; 강완 외(역), 1997, p. 26)

[사례 2] 관찰 등급 채점표

문제해결 관찰 등급 채점표

학생 ________________ 날짜 ________________

	자주	때때로	그렇지 않다
1. 적절한 해결 전략을 선택한다.	____	____	____
2. 해결 전략을 정확하게 사용한다.	____	____	____
3. (교사의 도움 없이) 풀이가 막힐 때는 다른 전략을 쓴다.	____	____	____
4. 체계적 방법(문제을 분명히 하기, 필요한 정보를 확인하기, 계획 세우기, 풀어보기, 검산하기)으로 문제에 접근한다.	____	____	____
6. 자신감이 있다.	____	____	____
7. 문제를 풀어보려는 끈기가 있다.	____	____	____

(Charles, R. et al., 1987; 강완 외(역), 1997, p. 27)

14.4.2 면담

면담은 학생에게 특별한 관심을 기울이면서 사고 과정이나 문제 해결 과정을 알아볼 수 있는 방법이다. 수업에서 간단하게 질문하고 답하는 것과는 달리, 체계적이고 구조적인 방법을 동원하여 학생의 문제 해결 방법, 개념적 이해나 절차를 세밀하게 볼 수 있으며, 지필 검사에서 볼 수 없었던 정답과 오답의 이유를 찾을 수 있다. 그러나 면담은 별도의 시간을 요구한다는 부담이 있으며 학생 사이의 상대적 정보를 수치적으로 비교하기는 어렵다.

성공적인 면담을 위해서는 무엇보다 좋은 질문과 융통성 있게 대화하는 것이 중요하다. 면담 계획에서 질문할 것, 필요한 자료, 과제, 기록 방법 등을 미리 준비한다. 이 때 이전에 실시했던 지필 평가의 정보를 활용하여 구체적 면담 내용을 설정하면 지필 평가가 보여주지 못하는 학생 답의 근거나 이유들을 밝힐 수 있다. 면담의 시작은 친밀감을 형성하도록 편안한 이야기로 출발하여 학생에게 수학적인 생각을 말하거나 풀어 갈 수 있도록 허용적이고 기다리는 자세를 유지해야 한다. 면담은 특정 개념을 가르치려는 목적이 아니므로 교사가 학생의 사고 과정을 유도하여 옳은 답을 내려고 하지 않고 학생이 말하고 설명하는 것 자체를 격려해야 한다. 면담은 교사에게 별도의 시간을 요구한다는 점에서 큰 부담이지만 교사가 학생의 사고를 이해할 수 있는 시간이며 또 한편으로는 교사 자신의 수업의 계획과 수업 평가에도 주요한 자원이 된다. 다음 [사례 3]은 받아 내림이 있는 두 자리 수의 뺄셈에 대하여 면담 계획한 사례이다.

[사례 3] 면담 계획

이름 ○○○ 일시 ○○년 ○○월 ○○일 ○○시

면담 제목 〈 받아 내림이 있는 두 자리 수의 뺄셈 〉

- 주의: 친구처럼 들어주자.
- 필요한 자료: 십 모형과 낱개 모형, 수학 공책
- 질문
  (1) 수를 모형으로 나타낼 수 있는가?
  (2) 십 모형과 낱개 모형의 관계를 아는가?
  (3) 받아 내림이 있는 뺄셈을 수 모형으로 나타낼 수 있는가?
- 과제
  (1) 7을 여러 가지 방법으로 나타내기
    - 7을 낱개 모형으로 나타낼 수 있는가?
    - 다른 방법으로 나타낼 수 있는가?
  (2) 12를 여러 가지 방법으로 나타내기
    - 10을 낱개 모형과 십 모형으로 나타낼 수 있는가?

(2) 12를 여러 가지 방법으로 나타내기
- 10을 낱개 모형과 십 모형으로 나타낼 수 있는가?
- 12를 십 모형과 낱개 모형으로 나타낼 수 있는가?

(3) 12-7에서 받아 내림을 모형으로 설명하기
- 12에서 7을 어떻게 뺄 것인가?
- 수 모형으로 설명한 것을 그림으로 나타낼 수 있는가?
- 수 모형으로 설명한 것을 다른 방법으로 나타낼 수 있는가?

• 심화 과제
12-7을 다른 방법으로 설명하기

14.4.3 포트폴리오

포트폴리오(portfplio)는 학생 활동을 의도적으로 수집하여 지속적으로 모은 작품집이다. 결과 중심의 평가가 갖는 한계점을 벗어나서 학습 결과는 물론 학습 과정을 평가의 자원으로 활용하려는 시도이다. 포트폴리오는 학습 결과들을 모은 것이지만 과정에서 나타나는 노력과 진보를 보고자하며 이를 총체적으로 평가하는 방식이다. 포토폴리오는 단순한 누적기록이 아니며 학생에 의하여 이루어지는 과정적 기록이므로, 무엇을 어떻게 모을 것인가, 어디에 보관할 것인가, 기간이나 피드백 시기는 언제로 할 것인가, 결과물을 어떻게 활용할 것인가 등을 학생과 공유하면서 학생의 학습 과정에서 드러나도록 해야 한다. 포트폴리오를 통한 평가 과정은 학생의 자기 평가 과정으로서 학생이 적극적으로 참여할 수 있으며, 교사는 물론 학생 자신, 다른 학생, 학부모 등과 수업 과정에서 이루어지는 수학 학습에 대하여 의사소통하는 수단이 될 수 있다.

포트폴리오는 수업과 동시에 이루어진다는 점에서 수업 과정에 따라 포트폴리오 평가의 모습도 다양하다. 포트폴리오를 활용한 수학과 평가에서는 평가 관점을 설정하고, 예를 들면, 과제를 명료화하기, 다양한 전략 만들기, 수학적 개념 발달을 보여주기, 수학적 아이디어를 구성하기, 수학적 추론 보여주기, 수학적 언어와 표현 사용하기, 검증·요약·적용 등의 결과 해석하기, 다른 교과 또는 실생활과 연결하기, 자기 평가의 증거 보이기, 자신감·의지·수학의 가치 등 수학에 대한 긍정적인 태도 변화 보이기 등(Stenmark, 1991)의 여러 관점 중에서 특정한 몇 가지를 설정하여 평가한다. 평가할 때에는 포토폴리오 과정에서 교사의 논평이나 조언들에 대하여 추가되어 있는지, 자료의 양보다는 중요한 정보와 발전의 과정이 체계적으로 나타나있는지를 유의한다.

14.4.4 보고서

주어진 과제나 특정 주제에 대하여 자료를 수집하고 분석 종합하여 정리하는 것으로 개별 또는 공동으로 보고서를 작성할 수 있다. 글이나 수학적인 표현들을 동원하여 정리하는 과정을 통하여 학생 자신의 학습 내용을 깊이 숙고할 수 있다. 교사는 다양한 수학적 표현을 격려하여 보고서 작성 과정에서 드러낼 수 있다. 보고서를 통하여 학생이 수학과에서 초점을 두고 있는 것은 무엇인가, 무엇을 알고 무엇을 느꼈는가, 수학적 표현을 만들고 활용하는가 등에 대하여 파악할 수 있는 정보를 준다. 그러나 보고서의 작성은 학생에게 많은 노력과 시간을 요구하며, 단지 결과 보고만이 아니라 학습의 과정으로 이어지려면 보고서 작성 과정에서 교사의 적절한 도움이 필요하다.

14.4.5 일지 쓰기

생각이나 느낌을 기록하는 수학적 쓰기의 한 형태로서, 배운 것을 반성하면서 학생 자신의 사고 과정을 발견하도록 돕는다. 새로운 아이디어를 탐구하고, 느낌을 표현하고, 오류를 진단하거나 대안을 찾는 과정이다. 일지를 어떻게 활용하는가에 따라서 개인의 수학 학습에 대한 기록으로서만이 아니라, 교사와 학생 또는 학생들 간의 대화의 장을 형성할 수 있다. 일지 쓰기에 참여하는 과정을 통하여 협력적으로 학습하고 평가하도록 격려할 수 있다.

일지 쓰기의 장으로서 주로 수학 공책이 알려져 있다. 일지가 부각되는 것은 수학 문제와 정답으로 구성되는 지필 시험의 제한점에서 벗어나려는 시도이며, 공책을 쓴다는 사실만이 아니라 즉, 일지 쓰기의 장소가 어디이든지간에 일지의 장점을 살릴 수 있는 쓰기 과제와 쓰기 방법을 세심하게 안내하여야 한다. 다음 [사례 4]는 일지 쓰기를 수업 장면 또는 평가에 활용하고자 할 때 학생에게 제시할 수 있는 과제 예시이다.

[사례 4] 일지 쓰기 과제 예시

- 오늘 배운 도형 중에서 가장 좋아하는 도형에 대하여 써 보세요.
- 수학에서 내가 좋아하는 것을 써 보세요.
- 수학에서 내가 가장 알고 싶은 것을 쓰고, 그 이유를 써 보세요.
- 오늘 수학 문제를 풀다가 어려웠던 것을 써 보고, 어려운 점을 해결하기 위하여 무엇을 했는지 써 보세요.
- 오늘 수업을 듣게 될 후배들에게 충고하는 편지를 써 보세요.
- 오늘 수학시간에 배운 것 중에 내가 가장 중요하다고 생각하는 것을 쓰고, 그 이유를 써 보세요.
- 친한 친구 ㅇㅇ가 결석을 했어요. 오늘 수학 시간에 배운 것을 ㅇㅇ에게 설명하는 편지를 써 보세요.
- 곱셈은 덧셈과 어떤 점이 비슷한지를 그림이나 그래프를 이용하여 설명해 보세요.
- 13+8을 어떻게 계산하는지 수모형으로 설명하시오.
- 사각형의 넓이와 둘레의 길이를 예를 들어서 써 보세요.
- 분수와 소수의 같은 점과 다른 점을 써 보세요.
- 소수의 곱셈을 이해하는 데 가장 중요한 것은 무엇이라고 생각하는지 써 보세요.

14.4.6 학생의 자기 평가

자신의 과제나 수행에 대하여 학생 스스로 평가하는 방식으로서, 수행 과정이나 결과와 그 과정 속에서 느끼고 가지게 된 정의적 태도 등에 관하여 정보를 수집할 수 있다. 학생이 평가 과정에 스스로 참여할 기회를 줌으로써 자신이 알고 있는 것이나 더 알아야 할 것 등을 점검하고 적극적인 참여자가 되도록 격려한다. 또한 교사는 사려 깊은 평가 목록을 통하여 태도와 신념에 대한 정보를 얻을 수 있으며 정보 수집과 채점이 간단하다. 그러나 평가 결과의 정확성이나 판단이 학생의 성취 수준이나 평가 태도에 달려있으므로 평가 결과를 활용하는 데에는 제한이 따른다.

자기 평가서는 체크리스트나 설문의 형식일 경우에는 자기 평가 목록을 학생에게 구체적으로 밝혀주어야 막연한 느낌 이상의 정보를 얻을 수 있다. 자기 평가의 방법으로 쓰기 형식을 활용할 경우에는 학생이 무엇을 알고 모르는지 스스로 평가하는 기회를 주며 학생이 겪고 있는 수학에 대한 개인적 관심사와 감정을 드러낼 수 있다. 자신의 풀이에 대하여 만족하거나 불만족한 경우와 그 이유, 다른 사람의 풀이나 전략을 이해하는 데 쉽거나 어려웠던 점과 그 이유, 수업 과정에서 전체 학급 또는 소집단 활동에서 자신이 생각하는 기여하는 점, 수학 문제 유형이나 난이도에 대한 느낌 등과 같이 수학 학습과 구체적으로 관련지어야 수학 학습에 대한 자세한 정보를 얻을 수 있다.

14.4.7 동료 평가

협력적인 수학 학습의 과정에서 동료들은 이미 서로의 학습 과정을 평가하고 있다. 동료 평가를 도입하여 평가의 자원으로 활용하면, 학생 개개인은 평가의 과정에서 평가자인 동시에 피평가자가 되므로 동료의 학습뿐만 아니라 자신의 학습을 객관적으로 바라볼 수 있는 기회를 갖게 된다. 또한 동료 평가를 통하여 개인의 학습만이 아니라 소집단 협력 활동에서 개인이 어떻게 참여하고 어떤 역할을 하였는지 평가할 수 있다. 하지만 동료 평가를 위해서는 서로의 평가를 긍정적으로 받아들일 신뢰와 분위기가 형성되어야 한다. [사례 5]는 소집단 과제 해결 과정에 대한 동료평가의 사례이다.

[사례 5] 동료 평가 예시문

친구이름				평가항목
김○○	이○○	박○○	진○○	
				• 과제에서 벗어나지 않는다.
				• 과제 해결에 도움이 되는 아이디어를 제시한다.
				• 자신의 아이디어를 설명한다.
				• 친구의 아이디어를 끝까지 듣는다.
				• 끝까지 해결하려고 노력한다.
				• 모르는 것은 묻고 적극적으로 알려고 한다.
				• 자신의 역할을 충실히 한다.

14.4.8 지필 평가

수학과 평가에서 가장 흔히 사용해왔던 방법으로서 교사가 제시하는 평가 문항을 종이에 써서 제출하는 방식이다. 수학과의 지필 평가가 새로운 평가 관점과 합치하기 어렵다고 비판하기도 하지만, 효율적으로 실시할 수 있으며 평가 결과를 저장하는 데에 용이하다는 장점이 있다. 또한 고차원적인 사고와 그 과정을 평가할 수 있도록 좋은 평가 문항을 개발하고 다양한 평가 방법들을 동시에 활용한다면, 지필 평가는 여전히 효율적으로 정보를 수집하는 강력한 평가 방법이 될 수 있다.

문항을 구성할 때 학생들의 답하는 방식을 어떻게 설정할 것인가에 따라서 선택형(선다형, 진위형, 배합형)과 서답형(완성형, 단답형, 논문형)의 방법이 있다. 선다형은 문항 형식을 변형하면 단순 정보만이 아니라 고차원적인 지식을 평가할 수도 있으며 채점이 간단하다. 반면에 좋은 문항을 만드는 것이 쉽지 않으며 특히 좋은 오답을 만들어 내는 것이 어려우며 출제자에게 많은 노력과 경험을 요구한다. 진위형은 읽기 능력이 부족한 저학년에서도 가능하며 채점이 간단하다. 반면에 단편적인 정보를 물음으로써 문장의 단순 암기를 강요하거나 문항을 이해하지 않고도 답을 맞힐 가능성은 50%로서 학습 동기를 감소시킬 위험이 있다. 배합형은 수학적 사실뿐만 아니라 개념적 지식, 절차적 지식의 문항을 구성할 수 있으며 시간도 짧고 채점도 신뢰롭다. 반면에 정교하게 배합하지 않으면 배합에 따라 답을 추측할 가능성이 높아지며 단편적인 사실을 평가하는 데 그칠 수 있다.

완성형과 단답형은 선택형에 비하여 학생이 내용을 알지 못하면서도 점수를 받을 가능성을 줄일 수 있지만 문제 해결과정이나 추론 과정을 밝히는 평가가 이루어지기 어렵다. 채점 과정에서 예기치 못한 답이 나오거나 부분 점수를 주어야 하는 경우에서는 채점이 복잡해진다. 논술형은 깊고 넓게 문항을 구성할 수 있으나, 시험 시간과 채점 시간이 길기 때문에 출제 문항 수에 제한이 있다. 타당도나 신뢰도를 높이고 채점에 드는 시간과 노력을 줄이려면, 구체적인 채점 기준이나 분석적인 채점법을 고안하는 것이 필요하다. 지필 평가 방법은 평가 목표와 내용뿐만 아니라 검사 받을 대상의 수, 문항 제작 시간, 채점 시간을 고려하여 문항 구성 방식을 결정해야 한다.

14.5 수학 학습 평가를 위한 평가 도구

평가를 하고자 할 때에는 조사나 측정 등을 위한 도구가 필요하며, 지필 평가 중심에서는 검사 문항, 채점 기준, 성적표 관리 등이 주요한 문제였다. 평가의 관점이나 초점이 변화함에 따라서 평가 방법이 다양화하고 있으며 평가 도구의 개발도 다른 절차들을 갖는다. 어떤 평가 도구로 평가할 것인가를 결정하는 데에는 평가 목적과 일관되게 평가 내용과 방법을 설정하고 구체적인 채점 방법과 결과 활용을 고려하여야 한다. 먼저 평가 도구가 가져야 하는 기본 조건과 그에 따른 유의점을 알아보고, 평가 과정에 따라 평가 도구의 설정과 활용에 대하여 알아보기로 한다.

14.5.1 평가 도구의 기본 조건

올바른 평가를 위해서는 평가 도구가 갖추어야 할 기본 조건이 있다. 평가 도구의 기본 조건이란 평가 도구의 바람직한 정도를 말하는 것으로서, 타당성, 신뢰성, 객관성, 효용성, 편리성 등이 있다.

(1) 타당성

평가 도구의 타당성(validity)은 평가하고자 하는 내용을 충실하게 평가하는가 또는 의도했었던 평가의 목표와 일치하는가를 말한다. 타당성을 높이기 위해서는 해당 수학 수업에서 학생이 학습한 내용의 범주 안에서 그리고 그 수업의 목표에 부합되는 평가 문항들이 사용되어야 한다. 따라서 학습 활동을 평가하기 위한 평가 문항을 구성할 때 필요한 것은 학습 내용과 수업 목표를 고려하여 단지 학습 내용과 일치시키려는 작업 외에 그 내용과 관련된 수업 목표에 부합시키려는 노력이다. 학습 내용과 일치시키는 작업에서는 내용과의 본질적이고 직접적인 일치가 필요하다. 어떤 내용의 학습으로 인해 다른 관련된 내용의 이해도 이루어졌을 것이라는 판단 하에 본래의 학습 내용과는 다른 변형된 평가 문항을 설정하는 것은 평가의 타당성을 낮추는 결과가 된다. 또한 수업 목표에 부합시키고자 하는 경우에도 세심한 주의를 기울여야 한다. 예를 들어, 수업 목표는 특정 수학적 성질에 대한 단순한 인식 정도이었는데 평가 문항은 이 성질을 응용하여 문제를 해결하는 형태로 설정된 경우에도 평가의 타당성이 감소된다.

[유의 1] 다음 평가 문항은 평가 내용을 적절하게 대표하고 있는가?

- 평가 문항

  7로 나누었을 때 나머지가 되는 수를 쓰시오.(3학년)

- 출제자의 예상: 0, 1, 2, 3, 4, 5, 6
- 학생의 답안: 1, 2, 3, 4, 5, 6

평가 문항은 평가 목표 또는 수업 목표를 적절하게 나타낼 수 있어야 한다. 위의 평가 문항은 3학년의 나눗셈 단원에서 '몫과 나머지', '나누어 떨어진다' 등을 학습하고 나머지를 묻는 문항이다. 7로 나누는 나눗셈에서 나머지를 찾는 것으로 출제자는 7의 잉여류 집합으로서 0부터 6까지 7가지를 모두 구할 것으로 기대하였다. 그러나 학생 답안의 경우, 7로 나누었을 때 나머지가 있는 경우 1부터 6까지 나온다는 것은 답했지만 나머지가 없는 경우는 포함하지 않았다. 수학 수업에서 나머지가 있는 나눗셈을 할 수 있고 그에 따른 나머지를 구할 수 있는가를 중점으로 학습하였고 또한 그에 따른 평가를 하고자 하는 것이었다면, 답에서 0을 제외한 위와 같은 학생은 나머지가 없는 경우를 제외했지만 나머지가 있는 나눗셈을 해결할 수 있으리라고 예상된다. 또한 전혀 나눗셈을 할 수 없거나 나머지를 찾을 수 없는 학생들과 변별되지 않으며 위의 학생은 제대로 평가받지 못할 가능성이 있다. 학습 내용과 관련한 출제 문항이라면 학습 내용의 중요한 부분을 학생이 제대로 드러낼 수 있도록 질문이나 답하는 방식을 고려하여 문항을 구성해야 한다.

[유의 2] 다음 평가 문항은 평가 목표와 일치되어 있는가?

- 평가 문항
  45÷9=5이다. 이것을 검산할 때에는 ㉠×9=㉡이다. ㉠, ㉡에 들어갈 수는? (3학년)
- 출제자의 예상: 나눗셈의 검산 과정으로 곱셈식을 완성할 것이다.
- 학생의 답안: (주어진 수 45와 5의 조합으로) 5, 45

평가 문항은 평가하고자 하는 목표에 타당하게 제시하여야 한다. 위의 문항은 3학년의 곱셈과 나눗셈의 관계를 이해하고 나눗셈 식의 검산 과정을 곱셈식으로 표현하는 것이었다. 출제자는 곱셈식을 제공하여 단답형 문항으로 구성함으로써 채점을 간편하게 할 수 있었다. 그러나 이 문항을 해결하는 학생 중에는 단순히 나눗셈에 주어진 숫자 45, 5를 조합하거나, 곱셈식에 알맞게 곱셈 구구로 정답을 얻을 가능성이 있다. 나눗셈과 곱셈의 관계를 유의하지 않고도 즉, 내용을 알지 못하지만 정답을 말하고 아는 것으로 평가받을 가능성이 있다. 평가 문항 구성에서 물음과 답지를 연결시켜주는 정답의 단서들을 문항에 추가하지 않아야 적절한 평가를 할 수 있다. 평가 도구의 타당성을 높이려면, 학생들이 문항을 어떤 사고 과정으로 해결할 것인지를 예상하고 문항 구성 과정에서 미리 고려하여야 한다.

(2) 신뢰성

평가 도구가 갖는 신뢰성(reliability)은 어떤 평가 도구가 요구하는 최소한의 조건 하에서 다른 조건을 변화시키면서 그 평가 도구를 반복하여 사용하여도 각 경우마다 나오는 결과들이 유사성을 갖는 것을 의미한다. 즉, 평가 결과들 사이에 일관성이 있는가를 말하는 것으로, 동일 조건하에서 평가 결과가 유사하게 나올수록 그 평가는 신뢰성은 높은 것이다. 평가의 신뢰성을 높이기 위해서는, 학습된 수학 내용의 범위 내에서 평가 문항이 고르게 구성되어야 하며 각 문항별 난이도도 유사해야 된다. 또한 같은 내용에 대한 평가 문항이 가능한 다양한 형태로 다수 만들어질 때 평가의 신뢰성을 높일 수 있다.

[유의 3] 다음 평가 문항의 질문은 명료하게 제시되어 있는가?

- 평가 문항

  다음 도형의 이름을 말하시오. (   )

(2학년)

- 출제자의 예상: 선분 ㄱㄴ
- 학생의 답안: 선분, 선

평가 문항이 무엇을 묻고 있으며 어떤 근거로 답해야 하는지를 명확히게 제시하여야 신뢰성 있는 평가를 할 수 있다. 위의 문항은 2학년에서 선분의 뜻과 읽기 방법을 학습하고 선분을 읽을 수 있는지를 묻는 문항이다. 출제자는 선분의 읽기 방법에 대한 질문이었으나 질문을 해석하기에 따라서 출제자의 의도와는 다르게 여러 가지 도형의 명칭으로 답할 수 있다. 문항의 질문이 명료하지 않을 경우에 학생들은 문제의 의도를 제대로 파악할 수 없다. 평가 내용을 알고 있는 경우에도 제대로 드러내지 못하게 되고, 이 경우 문항의 신뢰성이 떨어지게 된다. 평가 문항에 출제 의도를 분명하게 제시하여야 학생이 아는 것을 충분히 드러낼 수 있으며 평가도 가능하게 된다.

(3) 객관성

평가의 객관성(objectivity)이라 함은 평가 도구를 사용한 결과를 수치화하였을 때 그 결과가 평가자 간에 일치하는가 또는 동일 평가자의 경우에는 평가 시기에 따라 얼마나 일치하는가에 대한 것이다. 평가의 객관성은 평가 도구 자체가 갖는 성질이 아니라 평가된 결과를 채점하는 과정과 관련된다. 즉, 신뢰성의 문제가 평가 도구가 일관되지 않을 경우라면, 객관성의 문제는 채점자가 일관되지 않을 경우를 말한다. 평가 도구 자체가 객관식 형태인 경우는 채점상의 실수를 제외하고는 누가 언제 채점하더라도 같은 수치를 얻게 되므로 객관성 문제가 거의 제기되지 않지만, 주관식 평가인 경우는 평가의 객관성을 높이기 위한 세부적인 조치가 필수적이다. 평가 도구가 평가의 타당성, 신뢰성을 모두 갖추고 있다 하더라도 평가의 결과가 객관적으로 처리되지 못할 경우에는 타당성과 신뢰성은 그 의미를 상실하게 된다. 평가의 객관성을 높이기 위해서는 문항별로 평가의 과정을 여러 단계로 분화시켜서 각 단계별 평가의 관점과 그 관점마다의 기준을 미리 정하여 최종적인 종합의 방법에 대한 구체적인 준거를 준비하고 있어야 한다. 실제 평가의 작업에 앞서 미리 준비한 기준에 따라 여러 사람이 동일한 답안을 평가하여 그 결과의 일치도를 비교해서 일치의 정도를 높이는 반복적인 수정 작업이 이루어져야 한다.

[유의 4] 다음 평가문항은 채점 기준이나 모범답안을 명료하게 구성하였는가?

• 평가 문항

$$1+3 = 2\times2 = 4$$

$$1+3+5 = 3\times3 = 9$$

위의 풀이 과정을 보고, 다음을 풀이 과정을 써서 구하시오.

$1+3+5+7+9+11+13+15+17$은?

• 출제자의 예상: 규칙 찾기 문제로서 수식의 배열에서 나타나는 규칙을 보고 홀수의 합은 두 수의 제곱으로 간단히 해결할 수 있음을 유추한다. 1부터 17까지의 합을 간단히 $9\times9=81$ 로 유추할 수 있어야 한다.

• 학생의 답안:

1, 3, 5, 7, ……, 15, 17을 모두 더하면 81이다.

1, 3, 5, 7, 9, 11, 13, 15, 17에서 끝에서 두 수 1과 17을 더하면 18이다. $18\times5+11=81$

평가 문항은 그에 따른 채점 기준이나 모범답안이 구성되어 있어야 일관성 있게 채점할 수 있다. 위의 문항에서 출제자가 평가하고자 했던 것은 덧셈 계산을 정확히 하는가가 아니라 유추할 수 있는가를 묻는 것이었다. 그러나 출제자가 의도한 것과 다르게 학생들의 유추 방법은 다양하다. 평가 목적이 유추 과정을 보는 것이었다면, 유추보다 덧셈 계산으로 해결하는 경우, 또는 출제자가 예상한 유추와 다르게 합의 규칙을 유추하여 해결하는 경우 등은 어떻게 점수화할 것인지 채점의 문제가 발생한다. 채점 기준을 밝혀두면 평가자들 간에 또는 평가자 내에서 일관되게 평가하는 데에 도움이 된다. 한편으로 학생에게도 채점 기준을 통하여 평가 의도를 미리 밝혀둠으로써 학생이 평가의 초점을 미리 알고 답안에 평가될 부분을 드러낼 수 있도록 도와준다. 채점 기준이나 모범 답안을 밝히는 것은 평가자의 평가 의도를 드러내는 것이며, 평가할 부분의 정보를 수집할 수 있게 하고 수집한 근거에 따라서 객관성 있는 평가를 추구한다.

그러나 가능한 답안을 철저하게 예상하고 채점 기준을 세우더라도 채점 과정에서는 종종 예기치 못한 답안들이 등장하며, 또 한편 예기치 못한 답안들이 이후의 수업에서 좋은 단서로 활용되기도 한다. 출제에서 예상하지 못한 답안들은 채점 과정에서 추가적으로 준거를 설정하거나 또는 본채점 이전에 가채점 과정을 추가하여 학생들의 답안을 검토하고 채점 기준을 조정할 수도 있다.

(4) 효용성

평가의 효용성(usability)은 모든 평가와 채점 작업이 완료된 상태에서 그 결과를 어떻게 학생 지도에 사용할 것인가와 관계되는 것으로 이는 교사 나름대로의 의도에 따라 다를 수 있다. 평가의 최종 결과를 단지 학생 간의 상대적인 비교의 수단으로 사용하는 경우는 평가의 사용 면에서 최소한의 효용성을 갖는 것이다. 수학교육에서의 평가는 수학 학습 지도의 일환으로 즉 평가와 학습 지도를 분리하지 않고, 보다 발전된 학습 지도를 위해서 사용될 때 그 효용성을 높이게 된다.

(5) 편리성

평가의 타당성이나 신뢰성, 객관성을 높이면서도 평가 도구의 제작과 사용에 있어서는 종합적으로 편리하여야 된다. 평가 도구가 사용자의 입장이나 피사용자의 입장에서 모두 불편한 경우 그 평가 도구는 타당성, 신뢰성, 객관성 등을 저해하는 결과를 가져오기 쉽기 때문이다. 그러나 평가 도구 제작의 편리성을 추구하고자 이미 제작되어 표준화된 평가 도구에 의존하는 경우는 선정된 평가 도구가 각 교사의 학습 지도의 의도에 부합되기 어려운 경우가 많고, 학생들의 제 조건에 적합한 것을 선택하는 데도 한계가 있다. 교사는 수업과 일관되는 좋은 평가 도구를 제작 및 선택하려는 노력이 필요하며, 또 한편으로는 교사가 시간, 노력, 경비 등을 적게 들여서 평가 도구를 편리하게 개발하고 실시할 수 있도록 체계적인 지원이 필요하다.

14.5.2 평가 도구의 설정과 활용

교육의 과정은 계속적인 평가의 과정이다. 평가의 과정은 중요한 결정을 내려야 하는 시점을 중심으로 네 가지 측면 즉, 평가 계획, 자료 수집, 자료 해석, 결과 활동으로 구분할 수 있다(NCTM, 1995). 다음 그림에서 보는 바와 같이, 네 가지 측면은 순차적인 것도 선형적인 것도 아니며 서로 상호작용하면서 역동적으로 이루어진다. 본 절에서는 평가의 네 측면을 따라 평가 도구의 설정과 활용에 대하여 알아보기로 한다.

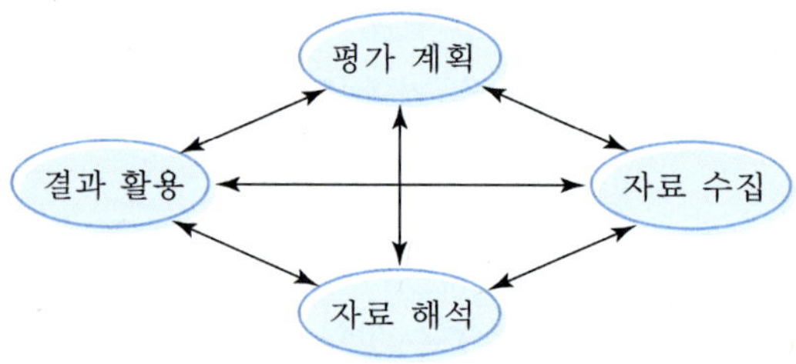

평가의 네 가지 측면(NCTM, 1995, p. 4)

(1) 평가 도구의 설정

평가의 시작에서 어떤 목적으로 어떤 평가를 어떻게 실시하고 활용할 것인지 계획하여야 한다. 평가 도구의 설정은 평가 목적에 따라 평가 내용, 평가 방법을 계획하는 과정으로 구체적인 평가 문항이나 평가 과제 또는 평가 장면을 설정하게 된다. 평가의 목적은 무엇인가, 평가 내용은 무엇인가, 어떤 평가 기준을 사용할 것인가, 수업과 일관성 있도록 어떻게 구성할 것인가, 평가를 어떻게 요약하고 해석할 것인가, 어떤 양식으로 결과를 저장하고 활용할 것인가, 누구에게 어떤 목적과 방법으로 평가 결과를 보고할 것인가 등을 포함하여야 한다.

(2) 평가 실시

평가를 실시하는 과정은 교육의 한 장면으로서 평가 도구는 수업 과정과 관련을 맺어야 한다. 수업 과정에 따라 평가를 어떻게 실시할 것인가와 또 한편으로는 실시하고자 하는 평가가 수업 과정에 어떤 영향을 미칠 것인가를 고려하여야 한다. 평가를 실시하는 과정에서 과정적인 증거 자료를 다양하게 수집할 수 있다. 예를 들면 학생들의 평가 장면을 관찰하여 어떤 과제를 선택하는지 또는 어떻게 절차를 선택하고 과제를 처리하는가를 파악하거나, 수행 과정에서 학생들이 자신감을 보이는 곳, 어려움을 겪는 곳, 소집단 활동에서 협력하는 정도 등의 증거 자료를 수집할 수 있다.

(3) 평가 결과 해석

평가 결과를 해석하는 과정은 평가 도구가 설정했던 채점이나 점수화 방식을 따르기도 하지만 수집한 정보의 질에 따라 채점 방식이 재설정되기도 한다. 결과를 해석하는 과정은 자료들의 질적인 차이를 구별하는 과정이다. 채점의 결과를 점수화할 것인가, 성취도를 어떻게 해석할 것인가, 어떤 기준으로 수행 결과를 판단할 것인가, 판단 결과를 어떻게 요약할 것인가를 결정하여야 한다.

(4) 평가 결과 보관 및 보고하기

평가 결과는 단지 기록부나 성적표에 표시되는 것에 그치지 않고 이후의 수업과 평가에 반영되어야 한다. 평가 결과를 보관하는 것은 학생을 지금 가르치고 평가하는 현재의 교사만이 아니라 미래의 교사 또는 학생, 학부모, 관련자에게 학생의 학습에 대하여 무엇을 어떻게 알릴 것인가를 결정하는 것이다. 평가 결과로부터 어떻게 추론하고 행동할 것인가에는 평가의 공정성과 윤리성이 고려되어야 한다.

토의문제

1. 초등학교 수학과 평가에서 사용되었던 평가 문항을 조사하여 본문에서 제시한 준거를 이용하여 분석해 보아라.
2. 요즈음 논의되고 있는 다양한 평가 방법들에 대하여 알아보고, 이 방법들을 도입하는 데 있어서 예상되는 장점이나 난점을 알아보아라.

3. 초등학교 교사 스스로 자신의 수학 수업에 대한 평가를 할 수 있는 구체적인 방법에 대하여 생각해 보아라.

읽을거리

- 교육인적자원부(2007). 수학과 교육과정(교육인적자원부 고시 제2007-79호, 별책 8). 서울: 대한 교과서 주식회사.
- 고정화 외(2007). 2006년 국가수준 학업성취도 평가 연구 – 수학. 연구보고 RRE 2007-3-4. 한국교육과정평가원.
- 이미경 외(2007). OECD/PISA 2003 공개문항 분석 자료집. 연구자료 ORM 2007-25. 한국교육과정평가원.
- 박정 외(2001). 제3차 수학·과학 성취도 국제 비교 반복 연구(TIMSS-R): 공개문항 분석 자료집. 연구자료 ORM 2001-9. 한국교육과정평가원.
- Charles, R., Lester, F., & O'Daffer P. (1987). *How to Evaluate Progress in Problem Solving*. Reston, VA: National Council of Teachers of Mathematics. 강완, 김진호, 신혜진(공역)(1997). 문제 해결 과정의 평가 기법. 서울: 동명사.
- NCTM(1989). *Curriculum and Evaluation Standards for School Mathematics*. Reston, VA: NCTM. 구광조, 오병승, 류희찬(공역) (1992). 수학교육과정과 평가의 새로운 방향. 서울: 경문사.
- ______(1991). *Professional Standards for Teaching Mathematics*. Reston, VA: NCTM.
- ______(1995). *Assessment Standards for School Mathematics*. Reston, VA: NCTM.
- ______(2000). *Principles and Standards for School Mathematics*. Reston, VA: NCTM.
- MSCB NRC (Mathematical Sciences Education Board, National Reserch Council) (1993). *Measuring What Counts: A Conceptual Guide for Mathematics Assessment*. Washington, DC: National Academy Press.
- Stenmark, J. K.(1991). *Mathematics Assessment: Myths, Models, Good Questions, Practical Suggestions*. Reston, VA: The NCTM.

부 록

초등학교 수학과 교육과정

교육부 고시 제2022-33호 [별책 8]에서 발췌

교육과정 설계의 개요

총론 교육과정에서는 교육 환경 변화에 대처하고 국가 · 사회적 요구를 반영하여 미래 사회가 요구하는 '포용성과 창의성을 갖춘 주도적인 사람'이라는 인간상을 제시하였다. 또한 학생의 삶과 성장을 지원하며 '자기 관리, 지식정보처리, 창의적 사고, 심미적 감성, 협력적 소통, 공동체' 역량을 중점적으로 기르고, 수리 소양, 디지털 소양, 언어 소양의 기초 소양 함양도 강조하였다. 이에 수학과 교육과정은 총론의 핵심역량과 연계하여 '문제해결, 추론, 의사소통, 연결, 정보처리' 역량을 수학 교과 역량으로 설정하고, 핵심 아이디어와 지식 · 이해, 과정 · 기능, 가치 · 태도의 세 범주로 내용 체계를 구성하여 수학 교과 역량 함양을 지원하도록 설계하였다. 아울러 기초 소양의 함양과 생태전환 교육, 민주 시민 교육, 학생 맞춤형 교육을 도모하는 교수 · 학습 및 평가 방법을 제시하였다. 또한 학생 주도성 개념을 바탕으로 학생의 삶과 성장을 지원하고 온라인 교육 환경에서 교수 · 학습 및 평가를 할 수 있도록 하였다.

수학과 교육과정은 성격, 목표, 내용 체계, 성취기준, 교수 · 학습, 평가로 구성하였다. '성격'에는 수학과의 고유한 특성과 수학 학습의 필요성을 제시하였다. '목표'는 총괄 목표와 세부 목표로 구성하였는데, 총괄 목표는 지식 · 이해, 과정 · 기능, 가치 · 태도를 통합적으로 학습하여 수학 교과 역량을 함양하는 것으로, 세부 목표는 문제해결, 추론, 의사소통, 연결, 정보처리 역량을 각각 함양하는 것으로 설정하였다. '내용 체계'는 영역별 핵심 아이디어와 지식 · 이해, 과정 · 기능, 가치 · 태도의 세 범주로 구성하였다. '성취기준'에는 지식 · 이해, 과정 · 기능, 가치 · 태도를 학습한 도달점으로 구체적인 성취 내용을 제시하였고, '성취기준 해설'과 '성취기준 적용 시 고려 사항'에는 성취기준의 취지, 범위 등 수학과 성취기준의 고유한 측면을 해석하고 적용할 때 고려할 수 있는 정보를 제시하였다. '교수 · 학습'과 '평가'에는 수학 교과 역량 및 총론의 개정 중점을 반영하여 교수 · 학습 및 평가의 방향과 방법을 제시하였다.

수학과의 영역은 초 · 중학교에서 다루는 수학적 대상과 기본적인 개념을 드러내는 '수와 연산', '변화와 관계', '도형과 측정', '자료와 가능성'으로 구성하였다. 초 · 중학교의 영역을 동일하게 설정하여 내용 체계를 구성함으로써 초 · 중학교를 관통하는 핵심적인 대상과 개념을 학습하도록 하였다. 초·중학교의 4개 영역은 고등학교의 수학 공통 과목이나 선택 과목을 학습하는 데 기초가 되는 내용을 전반적으로 다룬다.

내용 체계에서 핵심 아이디어는 학년(군) 또는 학교급을 관통하는 수학 내용의 본질 또는 가치를 보여주며, 학생들이 핵심 아이디어를 향한 깊이 있는 학습을 추구하게 하였다. 수학과의 핵심 아이디어는 주요한 수학의 개념, 원리, 법칙 등이 어떻게 발생하고 확장되며 그 결과로 어떤 일반성과 추상성을 획득하는지, 수평적으로 또는 수직적으로 어떻게 상호 관련되는지, 어떤 탐구 과정을 중점적으로 강조하는지 등을 압축하여 제시한 것이다. 핵심 아이디어는 수학 학습 과정에서 전이가가 높은 내용을 담은 문장으로 기술하였다.

내용 체계의 지식·이해, 과정·기능, 가치·태도는 수학 교과 역량을 함양하는 데 필요한 핵심 요소로 구성하였다. 지식·이해 범주는 수학의 핵심적인 개념, 원리, 법칙 등을 학년(군)별로 구분하여 제시하였다. 초·중학교의 지식·이해 범주는 학년(군)에 따라 위계성을 가지며, 영역 간에도 위계성을 고려하여 구성하였다. 과정·기능 범주는 수학의 개념, 원리, 법칙 등을 학습할 때 5가지 교과 역량이 발현되는 사고 과정이나 기능을 보여주도록 구성하였다. 가치·태도 범주는 수학을 학습하면서 학생들이 갖게 되는 태도와 실천적인 성향을 나타낸 것으로, 수학의 가치를 인식하고 수학적 태도를 함양할 수 있게 구성하였다. 내용 체계의 지식·이해, 과정·기능, 가치·태도는 성취기준 개발의 근거가 된다.

수학 수업을 계획할 때 교육과정을 다음과 같이 활용할 것을 권장한다. 먼저 내용 체계의 '핵심 아이디어'를 통해 영역 전체를 아우르거나 관통하는 관점을 파악한다. 다음으로 내용 체계의 '지식·이해, 과정·기능, 가치·태도'를 확인하여 중점을 두어야 하는 내용을 확인한다. 이어서 '성취기준, 성취기준 해설, 성취기준 적용 시 고려 사항', '교수·학습 및 평가'를 확인하여 세부적인 수업 내용과 방법을 구체화한다. 수업 계획이 성취기준 학습에만 그치지 않고 여러 성취기준을 아우르거나 관통하는 핵심 아이디어를 구성하는 데에 기여하는지 점검하여 보완한다.

수학과 교육과정 설계의 개요를 그림으로 나타내면 다음과 같다.

수학과 교육과정

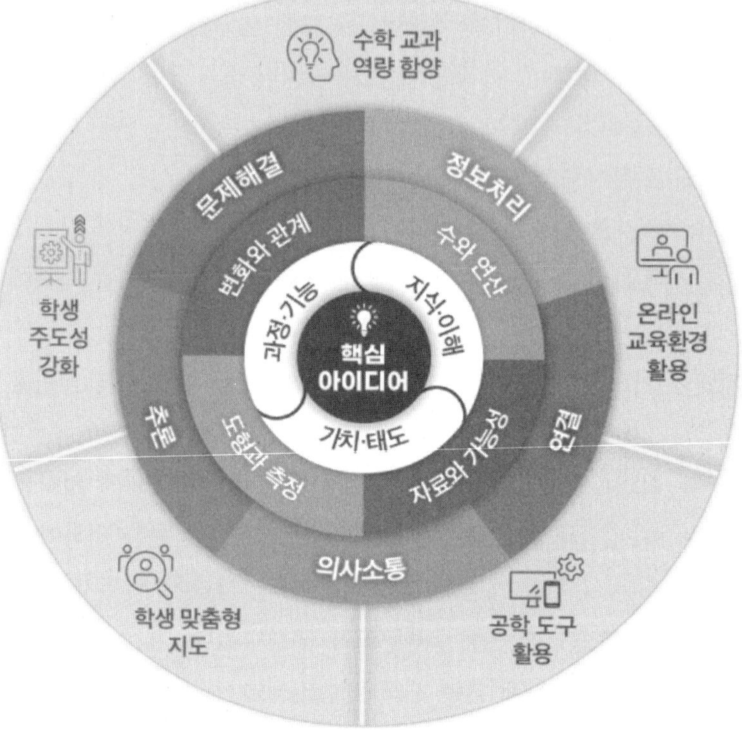

[수학과 교육과정 설계의 개요]

1. 성격 및 목표

가. 성격

수학과는 수학의 개념, 원리, 법칙을 이해하고 주변의 여러 가지 현상을 수학적으로 관찰하고 해석하며 논리적으로 사고하고 합리적으로 문제를 해결하는 능력과 태도를 기르는 교과이다. 수학은 오랜 역사를 통해 인류 문명 발전의 원동력이 되어 왔으며, 세계화・정보화가 가속화되는 미래 사회의 구성원이 지녀야 할 역량을 기르는 데 필수적이다.

초・중학교에서 학습한 수학은 기본적인 삶을 영위하고 일상생활을 포함한 다양한 맥락의 문제를 해결하는 데 도움이 되고, 고등학교 수학뿐만 아니라 여러 교과 학습의 토대가 된다. 수학 학습은 자연과학, 공학, 의학뿐만 아니라 사회과학, 인문학, 예술 및 체육 분야 등 다양한 분야의 직업에서 요구하는 수리 소양을 형성하는 데 기초가 되며, 나아가 미래 사회를 주도할 창의성을 갖춘 사람으로 성장할 수 있는 기반을 제공한다.

학생들은 수학 학습을 통해 수학 지식을 이해하고 수학적 사고 과정과 기능을 형성하며 수학의 가치를 인식하고 바람직한 수학적 태도를 갖추어 수학 교과 역량을 함양할 수 있다. 또한 수학을 학습하는 과정에서 협력하여 문제를 해결하고 성찰하는 경험을 통해 나른 사림에 대힌 포용성을 갖춘 민주 시민이자 인간과 환경의 공존 및 지속가능한 발전을 추구하는 세계 공동체의 일원으로 성장할 수 있다.

나. 목표

수학의 개념, 원리, 법칙을 이해하고 수학의 가치를 인식하며 바람직한 수학적 태도를 길러 수학적으로 추론하고 의사소통하며 다양한 현상과 연결하여 정보를 처리하고 문제를 창의적으로 해결하는 수학 교과 역량을 함양한다.

(1) 수학적 지식을 이해하고 활용하여 적극적이고 자신감 있게 여러 가지 문제를 해결한다.

(2) 수학적 사실에 대해 흥미와 관심을 갖고 추측과 정당화를 통해 추론한다.

(3) 수학적 사고와 전략에 대해 의사소통하고 수학적 표현의 편리함을 인식한다.

(4) 수학의 개념, 원리, 법칙 간의 관련성을 탐구하고 실생활이나 타 교과에 수학을 적용하여 수학의 유용성을 인식한다.

(5) 목적에 맞게 교구나 공학 도구를 활용하며 자료를 수집하고 처리하여 정보에 근거한 합리적 의사 결정을 한다.

2. 내용 체계 및 성취기준

가. 내용 체계

(1) 수와 연산

구분 범주	내용 요소		
핵심 아이디어	• 사물의 양은 자연수, 분수, 소수 등으로 표현되며, 수는 자연수에서 정수, 유리수, 실수로 확장된다. • 사칙계산은 자연수에 대해 정의되며 정수, 유리수, 실수의 사칙계산으로 확장되고 이때 연산의 성질이 일관되게 성립한다. • 수와 사칙계산은 수학 학습의 기본이 되며, 실생활 문제를 포함한 다양한 문제를 해결하는 데 유용하게 활용된다.		
	내용 요소		
	초등학교		
	1~2학년	3~4학년	5~6학년
지식 · 이해	• 네 자리 이하의 수 • 두 자리 수 범위의 덧셈과 뺄셈 • 한 자리 수의 곱셈	• 다섯 자리 이상의 수 • 분수 • 소수 • 세 자리 수의 덧셈과 뺄셈 • 자연수의 곱셈과 나눗셈 • 분모가 같은 분수의 덧셈과 뺄셈 • 소수의 덧셈과 뺄셈	• 약수와 배수 • 수의 범위와 올림, 버림, 반올림 • 자연수의 혼합 계산 • 분모가 다른 분수의 덧셈과 뺄셈 • 분수의 곱셈과 나눗셈 • 소수의 곱셈과 나눗셈
과정 · 기능	• 자연수, 분수, 소수 등 수 관련 개념과 원리를 탐구하기 • 수를 세고 읽고 쓰기 • 자연수, 분수, 소수의 크기를 비교하고 그 방법을 설명하기 • 사칙계산의 의미와 계산 원리를 탐구하고 계산하기 • 수 감각과 연산 감각 기르기 • 연산 사이의 관계, 분수와 소수의 관계를 탐구하기 • 수의 범위와 올림, 버림, 반올림한 어림값을 실생활과 연결하기 • 자연수, 분수, 소수, 사칙계산을 실생활 및 타 교과와 연결하여 문제해결하기		
가치 · 태도	• 자연수, 분수, 소수의 필요성 인식 • 사칙계산, 어림의 유용성 인식 • 분수 표현의 편리함 인식 • 수와 연산 관련 문제해결에서 비판적으로 사고하는 태도		

(2) 변화와 관계

핵심 아이디어	• 변화하는 현상에 반복적인 요소로 들어있는 규칙은 수나 식으로 표현될 수 있으며, 규칙을 탐구하는 것은 수학적으로 추측하고 일반화하는 데 기반이 된다. • 동치 관계, 대응 관계, 비례 관계 등은 여러 현상에 들어있는 대상들 사이의 다양한 관계를 기술하고 복잡한 문제를 해결하는 데 유용하게 활용된다. • 수와 그 계산은 문자와 식을 사용하여 일반화되며, 특정한 관계를 만족시키는 미지의 값은 방정식과 부등식을 해결하는 적절한 절차를 거쳐 구해진다. • 한 양이 변함에 따라 다른 양이 하나씩 정해지는 두 양 사이의 대응 관계를 나타내는 함수와 그 그래프는 변화하는 현상 속의 다양한 관계를 수학적으로 표현한다.		
구분 / 범주	내용 요소		
	초등학교		
	1~2학년	3~4학년	5~6학년
지식 · 이해	• 규칙	• 규칙 • 동치 관계	• 대응 관계 • 비와 비율 • 비례식과 비례배분
과정 · 기능	• 물체, 무늬, 수, 계산식의 배열에서 규칙을 탐구하기 • 규칙을 찾아 여러 가지 방법으로 표현하기 • 두 양의 관계를 탐구하고, 등호를 사용하여 나타내기 • 대응 관계를 탐구하고, □, △ 등을 사용하여 식으로 나타내고 설명하기 • 두 양의 관계를 비나 비율로 나타내기 • 비율을 분수, 소수, 백분율로 나타내기 • 비율을 실생활 및 타 교과와 연결하여 문제해결하기 • 비례식을 풀고, 주어진 양을 비례배분하기		
가치 · 태도	• 규칙, 동치 관계 탐구에 대한 흥미 • 대응 관계, 비 표현의 편리함 인식 • 비와 비율의 유용성 인식 • 변화와 관계 관련 문제해결에서 비판적으로 사고하는 태도		

(3) 도형과 측정

<table>
<tr><td>핵심 아이디어</td><td colspan="3">• 평면도형과 입체도형은 여러 가지 모양을 범주화한 것이며, 각각의 평면도형과 입체도형은 고유한 성질을 갖는다.
• 도형의 성질과 관계를 탐구하고 정당화하는 것은 논리적이고 비판적으로 사고하는 데 기반이 된다.
• 측정은 여러 가지 속성의 양을 비교하고 속성에 따른 단위를 이용하여 양을 수치화함으로써 여러 가지 현상을 해석하거나 실생활 문제를 해결하는 데 활용된다.</td></tr>
<tr><td rowspan="3">구분
범주</td><td colspan="3">내용 요소</td></tr>
<tr><td colspan="3">초등학교</td></tr>
<tr><td>1~2학년</td><td>3~4학년</td><td>5~6학년</td></tr>
<tr><td>지식 · 이해</td><td>• 입체도형의 모양
• 평면도형과 그 구성 요소
• 양의 비교
• 시각과 시간 (시, 분)
• 길이(cm, m)</td><td>• 도형의 기초
• 원의 구성 요소
• 여러 가지 삼각형
• 여러 가지 사각형
• 다각형
• 평면도형의 이동
• 시각과 시간(초)
• 길이(mm, km)
• 들이(L, mL)
• 무게(kg, g, t)
• 각도(°)</td><td>• 합동과 대칭
• 직육면체와 정육면체
• 각기둥과 각뿔
• 원기둥, 원뿔, 구
• 다각형의 둘레와 넓이
• 원주율과 원의 넓이
• 직육면체와 정육면체의 겉넓이와 부피</td></tr>
<tr><td>과정 · 기능</td><td colspan="3">• 여러 가지 사물과 도형을 기준에 따라 분류하기
• 도형의 개념, 구성 요소, 성질 탐구하고 설명하기
• 평면도형이나 입체도형 그리기와 만들기
• 평면도형을 밀기, 뒤집기, 돌리기 한 모양을 추측하고 그리기
• 쌓은 모양 추측하고 쌓기나무의 개수 구하기
• 공간 감각 기르기
• 여러 가지 양을 비교, 측정, 어림하는 방법 탐구하기
• 측정 단위 사이의 관계 탐구하기
• 측정 단위를 사용하여 양을 표현하기
• 실생활 문제 상황에서 길이, 들이, 무게, 시간의 덧셈과 뺄셈하기
• 도형의 둘레, 넓이, 부피 구하는 방법 탐구하기
• 측정을 실생활 및 타 교과와 연결하여 문제해결하기</td></tr>
<tr><td>가치 · 태도</td><td colspan="3">• 평면도형, 입체도형에 대한 흥미와 관심
• 합동인 도형, 선대칭도형, 점대칭도형의 아름다움 인식
• 표준 단위의 필요성 인식
• 넓이와 부피를 구하는 방법의 편리함 인식
• 도형과 측정 관련 문제해결에서 비판적으로 사고하는 태도</td></tr>
</table>

(4) 자료와 가능성

<table>
<tr><td>핵심 아이디어</td><td colspan="3">· 자료를 수집, 정리, 해석하는 통계는 자료의 특징을 파악하고 두 집단을 비교하며 자료의 관계를 탐구하는 데 활용된다.
· 사건이 일어날 가능성을 여러 가지 방법으로 표현하는 것은 불확실성을 이해하는 데 도움이 되며, 가능성을 확률로 수치화하면 불확실성을 수학적으로 다룰 수 있게 된다.
· 자료를 이용하여 통계적 문제해결 과정을 실천하고 생활 속의 가능성을 탐구하는 것은 미래를 예측하고 합리적인 의사 결정을 하는 데 기반이 된다.</td></tr>
<tr><td rowspan="3">구분 / 범주</td><td colspan="3">내용 요소</td></tr>
<tr><td colspan="3">초등학교</td></tr>
<tr><td>1~2학년</td><td>3~4학년</td><td>5~6학년</td></tr>
<tr><td>지식 · 이해</td><td>· 자료의 분류
· 표
· ○, ×, ／를 이용한 그래프</td><td>· 그림그래프
· 막대그래프
· 꺾은선그래프</td><td>· 평균
· 띠그래프, 원그래프
· 가능성</td></tr>
<tr><td>과정 · 기능</td><td colspan="3">· 자료를 기준에 따라 분류하고 설명하기
· 탐구 문제를 설정하고 그에 맞는 자료를 수집하기
· 자료를 표나 그래프로 나타내고 해석하기
· 자료의 평균을 구하고 해석하기
· 자료를 수집하고 정리하여 문제해결하기
· 사건이 일어날 가능성을 비교하고 표현하기
· 실생활과 연결하여 사건이 일어날 가능성을 예상하기</td></tr>
<tr><td>가치 · 태도</td><td colspan="3">· 표와 그래프의 편리함 인식
· 평균의 유용성 인식
· 자료를 이용한 통계적 문제해결 과정의 가치 인식
· 가능성에 근거하여 판단하는 태도
· 자료와 가능성 관련 문제해결에서 비판적으로 사고하는 태도</td></tr>
</table>

나. 성취기준

[초등학교 1~2학년]

(1) 수와 연산

1 네 자리 이하의 수

[2수01-01] 수의 필요성을 인식하면서 0과 100까지의 수 개념을 이해하고, 수를 세고 읽고 쓸 수 있다.

[2수01-02] 일, 십, 백, 천의 자릿값과 위치적 기수법을 이해하고, 네 자리 이하의 수를 읽고 쓸 수 있다.

[2수01-03] 네 자리 이하의 수의 범위에서 수의 계열을 이해하고, 수의 크기를 비교할 수 있다.

[2수01-04] 하나의 수를 두 수로 분해하고 두 수를 하나의 수로 합성하는 활동을 통하여 수 감각을 기른다.

2 두 자리 수 범위의 덧셈과 뺄셈

[2수01-05] 덧셈과 뺄셈이 이루어지는 실생활 상황과 연결하여 덧셈과 뺄셈의 의미를 이해한다.

[2수01-06] 두 자리 수의 범위에서 덧셈과 뺄셈의 계산 원리를 이해하고 그 계산을 할 수 있다.

[2수01-07] 덧셈과 뺄셈의 관계를 이해한다.

[2수01-08] 두 자리 수의 범위에서 세 수의 덧셈과 뺄셈을 할 수 있다.

[2수01-09] □가 사용된 덧셈식과 뺄셈식을 만들고, □의 값을 구할 수 있다.

3 한 자리 수의 곱셈

[2수01-10] 곱셈이 이루어지는 실생활 상황과 연결하여 곱셈의 의미를 이해한다.

[2수01-11] 곱셈구구를 이해하고, 한 자리 수의 곱셈을 할 수 있다.

(가) 성취기준 해설

- [2수01-06] 덧셈은 두 자리 수의 범위에서 다루되, 합이 세 자리 수인 경우도 포함한다.

(나) 성취기준 적용 시 고려 사항

- '수와 연산' 영역에서는 용어와 기호로 '덧셈, 뺄셈, 곱셈, 짝수, 홀수, +, −, ×, =, >, <'를 다룬다.
- 자연수가 개수, 순서, 이름 등을 나타내는 경우가 있음을 알고, 실생활에서 수가 사용되는 사례를 통하여 네 자리 이하의 수의 필요성을 인식하게 한다.
- 두 자리 수를 10개씩 묶음과 낱개로 나타내게 함으로써 위치적 기수법의 기초 개념을 형성하게 한다.
- 저학년 학생들의 한글 학습 정도를 고려하여 수를 '여덟', '마흔아홉', '칠십육', '첫째' 등과 같이 한글로 쓰게 하는 것은 지양한다.
- 수 세기가 필요한 장면에서 묶어 세기, 뛰어 세기의 방법으로 수를 세어 보게 한다.
- 짝수와 홀수는 20 이하의 수의 범위에서 다루고, 실생활 상황에서 둘씩 묶어 보는 활동을 통하여 짝수와 홀수를 직관적으로 이해하게 한다.
- 십의 자리 수가 0인 세 자리 수, 백의 자리 수나 십의 자리 수가 0인 네 자리 수를 활용하여 자릿값을 이해하게 할 수 있다.
- 수를 분해하고 합성하는 활동은 20 이하의 수의 범위에서 한다.
- '~보다 ~만큼 더 큰 수', '~보다 ~만큼 더 작은 수', '더한다', '합한다', '뺀다', '덜어 낸다', '합', '차' 등의 일상용어를 사용하여 덧셈과 뺄셈의 의미에 친숙하게 한다.
- 한 자리 수인 두 수를 바꾸어 더해 보고 그 결과를 비교하는 활동을 통하여 덧셈의 교환법칙을 직관적으로 이해하게 한다.
- 덧셈과 뺄셈을 여러 가지 방법으로 계산하는 활동을 통하여 연산 감각을 기르게 하되, 이를 지나치게 형식화하여 다루지 않는다.
- 학생들에게 친근한 실생활 상황을 이용하여 덧셈과 뺄셈에 관련된 문제를 만들고 해결하게 한다.
- 덧셈식, 뺄셈식, 곱셈식에서 등호(=)의 양쪽에 있는 양이 서로 같음을 이해하게 한다.
- 한 가지 상황을 간단한 덧셈식과 뺄셈식으로 나타내는 활동을 통하여 덧셈과 뺄셈의 관계를 이해하게 한다.

- 세 수의 덧셈에서는 세 수를 앞에서부터 순서대로 더한 결과와 합이 10이 되는 두 수를 먼저 더하고 나머지 수를 더한 결과를 비교하는 활동을 통하여 덧셈의 결합법칙을 직관적으로 이해하게 한다.
- □가 사용된 덧셈식과 뺄셈식은 □의 값을 직관적으로 구할 수 있는 수준으로 다룬다.
- 곱셈의 의미는 배의 개념과 동수누가를 통하여 다루고, 1의 곱과 0의 곱은 실생활과 관련지어 다룬다.
- 곱셈표를 이용해서 두 수를 바꾸어 곱해도 곱이 같음을 비교하는 활동을 통하여 곱셈의 교환법칙을 직관적으로 이해하게 한다.
- '수와 연산' 영역의 문제 상황에 적합한 문제해결 전략을 지도하여 문제해결 역량을 기르게 한다.

(2) 변화와 관계

① 규칙 찾기

[2수02-01] 물체, 무늬, 수 등의 배열에서 규칙을 찾아 여러 가지 방법으로 표현할 수 있다.

[2수02-02] 자신이 정한 규칙에 따라 물체, 무늬, 수 등을 배열할 수 있다.

(가) 성취기준 해설

- [2수02-01] 물체, 무늬, 수 등의 배열을 관찰하여 일정하게 반복되거나 증가하는 규칙을 찾고 말, 수, 그림, 기호, 구체물, 행동 등의 다양한 방법으로 표현하게 한다. 그리고 물체, 무늬, 수의 배열에서 다음에 올 것이나 중간에 빠진 것을 추측하게 한다.

(나) 성취기준 적용 시 고려 사항

- 학생이 스스로 만든 규칙에 따라 물체, 무늬, 수 등을 배열하는 활동을 통해 수학에 대한 흥미를 느끼게 할 수 있다.
- 수의 배열뿐만 아니라 수 배열표, 덧셈표, 곱셈표를 활용하여 수의 다양한 규칙을 찾게 한다.
- 물체, 무늬, 수 등의 배열에서는 크기, 색깔, 위치, 순서 등에 대한 단순한 규칙을 다루고, 지나치게 복잡한 배열에 대한 평가는 지양한다.

- 다른 사람의 배열에서 규칙을 찾아보거나 규칙에 대해 서로 말하게 한다.
- '변화와 관계' 영역의 문제 상황에 적합한 문제해결 전략을 지도하여 문제해결 역량을 기르게 한다.

(3) 도형과 측정

[1] 입체도형의 모양

[2수03-01] 교실 및 생활 주변에서 여러 가지 물건을 관찰하여 직육면체, 원기둥, 구의 모양을 찾고, 이를 이용하여 여러 가지 모양을 만들 수 있다.

[2수03-02] 쌓기나무를 이용하여 여러 가지 입체도형의 모양을 만들고, 그 모양에 대해 위치나 방향을 이용하여 말할 수 있다.

[2] 평면도형과 그 구성 요소

[2수03-03] 교실 및 생활 주변에서 여러 가지 물건을 관찰하여 삼각형, 사각형, 원의 모양을 찾고, 이를 이용하여 여러 가지 모양을 만들 수 있다.

[2수03-04] 삼각형, 사각형, 원을 직관적으로 이해하고, 그 모양을 그릴 수 있다.

[2수03-05] 삼각형, 사각형에서 각각의 공통점을 찾아 말할 수 있다.

[3] 양의 비교

[2수03-06] 구체물의 길이, 들이, 무게, 넓이를 비교하여 각각 '길다, 짧다', '많다, 적다', '무겁다, 가볍다', '넓다, 좁다' 등을 구별하여 말할 수 있다.

[4] 시각과 시간

[2수03-07] 시계를 보고 시각을 '몇 시 몇 분'까지 읽을 수 있다.

[2수03-08] 1시간과 1분의 관계를 이해하고, 시간을 '시간', '분'으로 표현할 수 있다.

[2수03-09] 실생활 문제 상황과 연결하여 1분, 1시간, 1일, 1주일, 1개월, 1년 사이의 관계를 이해한다.

[5] 길이

[2수03-10] 길이 단위 1cm와 1m를 알고, 이를 이용하여 주변 사물의 길이를 측정할 수 있다.

[2수03-11] 1m와 1cm의 관계를 이해하고, 길이를 '몇 m 몇 cm'와 '몇 cm'로 표현할 수 있다.

[2수03-12] 여러 가지 물건의 길이를 어림하고, 길이에 대한 양감을 기른다.

[2수03-13] 실생활 문제 상황과 연결하여 길이의 덧셈과 뺄셈을 할 수 있다.

(가) 성취기준 해설

- [2수03-02] 쌓기나무로 만든 입체도형의 모양에 대해서 '~의 앞', '~의 오른쪽', '~의 위', '2층' 등을 사용하여 말하게 한다.
- [2수03-04] 삼각형, 사각형, 원은 예인 것과 예가 아닌 것을 분류하는 활동을 통하여 직관적으로 이해하게 한다. 본뜨기, 도형판을 이용한 활동 등을 통해 삼각형, 사각형, 원의 모양을 그리게 할 수 있다.
- [2수03-10] 길이의 표준 단위를 도입하기 전에 구체물을 직접 비교해 보거나 여러 가지 임의 단위를 사용하여 구체물의 길이를 재어보는 활동을 통해 표준 단위의 필요성을 알게 한다.
- [2수03-12] 생활 주변의 여러 가지 물건들의 길이를 어림해 보고 자로 측정하여 확인하는 활동과 주어진 길이에 해당하는 선분을 그려 보는 활동을 통해 길이에 대한 양감을 기르게 한다.

(나) 성취기준 적용 시 고려 사항

- '도형과 측정' 영역에서는 용어와 기호로 '삼각형, 사각형, 원, 꼭짓점, 변, 시, 분, 약, cm, m'를 다룬다.
- 입체도형과 평면도형의 모양을 다룰 때 모양의 특징을 직관적으로 파악하여 모양을 분류하고, 분류한 모양을 지칭하기 위해 일상용어를 사용하게 할 수 있다.
- 입체도형과 평면도형의 모양을 이용한 모양 만들기의 주제는 학생들에게 친근한 소재인 동물, 탈 것, 건물 등으로 다양하게 제시하여 수학에 대한 흥미와 관심을 갖게 한다.
- 쌓기나무, 칠교판 등의 구체물을 이용한 모양 만들기를 통하여 도형에 대한 공간 감각을 기르게 한다.
- 양의 비교는 학생들에게 친근한 실생활 상황을 이용하고, 직관적인 비교, 직접 비교, 간접 비교 등을 상황에 따라 알맞게 다룬다.
- 저학년 학생들의 한글 학습 정도를 고려하여 양을 비교할 때 '짧다', '많다', '넓다' 등과 같이 한글로 쓰게 하는 것은 지양한다.
- 학생들이 모형 시계를 조작하여 '몇 시', '몇 시 30분', '몇 시 몇 분', '몇 시 몇 분 전' 등의 시각을 읽게 한다.
- '몇 시 몇 분 전'의 시각 읽기에서 5분 전, 10분 전과 같이 간단한 경우를

다루고, 13분 전과 같이 복잡한 경우는 다루지 않는다.

- 시간의 여러 가지 단위를 지도할 때는 단위 사이의 관계를 이해하는 데 중점을 두고, 지나친 단위 환산은 다루지 않는다.
- 1일, 1주일, 1개월, 1년 사이의 관계를 지도할 때는 실생활 상황에서 달력을 이용하여 그 관계를 이해하게 한다.
- 구체물의 길이를 재는 과정에서 자의 눈금과 일치하지 않는 길이의 측정값을 '약'으로 표현할 수 있음을 알게 한다.
- '도형과 측정' 영역의 문제 상황에 적합한 문제해결 전략을 지도하여 문제해결 역량을 기르게 한다.

(4) 자료와 가능성

[1] 자료의 정리

[2수04-01] 여러 가지 사물을 정해진 기준 또는 자신이 정한 기준으로 분류하여 개수를 세어 보고, 기준에 따른 결과를 말할 수 있다.

[2수04-02] 자료를 분류하여 표로 나타내고, 자료를 표로 나타내면 편리한 점을 말할 수 있다.

[2수04-03] 자료를 분류하여 ○, ×, / 등을 이용한 그래프로 나타내고, 자료를 그래프로 나타내면 편리한 점을 말할 수 있다.

(가) 성취기준 해설

- [2수04-02] 표를 이용하여 자료의 크기를 수로 정리하면, 자료의 크기를 나타내고 비교하는 데 편리하다는 점을 통해 수학의 유용성을 인식하게 한다.
- [2수04-03] 그래프를 이용하여 자료의 크기를 시각적으로 나타내면, 자료의 크기를 한눈에 비교하는 데 편리하다는 점을 통해 수학의 유용성을 인식하게 한다.

(나) 성취기준 적용 시 고려 사항

- '자료와 가능성' 영역에서는 용어와 기호로 '표, 그래프'를 다룬다.
- 분류하기에서는 학생들이 실생활에서 친근하게 느낄 수 있는 소재를 활용한다.
- 기준을 정하여 분류할 때는 학생들이 정한 다양한 기준을 존중하되, 분명하

지 않은 기준으로는 분류하기가 어렵다는 점을 인식하게 한다.

- 자료를 분류하여 표나 그래프를 만들 때는 자료가 중복되거나 빠지지 않도록 세어 보는 방법을 함께 지도한다.
- 표와 그래프로 나타내기는 실생활이나 환경과 관련된 자료들을 활용하되, 학생들의 수준에 비해 어려운 분류 대상이나 분류 기준을 사용하지 않는다.
- '자료와 가능성' 영역의 문제 상황에 적합한 문제해결 전략을 지도하여 문제해결 역량을 기르게 한다.

[초등학교 3~4학년]

(1) 수와 연산

1 다섯 자리 이상의 수

[4수01-01] 큰 수의 필요성을 인식하면서 10000 이상의 큰 수에 대한 자릿값과 위치적 기수법을 이해하고, 수를 읽고 쓸 수 있다.

[4수01-02] 다섯 자리 이상의 수의 범위에서 수의 계열을 이해하고, 수의 크기를 비교하며 그 방법을 설명할 수 있다.

2 세 자리 수의 덧셈과 뺄셈

[4수01-03] 세 자리 수의 덧셈과 뺄셈의 계산 원리를 이해하고 그 계산을 할 수 있다.

3 세 자리 수 범위의 곱셈

[4수01-04] 곱하는 수가 한 자리 수 또는 두 자리 수인 곱셈의 계산 원리를 이해하고 그 계산을 할 수 있다.

4 세 자리 수 범위의 나눗셈

[4수01-05] 나눗셈이 이루어지는 실생활 상황과 연결하여 나눗셈의 의미를 알고, 곱셈과 나눗셈의 관계를 이해한다.

[4수01-06] 나누는 수가 한 자리 수인 나눗셈의 계산 원리를 이해하고 그 계산을 할 수 있으며, 나눗셈에서 몫과 나머지의 의미를 안다.

[4수01-07] 나누는 수가 두 자리 수인 나눗셈의 계산 원리를 이해하고 그 계산을 할 수 있다.

5 자연수의 어림셈

[4수01-08] 자연수의 덧셈, 뺄셈, 곱셈, 나눗셈과 관련한 여러 가지 상황에서 어림셈을 할 수 있다.

6 분수

[4수01-09] 양의 등분할을 통하여 분수의 필요성을 인식하고, 분수를 이해하고 읽고 쓸 수 있다.

[4수01-10] 단위분수, 진분수, 가분수, 대분수를 알고, 그 관계를 이해한다.

[4수01-11] 분모가 같은 분수끼리, 단위분수끼리 크기를 비교하고 그 방법을 설명할 수 있다.

7 소수

[4수01-12] 분모가 10인 진분수와 연결하여 소수 한 자리 수를 이해하고 읽고 쓸 수 있다.

[4수01-13] 자릿값의 원리를 바탕으로 소수 두 자리 수와 소수 세 자리 수를 이해하고 읽고 쓸 수 있다.

[4수01-14] 소수의 크기를 비교하고 그 방법을 설명할 수 있다.

8 분수의 덧셈과 뺄셈

[4수01-15] 분모가 같은 분수의 덧셈과 뺄셈의 계산 원리를 이해하고 그 계산을 할 수 있다.

9 소수의 덧셈과 뺄셈

[4수01-16] 소수 두 자리 수의 범위에서 소수의 덧셈과 뺄셈의 계산 원리를 이해하고 그 계산을 할 수 있다.

(가) 성취기준 해설

- [4수01-03] 덧셈은 세 자리 수의 범위에서 다루되, 합이 네 자리 수인 경우도 포함한다.
- [4수01-04] 곱셈은 '(두 자리 수)×(한 자리 수)', '(세 자리 수)×(한 자리 수)', '(두 자리 수)×(두 자리 수)', '(세 자리 수)×(두 자리 수)'를 다룬다.
- [4수01-06] 나눗셈에서 '(두 자리 수)÷(한 자리 수)'는 나누어떨어지는 경우와 나누어떨어지지 않는 경우를 포함하여 몫과 나머지를 이해하게 한다.

- [4수01-07] 나누는 수가 두 자리 수인 나눗셈에서는 '(두 자리 수)÷(두 자리 수)', '(세 자리 수)÷(두 자리 수)'를 다룬다.
- [4수01-09] 1보다 작은 양을 나타내는 경우를 통하여 분수의 필요성이나 그 표현의 편리함을 인식하게 할 수 있다. 양의 등분할을 통하여 분수를 도입할 때 부분과 전체를 파악하게 하고, '분모', '분자'를 사용한다.

(나) 성취기준 적용 시 고려 사항

- '수와 연산' 영역에서는 용어와 기호로 '나눗셈, 몫, 나머지, 나누어떨어진다, 분수, 분모, 분자, 단위분수, 진분수, 가분수, 대분수, 자연수, 소수, 소수점(.), ÷'를 다룬다.
- 뉴스, 광고 등 여러 가지 매체를 활용해 자료를 조사하는 활동을 통하여 실생활에서 다섯 자리 이상의 큰 수가 쓰이는 경우를 찾아보게 한다. 조사한 결과를 바탕으로 큰 수와 관련하여 이야기하는 활동을 통하여 큰 수에 대한 필요성을 인식하고 양감을 기르게 한다.
- 한 가지 상황을 곱셈식과 나눗셈식으로 나타내는 활동을 통하여 곱셈과 나눗셈의 관계를 이해하게 한다.
- 나눗셈에 대한 검산에서는 나눗셈식을 보고 곱셈식으로 나타내는 것보다 검산의 목적과 필요성을 이해하는 데 초점을 둔다.
- 자연수의 덧셈, 뺄셈, 곱셈, 나눗셈을 하기 전에 계산 결과를 어림하기, 어림한 값을 이용하여 계산 결과가 타당한지 확인하기, 어림셈이 필요한 실생활 상황의 문제를 해결하기 등을 다룰 수 있다.
- 친근한 실생활 상황을 이용하여 자연수의 덧셈, 뺄셈, 곱셈, 나눗셈에 관련된 문제를 만들어 해결하게 하고, 사칙계산의 유용성을 인식하게 한다.
- 실생활에서 소수를 활용한 사례를 통해 소수의 필요성을 인식하게 한다.
- 소수의 덧셈과 뺄셈은 계산 원리를 이해할 수 있는 수준에서 간단히 다룬다.
- 계산 기능을 숙달하는 것이 목적이 아닌 경우에는 계산기를 사용하게 할 수 있다.
- '수와 연산' 영역의 문제 상황에 적합한 문제해결 전략을 지도하고, 문제해결 과정을 설명하게 하여 문제해결 역량을 기르게 한다.
- '수와 연산' 영역에서 문제해결 과정을 설명할 때 다른 친구의 의견을 존중하고 경청하는 태도로 참여하게 한다.

(2) 변화와 관계

□1 규칙을 수나 식으로 나타내기

[4수02-01] 다양한 변화 규칙을 찾아 설명하고, 그 규칙을 수나 식으로 나타낼 수 있다.

[4수02-02] 계산식의 배열에서 규칙을 찾고, 계산 결과를 추측할 수 있다.

□2 등호와 동치 관계

[4수02-03] 등호를 사용하여 크기가 같은 두 양의 관계를 식으로 나타낼 수 있다.

(가) 성취기준 해설

- [4수02-02] 다양한 규칙을 찾을 수 있는 계산식의 배열, 수의 성질을 탐구할 수 있는 계산식의 배열을 다룬다.
- [4수02-03] 등호(=)의 의미를 토대로 구체물, 그림 등을 사용하여 주어진 식이 옳은지 판단하는 활동, 크기가 같은 두 양을 찾는 활동 등을 통해 동치 관계를 이해하게 한다.

(나) 성취기준 적용 시 고려 사항

- 규칙을 식으로 나타낼 때 혼합 계산식, 일반항을 나타낸 식 등을 이용해야 하는 복잡한 문제는 다루지 않는다.
- 계산식의 배열에서 계산 결과의 규칙을 찾는 활동을 할 때 필요에 따라 계산기를 사용하게 할 수 있다.
- 자신이 추측한 규칙을 배열에 적용해 보는 등 다양한 방법으로 규칙이 옳은지 스스로 검토하게 할 수 있다.
- 동치 관계는 두 자리 수의 범위에서 다룬다.
- 등호가 사용된 식이 옳은지 판단할 때는 수 감각이나 학생이 직관적으로 이해하고 있는 연산의 성질을 이용하여 두 양이 서로 같은지 비교하게 할 수 있다.
- '변화와 관계' 영역의 문제 상황에 적합한 문제해결 전략을 지도하고, 문제해결 과정을 설명하게 하여 문제해결 역량을 기르게 한다.
- '변화와 관계' 영역에서 문제해결 과정을 설명할 때 다른 친구의 의견을 존중하고 경청하는 태도로 참여하게 한다.

(3) 도형과 측정

1 도형의 기초

[4수03-01] 직선, 선분, 반직선을 이해하고 구별할 수 있다.

[4수03-02] 각과 직각을 이해하고, 직각과 비교하는 활동을 통하여 예각과 둔각을 구별할 수 있다.

[4수03-03] 직선의 수직 관계와 평행 관계를 이해한다.

2 평면도형의 이동

[4수03-04] 구체물이나 평면도형의 밀기, 뒤집기, 돌리기 활동을 통하여 그 변화를 이해한다.

[4수03-05] 평면에서 점의 이동에 대해 위치와 방향을 이용하여 설명할 수 있다.

3 원의 구성 요소

[4수03-06] 원의 중심, 반지름, 지름을 이해하고, 그 성질을 안다.

[4수03-07] 컴퍼스를 이용하여 여러 가지 크기의 원을 그릴 수 있다.

4 여러 가지 삼각형

[4수03-08] 여러 가지 모양의 삼각형에 대한 분류 활동을 통하여 이등변삼각형, 정삼각형을 이해하고, 그 성질을 탐구하고 설명할 수 있다.

[4수03-09] 여러 가지 모양의 삼각형에 대한 분류 활동을 통하여 직각삼각형, 예각삼각형, 둔각삼각형을 이해한다.

5 여러 가지 사각형

[4수03-10] 여러 가지 모양의 사각형에 대한 분류 활동을 통하여 직사각형, 정사각형, 사다리꼴, 평행사변형, 마름모를 이해하고, 그 성질을 탐구하고 설명할 수 있다.

6 다각형

[4수03-11] 다각형과 정다각형을 이해한다.

[4수03-12] 주어진 도형을 이용하여 여러 가지 모양을 만들거나 채우고 설명할 수 있다.

7 시각과 시간

[4수03-13] 1분과 1초의 관계를 이해하고, 초 단위까지 시각을 읽을 수 있다.

[4수03-14] 실생활 문제 상황과 연결하여 초 단위까지의 시간의 덧셈과 뺄셈을 할 수 있다.

8 길이

[4수03-15] 길이 단위 1mm와 1km를 알고, 이를 이용하여 길이를 측정하고 어림하며 수학의 유용성을 인식할 수 있다.

[4수03-16] 1cm와 1mm, 1km와 1m의 관계를 이해하고, 길이를 '몇 cm 몇 mm'와 '몇 mm', '몇 km 몇 m'와 '몇 m'로 다양하게 표현할 수 있다.

9 들이

[4수03-17] 들이 단위 1L와 1mL를 알고, 이를 이용하여 들이를 측정하고 어림하며 수학의 유용성을 인식할 수 있다.

[4수03-18] 1L와 1mL의 관계를 이해하고, 들이를 '몇 L 몇 mL'와 '몇 mL'로 표현할 수 있다.

[4수03-19] 실생활 문제 상황과 연결하여 들이의 덧셈과 뺄셈을 할 수 있다.

10 무게

[4수03-20] 실생활에서 무게를 나타낼 때 사용하는 단위 1g과 1kg을 알고, 이를 이용하여 무게를 측정하고 어림하며 수학의 유용성을 인식할 수 있다.

[4수03-21] 1kg과 1g의 관계를 이해하고, 무게를 '몇 kg 몇 g'과 '몇 g'으로 표현할 수 있다.

[4수03-22] 실생활에서 무게를 나타낼 때 사용하는 단위 1t을 알고, 1t과 1kg의 관계를 이해한다.

[4수03-23] 실생활 문제 상황과 연결하여 무게의 덧셈과 뺄셈을 할 수 있다.

11 각도

[4수03-24] 각의 크기의 단위인 1도(°)를 알고, 각도기를 이용하여 각의 크기를 측정하고 어림할 수 있다.

[4수03-25] 여러 가지 방법으로 삼각형과 사각형의 내각의 크기의 합을 추론하고, 자신의 추론 과정을 설명할 수 있다.

(가) 성취기준 해설

- [4수03-04] 실생활에서 평면도형의 이동을 활용한 사례를 찾아서 이동에 따른 변화를 추론하고 위치나 방향이 어떻게 변화했는지 설명하게 한다.
- [4수03-05] 평면에서 점의 이동은 격자를 따라 위, 아래, 오른쪽, 왼쪽으로 '~칸', '~cm'를 이동하는 수준에서 다룬다. 한 점의 이동에 대해 위치와 방향을 설명하는 데 초점을 두고, 꼭짓점의 이동을 이용하여 평면도형의 이동을 설명하는 활동은 다루지 않는다.
- [4수03-07] 컴퍼스를 사용하여 다양한 크기의 원을 그리는 방법을 원의 성질과 연결하여 이해하게 한다.
- [4수03-11] 도형판, 모양 조각 등의 교구를 이용한 구체적인 조작 활동을 통해 다각형과 정다각형을 이해하게 한다.
- [4수03-12] 다양한 교구와 공학 도구 등을 이용한 구체적인 활동을 통해 주어진 도형으로 여러 가지 모양을 다양하게 만들거나 채울 수 있다.
- [4수03-20] 초등학교에서는 무게와 질량의 개념을 엄밀하게 구분하지 않으며, 무게를 비교하고 측정하는 데에 g, kg의 단위를 사용하게 한다.

(나) 성취기준 적용 시 고려 사항

- '도형과 측정' 영역에서는 용어와 기호로 '직선, 선분, 반직선, 각, (각의) 꼭짓점, (각의) 변, 직각, 예각, 둔각, 수직, 수선, 평행, 평행선, 원의 중심, 반지름, 지름, 이등변삼각형, 정삼각형, 직각삼각형, 예각삼각형, 둔각삼각형, 직사각형, 정사각형, 사다리꼴, 평행사변형, 마름모, 다각형, 정다각형, 대각선, 초, 도(°), mm, km, L, mL, g, kg, t'을 다룬다.
- 직선, 선분, 반직선에 대한 평가에서는 정확한 정의나 표현보다 직선, 선분, 반직선을 서로 구별할 수 있는지에 중점을 둔다.
- 평면도형의 이동에서 돌리고 뒤집기나 뒤집고 돌리기 등 복잡한 변화를 지양한다.
- 평면도형의 이동을 활용하여 모양의 변화나 무늬를 설명하게 할 때 설명 방법이 다양할 수 있음에 유의하여 다른 친구들의 설명을 비판적으로 검토하게 한다.
- 평면도형의 이동, 원 그리기 등을 이용하여 여러 가지 모양이나 무늬 만들기 활동을 통해 수학의 아름다움을 느끼게 할 수 있다.

- 삼각형의 성질을 탐구하는 활동에서 구체적인 관찰, 실험, 측정 등 귀납적 추론을 통해 성질을 이해하게 한다.
- 여러 가지 사각형의 성질은 구체적인 조작 활동을 통하여 간단한 것만 다루고, 여러 가지 사각형 사이의 관계는 다루지 않는다.
- 시각과 시간의 의미는 구체적인 상황 속에서 구별하여 사용할 수 있는 정도로 이해하게 한다.
- 실제로 재거나 어림하는 측정 활동을 통하여 시간, 길이, 들이, 무게, 각도에 대한 양감을 기르게 한다.
- 들이, 무게의 표준 단위를 도입하기 전에 표준 단위의 필요성을 알게 한다.
- 시간, 길이, 들이, 무게의 단위를 지도할 때 단위 사이의 관계를 이해하는 데 중점을 두고, 1km와 1cm의 관계, 1t과 1g의 관계 등의 지나친 단위 환산은 다루지 않는다.
- 길이, 들이, 무게, 각도를 측정할 때 측정도구의 눈금에 일치하지 않는 측정값을 '약'으로 표현하게 한다.
- '도형과 측정' 영역의 문제 상황에 적합한 문제해결 전략을 지도하고, 문제해결 과정을 설명하게 하여 문제해결 역량을 기르게 한다.
- '도형과 측정' 영역에서 문제해결 과정을 설명할 때 다른 친구의 의견을 존중하고 경청하는 태도로 참여하게 한다.

(4) 자료와 가능성

1 자료의 수집과 정리

[4수04-01] 자료를 수집하여 그림그래프나 막대그래프로 나타내고 해석할 수 있다.

[4수04-02] 자료를 수집하여 꺾은선그래프로 나타내고 해석할 수 있다.

[4수04-03] 탐구 문제를 해결하기 위해 자료를 수집, 정리하여 막대그래프나 꺾은선그래프로 나타내고 해석할 수 있다.

(가) 성취기준 해설

- [4수04-03] 여러 가지 문제를 해결하기 위해 자료를 수집, 정리하고 그래프로 나타내어 해석하는 일련의 과정을 직접 경험하게 한다. 자료의 크기를 비교할 때는 막대그래프로, 시간에 따른 변화의 경향을 알아볼 때는 꺾은선그래프로 나타내는 것이 편리함을 알고, 자료의 특성에 따라 목적에

맞는 적절한 그래프를 선택하게 한다.

(나) 성취기준 적용 시 고려 사항

- '자료와 가능성' 영역에서는 용어와 기호로 '그림그래프, 막대그래프, 꺾은선그래프'를 다룬다.
- 문제 상황에 맞게 간단한 설문조사, 실험과 관찰, 공공 자료의 활용 등을 통해 자료를 직접 수집하게 한다.
- 그림그래프를 그릴 때 항목의 이름과 수량의 단위를 명확히 인식하고, 자료의 개수에 따라 그림이 나타내는 단위를 적절히 선택하게 한다.
- 막대그래프와 꺾은선그래프를 그릴 때는 가로축과 세로축이 각각 무엇을 나타내는지 확인하게 하고 눈금 한 칸이 나타내는 크기를 적절히 선택하게 한다.
- 막대그래프와 꺾은선그래프를 그릴 때 공학 도구를 사용하게 할 수 있다.
- 여러 가지 사회, 환경 문제를 탐구하는 데 그림그래프, 막대그래프, 꺾은선그래프로부터 얻은 정보를 활용하게 할 수 있다.
- 자료 수집의 목적과 수집한 자료의 특성에 맞는 그래프로 적절히 표현되었는지를 비판적으로 판단하게 할 수 있다.
- '자료와 가능성' 영역의 문제 상황에 적합한 문제해결 전략을 지도하고, 문제해결 과정을 설명하게 하여 문제해결 역량을 기르게 한다.
- '자료와 가능성' 영역에서 문제해결 과정을 설명할 때 다른 친구의 의견을 존중하고 경청하는 태도로 참여하게 한다.

[초등학교 5~6학년]

(1) 수와 연산

1 자연수의 혼합 계산

[6수01-01] 덧셈, 뺄셈, 곱셈, 나눗셈의 혼합 계산에서 계산하는 순서를 알고, 혼합 계산을 할 수 있다.

2 수의 범위와 올림, 버림, 반올림

[6수01-02] 실생활과 연결하여 이상, 이하, 초과, 미만의 의미와 쓰임을 알고, 이를 활용하여 수의 범위를 나타낼 수 있다.

[6수01-03] 어림값을 구하기 위한 방법으로 올림, 버림, 반올림의 의미와 필요성을 알고, 이를 실생활에 활용함으로써 수학의 유용성을 인식할 수 있다.

3 약수와 배수

[6수01-04] 약수, 공약수, 최대공약수를 이해하고 구할 수 있다.

[6수01-05] 배수, 공배수, 최소공배수를 이해하고 구할 수 있다.

4 분수의 덧셈과 뺄셈

[6수01-06] 크기가 같은 분수를 만드는 방법을 이해하고, 분수를 약분, 통분할 수 있다.

[6수01-07] 분모가 다른 분수의 크기를 비교하고 그 방법을 설명할 수 있다.

[6수01-08] 분모가 다른 분수의 덧셈과 뺄셈의 계산 원리를 탐구하고 그 계산을 할 수 있다.

5 분수의 곱셈과 나눗셈

[6수01-09] 분수의 곱셈의 계산 원리를 탐구하고 그 계산을 할 수 있다.

[6수01-10] '(자연수)÷(자연수)'에서 나눗셈의 몫을 분수로 나타낼 수 있다.

[6수01-11] 분수의 나눗셈의 계산 원리를 탐구하고 그 계산을 할 수 있다.

6 분수와 소수의 관계

[6수01-12] 분수와 소수의 관계를 이해하고 크기를 비교하며 그 방법을 설명할 수 있다.

7 소수의 곱셈과 나눗셈

[6수01-13] 소수의 곱셈의 계산 원리를 탐구하고 그 계산을 할 수 있다.

[6수01-14] '(자연수)÷(자연수)'에서 나눗셈의 몫을 소수로 나타낼 수 있다.

[6수01-15] 소수의 나눗셈의 계산 원리를 탐구하고 그 계산을 할 수 있다.

(가) 성취기준 해설

- [6수01-11] 분수의 나눗셈은 '(분수)÷(자연수)', '(자연수)÷(분수)', '(분수)÷(분수)'를 다룬다.

- [6수01-15] 소수의 나눗셈은 '(소수)÷(자연수)', '(자연수)÷(소수)', '(소수)÷(소수)'를 다룬다.

(나) 성취기준 적용 시 고려 사항

- '수와 연산' 영역에서는 용어와 기호로 '이상, 이하, 초과, 미만, 올림, 버림, 반올림, 약수, 공약수, 최대공약수, 배수, 공배수, 최소공배수, 약분, 통분, 기약분수'를 다룬다.
- 자연수의 혼합 계산은 계산 순서에 중점을 두고, 지나치게 복잡한 혼합 계산은 다루지 않는다.
- 수의 범위와 올림, 버림, 반올림은 측정 상황과 같이 수나 양의 어림이 필요한 여러 가지 실생활 사례를 통하여 그 의미를 알게 한다.
- 약수와 배수는 실생활에서 활용되는 경우를 찾아 자연수 범위에서 다룬다.
- 약수와 배수를 학습하는 과정에서 약수와 배수의 관계를 이해하게 한다.
- 최대공약수와 최소공배수는 두 수에 대하여 약수와 배수를 각각 나열하여 공통된 약수와 배수를 찾는 방법으로 그 의미를 이해하게 하고, 평가에서 소인수의 곱으로 나타내어 구하는 방법은 다루지 않는다.
- 구체물이나 그림 등을 이용하여 크기가 같은 분수를 만든 후 분모는 분모끼리, 분자는 분자끼리 비교하는 활동을 통해 크기가 같은 분수를 만드는 방법을 이해하게 한다.
- 분모가 다른 분수의 크기를 비교할 때 수 감각을 이용하여 추론하고 토론하는 활동을 하게 한다.
- 분수의 사칙계산에서 기약분수로 나타낼 것을 요구하지 않을 경우, 계산 결과를 기약분수가 아닌 분수로 나타내는 것도 허용한다.
- 분수를 통분할 때는 공통분모로 최소공배수뿐만 아니라 분모의 곱과 같은 공배수도 이용하게 할 수 있다.
- 분수의 곱셈과 나눗셈, 소수의 곱셈과 나눗셈은 계산 원리를 탐구하여 이해하는 수준에서 다룬다.
- 소수의 곱셈과 나눗셈에서 복잡한 계산은 계산기를 사용하게 할 수 있다.
- 소수의 곱셈과 나눗셈에서 계산 결과를 어림할 필요가 있는 상황, 정확한 계산 대신에 어림셈으로 비교가 가능한 상황 등 어림셈이 필요한 여러 가지 실생활 상황을 제시하여 어림셈의 필요성과 유용성을 알게 한다.

- '수와 연산' 영역의 문제 상황에서 문제해결 전략 비교하기, 주어진 문제에서 필요 없는 정보나 부족한 정보 찾기, 조건을 바꾸어 새로운 문제 만들기, 문제해결 과정의 타당성 검토하기 등을 통하여 문제해결 역량을 기르게 한다.
- '수와 연산' 영역에서 자신의 문제해결 과정을 논리적으로 설명하고 다른 친구의 문제해결 과정과 비교함으로써 비판적으로 사고하는 태도를 기르게 한다.

(2) 변화와 관계

1 대응 관계

[6수02-01] 한 양이 변할 때 다른 양이 그에 종속하여 변하는 대응 관계를 나타낸 표에서 규칙을 찾아 설명하고, □, △ 등을 사용하여 식으로 나타낼 수 있다.

2 비와 비율

[6수02-02] 두 양의 크기를 비교하는 상황을 통해 비의 개념을 이해하고, 두 양의 관계를 비로 나타낼 수 있다.

[6수02-03] 비율을 이해하고, 비율을 분수, 소수, 백분율로 나타낼 수 있다.

3 비례식과 비례배분

[6수02-04] 비례식을 알고, 그 성질을 이해하며, 이를 활용하여 간단한 비례식을 풀 수 있다.

[6수02-05] 비례배분을 알고, 주어진 양을 비례배분 할 수 있다.

(가) 성취기준 해설

- [6수02-02] 두 양을 비교할 때는 한 양을 기준으로 다른 양이 몇 배가 되는지를 나타낼 필요성을 인식하면서 비의 개념을 이해하게 한다.

(나) 성취기준 적용 시 고려 사항

- '변화와 관계' 영역에서는 용어와 기호로 '비, 기준량, 비교하는 양, 비율, 백분율, 비례식, 비례배분, :, %'를 다룬다.
- 대응 관계를 탐구할 때는 두 양의 변화를 함께 고려하게 하고, 한 양의 변

화에만 초점을 두지 않는다.

- 두 양 사이의 대응 관계를 식으로 나타내는 방법을 지도하는 활동에서는 덧셈식, 뺄셈식, 곱셈식, 나눗셈식 중 하나로 표현되는 간단한 경우만 다룬다.
- 비와 비율을 다룰 때는 기준량과 비교하는 양을 명확하게 인식하게 한다.
- 비와 비율을 탐구할 때는 실생활 및 타 교과에서 비와 비율이 적용되는 간단한 사례를 활용하며 수학의 유용성을 인식하게 한다.
- 동일한 비율을 분수, 소수, 백분율로 다양하게 나타낼 수 있음을 알게 한다.
- 대응 관계를 기호를 사용하여 식으로 나타내고 두 양의 관계를 비로 나타내 보는 경험을 통해 수학적 표현의 편리함을 인식하게 할 수 있다.
- '변화와 관계' 영역에서는 기후변화, 생태계, 과학 기술의 발전 등 학생의 삶과 관련된 다양한 문제 상황을 활용할 수 있다.
- '변화와 관계' 영역의 문제 상황에서 문제해결 전략 비교하기, 주어진 문제에서 필요 없는 정보나 부족한 정보 찾기, 조건을 바꾸어 새로운 문제 만들기, 문제해결 과정의 타당성 검토하기 등을 통하여 문제해결 역량을 기르게 한다.
- '변화와 관계' 영역에서 자신의 문제해결 과정을 논리적으로 설명하고 다른 친구의 문제해결 과정과 비교함으로써 비판적으로 사고하는 태도를 기르게 한다.

(3) 도형과 측정

1 합동과 대칭

[6수03-01] 도형의 합동을 이해하고, 합동인 도형의 성질을 탐구하고 설명할 수 있다.

[6수03-02] 실생활과 연결하여 선대칭도형과 점대칭도형을 이해하고 그릴 수 있다.

2 직육면체와 정육면체

[6수03-03] 직육면체와 정육면체를 이해하고, 구성 요소와 성질을 탐구하고 설명할 수 있다.

[6수03-04] 직육면체와 정육면체의 겨냥도와 전개도를 그릴 수 있다.

3 각기둥과 각뿔

[6수03-05] 각기둥과 각뿔을 이해하고, 구성 요소와 성질을 탐구하고 설명할 수 있다.

[6수03-06] 각기둥의 전개도를 그릴 수 있다.

4 원기둥, 원뿔, 구

[6수03-07] 원기둥, 원뿔, 구를 이해하고, 구성 요소와 성질을 탐구하고 설명할 수 있다.

[6수03-08] 원기둥의 전개도를 그릴 수 있다.

5 입체도형의 공간 감각

[6수03-09] 쌓기나무로 만든 입체도형을 보고 사용된 쌓기나무의 개수를 구할 수 있다.

[6수03-10] 쌓기나무로 만든 입체도형의 위, 앞, 옆에서 본 모양을 표현할 수 있고, 이러한 표현을 보고 입체도형의 모양을 추측할 수 있다.

6 다각형의 둘레와 넓이

[6수03-11] 평면도형의 둘레를 이해하고, 기본적인 평면도형의 둘레를 구할 수 있다.

[6수03-12] 넓이 단위 1cm^2, 1m^2, 1km^2를 알며, 그 관계를 이해한다.

[6수03-13] 직사각형과 정사각형의 넓이를 구하는 방법을 이해하고, 이를 구할 수 있다.

[6수03-14] 평행사변형, 삼각형, 사다리꼴, 마름모의 넓이를 구하는 방법을 다양하게 추론하고, 이와 관련된 문제를 해결할 수 있다.

7 원주율과 원의 넓이

[6수03-15] 여러 가지 원 모양 물체의 원주와 지름을 측정하는 활동을 통하여, 원주율이 일정한 값임을 알고 그 근삿값을 사용할 수 있다.

[6수03-16] 원주와 원의 넓이를 구하는 방법을 이해하고, 이를 구할 수 있다.

8 입체도형의 겉넓이와 부피

[6수03-17] 직육면체와 정육면체의 겉넓이를 구하는 방법을 이해하고, 이를 구할 수 있다.

[6수03-18] 부피 단위 1cm^3, 1m^3를 알며, 그 관계를 이해한다.

[6수03-19] 직육면체와 정육면체의 부피를 구하는 방법을 이해하고, 이를 구할 수 있다.

(가) 성취기준 해설

- [6수03-01] 합동인 두 도형에서 대응점, 대응변, 대응각을 각각 찾게 하고 대응변의 길이와 대응각의 크기를 비교하는 활동을 통해 합동인 도형의 성질을 탐구하고 설명하게 한다.
- [6수03-10] 여러 가지 물체, 건축물, 예술품, 쌓기나무로 만든 입체도형 등의 위, 앞, 옆에서 본 모양을 이용해서 전체 모양을 추측하게 하고, 이에 대해 자신의 추론 과정을 설명하게 한다.
- [6수03-15] 여러 가지 원에서 (원주)÷(지름)의 값을 구하여 모든 원에서 원주율이 일정함을 이해하게 하고, 원주율의 근삿값으로 3.14를 사용하게 한다.
- [6수03-16] 지름과 원주율을 이용하면 원주를 직접 측정하지 않고도 구할 수 있음을 알게 하고, 직사각형의 넓이를 구하는 방법을 이용하여 원의 넓이를 구하는 방법을 이해하게 한다.

(나) 성취기준 적용 시 고려 사항

- '도형과 측정' 영역에서는 용어와 기호로 '합동, 대칭, 대응점, 대응변, 대응각, 선대칭도형, 점대칭도형, 대칭축, 대칭의 중심, 직육면체, 정육면체, 면, 모서리, 밑면, 옆면, 겨냥도, 전개도, 각기둥, 각뿔, 원기둥, 원뿔, 구, 모선, 가로, 세로, 밑변, 높이, 원주, 원주율, cm^2, m^2, km^2, cm^3, m^3'를 다룬다.
- 선대칭도형과 점대칭도형 그리기를 평가할 때 모눈종이, 점판, 공학 도구 등을 이용하여 쉽게 그릴 수 있게 한다.
- 무늬 찾기, 종이 겹쳐 오리기, 도장 찍기, 데칼코마니 등 구체적인 조작 활동을 통하여 도형의 합동의 의미를 알게 한다.
- 실생활이나 자연 환경 등에서 도형의 합동, 선대칭도형, 점대칭도형의 예를 찾고 수학의 아름다움을 느낄 수 있게 한다.
- 입체도형의 전개도에 대한 평가는 전개도가 될 수 있는 것과 될 수 없는 것을 구별하는 데 중점을 둔다.
- 각기둥의 전개도는 간단한 형태만 다루고, 각뿔과 원뿔의 전개도는 다루지 않는다.
- 한 직선을 중심으로 직사각형, 직각삼각형, 반원을 돌리는 활동을 통하여 원기둥, 원뿔, 구를 만들어 보게 한다.

- 실생활에서 접할 수 있는 여러 가지 물건, 건축물 등에서 직육면체, 정육면체, 각기둥, 각뿔, 원기둥, 원뿔, 구를 찾고 수학에 대한 흥미와 관심을 갖게 한다.
- 입체도형의 구성 요소와 성질, 전개도, 쌓기나무로 만든 입체도형을 탐구할 때는 여러 가지 모형과 공학 도구를 이용하게 할 수 있다.
- 쌓기나무로 만든 입체도형의 위, 앞, 옆에서 본 모양에 대한 평가를 할 때는 간단한 모양을 이용한다.
- 삼각형의 넓이를 구할 때는 높이가 삼각형의 외부에 있는 것도 다룬다.
- 넓이 단위 사이의 관계 중 $1cm^2$, $1km^2$ 사이의 단위 환산은 다루지 않는다.
- 도형의 넓이는 $1cm^2$ 인 정사각형의 몇 배인지를 구하는 것임을 이해하게 하고, 도형의 변형을 이용하여 넓이를 구하는 여러 가지 방법을 추론하게 한다.
- 원주율을 지도할 때는 원주와 지름의 관계를 이해하고 원주율에 대한 양감을 기르게 한다.
- 원주율, 원주, 원의 넓이, 입체도형의 겉넓이와 부피 등을 구할 때 복잡한 계산은 계산기를 사용하게 한다.
- 겉넓이와 부피를 구하는 방법에 대하여 다양한 추론을 하게 하고, 자신의 추론 과정을 다른 사람에게 설명하게 할 수 있다.
- 도형의 넓이와 부피를 구하는 방법의 편리함을 인식하게 한다.
- '도형과 측정' 영역의 문제 상황에서 문제해결 전략 비교하기, 주어진 문제에서 필요 없는 정보나 부족한 정보 찾기, 조건을 바꾸어 문제 만들기, 문제해결 과정의 타당성 검토하기 등을 통하여 문제해결 역량을 기르게 한다.
- '도형과 측정' 영역에서 자신의 문제해결 과정을 논리적으로 설명하고 다른 친구의 문제해결 과정과 비교함으로써 비판적으로 사고하는 태도를 기르게 한다.

(4) 자료와 가능성

1 자료의 수집과 정리

[6수04-01] 평균의 의미를 알고, 자료를 수집하여 평균을 구하고 해석할 수 있다.

[6수04-02] 자료를 수집하여 띠그래프나 원그래프로 나타내고 해석할 수 있다.

[6수04-03] 탐구 문제를 설정하고, 그에 맞는 자료를 수집, 정리하여 적절한 그래프로 나타내고 해석할 수 있다.

2 가능성

[6수04-04] 사건이 일어날 가능성을 말로 표현하고 비교할 수 있다.

[6수04-05] 사건이 일어날 가능성을 수로 나타낼 수 있다.

[6수04-06] 자료를 이용하여 가능성을 예상하고, 가능성에 근거하여 적절한 판단을 내릴 수 있다.

(가) 성취기준 해설

- [6수04-01] 평균은 집단의 자료를 대표하는 값임을 이해하고, 여러 집단의 평균을 비교하는 활동을 통해 수학의 유용성을 인식하게 한다.
- [6수04-03] 해결하고자 하는 문제를 설정하고 그에 맞는 자료를 수집, 정리하여, 막대그래프, 꺾은선그래프, 띠그래프와 원그래프 중 적절한 그래프로 나타내고 해석하는 일련의 과정을 직접 경험하게 한다.
- [6수04-04] '확실하다', '불가능하다', '~일 것 같다', '~아닐 것 같다', '반반이다' 등 일상에서 사건이 일어날 가능성을 나타내는 다양한 표현을 이해하고, 가능성의 크기를 비교하게 한다.
- [6수04-05] 가능성이 직관적으로 파악되는 생활 속의 간단한 사건에 대하여 그 가능성을 0, $\frac{1}{2}$, 1 등과 같은 수로 표현하게 한다. 사건이 일어날 가능성과 일어나지 않을 가능성이 같은 경우에 사건이 일어날 가능성을 $\frac{1}{2}$로 표현할 수 있음을 이해하게 한다.
- [6수04-06] 제비뽑기, 동전 던지기, 주사위 던지기, 회전판 돌리기 등과 같은 간단한 실험 결과를 나타낸 표나 그래프를 보고 사건이 일어날 가능성을 비교하고 대략적으로 예상하게 한다.

(나) 성취기준 적용 시 고려 사항

- '자료와 가능성' 영역에서는 용어와 기호로 '평균, 띠그래프, 원그래프, 가능성'을 다룬다.
- 자료를 수집할 때, 간단한 설문조사, 실험이나 관찰, 공공 자료 활용과 같은 방법 중 탐구 목적에 적합한 것을 결정하게 한다.
- 평균을 구하는 방법뿐만 아니라 그 의미를 직관적으로 파악하게 한다.
- 복잡한 자료의 평균이나 백분율을 구할 때 계산기를 사용하게 할 수 있다.
- 조사 자료에서 전체에 대한 각 부분의 비율을 비교해야 하는 문제 상황을 제시하여 띠그래프와 원그래프의 필요성을 인식하게 한다.
- 원그래프를 그릴 때는 눈금이 표시된 원을 사용하게 한다.
- 띠그래프와 원그래프를 그릴 때 공학 도구를 사용하게 할 수 있다.
- 여러 가지 사회, 환경 문제를 탐구하는 데 그림그래프, 막대그래프, 꺾은선그래프, 띠그래프, 원그래프로부터 얻은 정보를 활용하게 할 수 있다.
- 자료 수집의 목적과 수집한 자료의 특성에 맞는 그래프로 적절히 표현되었는지, 또는 정보를 왜곡하는 오류가 포함되어 있지는 않은지 등을 비판적으로 판단하게 할 수 있다.
- '자료와 가능성' 영역의 문제 상황에서 문제해결 전략 비교하기, 주어진 문제에서 필요 없는 정보나 부족한 정보 찾기, 조건을 바꾸어 새로운 문제 만들기, 문제해결 과정의 타당성 검토하기 등을 통하여 문제해결 역량을 기르게 한다.
- '자료와 가능성' 영역에서 자신의 문제해결 과정을 논리적으로 설명하고 다른 친구의 문제해결 과정과 비교함으로써 비판적으로 사고하는 태도를 기르게 한다.

3. 교수 · 학습 및 평가

가. 교수 · 학습

(1) 교수 · 학습의 방향

(가) 수학과 교육과정에 제시된 성격, 목표, 내용 체계, 성취기준, 평가와 일관성을 가지도록 교수 · 학습을 운영한다.

(나) 핵심 아이디어를 중심으로 수학의 지식 · 이해, 과정 · 기능, 가치 · 태도를 통합적으로 교수 · 학습하여 수학 교과 역량을 함양하고 수리 소양을 갖추게 한다.

(다) 학생이 주도적으로 수학을 학습하여 수학과 교육과정에 제시된 목표를 달성하도록 교수 · 학습을 운영한다.

(라) 수학 내용 특성에 적합한 교구나 공학 도구를 선택하여 효율적인 교수 · 학습이 이루어지도록 하고 학생들의 디지털 소양 함양을 도모한다. 그리고 수학 교과서 읽기, 수학 학습 과정과 결과 쓰기, 문장제 해결 등을 통해 학생들의 언어 소양 함양을 도모한다.

(마) 수학 내용의 특성, 학교 여건, 학생의 학습 능력과 수준 등을 고려하여 교수 · 학습을 운영한다.

(바) 학생 개인의 필요, 수학 학습 속도, 학습 능력 등을 고려하여 학생 맞춤형 수업을 실시하고 보충 학습과 심화 학습의 기회를 제공한다.

(사) 수학 교수 · 학습에서 범교과 학습 주제(안전 · 건강, 인성, 진로, 민주 시민, 인권, 다문화, 통일, 독도, 경제 · 금융, 환경 · 지속가능발전 등)를 현상이나 소재로 선택하여 활용할 수 있다.

(아) 사회적 환경, 학생의 요구, 수학 내용의 특성, 수업 방식 등에 따라 온라인을 활용한 교수 · 학습을 운영할 수 있다.

(자) 학교급 전환에 따라 변화되는 수학 내용과 수업 방법을 파악하여 교수・학습에 적용하고, 진로연계교육에서 이를 고려한다.

(차) 수학과 교수・학습 계획을 수립하거나 교수・학습 자료 개발 등을 할 때 교육과정을 재구성할 수 있다.

(2) 교수・학습 방법

(가) 수학 교과 역량 함양을 통해 수학을 깊이 있게 학습하고 적용할 기회를 제공한다.

① 다음과 같은 교수・학습 방법을 통해 문제해결 역량을 함양하게 한다.

㉠ 수학의 개념, 원리, 법칙을 이용하여 해결 가능한 문제를 학생에게 제시한다. 이때 다양한 방법으로 해결 가능한 문제, 여러 가지 해답이 나올 수 있는 문제 등을 활용할 수 있다.

㉡ 문제에 주어진 조건과 정보를 분석하고 적절한 문제해결 계획을 수립하고 실행하며 문제해결 과정을 반성하도록 구체적인 발문과 권고를 제시한다.

㉢ 문제해결 과정 및 결과의 의미를 재해석하여 주어진 문제를 변형하거나 새로운 문제를 만들어 해결하게 한다.

㉣ 성공적인 문제해결 경험을 바탕으로 적극적이고 자신감 있게 문제해결에 참여하게 하고, 단번에 답이 나오지 않는 문제라도 끈기 있게 도전하여 성취감을 느끼게 한다.

② 다음과 같은 교수・학습 방법을 통해 추론 역량을 함양하게 한다.

㉠ 관찰, 실험, 측정 등 구체적 조작 활동을 통해 수학의 개념, 원리, 법칙에 흥미와 관심을 갖고 다양한 방법으로 탐구하고 이해하게 한다.

㉡ 귀납, 유추 등의 개연적 추론을 통해 수학적 추측을 제기하고 정당화하며, 수학적 증거와 논리적 근거를 바탕으로 비판적으로 사고하는 태도를 갖게 한다.

㉢ 수학의 개념, 원리, 법칙을 도출하는 과정과 수학적 절차를 논리적이고 체계적으로 수행하고 반성하게 한다.

③ 다음과 같은 교수・학습 방법을 통해 의사소통 역량을 함양하게 한다.

㉠ 수학 용어, 기호, 표, 그래프 등의 수학적 표현을 정확하게 사용하고 표현끼리 변환하게 한다.

㉡ 학생이 자신의 사고와 전략을 수학적 표현으로 나타내고 설명하면서 수학

적 표현의 편리함을 인식하게 한다.

㉢ 학생 간 상호 작용과 질문이 활발한 교실 문화를 조성하고 수학적으로 의미 있는 의사소통이 이루어지도록 적절한 과제를 제시하고 안내한다.

㉣ 수학적 아이디어에 대해 상호 작용하는 과정에서 타인을 배려하고 의견을 존중하는 태도를 기르게 한다.

④ 다음과 같은 교수·학습 방법을 통해 연결 역량을 함양하게 한다.

㉠ 영역이나 학년(군) 내용 간에 관련된 수학의 개념, 원리, 법칙 등을 유기적으로 연계하여 새로운 지식을 생성하면서 창의성을 기르게 한다.

㉡ 수학과 실생활, 사회 및 자연 현상, 타 교과의 내용을 연계하는 과제를 활용하여 수학의 유용성을 인식하게 한다.

⑤ 다음과 같은 교수·학습 방법을 통해 정보처리 역량을 함양하게 한다.

㉠ 실생활 및 수학적 문제 상황에서 자료를 탐색하고 수집하며 수학적으로 처리하여 합리적인 의사 결정을 하는 태도를 기르게 한다.

㉡ 교구나 공학 도구를 활용하여 추상적인 수학 내용을 시각화하고 수학의 개념, 원리, 법칙에 대한 직관적 이해와 논리적 사고를 돕는다.

㉢ 학생이 주도적으로 교구나 공학 도구를 활용하여 탐구하게 한다.

㉣ 계산 기능 함양을 목표로 하지 않는 교수·학습 상황에서는 복잡한 계산을 할 때 공학 도구를 이용할 수 있게 한다.

(나) 학생들이 수학 학습에 주도적으로 참여하는 교수·학습 환경과 분위기를 조성한다.

① 수학 학습의 주체가 학생 자신임을 인식하고 수학 학습에 적극적으로 참여하도록 유도한다.

② 스스로 수학 학습 목표와 계획을 세우고 학습 결과를 평가하고 성찰하도록 안내한다.

③ 수학을 효과적으로 학습하는 방법을 탐색하고 자신의 학습 과정과 태도를 돌아보고 조절하는 자기주도적 학습 습관을 형성하도록 지도한다.

④ 교사 및 동료와 협력적 관계 속에서 수학 학습에 대한 조언과 의견을 경청하고 수용할 수 있도록 허용적인 분위기를 조성한다.

⑤ 수학 학습에 자신감을 가지고 실수가 배움의 기회임을 인식하며 끈기 있게 도전하도록 격려하고 지원한다.

(다) 수학과의 수업은 학습 내용, 학생의 학습 능력과 수준 등을 고려하여 다음의 교수·학습 방안을 적절히 선택하여 적용한다.

① 설명식 교수는 교사가 설명과 시연을 통해 수업을 주도하는 교수·학습 방안으로, 수업 내용을 구조화하여 체계적으로 지도하는 데 효과적이다. 이때, 교사는 학생의 적극적인 수업 참여를 유도하고, 사고를 촉진하는 발문을 적절히 활용한다.

② 토의·토론 학습은 특정 주제에 대해 협의하거나 논의하는 교수·학습 방안으로, 학생들이 수학 내용을 폭넓게 이해하고 자신의 주장을 효과적으로 표현하고 다른 사람의 의견을 비판적 사고를 통해 수용하여 합리적으로 의사 결정하는 태도를 기를 수 있게 한다.

③ 협력 학습은 모둠 내의 상호 작용, 의사소통, 참여를 통해 공동의 학습 목표에 도달하도록 하는 교수·학습 방안으로, 다른 사람을 존중하고 배려하며 모둠 내의 역할을 수행하고 책임감을 기를 수 있게 한다.

④ 탐구 학습은 학생이 중심이 되어 수학의 개념, 원리, 법칙을 발견하고 구성하는 교수·학습 방안으로, 학생 스스로 자료와 정보로부터 지식을 도출하거나 지식의 타당성을 확인하는 것이 중요함을 알게 할 수 있다.

⑤ 프로젝트 학습은 학생 스스로 특정 주제나 과제를 탐구하고 해결하기 위해 계획을 수립하고 수행하여 결과물을 산출하고 공유하는 교수·학습 방안으로, 자기주도적으로 수학 지식과 경험을 통합하게 할 수 있다.

⑥ 수학적 모델링은 학생의 삶과 연계된 현상을 다양한 수학적 표현 방식을 이용하여 수학적 모델로 만들고 수학적 모델을 다시 실생활이나 사회 및 자연 현상에 적용하는 교수·학습 방안으로, 수학의 응용에 대한 넓은 안목을 갖게 할 수 있다.

⑦ 놀이 및 게임 학습은 호기심과 흥미를 유발하는 놀이 및 게임 활동을 활용하는 교수·학습 방안으로, 활동 속에서 수학 개념이나 원리를 탐구하고 동료와 경쟁 또는 협력하면서 자연스럽게 수학에 접근하고 수학 학습에 대한 자신감 및 의사소통 역량을 기르게 할 수 있다.

(라) 수학 교수·학습 과정에서 학생의 다양성을 고려하고 학생의 성장을 지원하기 위한 맞춤형 지도를 실시한다.

① 학생의 수학 학습 수준이나 사고방식의 차이를 존중하여 학생 개인에게 적합한 학습 과제를 선정하여 제시하고, 학생이 소재나 과정을 선택하고 구성

할 수 있도록 수학 학습 활동을 설계한다.

② 학생의 시도와 성취에 대해 구체적으로 격려하고 칭찬하며, 동료 학생의 학습 수준이나 학습 결과에 대해 포용적인 교실 문화를 형성한다.

③ 학생의 수학 학습 과정과 결과를 점검하여 학생의 성장 발전을 지원하고, 이때 온라인 학습 관리 시스템을 활용할 수 있다.

(마) 범교과 학습 또는 타 교과와의 연계를 고려하여 수학 교수・학습 과정을 설계할 수 있다.

① 범교과 학습 주제에 관심을 갖고 각종 자료와 정보를 수집하여 수학적으로 분석 및 해석하게 하고, 수학적 분석 결과에 근거하여 토의와 토론에 참여하게 한다.

② 가정, 학교, 지역사회와의 연계나 타 교과와의 연계를 고려하여 범교과 학습 주제에 대한 프로젝트를 수행할 수 있다.

③ 수학적 모델링을 활용하여 타 교과의 내용을 맥락으로 수학의 개념, 원리, 법칙 등을 다루는 연계 수업을 할 수 있다.

(바) 온라인 수학 교수・학습 상황에서는 다음 사항에 유의한다.

① 원격수업을 실시하는 경우, 학생의 특성과 학습 내용의 성격에 적합하고 안정적으로 운영할 수 있는 온라인 학습 플랫폼을 선택하여 수업 목표, 수업 내용, 수업 전략을 설계하고 운영한다.

② 학습 내용과 학생의 수준에 적합한 매체와 도구를 활용하여 학습의 효율성과 다양성을 도모한다.

③ 원격수업에서도 학생 참여형 수업이 이루어질 수 있도록 하고 적절한 조언과 발문을 통하여 학습 참여를 이끌어 낸다.

④ 온라인 교수・학습 자료를 활용할 때는 공표된 저작물의 출처를 명시하고 다른 누리집 등에 공유하지 않도록 안내한다.

나. 평가

(1) 평가의 방향

(가) 학생의 수학 학습에 대한 정보를 수집・활용하여 학생의 주도적 학습과 성장을 지원하고 교사의 수업 개선을 돕도록 지속적으로 평가를 실시한다.

(나) 수학과 교육과정에 제시된 성격, 목표, 내용 체계, 성취기준, 교수・학습과 일관성을 가지도록 평가를 실시한다.

(다) 학생의 수학 학습을 돕기 위해 수업과 평가를 통합하여 과정을 중시하는 평가를 실시한다.

(라) 수학 내용 체계의 지식・이해, 과정・기능, 가치・태도를 학습 결과뿐 아니라 학습 과정에서 균형 있게 평가한다.

(마) 학생이 평가 과정에 적극적으로 참여하고 스스로 설정한 수학 학습 목표에 대한 달성 여부를 점검할 수 있게 한다.

(바) 학생의 사회・문화적 배경, 신체 특성 등이 불리하게 작용하지 않도록 평가를 실시하고, 학생의 사전 지식, 수학에 대한 흥미, 학습 유형, 학습 수준을 고려하여 평가 목적, 교수・학습 내용 및 방법에 따라 다양한 평가 방법을 적용한다.

(사) 진단평가, 형성평가, 총괄평가 등을 적절히 활용하여 수학 학습 과정과 결과에 대한 구체적인 정보를 바탕으로 학생의 특성과 학습 결손을 파악하고 개별적 지원 방안을 마련한다.

(아) 온라인 수학 수업에서 평가를 할 때 학습 환경 등의 외적 요소가 수학 학습 과정과 평가 결과에 영향을 미치지 않도록 한다.

(자) 평가 절차를 개방적이고 공정하게 시행하고 학생의 수학 학습에 대한 의미 있는 정보를 학생, 학부모에게 제공한다.

(2) 평가 방법

(가) 수학 수업과 연계하여 과정을 중시하는 평가를 실시할 때는 다음 사항을 고려한다.

① 성취기준을 중심으로 지식・이해, 과정・기능, 가치・태도 범주를 평가 요소로 구체화한다.

② 교수・학습과 연계하여 적절한 평가 도구와 준거를 개발하고 평가를 실시한다.

③ 평가 결과에 기반하여 학생의 학습 정보 및 수행 과정을 학생과 학부모에게

환류한다.

(나) 수학 교과 역량을 평가할 때는 다음 사항을 고려한다.

① 문제해결 역량의 평가는 수학의 개념, 원리, 법칙을 문제 상황에 적절히 활용하는지, 주어진 조건과 정보를 분석하고 적절한 해결 전략을 탐색하여 해결하는지, 문제해결 과정을 돌아보며 절차에 따라 타당하게 결과를 얻어내고 이를 반성하는지, 적극적이고 자신감 있게 문제해결에 참여하는지, 적절한 방법을 찾기 위해 끈기 있게 도전하는지 등을 고려한다.

② 추론 역량의 평가는 수학의 개념, 원리, 법칙을 이해하는지, 논리적으로 절차를 수행하는지, 수학적 지식을 다양한 방법으로 탐구하는지, 관찰에 근거하여 추측하고 일반화를 할 수 있는지, 추측의 근거를 제시하는지, 타당한 정당화를 하는지, 수학에 대한 흥미와 관심을 갖는지, 체계적으로 사고하려는 성향이 있는지, 수학적 증거와 논리적 근거를 바탕으로 비판적으로 사고하는 태도를 갖는지 등을 고려한다.

③ 의사소통 역량의 평가는 수학 용어, 기호, 표, 그래프 등 수학적 표현을 이해하고 정확하게 사용하는지, 적절한 수학적 표현을 선택할 수 있는지, 수학적 표현 간에 변환을 할 수 있는지, 수학적 아이디어나 수학 학습 과정 및 결과에 대해 표현하고 다른 사람의 견해를 이해하는지, 수학적 표현의 편리함을 인식하는지, 타인을 배려하고 의견을 존중하는지 등을 고려한다.

④ 연결 역량의 평가는 영역이나 학년(군) 내용 사이에서 개념, 원리, 법칙을 적절하게 관련지어 이해하는지, 수학의 개념, 원리, 법칙을 연계하여 새로운 지식을 생성할 수 있는지, 수학을 실생활이나 타 교과의 지식, 기능, 경험에 적용할 수 있는지, 실생활이나 타 교과의 지식, 기능, 경험을 수학적으로 해석할 수 있는지, 수학을 바탕으로 창의적으로 관련성을 찾을 수 있는지, 수학의 유용성을 인식하는지 등을 고려한다.

⑤ 정보처리 역량의 평가는 자료와 정보를 목적에 맞게 수집하고 변환하고 정리하는지, 자료를 바탕으로 도출한 결론이 적절한지, 교구나 공학 도구를 적절하게 활용하는지, 수학적 근거를 바탕으로 합리적으로 의사 결정하는 태도를 갖는지 등을 고려한다.

(다) 학생의 수학 학습 과정과 결과는 다양한 평가 방안을 사용하여 양적 또는 질적으로 평가한다.

① 지필평가는 수학 내용 체계의 지식·이해, 과정·기능을 평가하는 데 활용할 수 있고, 선택형, 단답형, 서·논술형 등의 다양한 문항 유형을 사용할 수 있다.

② 프로젝트 평가는 학생 스스로 특정 주제나 과제를 탐구하고 해결하기 위해 계획을 수립하고 수행하는 과정과 그 결과물을 평가하는 방안으로, 수학 내용 체계의 세 범주를 종합적으로 평가할 때 활용할 수 있다.

③ 포트폴리오 평가는 학생의 성장에 대한 정보를 얻기 위해 수학 학습 수행과 그 결과물을 일정 기간 수집하여 평가하는 방안으로, 수학 교과 역량의 발달을 종합적으로 평가할 때 활용할 수 있다.

④ 관찰 평가, 면담 평가, 구술 평가는 학생 개인 및 소집단을 관찰, 학생과의 질의응답, 학생의 발표를 통해 평가하는 방안으로, 학생의 사고 방법, 수행 과정, 수학 내용 체계의 가치·태도 등을 평가할 때 활용할 수 있다.

⑤ 자기 평가는 학생 스스로 자신의 학습 과정과 결과를 평가하는 방안으로, 수학 내용의 이해와 수행 과정, 문제해결과 추론 과정의 반성, 자신의 생각 표현, 수학 내용 체계의 가치·태도 등을 평가할 때 활용할 수 있다.

⑥ 동료 평가는 동료 학생들이 상대방을 서로 평가하는 방안으로, 협력 학습 상황에서 학생 개개인의 역할 수행이나 집단 활동의 기여를 평가할 때 활용할 수 있다.

(라) 교구나 공학 도구를 활용하여 평가할 때는 다음 사항을 고려한다.

① 성취기준의 도달 여부를 판단하는 데 교구나 공학 도구의 사용이 효과적인 경우 이를 활용한 평가를 실시할 수 있다.

② 교구나 공학 도구를 활용하여 평가할 때는 교구나 공학 도구의 기능 및 조작이 아닌 수학 내용의 탐구 과정을 평가한다.

(마) 온라인 수학 교수·학습 환경에서 평가할 때는 다음 사항을 고려한다.

① 온라인 수학 학습에서는 학생의 활동에 근거한 구체적인 자료를 사용하여 평가한다.

② 온라인 학습 플랫폼이나 학습 관리 시스템을 이용하여 학생의 수행 과정을 관찰하고 개별 맞춤형으로 환류할 수 있다.

③ 학생의 접속 환경 미비로 인한 불참 시 기회 부여 등에 대해 방안을 마련하고 형평성의 문제가 제기되지 않도록 사전에 안내한다.

찾아보기

ㅅ

ㅇ

ㅊ

ㅋ

ㅌ

A-Z

기타

초등수학교육론 제3판

지은이 강 완·김상미·박만구·백석윤·오영열·장혜원
펴낸이 조경희
펴낸곳 경문사
펴낸날 2025년 3월 1일 3판 1쇄
등 록 1979년 11월 9일 제1979-000023호
주 소 04057, 서울특별시 마포구 와우산로 174
전 화 (02)332-2004 팩스 (02)336-5193
이메일 kyungmoon@kyungmoon.com

값 32,000원

ISBN 979-11-6073-770-7